标准化绩效管理

软件操作手册

（下 册）

软件下载地址：http://www.hebcz.gov.cn/bzhjx

标准化绩效管理改革课题组

人民出版社

目 录

前言

党的十八大将推进国家治理体系与治理能力现代化作为全面深化改革的总目标，对政府职能转变、深化行政管理改革提出了新的要求。近年来，一些地方和部门在这方面进行了不少有益探索，尝试将绩效管理、标准化管理等的现代管理理论和技术方法引入行政管理领域，这些探索“借鉴西方绩效管理的经验，又不单纯停留在制度移植与照搬层面”①，已经成为令人瞩目的创新实践。

但从我国管理实践和理论的发展路径来看，行政部门治理体系和治理能力现代化之路尚处于起始阶段。比如在推进绩效管理方面，“由于政府绩效内涵的复杂性、参与主体的多元性以及利益诉求的差异性，政府绩效管理理论和技术方法的相对缺乏使得我国政府绩效管理在摸索中前行”②。怎样将西方现代管理理论、方法植入中国行政管理实际，怎样实现现代管理与传统管理的有机融合，是我国行政部门管理理论和实践发展需要破解的重要瓶颈之一。

2013年年底，河北省财政厅积极应对各种压力和挑战，以时任厅党组书记、厅长高志立同志为组长的厅标准化绩效管理改革领导小组，深入分析外部形势及内部情况，深刻把握行政管理的客观规律及发展趋势，以建立持续激发干部内生动力的长效机制为目标，借鉴国内外先进经验，凝聚广大干部职工的集体智慧，创造性地把标准化管理、绩效管理等现代管理理念和方法引入行政管理，努力构建客观公正的制度环境和自强不息的人文环境。历经数年的改进完善，初步构建起一种植根我国行政部门管理实际，融合现代管理理论、方法及技术和中国传统管理优秀思想的标准化绩效管理体系，走出了一条独具特色的改革创新之路。初步实现了规范行政管理、提高行政效能、激发队伍活力、转变工作作风的效果，不仅解决了行政部门管理中的一系列问题，更打破了传统管理理念和思维模式，为推动事业科学发展提供了强大动力。

河北省财政厅的成功实践，是治理体系和治理能力现代化的具体探索和生动实践，为我国行政管理改革与创新提供了新的模板，为标准化管理、绩效管理等现代管理理论的“中国化”注入了新的活力。为全景展示这一现代行政管理模式的管理理念、实践经验，以及较为成熟的操作流程、技术和方法，我们编写了这套《标准化绩

---

① 高小平、盛明科、刘杰：《中国绩效管理的实践与理论》，《中国社会科学》2011年第6期，第4—14页。

② 方振邦、葛蕾蕾等：《政府绩效管理》，中国人民大学出版社2012年版，第Ⅰ—Ⅱ页。

效管理》，包括“理念与实践、规程与案例、软件操作手册”上、中、下三册。

本册是“软件操作手册”篇，通过系统截图和文字描述相结合的形式，帮助用户在了解绩效管理理念和相关知识基础上，熟练掌握标准化绩效管理系统操作流程和方法。全书共分“引言、系统概述、操作使用、系统管理、系统部署、附录”六部分。其中，引言部分主要描述了项目背景、编写目的、适用范围以及参考资料，简要介绍了标准化绩效管理实施的背景环境；系统概述主要包括系统描述、业务流程、功能框架和业务角色，分别讲述了绩效管理的基本业务流程、绩效管理参与人员角色划分以及各角色职责；操作使用部分采用图文结合形式分模块、分角色对整个软件系统的操作进行详细描述；系统管理是对系统基本信息和登录信息设置的描述；系统部署是对如何部署标准化绩效管理系统的描述；附录主要是分别对不同角色所具有的功能进行描述，起到了一个快速指南的功能。

希望通过软件操作手册的介绍，使读者了解标准化绩效管理系统的操作流程、业务框架以及每个角色在管理中起到的作用，并且能够熟练操作使用，从而更好地开展标准化绩效管理工作。

标准化绩效管理改革课题组

2016 年 7 月

引 言

一、项目背景

绩效管理已经成为现代公共管理的一种潮流和趋势，绩效管理是运用现代公共管理理念，紧密结合工作实际，建立目标引导、过程控制、持续改进、整体提升的管理机制，对单位及其工作人员政策执行、岗位履职、目标完成等方面进行全面系统的管理。

二、编写目的

更好地让各政府部门和非政府公共管理机构了解和熟悉绩效管理理念，掌握绩效管理信息化系统，帮助用户更好地使用该软件，熟悉软件操作，掌握安装和部署软件所需的软硬件资源，以及该软件使用过程中应注意的一些问题。

三、适用范围

该软件使用指南适用于愿意应用绩效管理的政府部门和非政府公共管理机构，提升该部门或单位的行政管理手段，更好地保障工作目标的实现。

第一章 系统概述

第一节 系统描述

标准化绩效管理系统承载了标准化管理和绩效管理两种现代管理科学体系，贯通了一个基础、四个环节、一条主线，即以标准化管理体系文件为制度基础，以绩效计划、绩效监控、绩效考评、绩效改进为四个环节，以绩效沟通为一条主线的核心业务流程。

该系统是全员参与的系统。河北省财政厅实现了纵向支撑省、市、县，横向支撑厅局、机构、个人的立体绩效指标运行。依据标准化文件要求制定绩效目标、绩效指标以及相应指标考核标准，通过持续进行系统跟踪监控，确保组织和个人的绩效目标得以实现，持续提升组织和个人的绩效成果，不断提高组织和个人的工作效率。

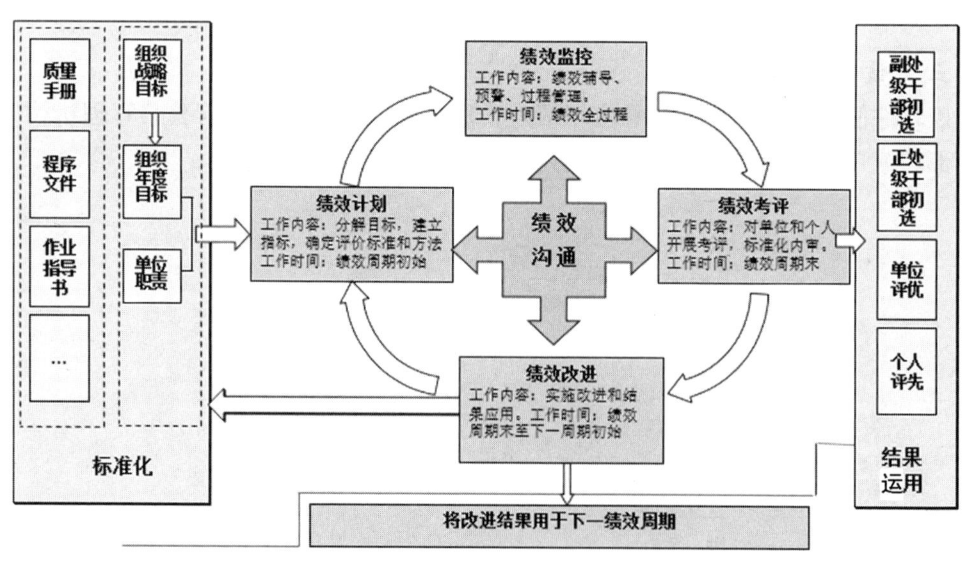

图 1－1 标准化绩效管理体系框架图

第二节 业务流程

业务流程主要包括绩效计划、绩效监控、绩效考评、绩效改进、绩效沟通。

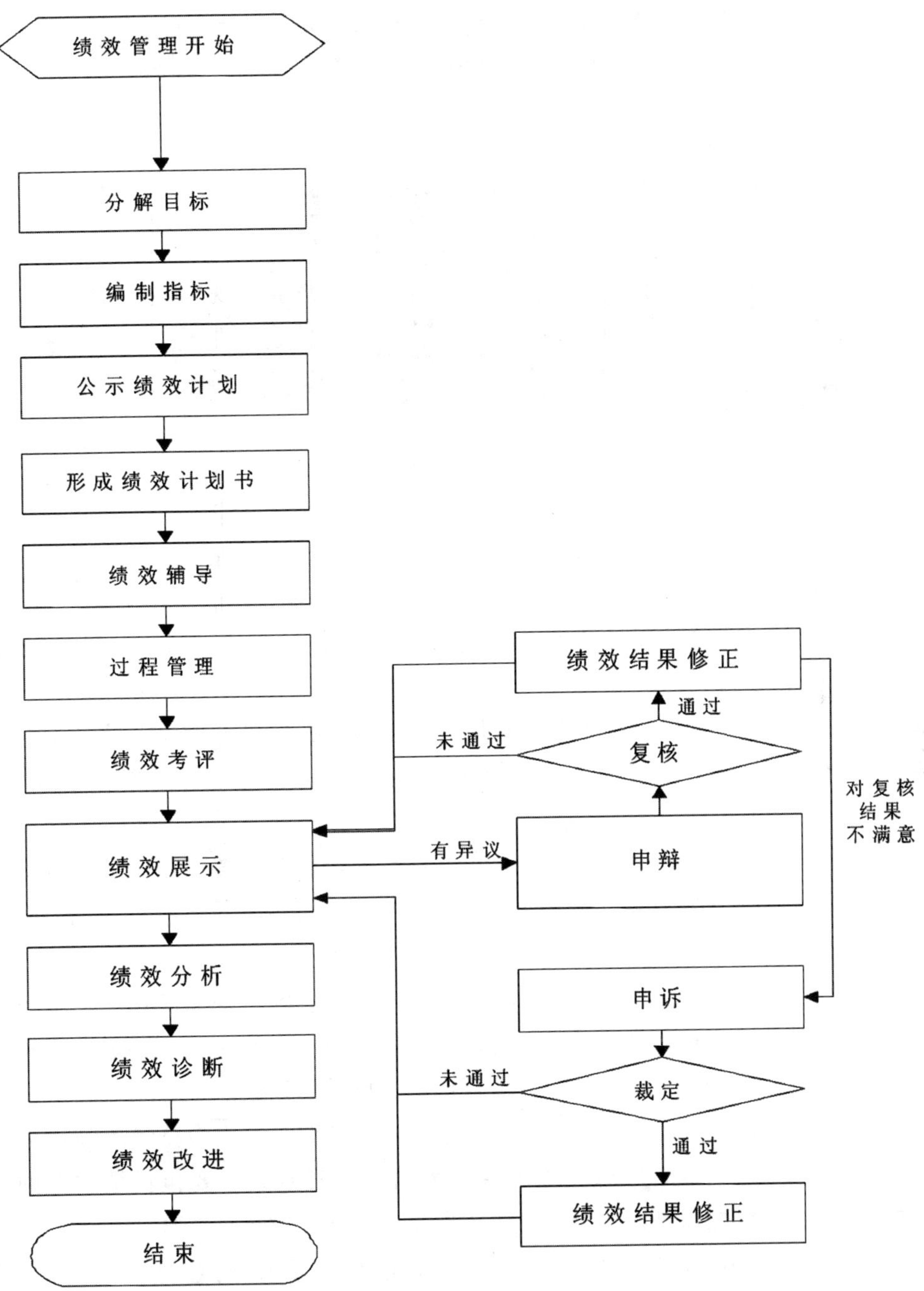

图1－2 业务流程图

第三节　功能框架

与业务框架相比，增加了绩效查询和绩效设置内容。

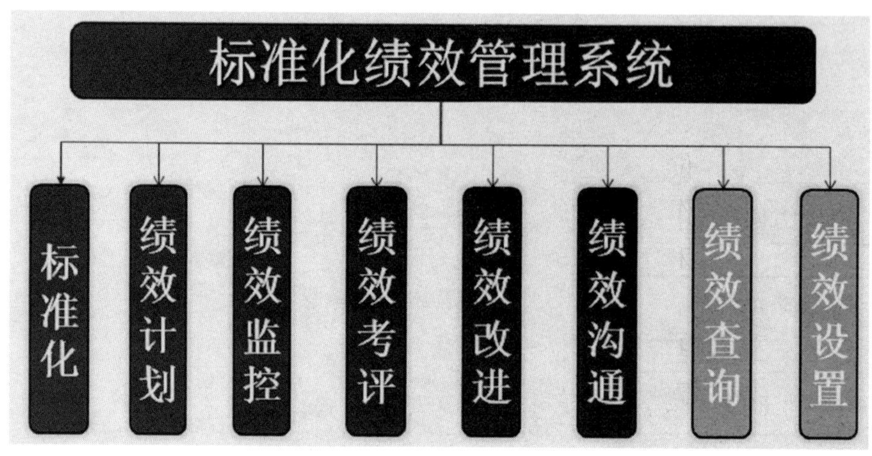

图 1－3　功能框架图

1. 标准化。为绩效管理提供规范的制度文件、表证单书文件、流程文件等依据文件，为客观绩效考核提供依据。

2. 绩效计划。绩效计划是绩效管理的起点，主要包括目标制定、目标分解、指标编制、计划分配等内容。

3. 绩效监控。绩效监控是连接绩效计划和绩效考核的中间环节，主要对绩效计划的执行过程中进行及时干预、跟踪与修正。主要包括周记录、月计划、月小结、人工提醒等内容。

4. 绩效考核。绩效考核是指考核主体按照绩效计划对考核对象的绩效目标指标执行情况进行考核评价的过程，分为季度考评和年度考评两大类。主要包括发布考评清单、录入考评数据、审核考评数据、生成得分等内容。

5. 绩效改进。绩效改进是绩效管理的目标，也是绩效结果的应用。主要包括自我分析和诊断建议，实现标准化质量管理制度体系改进、职责工作方面的改进和绩效管理体系的改进，为下一个标准化绩效管理周期提供重要依据。

6. 绩效沟通。绩效沟通是指管理者和管理对象在工作过程中持续不断地分享各类与绩效有关信息的过程，绩效沟通贯穿绩效管理全过程。主要包括绩效咨询与解答、通知公告，人员之间可以在线即时地实现相互咨询、辅导和沟通。

7. 绩效查询。用户可以按照权限进行各种绩效相关数据的查阅、查询、分析和汇总，主要包括对标准化文件、绩效计划、绩效监控、绩效考核等各方面的查询，辅助单位、部门和个人进行决策。

8．绩效设置。绩效设置是绩效系统最基础的系统管理模块。主要包括设置行政区划、内部机构、领导干部、系统用户和角色授权等，以及相关的指标要素和绩效参数设置。

第四节 业务角色

为便于系统的设计、开发、应用、维护与管理，依据标准化绩效管理系统的业务需求，按照业务用户岗位职责进行分类，将系统用户划分七类业务角色，定义每种业务角色在系统中所起的作用，以及其具有业务功能或权限情况。标准化绩效管理系统按“业务角色”来配置和管理用户的功能和权限。

一、主要领导角色

主要领导角色指的是：部门主要领导。

参与功能模块包含：

领导驾驶舱：通过领导决策支持模块，可全方位、多角度查询所有工作安排与工作进展，包括厅局工作安排、各处室工作安排、每个人的工作安排以及各环节工作开展情况。

二、分管领导角色

分管领导角色指的是：部门分管领导。

参与功能模块包含：

1．领导决策：领导决策支持模块。

2．绩效监控：周记录审核、月计划审核、月小结审核以及对分管工作中临期的指标进行人工提醒和提醒响应的审核。

3．绩效考评：工作负荷系数评定。

三、中层负责人角色

中层负责人角色指的是：部门内各下属单位正职。

参与功能模块包含：

1．绩效监控：录入自己的周记录，录入本处室的月计划和月小结；审核本处中层其他副职的周记录、月计划、月小结；对处室工作临期的指标进行人工提醒和提醒响应的审核，对分管领导或绩效管理员提出的临期指标提醒进行响应。

2．绩效考评：给本处室人员工作负荷系数进行评定。

3．绩效沟通：进行绩效咨询以及通知公告查看。

4．绩效改进：绩效分析报告编写、绩效分析报告审核、绩效诊断报告编写、绩效提升计划编写，以及相应的查询功能。

四、中层副职角色

中层副职角色指的是：部门内各下属单位分管副职（含参与职责分工的调研员）。

参与功能模块包含：

1. 绩效监控：录入自己的周记录、月计划和月小结；审核本处中层其他副职的周记录、月计划、月小结；对工作人员临期指标进行人工提醒、对提醒响应进行审核，对中层负责人提出的临期指标的提醒进行响应。

2. 绩效考评：对本处室人员工作负荷系数进行评定。

3. 绩效沟通：进行绩效咨询以及通知公告查看。

4. 绩效改进：绩效分析报告编写、绩效分析报告审核、绩效诊断报告编写、绩效提升计划编写，以及相应的查询功能。

五、工作人员角色

工作人员角色指的是：中层以下工作人员。

参与功能模块包含：

1. 绩效监控：周记录、月计划、月小结。

2. 绩效考评：负荷系数设置。

3. 绩效沟通：绩效咨询、通知公告查看。

4. 绩效改进：绩效分析报告编写、绩效提升计划编写以及查看功能。

六、绩效管理员角色

绩效管理员角色指的是：在绩效管理系统中拥有管理权限的人员，具体执行软件操作的管理员。

参与功能模块包含：

1. 绩效设置：包括对内部机构的维护、厅局人员的维护、领导分管单位的设置、考评小组设置。

2. 绩效计划：包括目标设置、一级指标设置、二级共性指标设置、二级个性指标设置、二级个性指标审核、三级共性指标设置、三级个性指标设置、三级个性指标审核、共性指标分发、绩效公示、二级指标分配、三级指标分配。

3. 绩效监控：对处室进行人工提醒和提醒响应审核。

4. 绩效考评：（1）季度考评中对单位和个人的考评清单的发布、指标数据审核、初始得分生成、最终得分生成。（2）年度考评中对单位和个人考评清单的发布、指标数据审核、初始得分生成、最终得分生成、责任系数生成、德勤廉考评结果录入、党风廉政建设结果录入、加分录入、扣分录入、调整得分生成、特别人员得分录入、排名总分生成。

5．绩效沟通：绩效解答、通知公告管理、通知公告查看。

七、考评小组角色

考评小组角色指的是：绩效考评期间设立的考评组织实施机构。

参与功能模块包含：

绩效考评：季度和年度考评中对个人和处室的指标数据进行录入。

第二章 操作使用

第一节 标准化

标准化绩效管理是一种根据我国行政部门管理实际，融合绩效管理、标准化管理等现代管理理论、方法及技术和中国传统管理优秀思想的行政管理新模式。

一、标准化文件

标准化文件指的是标准化管理过程的依据文件，包含了国际标准化组织制定的相关标准文件、国家规范性文件、本省规范性文件以及本厅局单位内部规范性文件。

（一）文件管理

1. 业务描述

标准化文件管理包含了文件的上传、版本的更替以及与绩效指标的关联。

2. 参与角色

绩效管理员。

3. 业务操作界面及说明

操作步骤：

（1）绩效管理员登录系统。

（2）进入主界面后，依次选择“标准化”→“标准化文件”→“文件管理”菜单，进入“文件管理”界面（图2－1）。

（3）点击新增按钮，依次填写标准化文件的编码（必填）、文号、发文机构、文件标题、序号，以及该文件（以附件形式上传）（图2－2）。

（4）另外系统还提供编辑、删除（如果该标准化文件已经做了同绩效指标的关联，系统不允许删除）、预览、提取附件的功能。

提取附件：选中要打开的文件→点击提取附件→选择保存路径，下载相应附件（图2－3）。

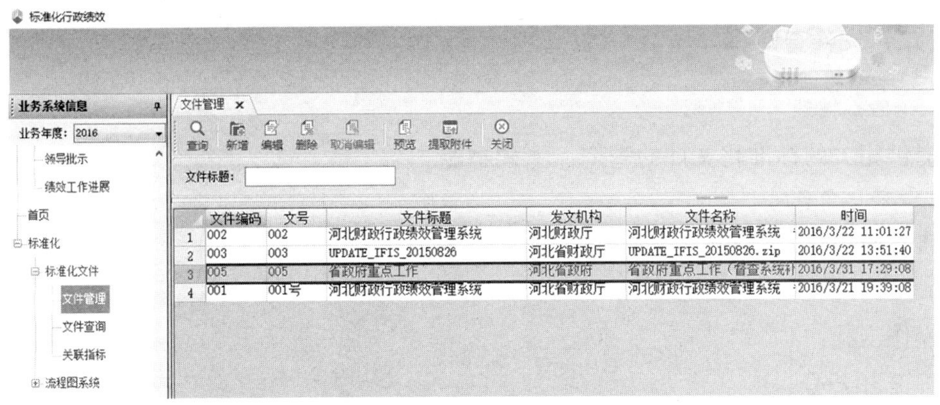

图 2－1 文件管理界面

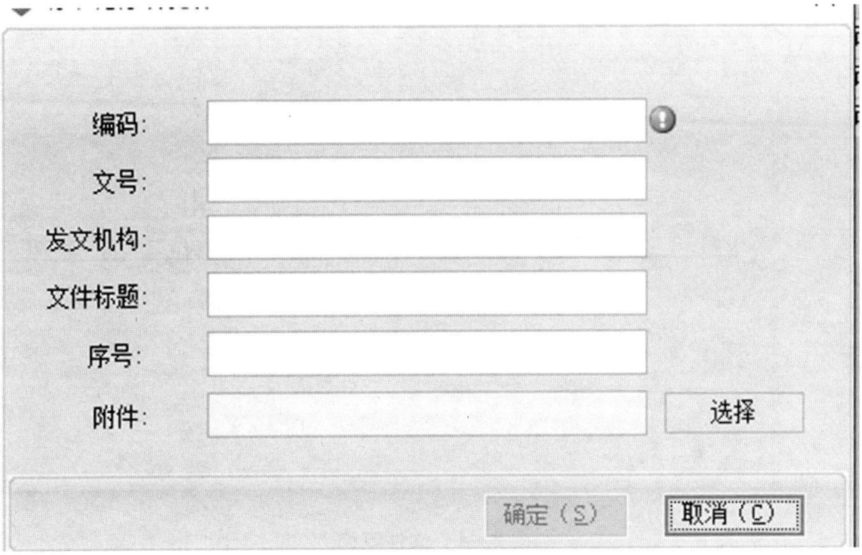

编码:

文号:

发文机构:

文件标题:

序号:

附件: 选择

确定（S） 取消（C）

图 2－2 填写标准化文件信息

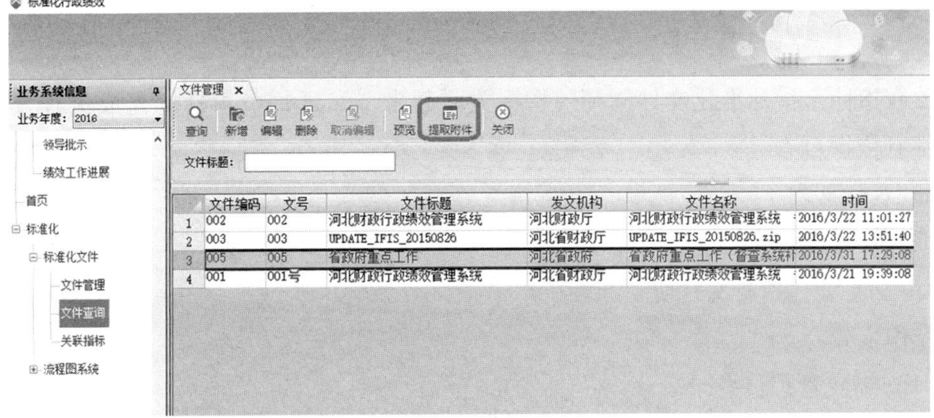

图 2－3 提取附件

（二）文件查询

1. 业务描述

提供相关的标准化文件的查询、下载功能。

2. 参与角色

所有用户。

3. 业务操作界面及说明

操作步骤：

（1）用户登录

（2）进入菜单："标准化"→"标准化文件"→"文件查询"（图2－4）。

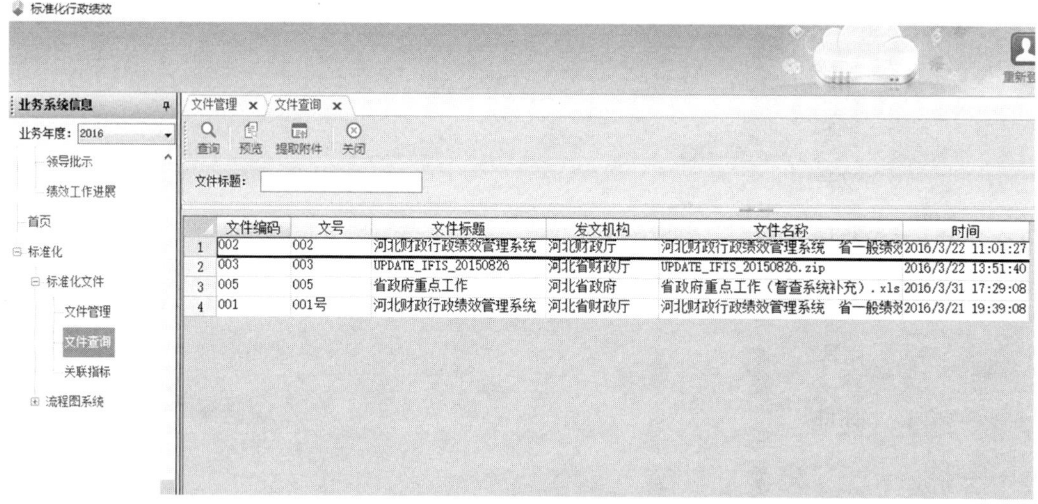

图2－4 文件查询

（三）关联指标

1. 业务描述

关联指标是指标准化文件同绩效指标关联起来，实现每个指标的完成过程及考评过程都有依据可查。

2. 参与角色

绩效管理员。

3. 业务操作界面及说明

操作步骤：

（1）绩效管理员登录。

（2）进入菜单："标准化"→"标准化文件"→"关联指标"。

（3）点击"设置"按钮，进入文件同绩效指标建立关系的界面。

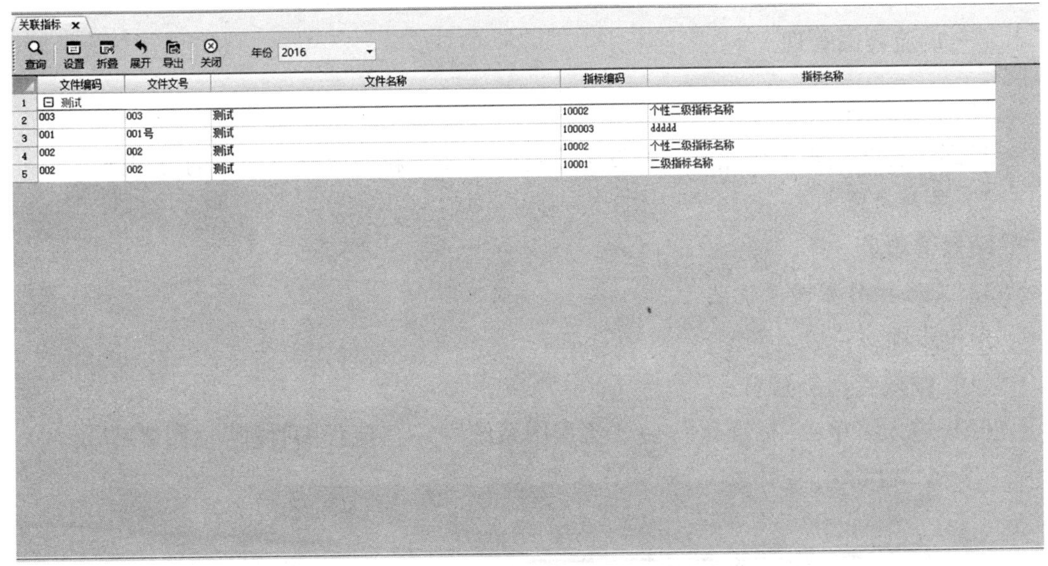

图 2－5　建立标准化文件和指标的对应关系

（4）选择指标年度。

（5）左边选择一个文件，右边勾选该文件支撑的指标，勾选完成后点击“保存”按钮，建立文件和指标之间的关系（图 2－6）。

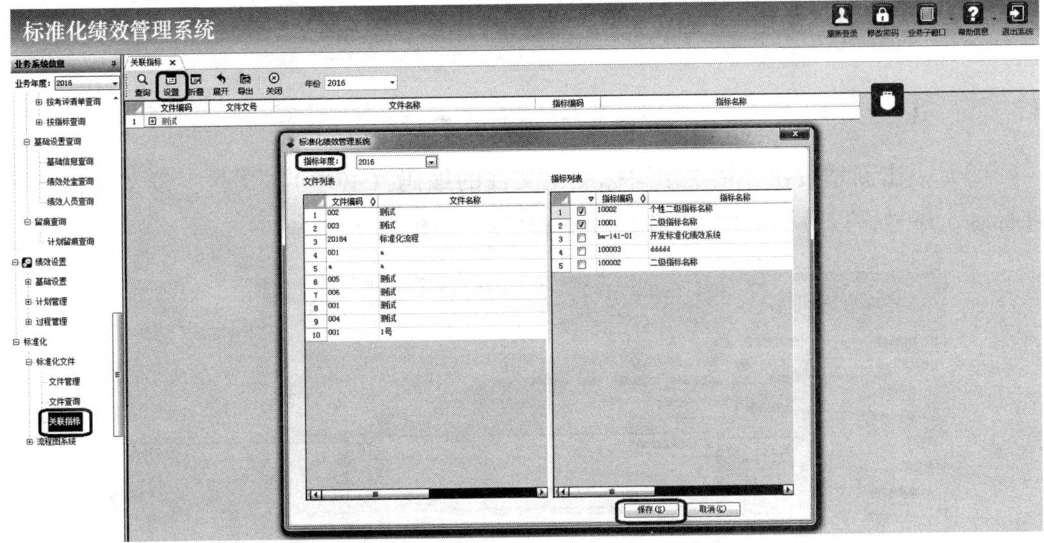

图 2－6　关联指标

二、流程图系统

实际工作中具体的流程需要统一规范，通过流程图来规范工作的开展过程。

（一）流程图管理

1. 业务描述

当部门有新增职能或业务流程发生变化时，需要新增或修改相应的流程图。

2. 参与角色

绩效管理员。

3. 业务操作界面及说明

操作步骤：

（1）绩效管理员登录。

（2）进入菜单："标准化"→"流程图系统"→"流程图管理"（图2－7）。

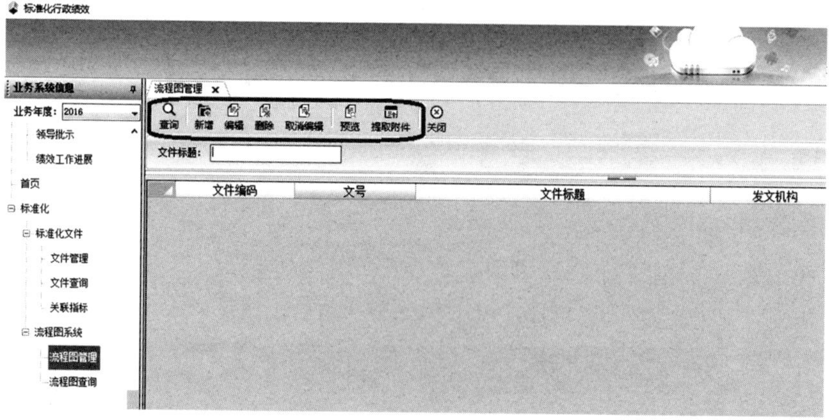

图2－7 流程图管理

（3）点击新增按钮，依次填写标准化文件的编码（必填）、文号、发文机构、文件标题、序号，以及该文件（以附件形式上传）（图2－8）。

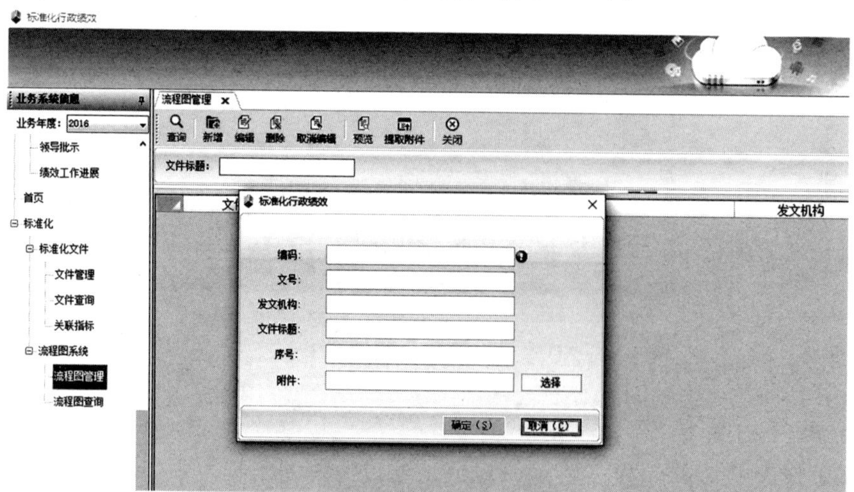

图2－8 新增信息

（二）流程图查看

1. 业务描述

开展工作时可以在线查看流程图，从而依据标准流程开展工作。

2. 参与角色

所有用户。

3. 业务操作界面及说明

操作步骤：

（1）用户登录。

（2）进入菜单："标准化"→"流程图系统"→"流程图查询"（图2－9）。

图2－9　流程图查询

第二节　绩效计划

绩效计划指厅内各单位和工作人员就实现战略目标达成的一种契约，包括绩效目标和绩效指标两项内容。其中，绩效目标是编制绩效指标的依据，包括年度工作任务和预期目标。绩效指标是年度工作目标任务的具体化，根据管理级次，分为一级指标（厅局指标）、二级指标（单位处室指标）、三级指标（岗位个人指标）。

绩效计划编制流程（图2－10）：

1. 办公室或绩效办根据厅局年度工作目标制定绩效目标和一级指标。

2. 各处室单位根据厅局发布的绩效目标、一级指标、单位三定方案以及单位年初工作计划制定二级指标，并分解为三级指标。

3. 二级指标和三级指标经办公室或绩效办审核通过后，由绩效管理员录入系统并进行指标分配和公示。

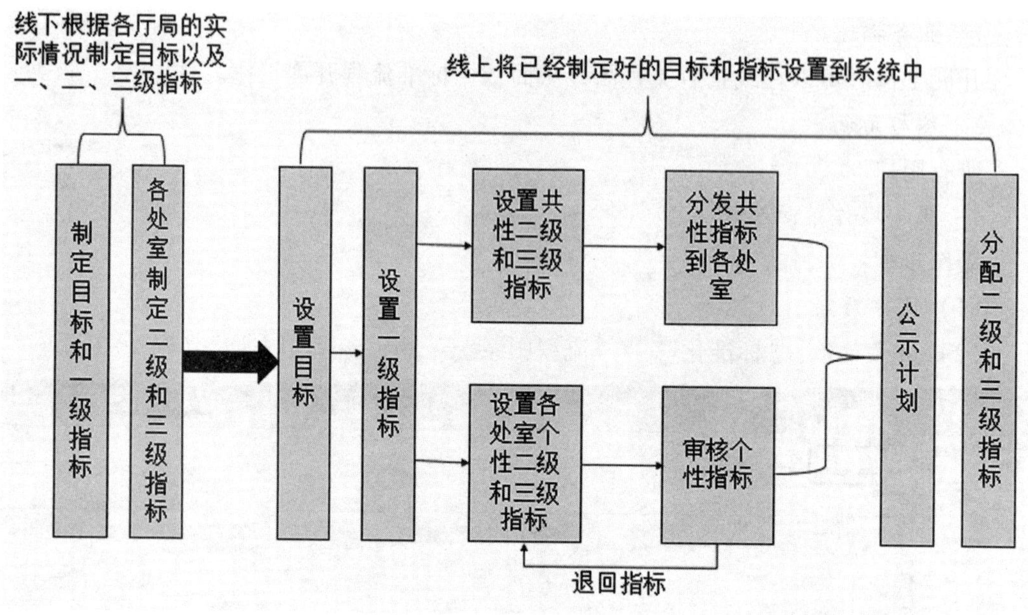

图 2－10 绩效计划阶段流程图

一、设置绩效目标

（一）业务描述

年度绩效管理周期开始后（一般为年初），将厅局制定的绩效目标录入到标准化绩效系统中。

（二）参与角色

绩效管理员。

（三）业务操作界面及说明

操作步骤：

1. 绩效管理员登录系统。

2. 进入主界面后，选择业务年度，依次选择“绩效计划”→“目标设置”菜单，进入“目标设置”界面（图 2－11）。

3. 点击“新增”按钮，在弹出的活动窗口（图 2－12）中填写“目标名称”和“目标释义”，然后点击“保存”按钮，即可完成本条目标录入。重复以上操作可将所有目标录入系统。

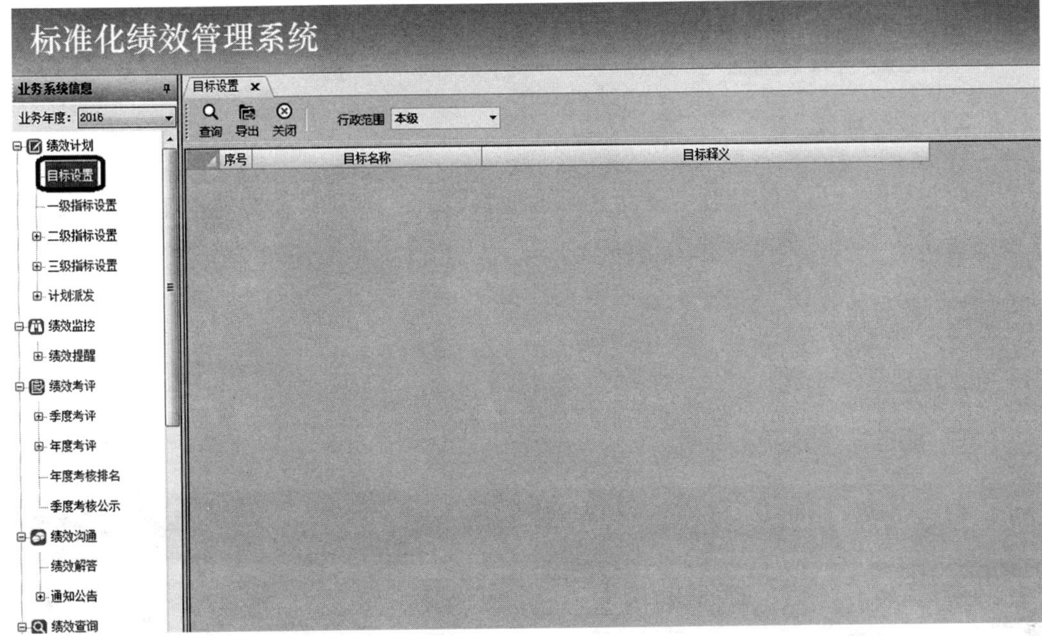

图 2－11 主界面——目标设置

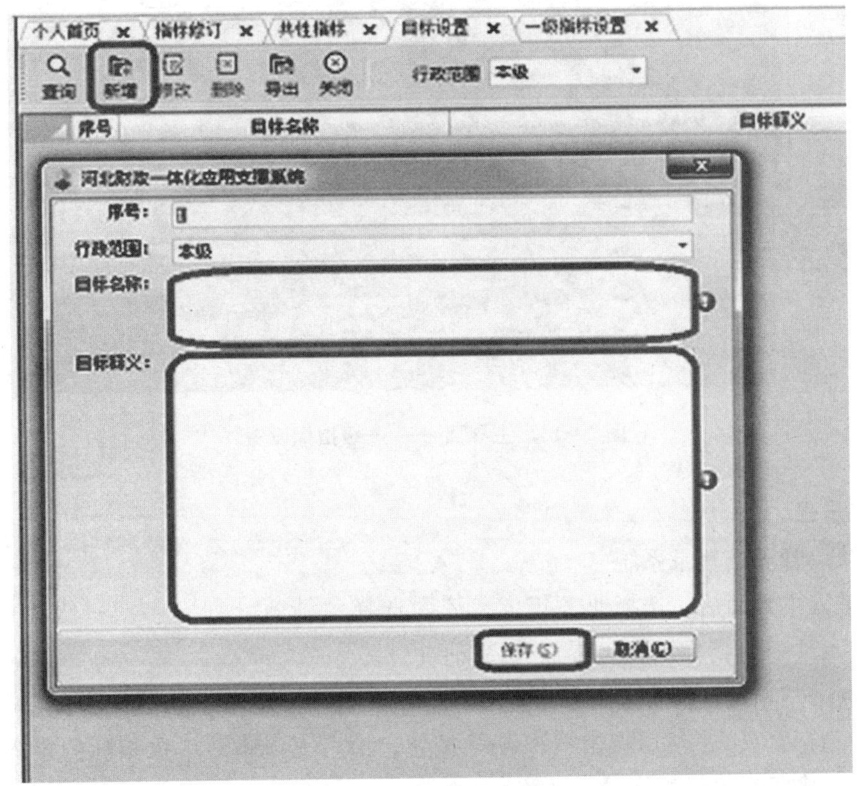

图 2－12 新增目标窗口

二、设置一级指标

（一）业务描述

绩效指标共分为三个级次，一级指标为厅局设置。绩效目标和绩效指标的逻辑关系是逐级派生，目标分解转化为指标。

（二）参与角色

绩效管理员。

（三）业务操作界面及说明

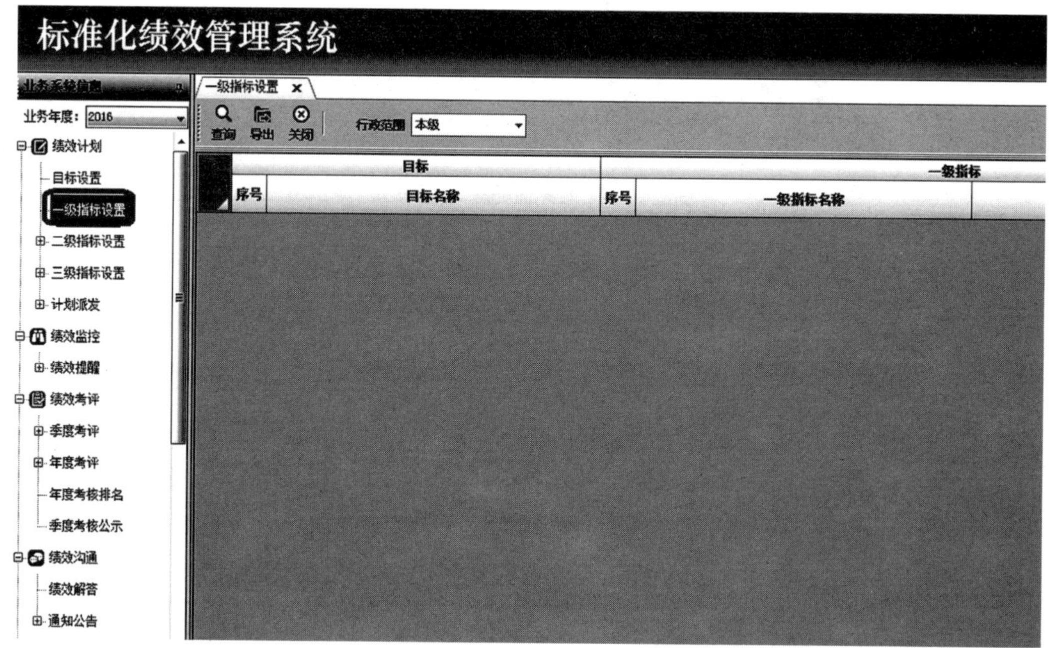

图 2－13　主界面——一级指标设置

操作步骤：

1．绩效管理员登录系统。

2．进入主界面后，选择业务年度，依次选择“绩效计划”→“一级指标设置”菜单，进入“一级指标设置”界面（图 2－13）。

3．点击“新增”按钮，在弹出的活动窗口（图 2－14）中填写“一级指标名称”和“一级指标释义”，然后点击“保存”按钮，即可完成本条一级指标的录入。重复以上操作可将所有一级指标录入系统。

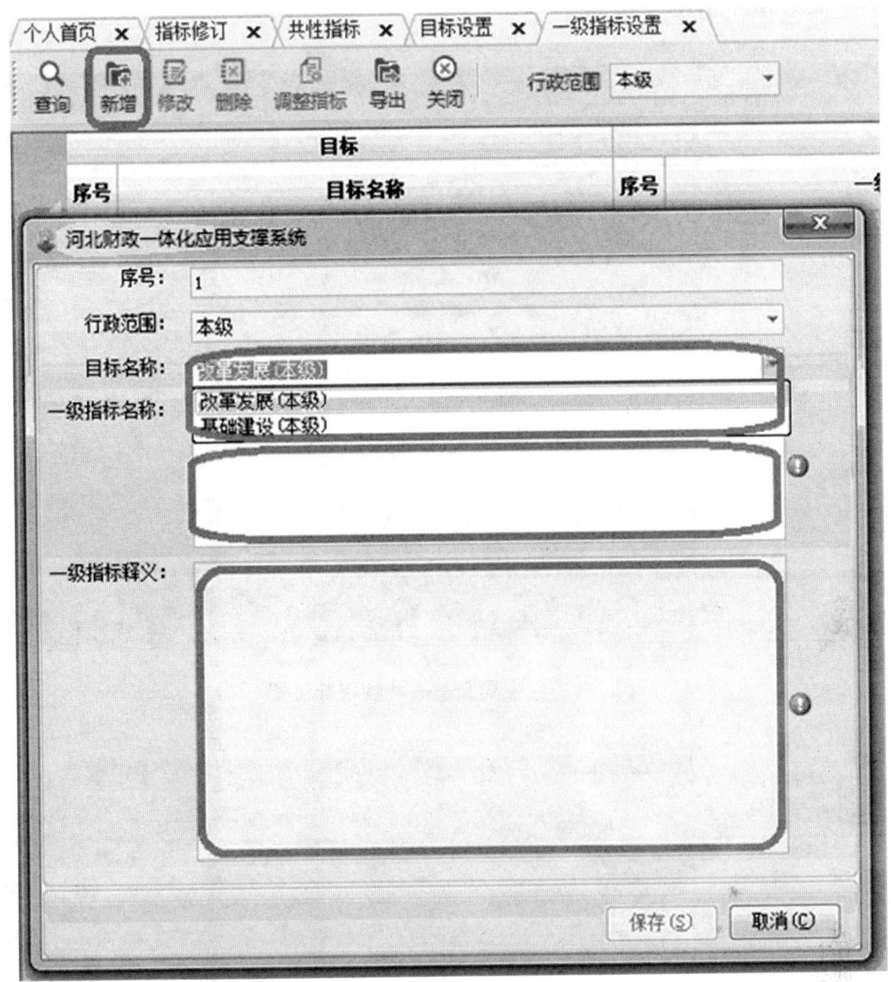

图 2－14 新增一级指标窗口

三、设置共性指标

（一）业务描述

厅局各处室单位共同承担的共性工作，量化为单位的共性指标，共性指标分为二级指标和三级指标。二级指标为处室单位设置，由中层负责人或者中层副职承担，三级指标为个人设置，由一般工作人员承担，也可以由中层副职承担。

（二）参与角色

绩效管理员。

（三）业务操作界面及说明

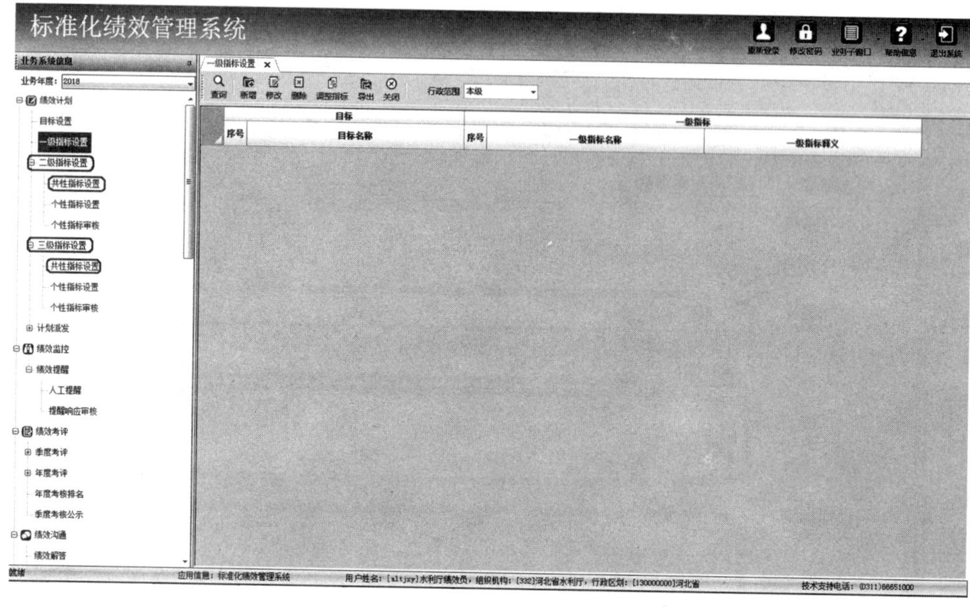

图 2－15 主界面——共性指标设置

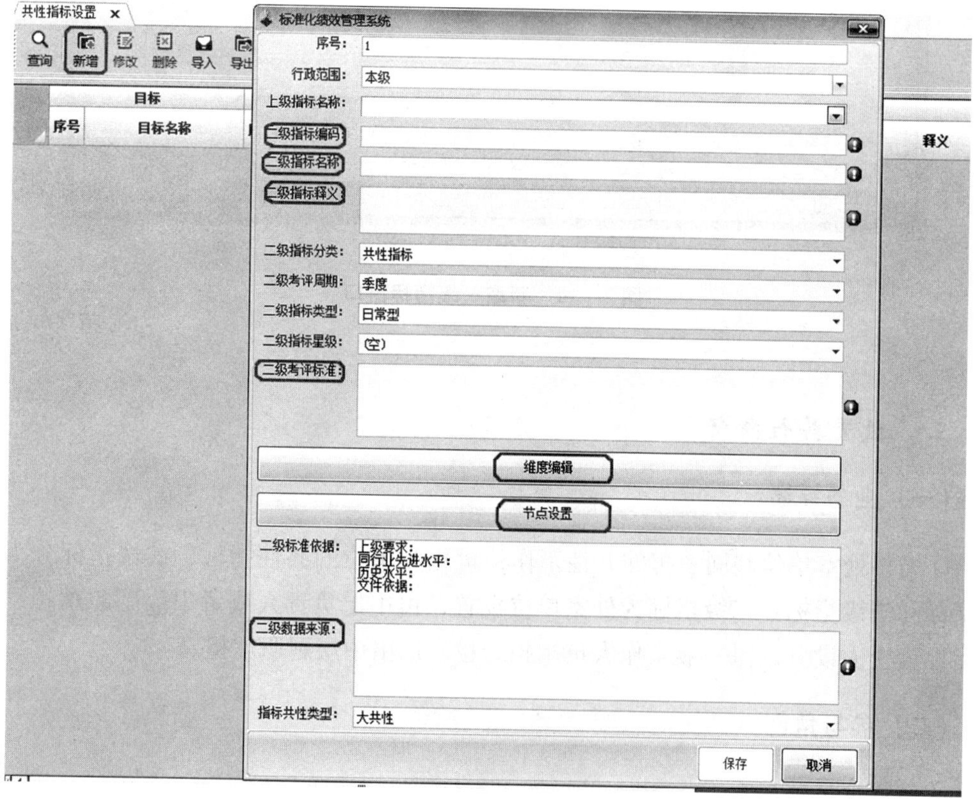

图 2－16 编辑二级共性指标窗口

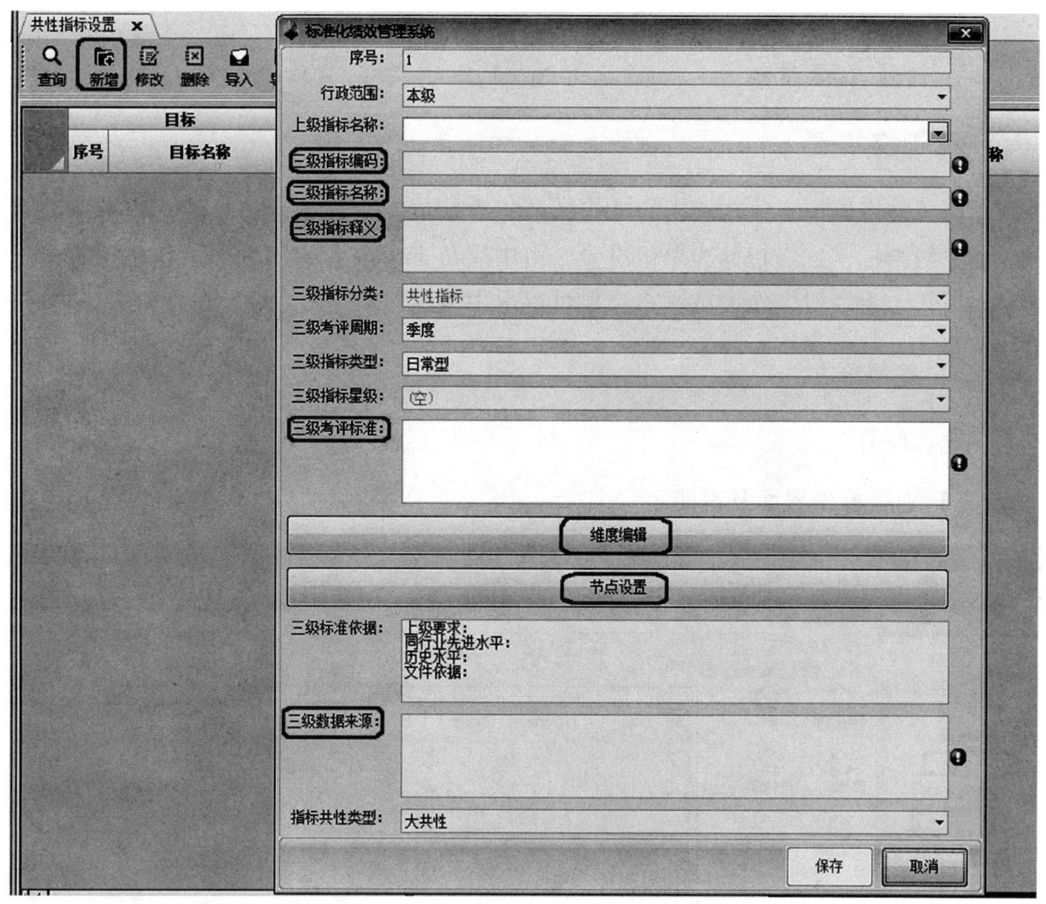

图 2-17 编辑三级共性指标窗口

操作步骤:

1. 绩效管理员登录系统。

2. 进入主界面后，选择业务年度，依次选择“绩效计划”→“二（三）级指标设置”→“共性指标设置”菜单，进入“设置”界面（图 2-15）。

3. 点击“新增”按钮，在弹出的活动窗口（图 2-16 和图 2-17）中选择“上级指标名称”填写“二（三）级指标编码”“二（三）级指标名称”“二（三）级指标释义”“二（三）级考评标准”“二（三）级数据来源”，编辑指标的“维度”和“节点”，然后点击“保存”按钮，即可完成本条二（三）级共性指标的录入。重复以上操作可将所有二（三）级共性指标录入系统。

四、设置个性指标

（一）业务描述

厅局各处室单位需独自承担的工作，量化为单位的个性指标，个性指标分为二级指标和三级指标，二级指标为单位设置，由中层负责人或者中层副职承担，三级指标为个人设置，由一般工作人员承担，也可以由中层副职承担。

（二）参与角色

绩效管理员。

（三）业务操作界面及说明

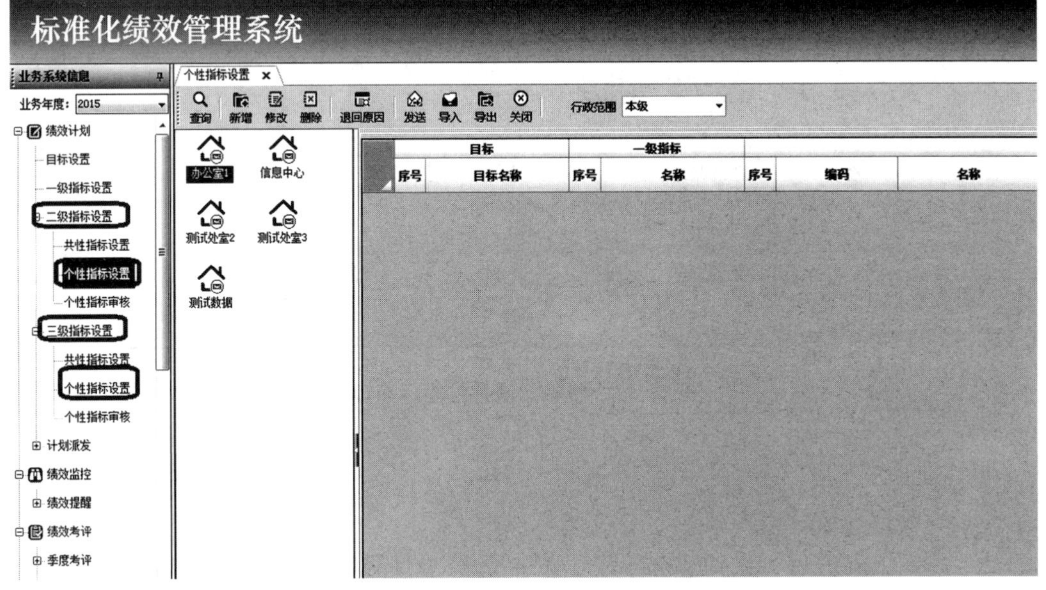

图 2－18 主界面——个性指标设置

操作步骤：

1. 绩效管理员登录系统。

2. 进入主界面后，选择业务年度，依次选择“绩效计划”→“二（三）级指标设置”→“个性指标设置”菜单，进入“设置”界面（图 2－18）。

3. 点击“导入”按钮，在弹出的活动窗口（图 2－19）选择定稿的 excel 表，系统将自动导入；也可以点击“新增”按钮，直接在录入界面（图 2－20 和图 2－21）录入指标信息。

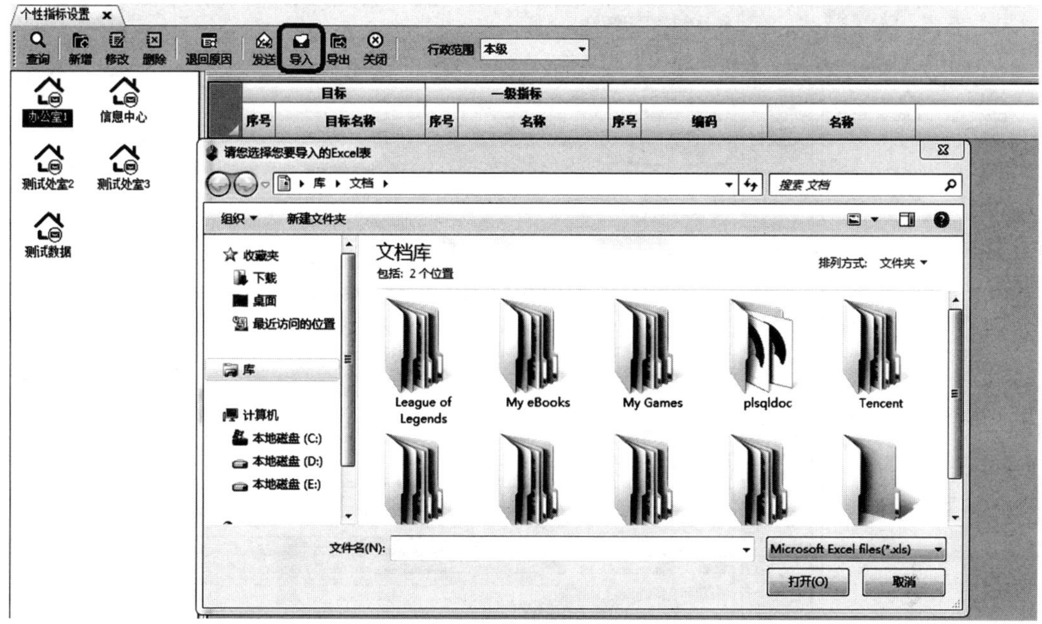

图 2－19 导入个性指标窗口

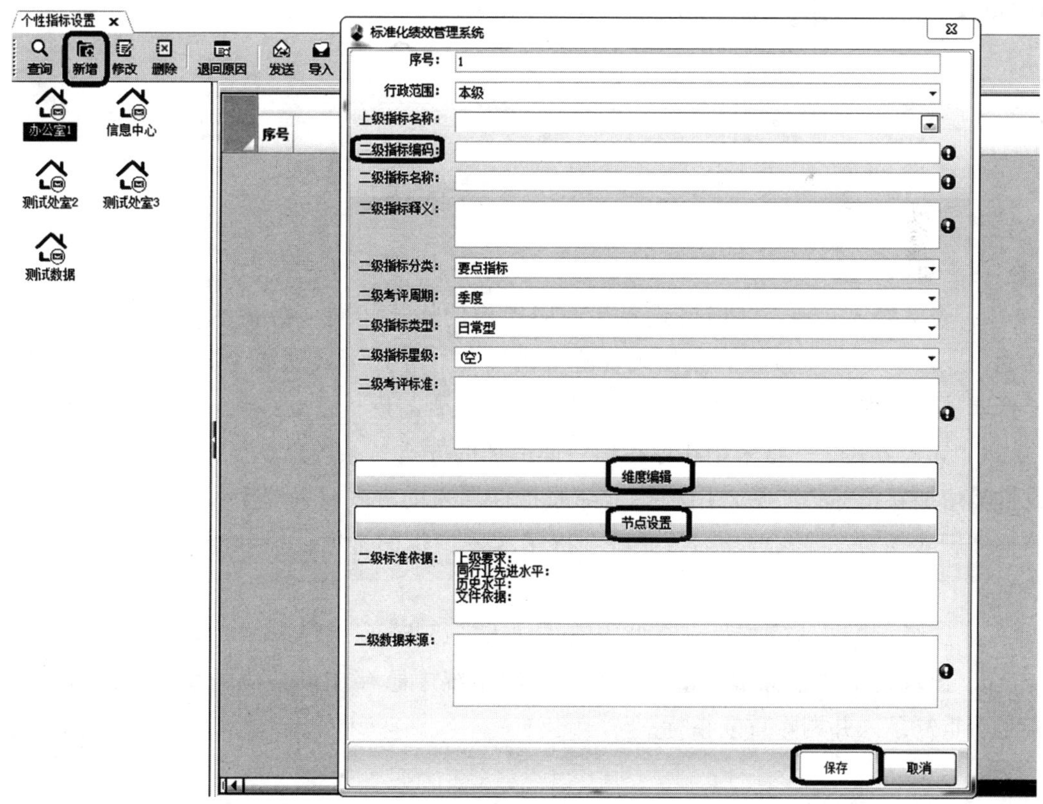

图 2－20 编辑二级个性指标窗口

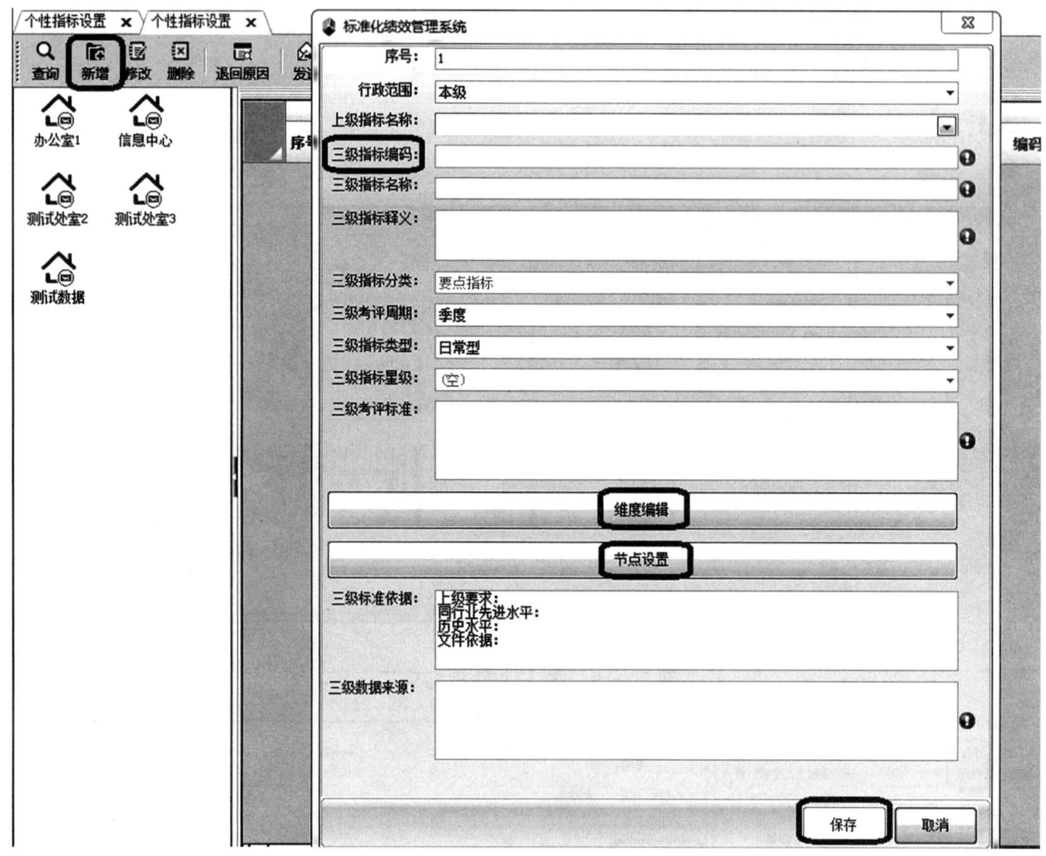

图 2－21　编辑三级个性指标窗口

注意事项:

a. 表格格式。导入表格格式要与通用模板的格式相同，格式不可改动；如果有变动，点击“导入”按钮后会出现提醒活动窗口。导入不成功通常是由于 excel 表固定格式被更改引起的，此时需核实 excel 表格式是否与模板格式一致（图 2－22）。

b. 导入方式。一是采用在原指标后面追加的方式（系统默认），适用于首次录入或批量增加新指标；二是采用删除全部原指标导入的方式（覆盖），适用于对原指标的整体删除替换。导入成功后，系统会提示输入指标的维度信息和时间节点（图 2－23）。

c. 二级指标导入完成后，按此方法再导入三级指标。

d. 出现提示“指标编码重复”时，说明系统中已存在该编码的指标，此时需检查是否重复录入并删除重复指标。

图 2－22 导入表格窗口

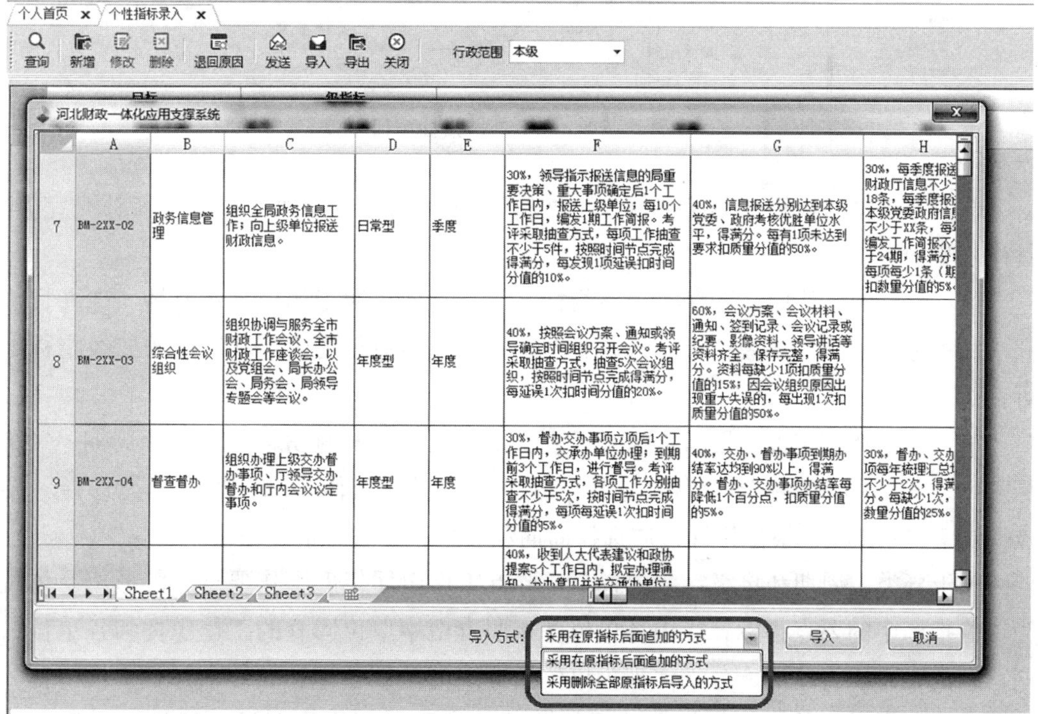

图 2－23 导入方式说明

4. 完善指标和维度编辑

导入 excel 表后，指标并未完善，需要进行进一步修订和编辑。

单位绩效管理员登录，进入主界面后，选择业务年度，依次选择“绩效计划”→“二（或三）级指标设置”→“个性指标设置”菜单，进入“个性指标设置”界面。该界面与导入时进入的界面相同。

操作步骤：点击“查询”按钮后，显示之前导入系统的单位个性指标（图 2－24）。

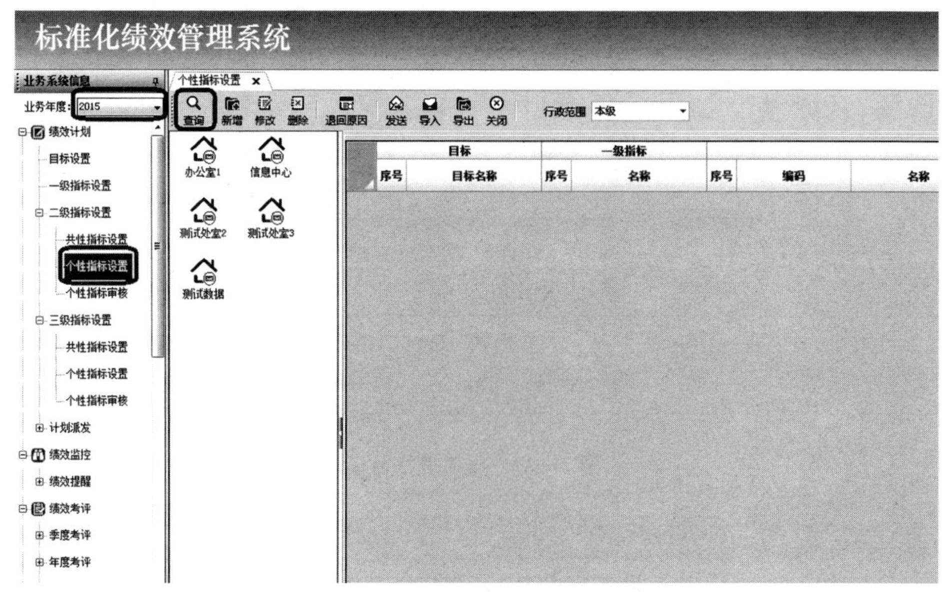

图 2－24　查询个性指标窗口

选中要编辑的指标，点击“修改”按钮（图 2－25），逐条对指标进行补充完善。具体步骤如下：

第一步，确定从属。选择“上级指标名称”栏，按照工作内容和属性，选择目标和一级指标，确定该二级指标的从属关系。三级指标只需要确定其隶属的二级指标即可。

第二步，补充完善。根据指标要素表，依次点击“指标分类”“考评周期”“指标类型”和“指标星级”栏目并选择下拉选项。根据工作实际，指标分类选择“要点”或者“基础”，根据指标性质选择周期和类型，并选择指标星级。

关于分类、周期和星级：厅内各单位要点工作由厅年度工作要点分解形成，体现为单位指标中的要点指标；厅内各单位基本职责由本单位固有的工作职责和各单位共同承担的工作职责组成，分别体现为单位指标中的基础指标和共性指标。单位指标和岗位指标根据对应的工作周期分为日常型、阶段型、年度型。日常型指标对应重复性、短期可考量的工作；阶段型指标对应年内某一时间段开展的工作；年度型指标对

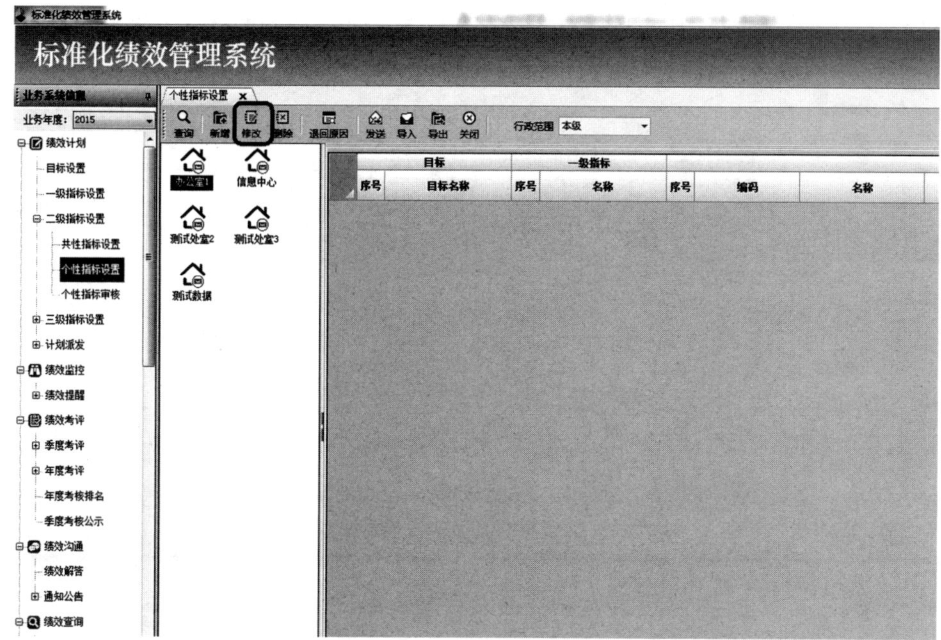

图 2－25 修改指标窗口

应持续开展的工作。厅内各单位及其工作人员绩效指标分值由指标权重乘基础分得出，指标权重采用“五星法”确定。“五星法”指依据对应工作的重要程度、难易程度和工作量，将指标分别确定为 1 至 5 星。

第三步，节点设置（或有步骤）（图 2－26）。若指标含有多个时间节点，则时间维度选用节点型。先通过进入“节点设置”界面添加时间节点信息。若无时间节点，转至第四步。

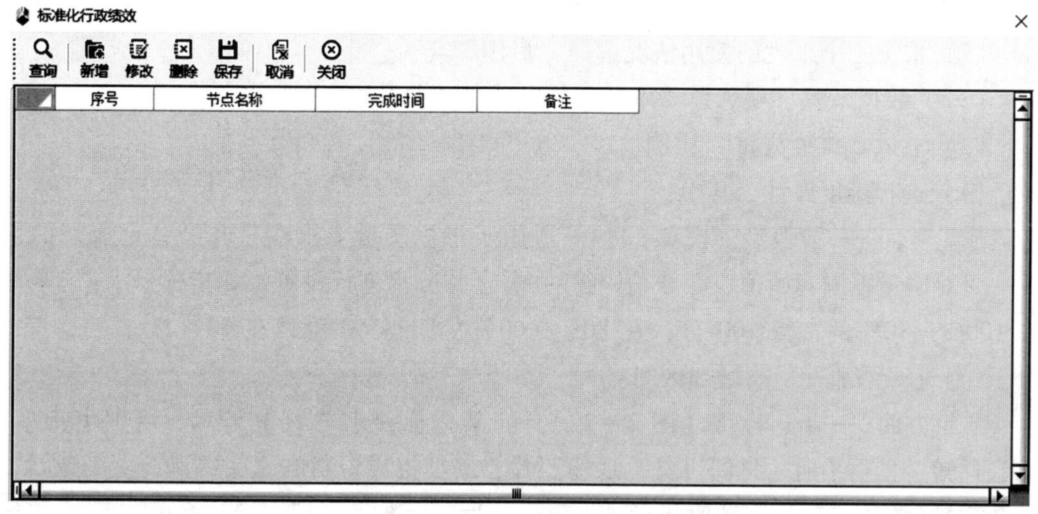

图 2－26 节点窗口主界面

点击“新增”按钮，在右侧“节点名称”“完成时间”和“备注”栏中依次填入相应信息，然后点击“保存”按钮（图2－27）。

图2－27　编辑节点窗口

第四步，维度编辑。维度编辑是指标设置的关键步骤，其目的在于将绩效指标文本转化为计算机语言，使软件识别指标的考评标准及评价方法。

点击“维度编辑”按钮，可以对选中的指标进行质量维度、时间维度、数量维度三个方面的编辑操作。

（1）根据三个维度的使用情况选择“启用”与否。

（2）“数据来源”项选择“审核评价”或“系统获取”。

（3）填入“维度权重”比例。

（4）选择维度属性。其中：

质量方面——阶段型（图2－28）。适用于指标质量要求在某几个特定区间的情况。可对质量范围起始值、截止值、得/扣分、扣分率进行设置。如指标要求：“某率在100%—80%的，得100分；在80%—60%的，得60分；在60%以下的，得0分。”通过“添加行”来增加区间。

质量方面——未达标型（图2－29）。如某指标要求“××请示、培训审批单、培训通知、学员手册、培训讲义、现场照片、培训报导资料齐全，得满分；每缺少1项扣质量分值的15%。”此时指标录入效果应为：标准值“7”、未达标值“1”，扣分率“15”。

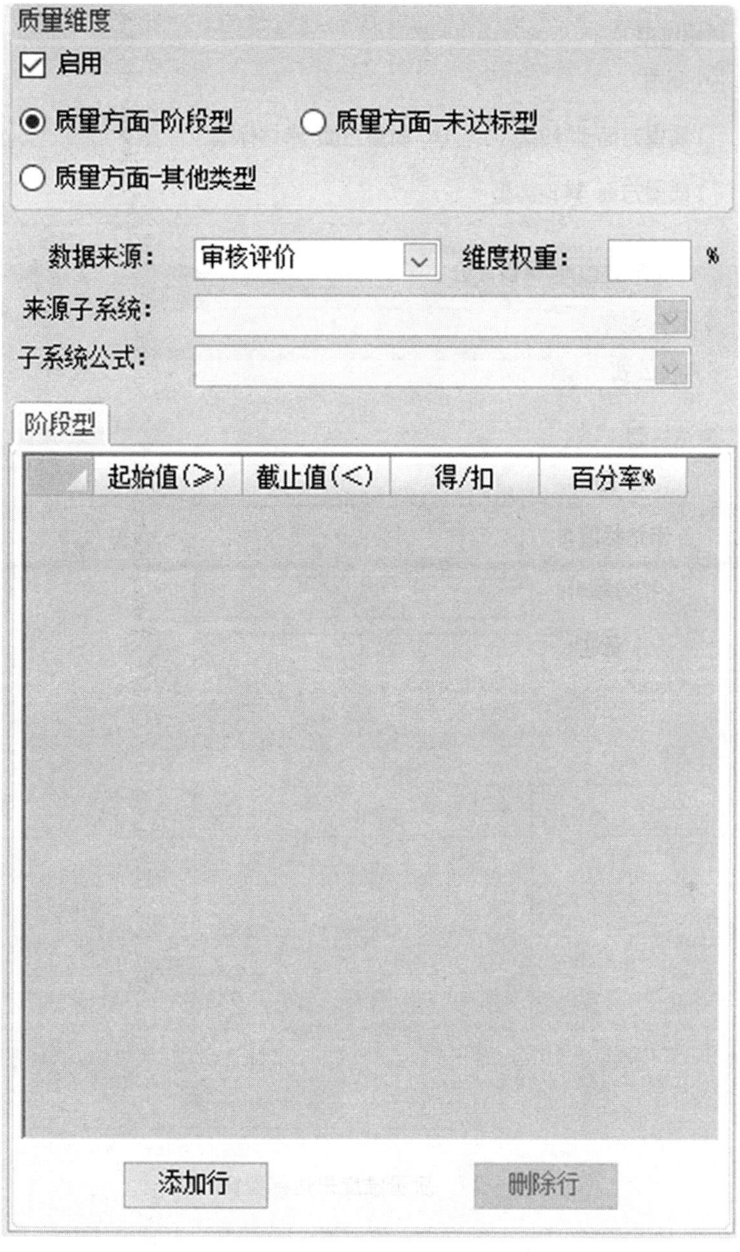

图 2－28　质量维度阶段型窗口

质量方面——其他类（图 2－30）。不能选用以上类型设置时，如有多重扣分方式的，“质量方面，××工作通知、工作指导记录资料齐全，××管理办法、××方案正式印发，得满分。资料每缺少 1 项，扣质量分值的 10%；××管理办法、××方案每有 1 项未正式印发扣质量分值的 40%。”此时选择“其他类”并直接录入文本即可。

时间方面——截止日期型（图 2－31、图 2－32、图 2－33）。适用于只有 1 个明

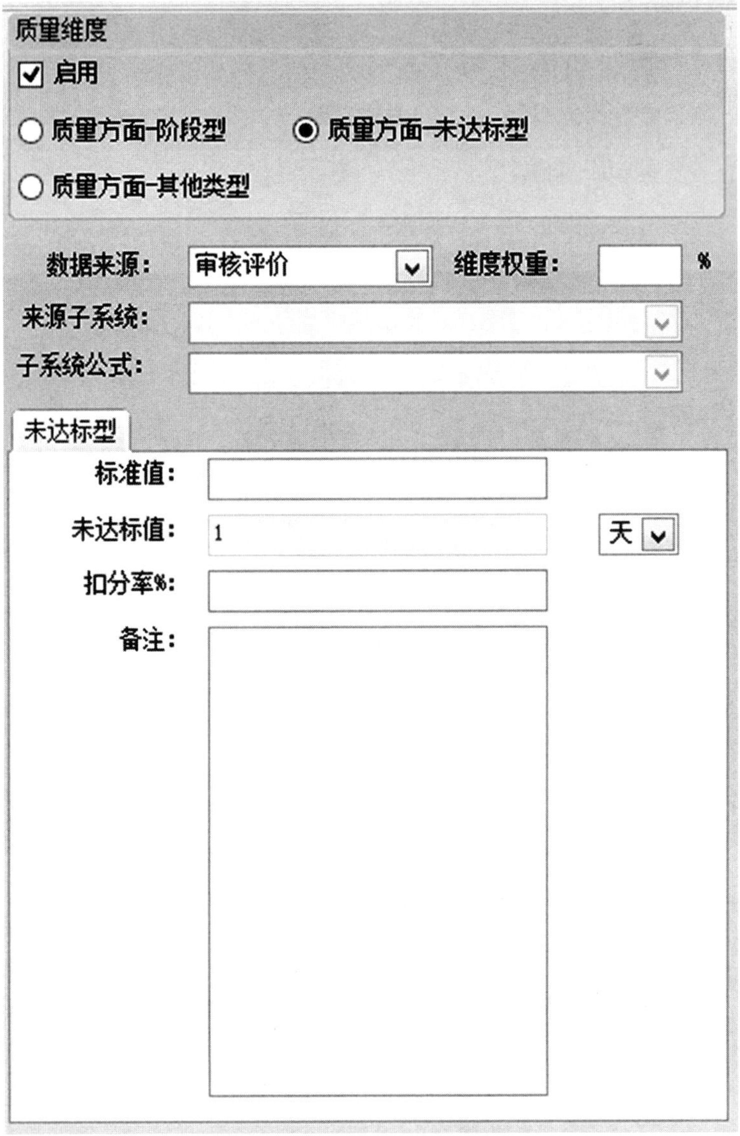

图2－29 质量维度未达标型窗口

确时间节点的情况。如："3月15日前完成《河北省××厅××××方案起草》，按照时间节点完成得满分，未按时完成扣时间分值的100%。"此时指标录入效果应为：标准值"2015年3月15日"、超标值"1"，扣分率"100"。

时间方面——节点型。此维度需要事先设置节点，若已设置完毕，则会自动引用过来。如图所示：

在此界面继续完善节点信息。如"6月1日前，完成××方案报厅领导审签；6月15日前下达资金；下达资金后2个工作日内登记台账。按照时间节点完成得满分，每有1项未按时完成扣时间分值的35%。"

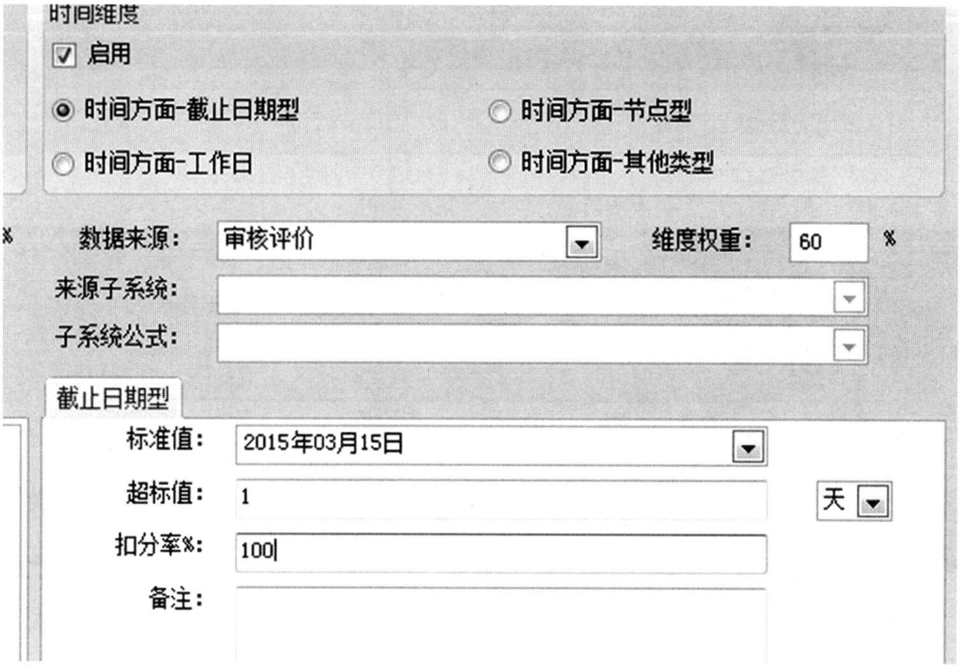

时间维度

☑ 启用

◉ 时间方面-截止日期型　　○ 时间方面-节点型

○ 时间方面-工作日　　○ 时间方面-其他类型

数据来源：审核评价　　维度权重：60 %

来源子系统：

子系统公式：

截止日期型

标准值：2015年03月15日

超标值：1　天

扣分率%：100

备注：

图 2－30　时间维度截止日期型窗口

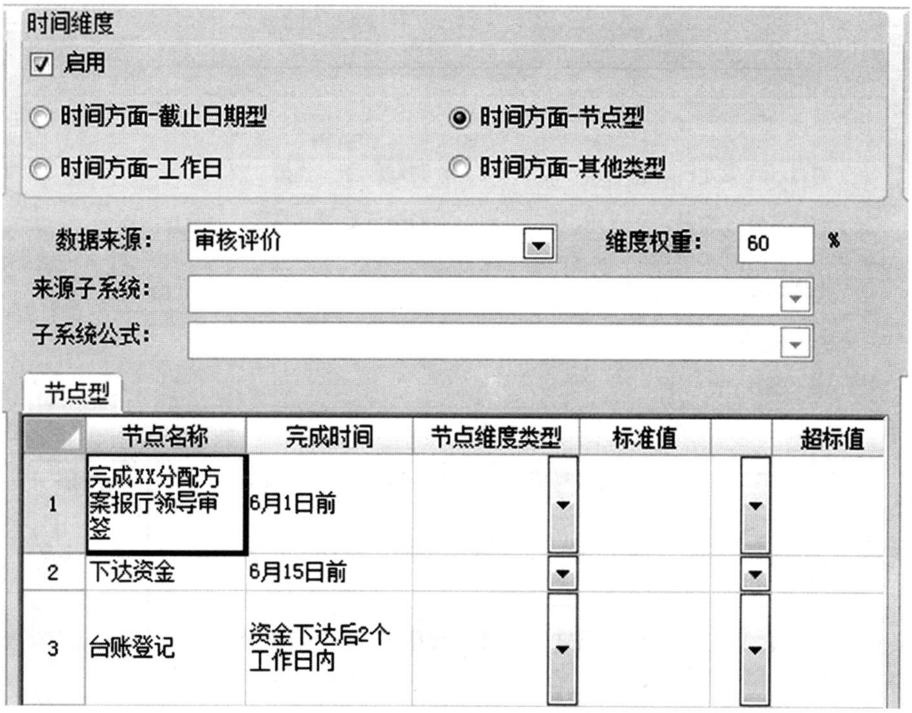

时间维度

☑ 启用

○ 时间方面-截止日期型　　◉ 时间方面-节点型

○ 时间方面-工作日　　○ 时间方面-其他类型

数据来源：审核评价　　维度权重：60 %

来源子系统：

子系统公式：

节点型

	节点名称	完成时间	节点维度类型	标准值		超标值
1	完成XX分配方案报厅领导审签	6月1日前				
2	下达资金	6月15日前				
3	台账登记	资金下达后2个工作日内				

图 2－31　时间维度节点型窗口

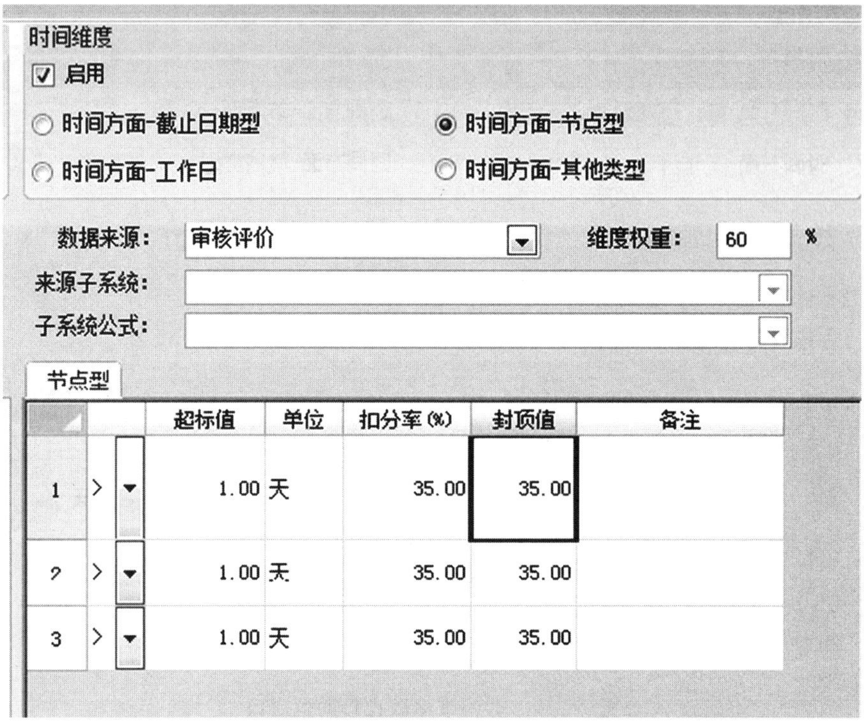

时间维度

☑ 启用

○ 时间方面-截止日期型　　◉ 时间方面-节点型

○ 时间方面-工作日　　○ 时间方面-其他类型

数据来源：审核评价　　维度权重：60 %

来源子系统：

子系统公式：

节点型

			超标值	单位	扣分率(%)	封顶值	备注
1	>	▾	1.00	天	35.00	35.00	
2	>	▾	1.00	天	35.00	35.00	
3	>	▾	1.00	天	35.00	35.00	

图 2－32　时间维度节点型窗口

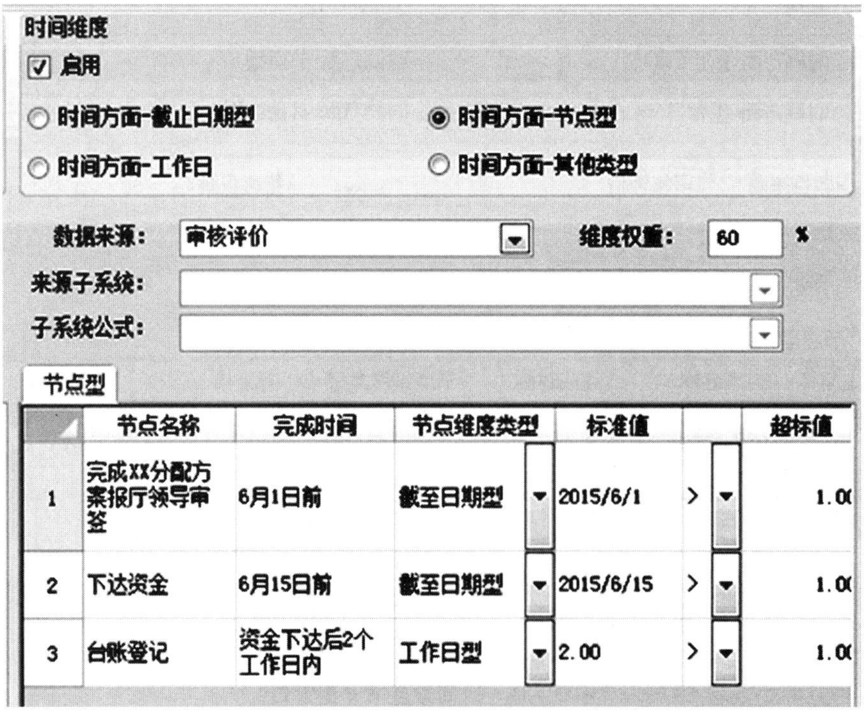

时间维度

☑ 启用

○ 时间方面-截止日期型　　◉ 时间方面-节点型

○ 时间方面-工作日　　○ 时间方面-其他类型

数据来源：审核评价　　维度权重：60 %

来源子系统：

子系统公式：

节点型

	节点名称	完成时间	节点维度类型		标准值			超标值
1	完成XX分配方案报厅领导审签	6月1日前	截至日期型	▾	2015/6/1	>	▾	1.0(
2	下达资金	6月15日前	截至日期型	▾	2015/6/15	>	▾	1.0(
3	台账登记	资金下达后2个工作日内	工作日型	▾	2.00	>	▾	1.0(

图 2－33　时间维度节点型窗口

时间方面——工作日型、数量方面——未达标型，编辑方法同“质量方面未达标型”。

数量方面——未达标型。如“完成资金整合下达8000万元以上，得满分，每减低400万元扣数量分值的5%”，此时指标录入效果应为：标准值“20”、未达标值“1”，扣分率“5”。

时间方面——其他类型、数量方面——其他型和“其他维度”勾选框，编辑方法同“质量方面——其他类”，直接录入文本即可。

注意事项：

a. 任意字符框出现闪烁光标时，双击可出现数字输入器和计算器；时间字符框双击可出现日期选择器。

b. 在完成二级指标设置后，请不要忘记设置三级指标。

5. 调整个别指标

若需要调整个别指标，单位绩效管理员登录进入主界面后，依次选择“绩效计划”→“二（或三）级指标设置”→“个性指标设置”菜单，进入“个性指标设置”界面。

操作步骤：选中某行指标，点击“新增”“修改”或“删除”按钮，可逐条手工调整或删除二（或三）级指标（图2-34）。

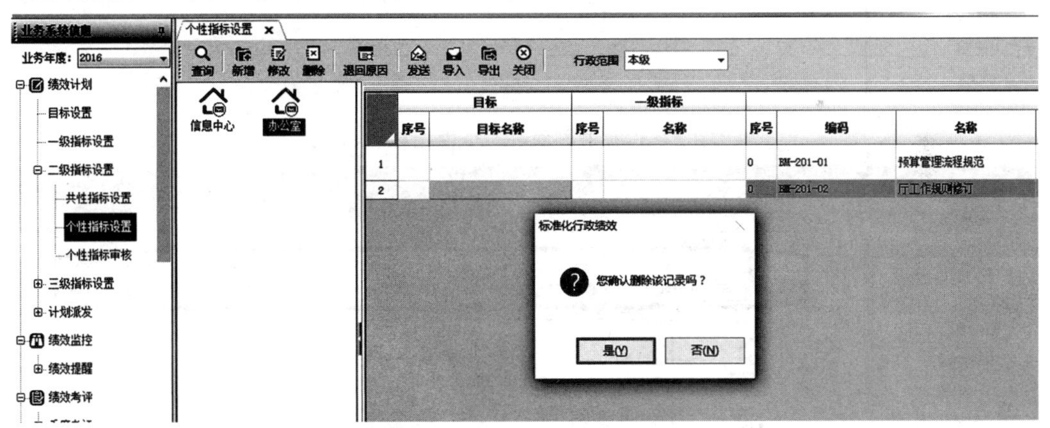

图2-34 调整个别指标窗口

五、发送及审核个性指标

（一）业务描述

由于个性指标录入工作比较繁重，在指标录入过程中往往出现各种错误，录入完成后需要由绩效管理的负责人进行再次确认审核，确保指标信息准确无误。

（二）参与角色

绩效管理员。

（三）业务操作界面及说明

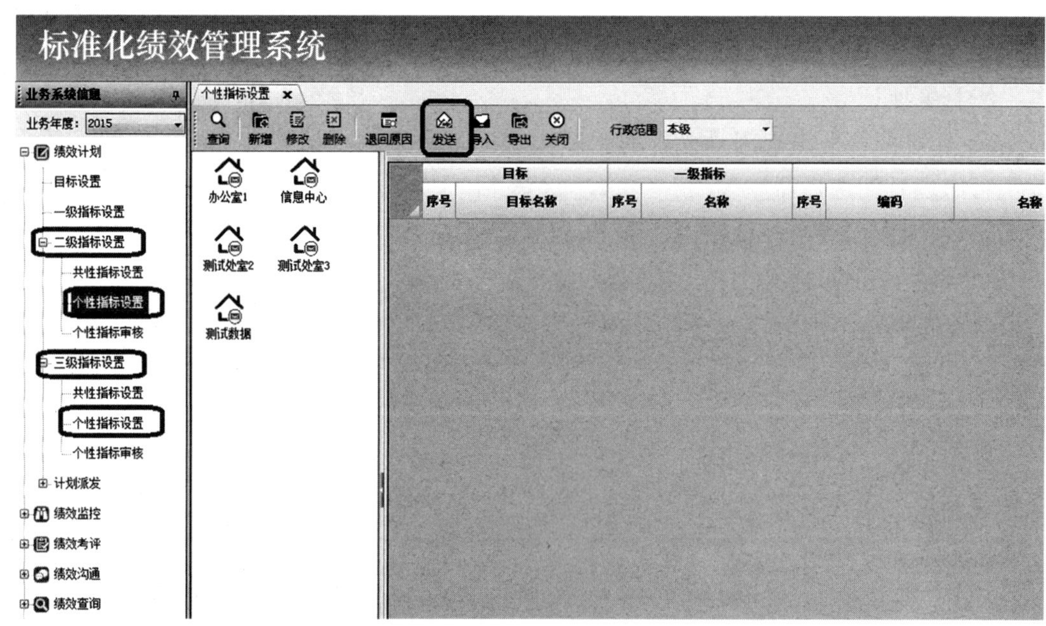

图 2-35 主界面——个性指标发送

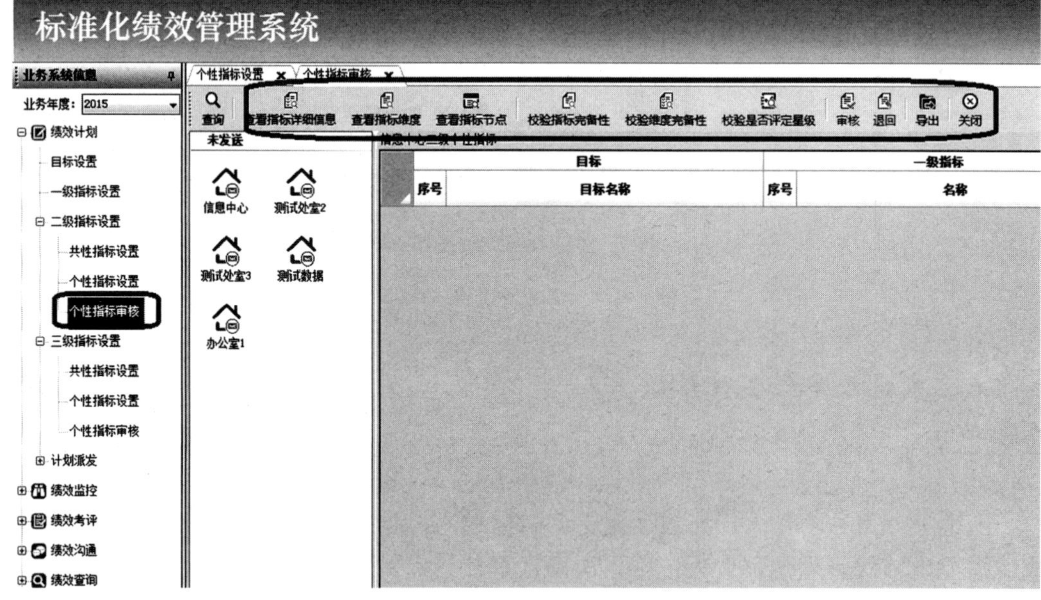

图 2-36 主界面——个性指标审核

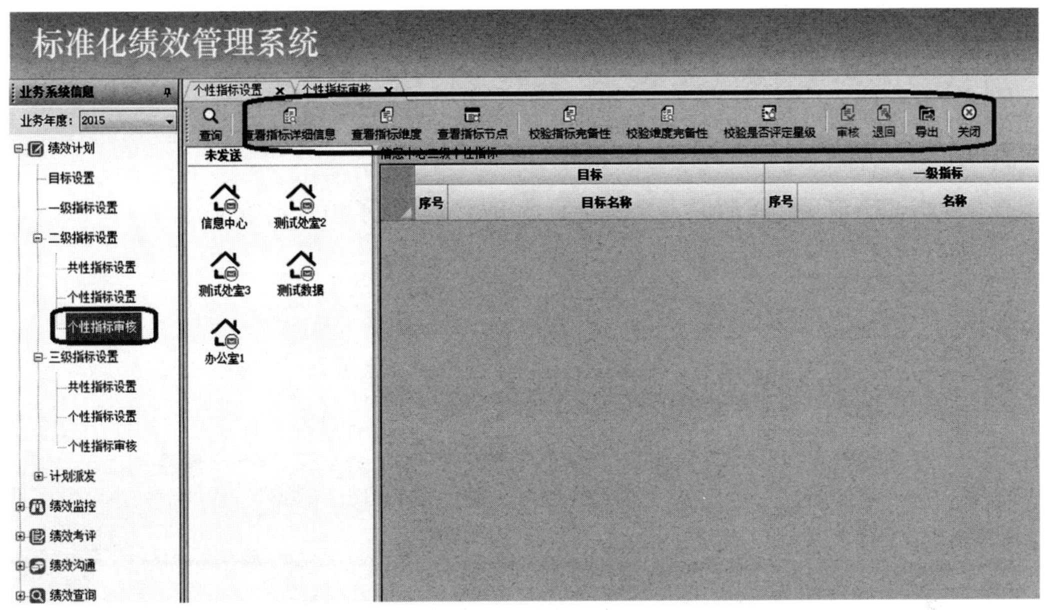

图 2－37　查看并校验指标信息

操作步骤：

1. 绩效管理员登录系统。

2. 进入主界面后，选择业务年度，依次选择“绩效计划”→“二（三）级指标设置”→“个性指标设置”菜单，进入“设置”界面。

3. 若指标审核无误，单位绩效管理员在“个性指标设置”窗口，点击“发送”按钮，将二（或三）级个性指标发送给绩效管理员审核（图 2－35）。

注意事项：

a. 发送后将不能进行新增、修改、删除等操作（按钮消失）。

b. 需分别发送二、三级指标。

4. 进入主界面，选择“绩效计划”→“二（三）级指标设置”→“个性指标审核”菜单，进入“审核”界面（图 2－36）。

5. 指标发送后，在“个性指标审核”窗口可显示相应信息（分别显示未发送、已发送、已审核等）。逐个点击已发送单位，逐条查看已发送的指标，点击“查看指标详细信息”“查看指标维度”“查看指标节点”“校验指标完备性”等按钮，可详细审核指标的合理度和完整度。对于合格的单位可点击“审核”按钮审核通过；不合格的可点击“退回”按钮，让相应单位完善指标后再上报（图 2－37）。

六、分派共性指标

（一）业务描述

共性指标确定后，按照岗责要求将共性指标分派到承担处室单位。

（二）参与角色

绩效管理员。

（三）业务操作界面及说明

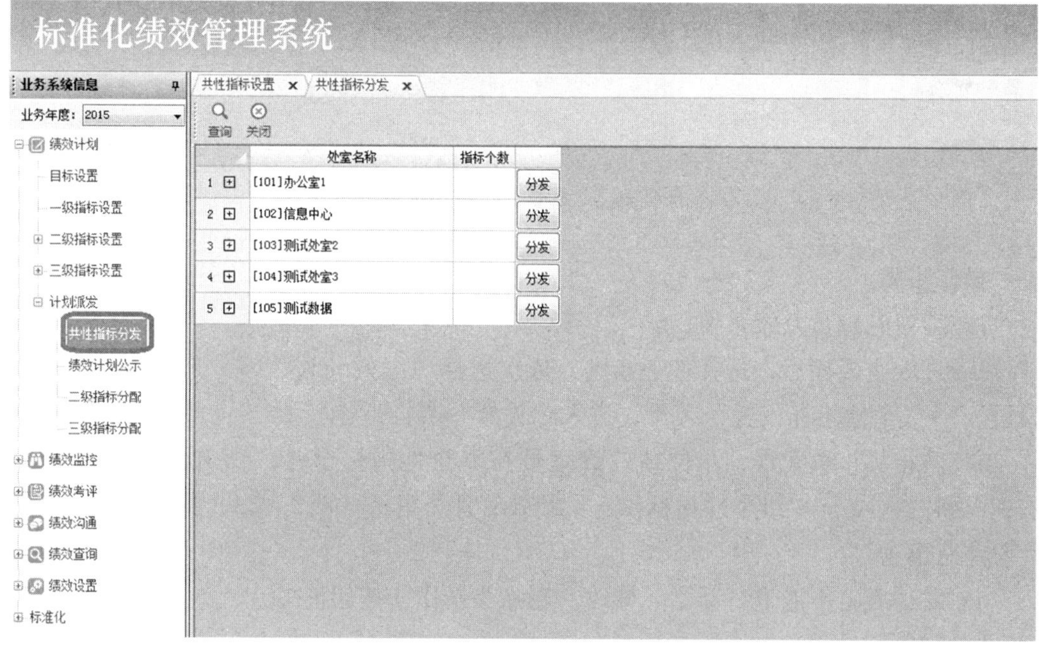

图 2－38　主界面——共性指标分发

操作步骤：

1．绩效管理员登录系统。

2．进入主界面后，选择业务年度，依次选择“绩效计划”→“计划派发”→“共性指标分发”菜单，进入“设置”界面（图 2－38）。

3．点击“分发”按钮，然后勾选该单位应承担的共性指标，点击“保存”按钮即可（图 2－39）。

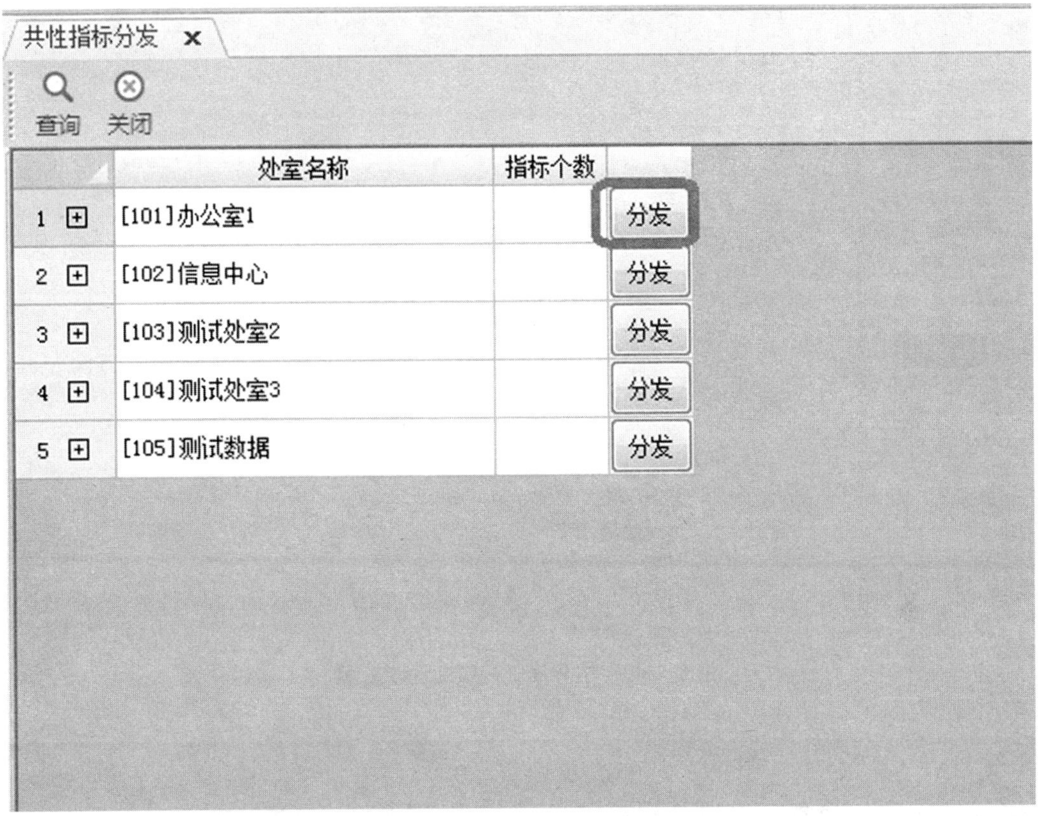

共性指标分发 ×

查询 关闭

	处室名称	指标个数	
1 ⊞	[101]办公室1		分发
2 ⊞	[102]信息中心		分发
3 ⊞	[103]测试处室2		分发
4 ⊞	[104]测试处室3		分发
5 ⊞	[105]测试数据		分发

图 2－39 分发共性指标窗口

七、公示绩效计划

（一）业务描述

各个单位都确定承担了自己所有的指标后，由绩效管理员将所有指标以及承担单位进行公示。

（二）参与角色

绩效管理员。

（三）业务操作界面及说明

操作步骤：

1. 绩效管理员登录系统。

2. 进入主界面后，选择业务年度，依次选择“绩效计划”→“计划派发”→“绩效计划公示”菜单，进入“设置”界面（图 2－40）。

3. 点击“查询”按钮，可查看所要公示的绩效指标；点击“校验”按钮，对计

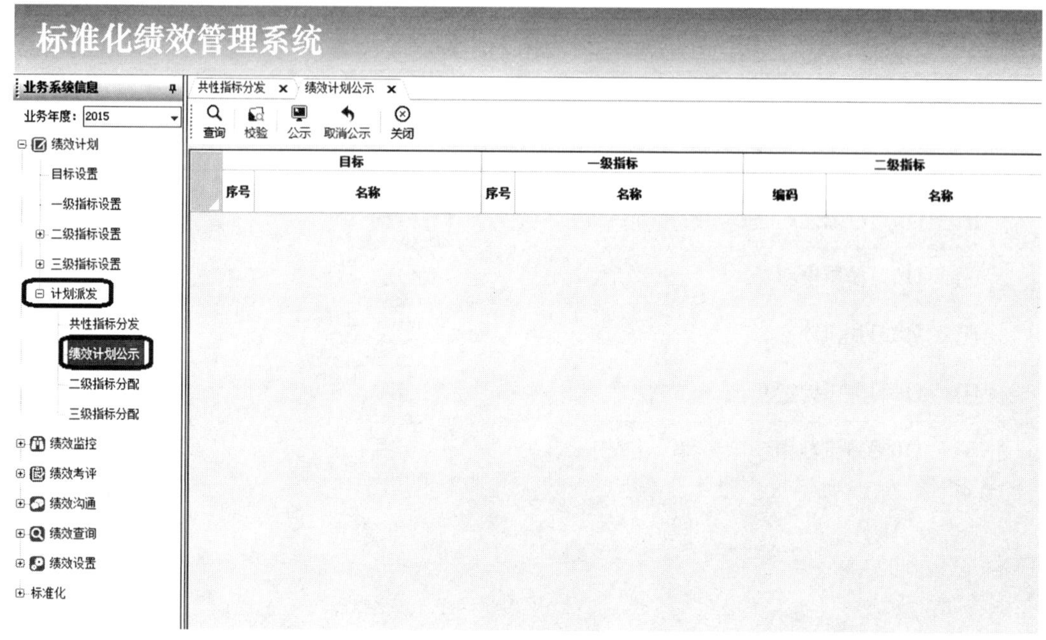

图2－40　主界面——绩效计划公示

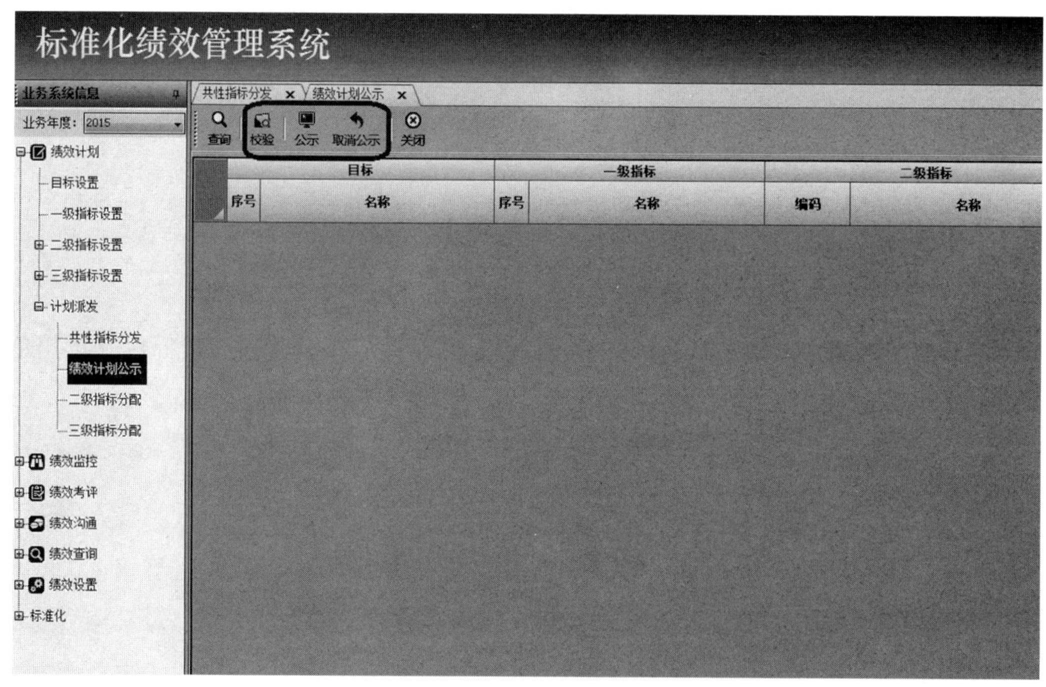

图2－41　校验、公示指标窗口

划完整性进行检查；点击“公示”按钮，即可公示绩效指标。如发现公示失误，可点击“取消公示”按钮（图2－41）。

八、分配绩效指标

（一）业务描述

绩效指标确定后，按照岗责要求将指标落实到每个人。其中二级指标分配给中层副职或者中层负责人，三级指标分配给一般工作人员或中层副职。

（二）参与角色

绩效管理员。

（三）业务操作界面及说明

图 2－42　主界面——个性指标分配

操作步骤：

1. 绩效管理员登录系统。

2. 进入主界面后，选择业务年度，依次选择“绩效计划”→“计划派发”→“二（三）级指标分配”菜单，进入“设置”界面（图 2－42）。

3. 点击单位人员后面的“分配”按钮（图 2－43），即可看到待分配的指标，勾选需要分配的指标进行分配（图 2－44）。

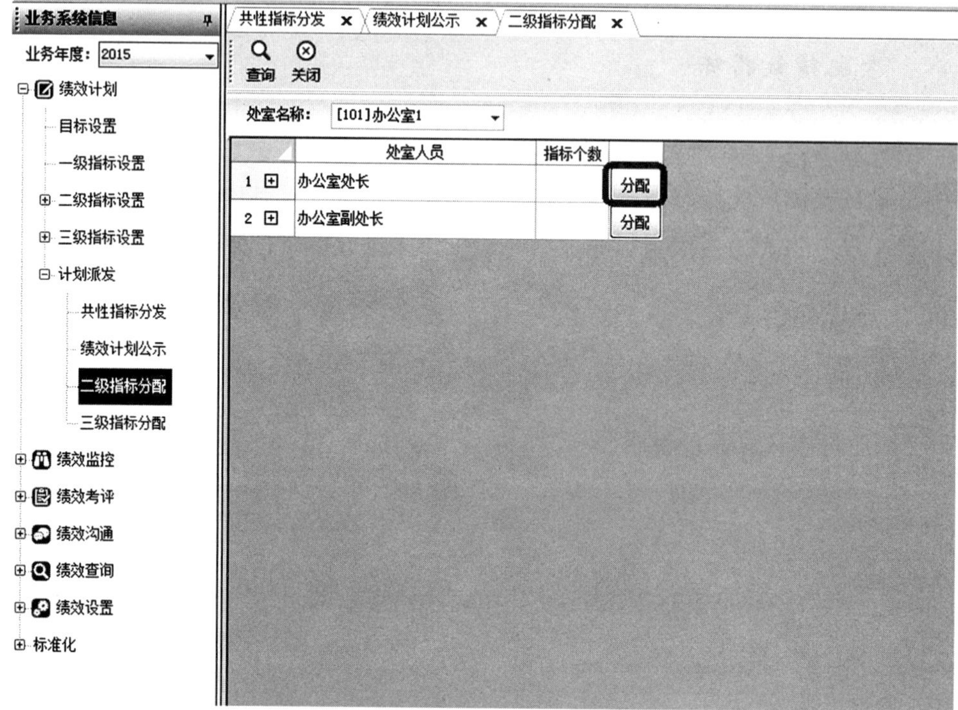

图 2－43　分配个性指标窗口

河北财政一体化应用支撑系统

指标名称/编码（可查询）：

	原始指标编码	原始指标名称	新指标编码	新指标名称	备注	
1	BM-101-10	报告汇报、总结类文稿起草				分
2	BM-101-02	厅领导服务保障				分
3	BM-101-09	机关运转风险内部控制办法				分
4	BM-100-10	其他工作任务完成率				分
5	BM-101-05	机要文件管理				分
6	BM-101-07	厅工作规则修定				分
7	BM-100-01	政治理论学习和组织生活开展				分
8	BM-101-06	档案管理				分
9	BM-100-02	绩效管理及标准化管理				分
10	BM-101-04	保密工作				分
11	BM-100-09	人大代表建议和政协提案承办				分
12	BM-101-01	厅内日常会议活动组织保障				分
13	BM-101-08	全面升级改版OA系统				分
14	BM-100-08	信访事项办理				分
15	BM-101-03	公文处理				分

确定　关闭

图 2－44　分配个性指标窗口

第三节 绩效监控

绩效监控模块是根据厅局日常工作的开展情况，通过对绩效计划执行情况进行实时跟踪，及时纠正各种偏差的过程，是对绩效计划执行的指导、管理和监督。

一、周记录

（一）业务描述

周记录以周为单位，每周末之前记录自己一周的工作。

（二）参与角色

分管领导、中层负责人、中层副职、工作人员。

（三）业务操作界面及说明

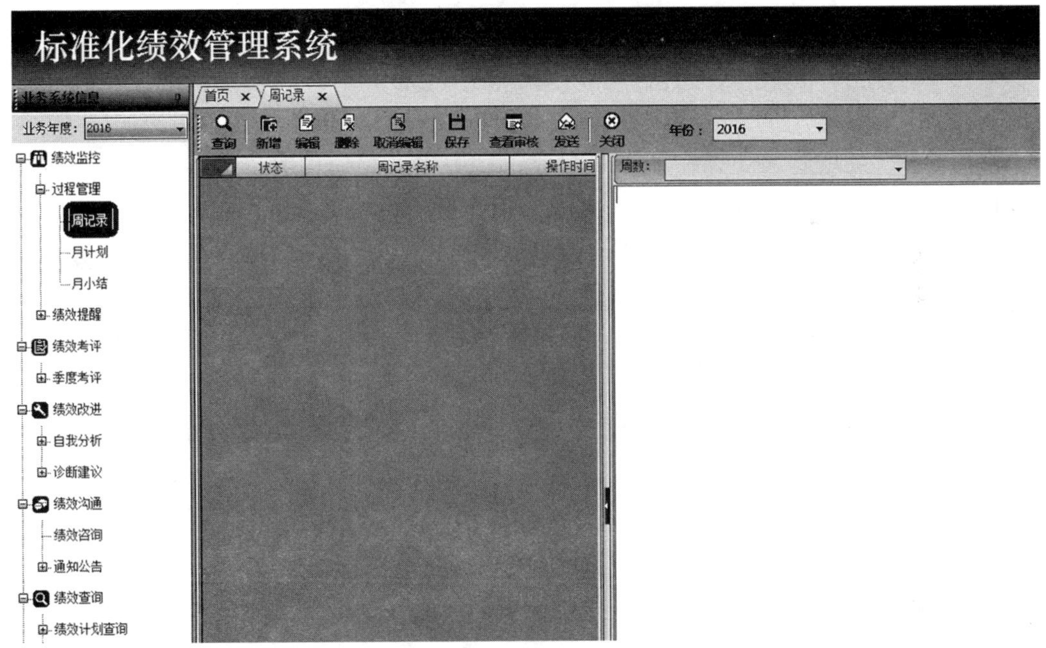

图 2－45　主界面——周记录

操作步骤：

1. 中层负责人、中层副职、工作人员登录系统。

2. 进入主界面后，选择业务年度，依次选择“绩效监控”→“过程管理”菜单，进入“周记录”界面（图 2－45）。

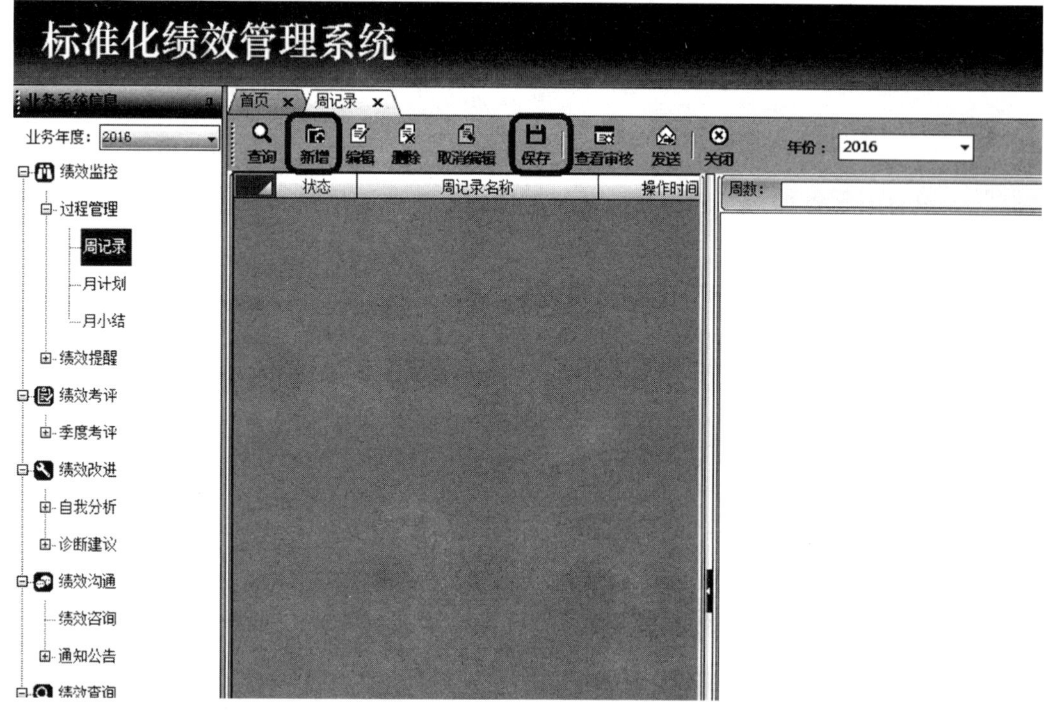

图 2－46 编辑周记录窗口

3. 点击“新增”按钮，在下方“内容”栏中输入相应内容（最少 100 字，最多 2000 字符），点击“保存”按钮，点击“发送”按钮（图 2－46）。

4. 工作人员编写的周记录发送给中层副职审核；中层副职编写的周记录发送给中层负责人审核；中层负责人编写的周记录发送给分管领导审核。

发送和审核序列：

图 2－47 周记录审核流程

二、月计划

（一）业务描述

月计划是以月度为单位，由中层负责人、中层副职、工作人员每月初制定绩效指标月度完成计划，中层负责人的月计划视同为本单位月计划。单位的月计划由分管领导审定，中层副职的月计划由中层负责人审定，工作人员的月计划由中层副职审定。

（二）参与角色

分管领导、中层负责人、中层副职、工作人员。

（三）业务操作界面及说明

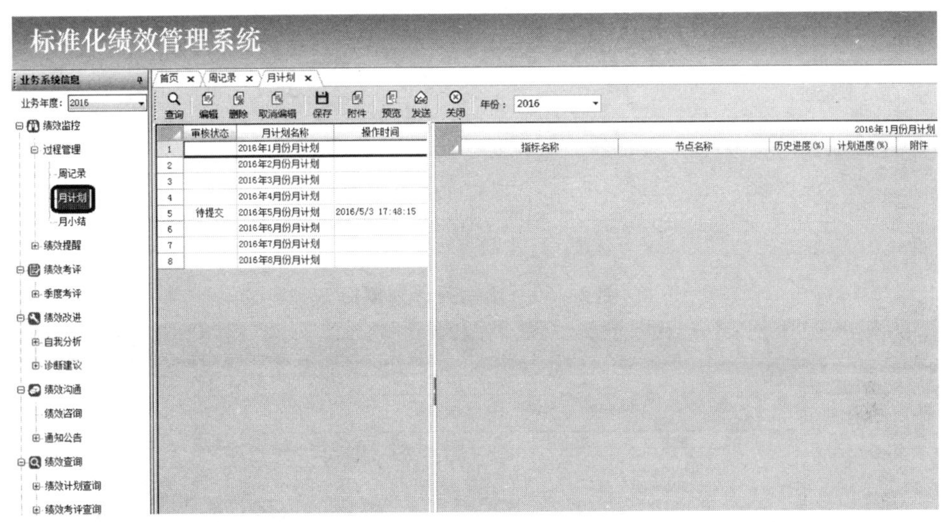

图 2－48　主界面——月计划

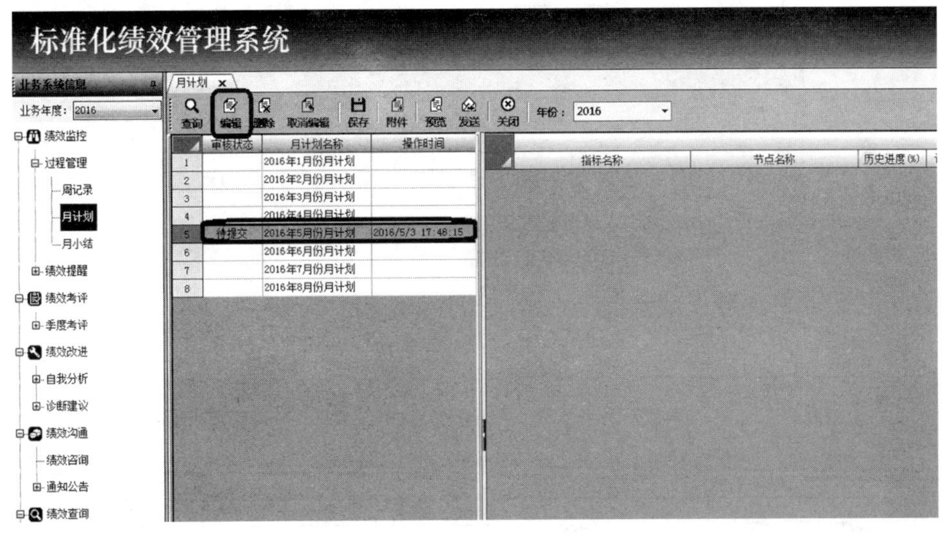

图 2－49　编辑月计划窗口

操作步骤：

1. 工作人员登录系统。

2. 进入主界面后，选择业务年度，依次选择“绩效监控”→“过程管理”菜单，进入“月计划”界面（图 2－48）。

3. 选中要录入的月份，点击“编辑”按钮，可录入月计划（图 2－49）。

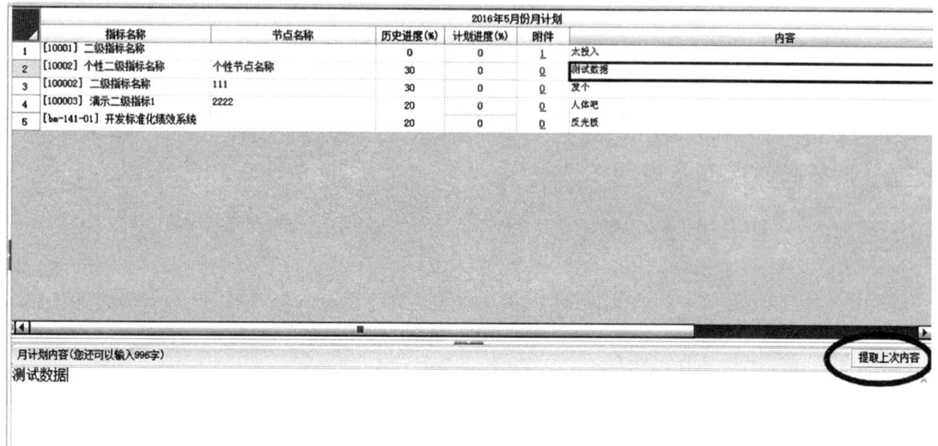
2016年5月份月计划

	指标名称	节点名称	历史进度(%)	计划进度(%)	附件	内容
1	[10001] 二级指标名称		0	0	1	太投入
2	[10002] 个性二级指标名称	个性节点名称	30	0	0	测试数据
3	[100002] 二级指标名称	111	30	0	0	发个
4	[100003] 演示二级指标1	2222	20	0	0	人体吧
5	[bm-141-01] 开发标准化绩效系统		20	0	0	反光板

图 2－50　填写月计划窗口

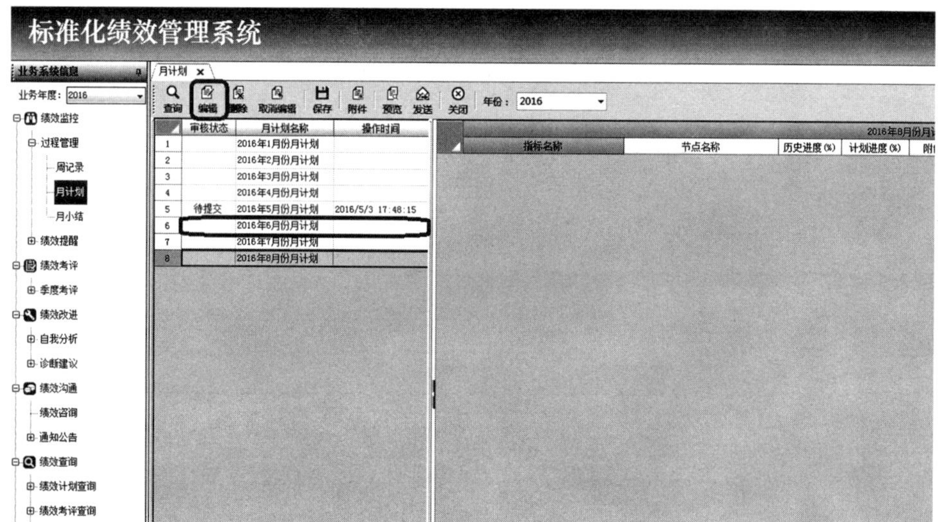

图 2－51　编辑月计划窗口

月计划 ×

查询　编辑　删除　取消编辑　提取附件　保存　附件　预览　发送　关闭　年份：2016

2016年5月份月计划

	指标名称	节点名称	历史进度(%)	计划进度(%)	附件
1	[10001] 二级指标名称	节点名称1	20	0	0
2	[10002] 个性二级指标名称	个性节点名称	30	0	0
3	[100002] 二级指标名称	111	30	0	0
4	[100003] ddddd	2222	20	0	0
5	[bm-141-01] 开发标准化绩效系统		20	0	0

图 2－52　提取月计划附件窗口

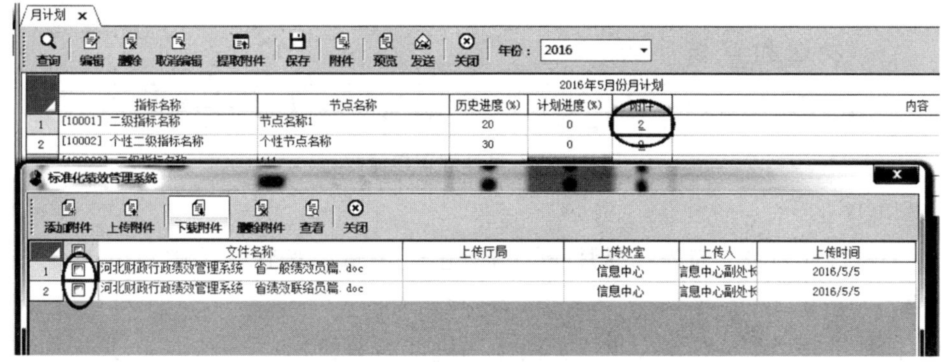

图 2 - 53 提取月计划附件窗口

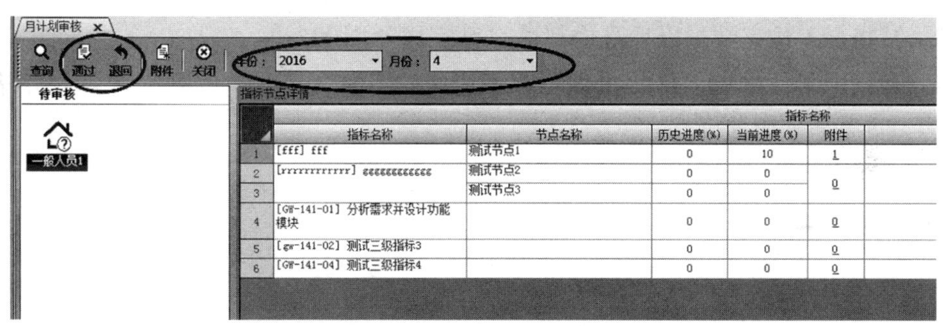

图 2 - 54 审核月计划窗口

4．在弹出的录入窗口，双击"当前进度"按钮可填写指标完成进度；点击"附件"按钮可上传相关证明材料；计划内容需在下方文字框中手工输入，也可利用"提取上次内容"提取上月文本（图 2 - 50）。

5．中层副职、中层负责人可提取下级发来月计划中的附件，避免重复上传。例如下属工作人员在 5 月份月计划上传了附件（图 2 - 51），此时中层副职可在本人的 5 月份月计划录入界面中点击"编辑"按钮后，选中某一条指标，点击"提取附件"按钮，则可提取这条指标下的附件（图 2 - 52），此时附件数变为了 2 个（图 2 - 53）。

6．中层负责人可点击上方的"提取"按钮一键提取本单位所有进度和附件，但文本部分不能提取，需自撰。发送的数据经分管厅领导审核通过后，作为考评依据的一种来源待查。

7．录入完成后需点击"发送"按钮，方可将月计划发送至中层副职审核，审核时一定要选择正确的年度和月份。选中已发送人员，点击"通过"或"退回"按钮进行审定，此时可以填写文本，也可查看附件（图 2 - 54）。

8．工作人员发送给中层副职审核；中层副职发送给中层负责人审核；中层负责人发送给分管领导审核。

图2－55 月计划审核流程

注意事项：

1. 编辑月计划时，应先选择月份，再点击“编辑”按钮，否则易出现编辑错月份的情况。

2. 计划进度栏中，日常发生或无法预测进度的增加8%，最后一个月增加12%；未发生的增加0%。在添加当前进度时，需要填写当前累积的进度，请勿填写本月进度。

3. 某指标工作完结，以后月份都填“已完成”“100%”。

4. 某指标附件材料上传一次即可，不用每个月重复上传；材料较多的也不需全部上传，只要能证明即可。

三、月小结

（一）业务描述

月小结是以月度为单位，由中层负责人、中层副职、工作人员每月底就绩效指标完成情况进行总结。中层负责人的月小结视同为本单位月小结。单位的月小结由分管领导审定，中层副职的月小结由中层负责人审定，工作人员的月小结由中层副职审定。

（二）参与角色

分管领导、中层负责人、中层副职、工作人员。

（三）业务操作界面及说明

操作步骤：

1. 工作人员登录系统。

2. 进入主界面后，选择业务年度，依次选择“绩效监控”→“过程管理”菜单，进入“月小结”界面（图2－56）。

3. 选中要录入的月份，点击“编辑”按钮，可录入月小结（图2－57）。

4. 在弹出的录入窗口，双击“当前进度”按钮可填写指标完成进度；点击“附件”按钮可上传相关证明材料；计划内容需在下方文字框中手工输入，也可利用“提取上次内容”提取上月文本（图2－58）。

5. 中层副职、中层负责人可提取下级发来月小结中的附件，避免重复上传。例

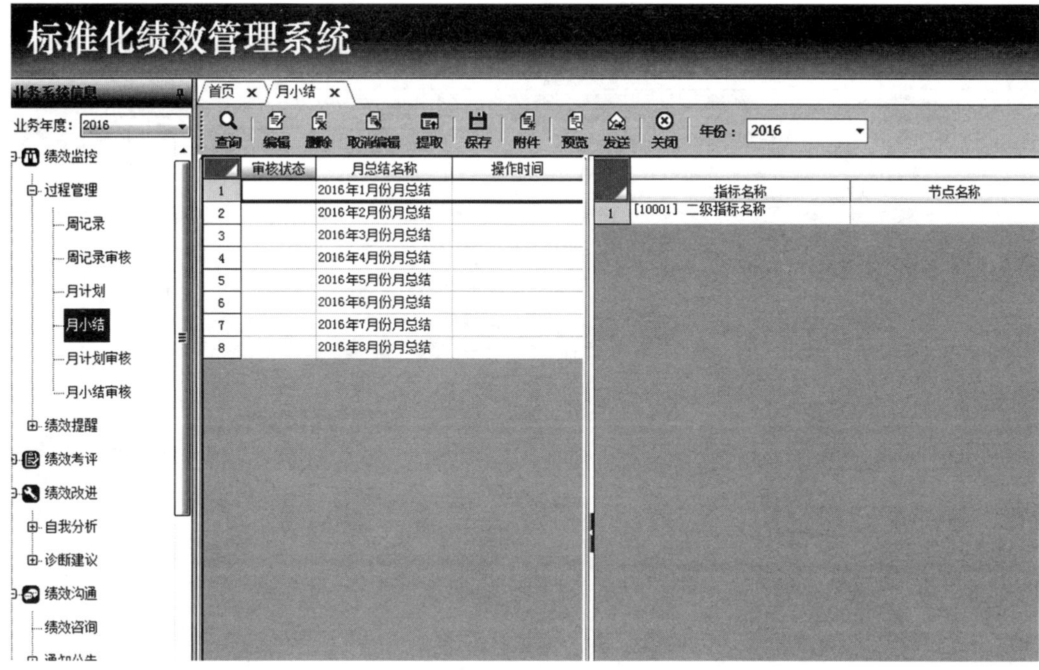

图 2－56 主界面——月小结

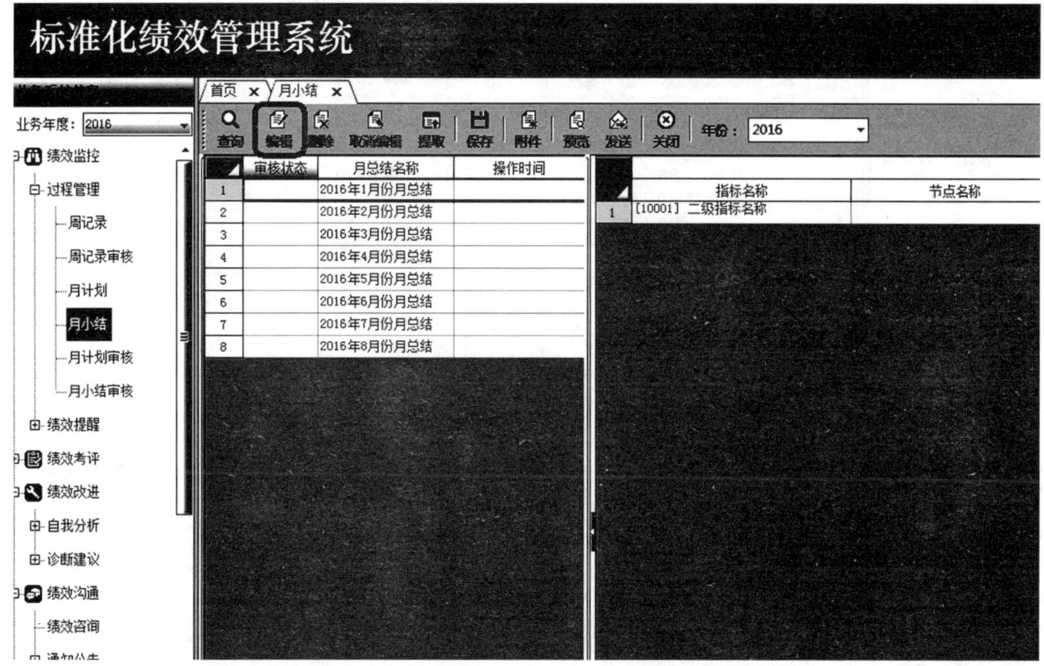

图 2－57 编辑月小结窗口

月小结 ×

查询 编辑 删除 取消编辑 提取附件 保存 附件 预览 发送 关闭 年份：2016

2016年3月份月总结

	指标名称	节点名称	历史进度(%)	当前进度(%)	附件	内容
1	[10001] 二级指标名称		0	30	2	dfasfafa
2	[10002] 个性二级指标名称	个性节点名称	30	30	0	测试数据
3	[100002] 二级指标名称	111	30	45	0	是个打工的飞洒范德萨发
4	[100003] 演示二级指标1	2222	20	20	0	放到第三
5	[bm-141-01] 开发标准化绩效系统		20	20	0	发送的啊

月总结内容(您还可以输入996字) 提取上次内容

测试数据

图 2-58　填写月小结窗口

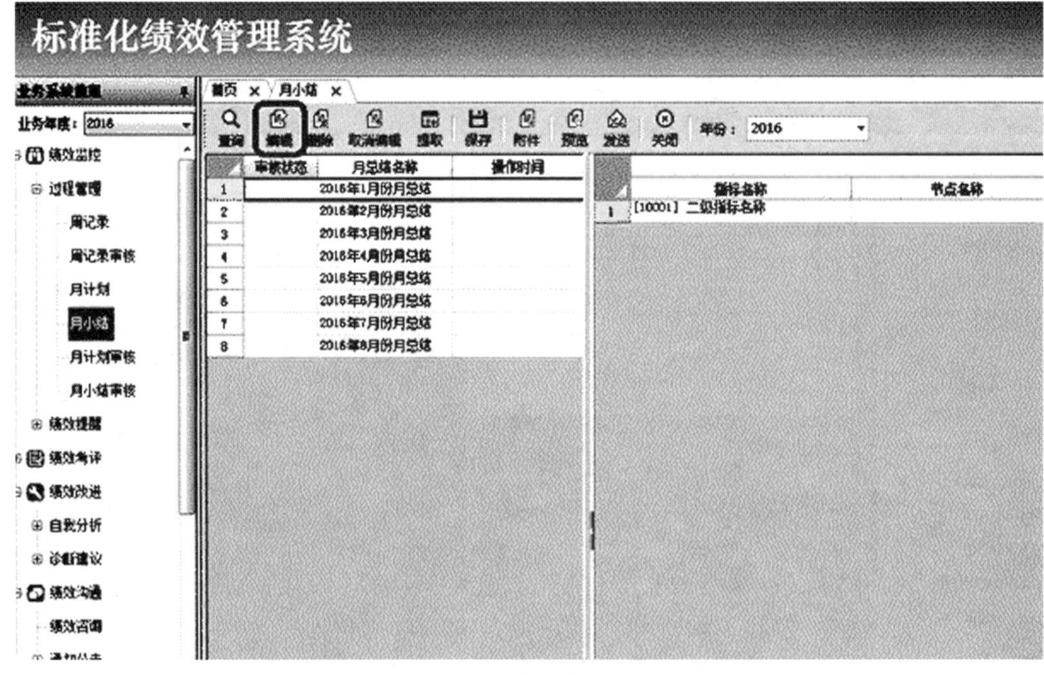

图 2-59　编辑月小结窗口

如工作人员在 3 月份月小结的“机要文件管理”指标下已上传了 2 个附件（图 2-59），此时中层副职可在本人的 3 月份月小结录入界面中点击“编辑”按钮后，选中

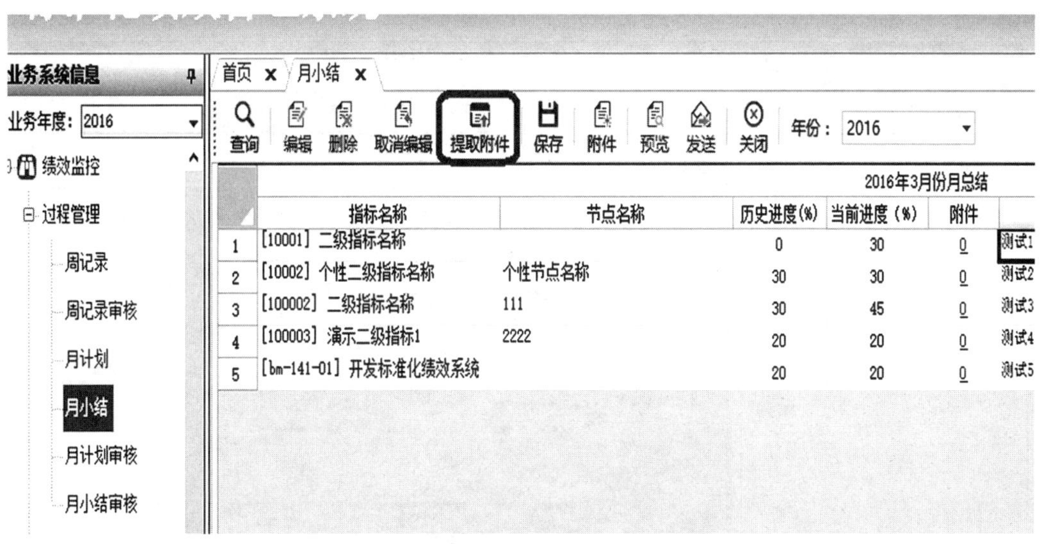

图 2－60 填写月小结窗口

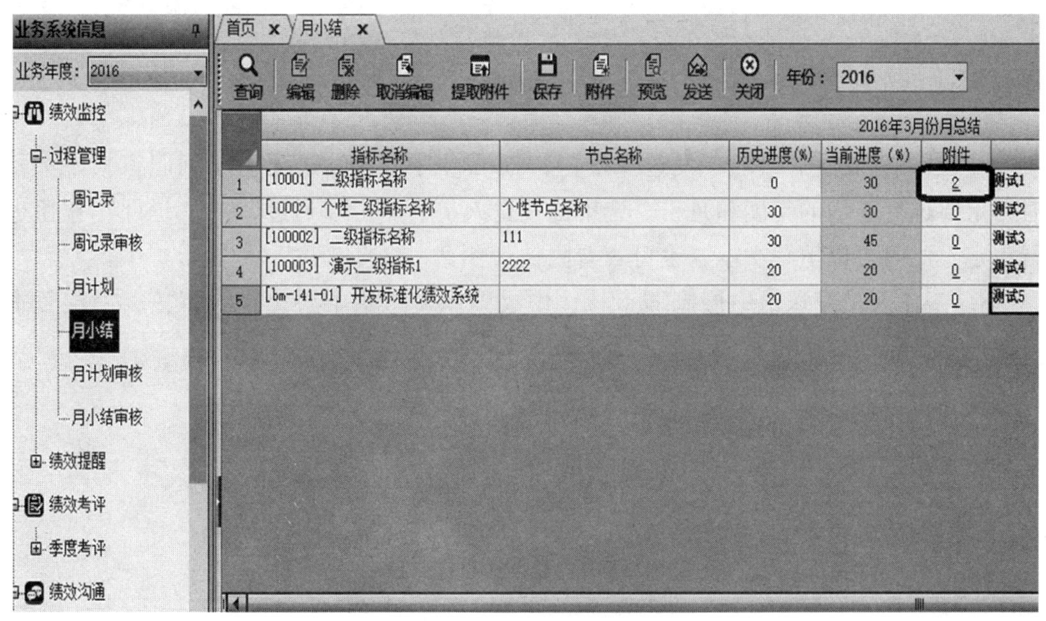

图 2－61 填写月小结窗口

某一条指标，点击“提取附件”按钮，则可提取这条指标下的附件（图 2－60）此时附件数变为了 2 个（图 2－61）。

6. 中层负责人也可点击上方的“提取”按钮一键提取本单位所有进度和附件，但文本部分不能提取，需自撰。发送的数据经分管厅领导审核通过后，作为依据的一种来源待查。

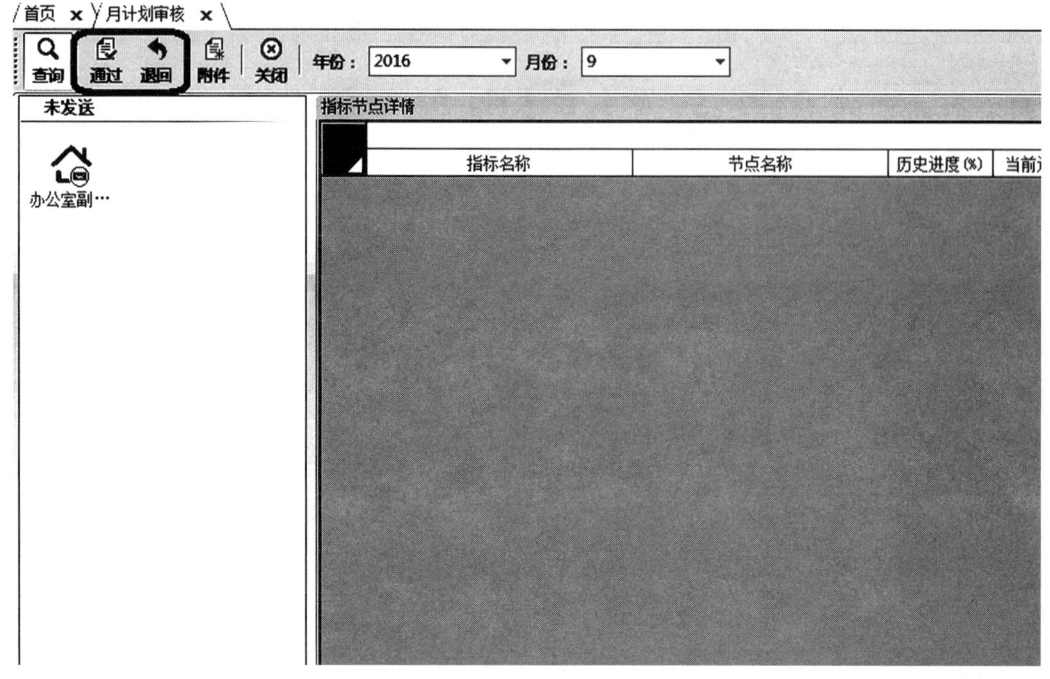

图 2－62 审核月小结窗口

7. 录入完成后需点击“发送”按钮，方可将月小结发送至中层副职审核。审核时一定要选择正确的年度和月份。选中已发送人员，点击“通过”或“退回”按钮进行审定，此时可以填写文本，也可查看附件（图 2－62）。

8. 工作人员发送给中层副职审核；中层副职发送给中层负责人审核；中层负责人发送给分管领导审核。

发送和审核序列：

图 2－63 月小结审核流程

注意事项：

1. 编辑月小结时，应先选择月份，再点击“编辑”按钮，否则易出现编辑错月份的情况。

2. 小结进度栏中，日常发生或无法预测进度的增加 8%，最后一个月增加 12%；未发生的增加 0%。在添加当前进度时，需要填写当前累积的进度，请勿填写本月进度。

3. 某指标工作完结，以后月份都填“已完成”“100%”。

4. 某指标附件材料上传一次即可，不用每个月重复上传；材料较多的也不需全部上传，只要能证明即可。

四、人工提醒

（一）业务描述

人工提醒是对临期指标（即将到期但未完成的指标）向单位发送预警信息，以督促相应的人员尽快完成该项指标的工作。分管领导、绩效管理员负责对厅内各单位进行人工提醒。厅内各单位主要负责人负责对本单位进行人工提醒。其他负责人对分管工作进行人工提醒。

（二）参与角色

分管领导、绩效管理员、中层负责人、中层副职。

（三）业务操作界面及说明

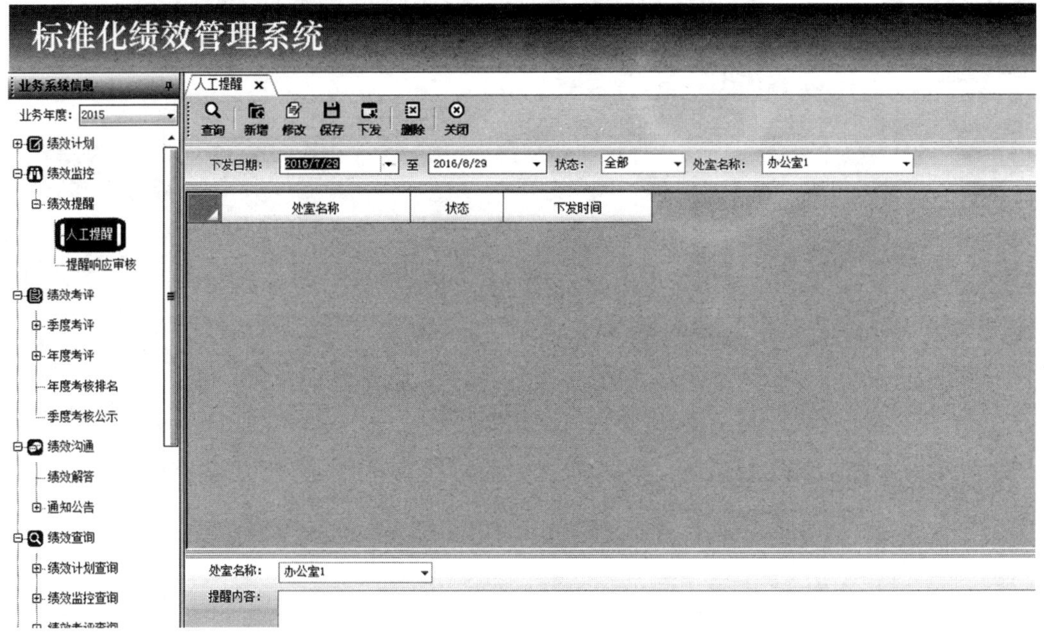

图 2－64　主界面——人工提醒

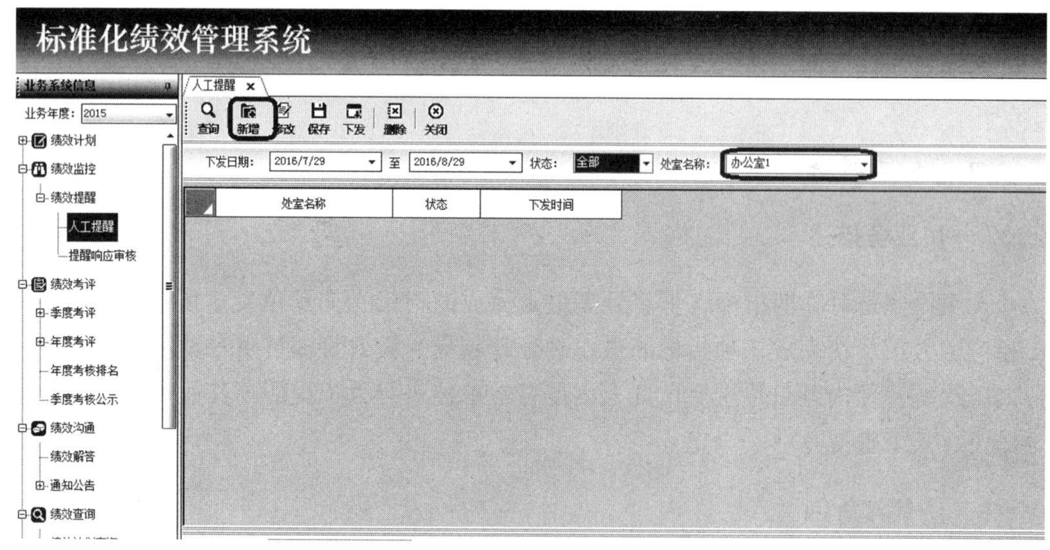

图 2－65　新增人工提醒

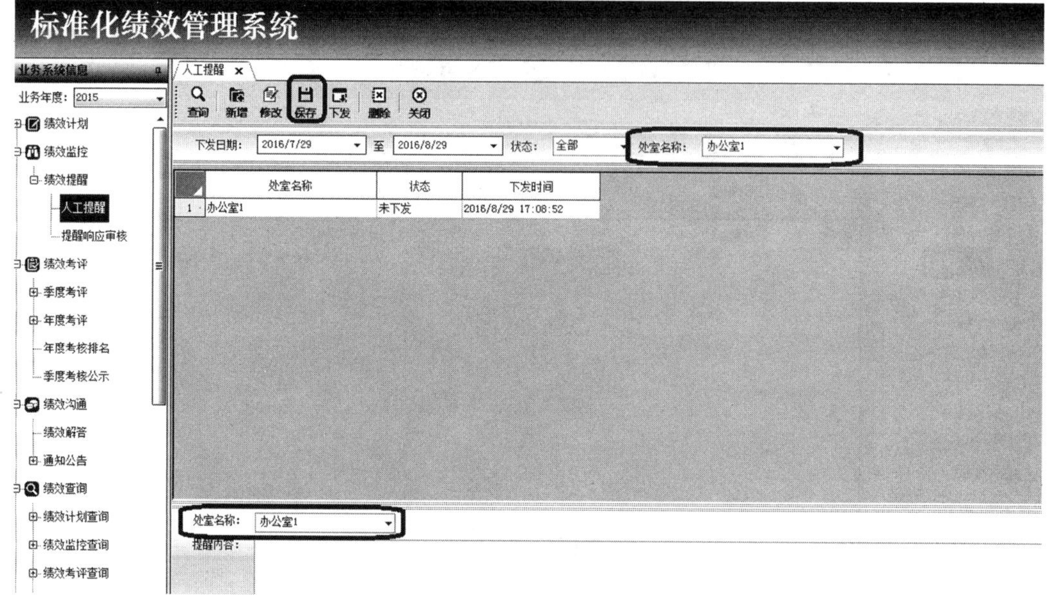

图 2－66　填写人工提醒

操作步骤：

1. 中层负责人登录系统。

2. 进入主界面后，选择业务年度，依次选择“绩效监控”→“绩效提醒”菜单，进入“人工提醒”界面（图 2－64）。

3. 选择要提醒的人员，点击“新增”按钮，可新增人工提醒（图 2－65）。

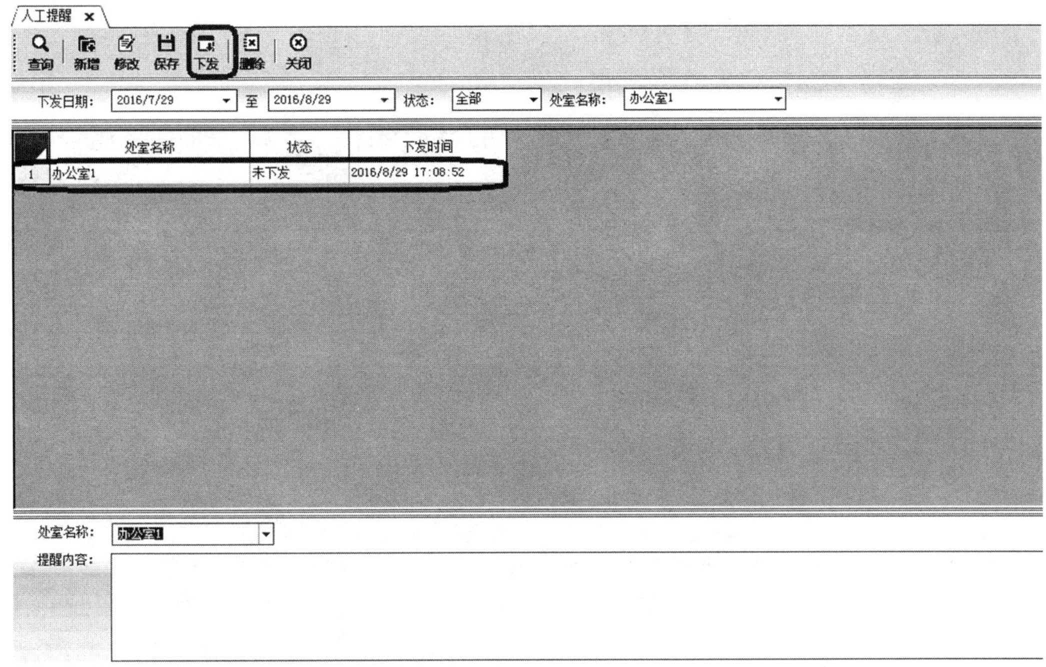

图 2-67　下发人工提醒

4. 点击新增窗口后，在下方“提醒内容”栏中输入相应内容，点击“保存”（图 2-66）按钮后点击“下发”按钮（图 2-67）。

5. 分管领导、绩效管理员给单位发人工提醒，单位负责人给单位副职、工作人员发人工提醒，单位副职给工作人员发人工提醒（操作步骤同上）。

五、人工提醒响应

（一）业务描述

人工提醒响应是对临期指标（即将到期但未完成的指标）向单位发送的预警信息做出的回应。厅内各中层负责人负责回应分管领导或者绩效管理员对本单位的提醒，中层副职和工作人员负责回应本人承担工作的提醒。

（二）参与角色

中层负责人、中层副职、工作人员。

（三）业务操作界面及说明

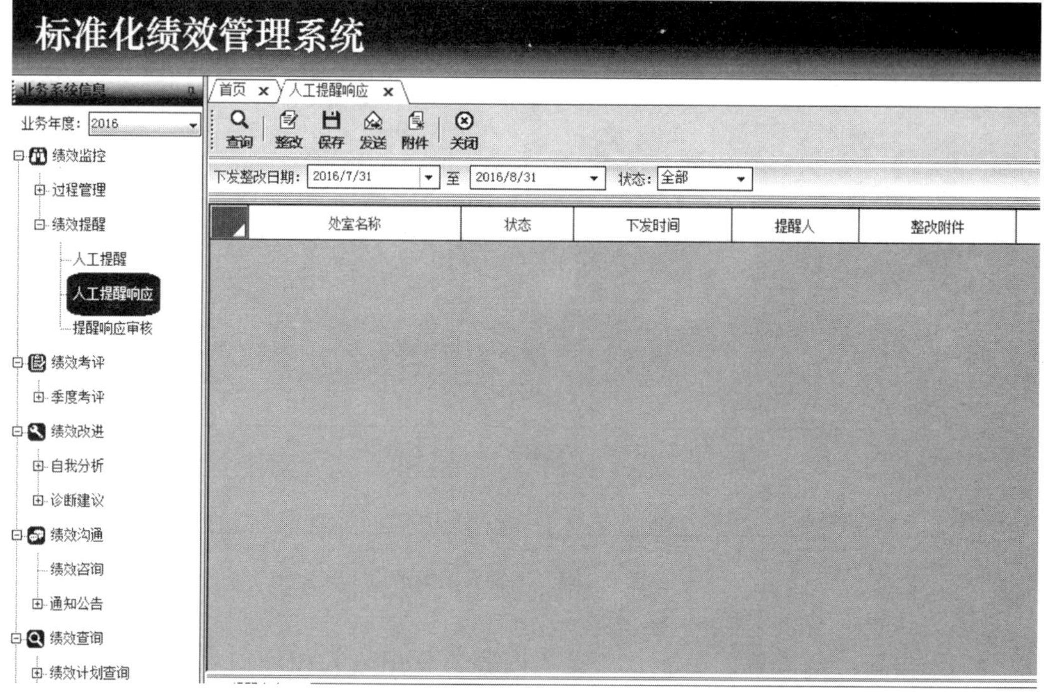

图 2－68　主界面——人工提醒响应

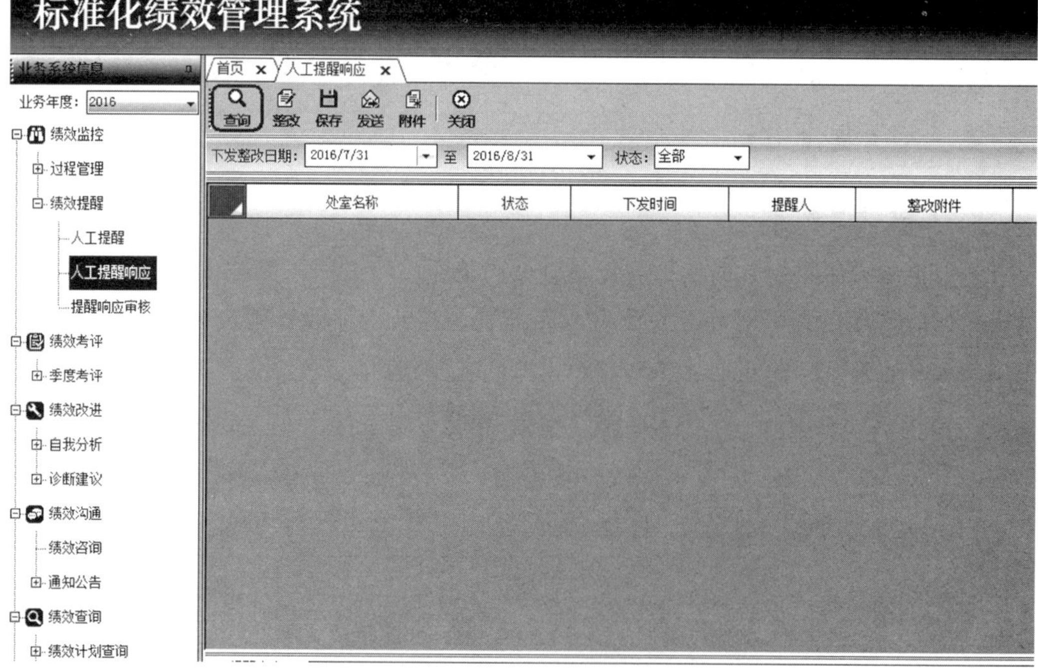

图 2－69　查询人工提醒响应

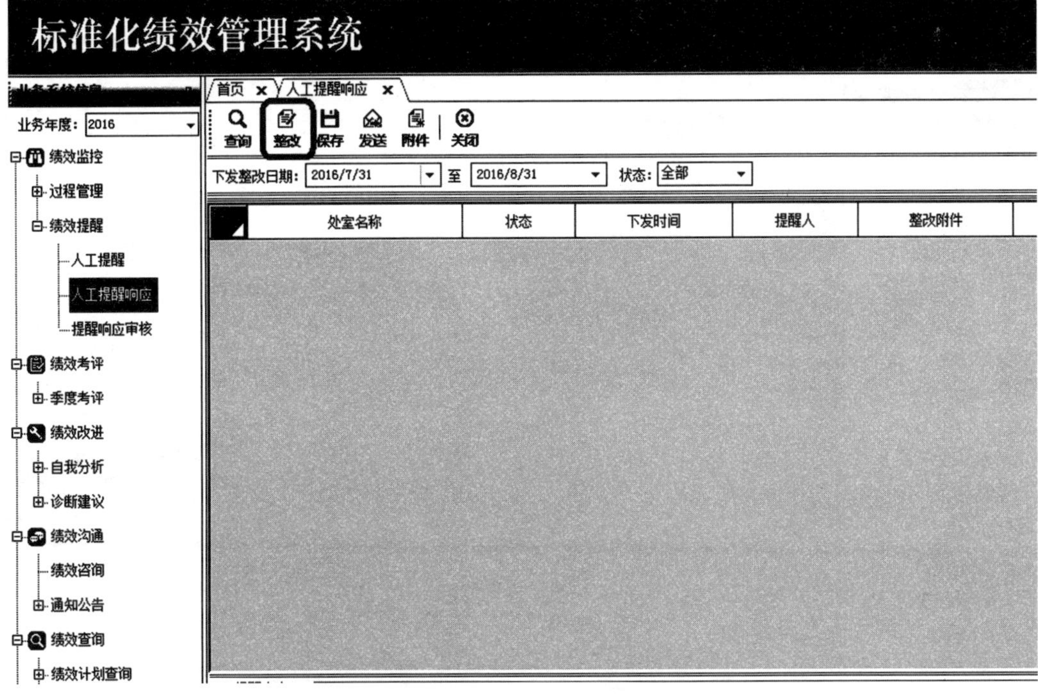

图 2－70 整改人工提醒响应

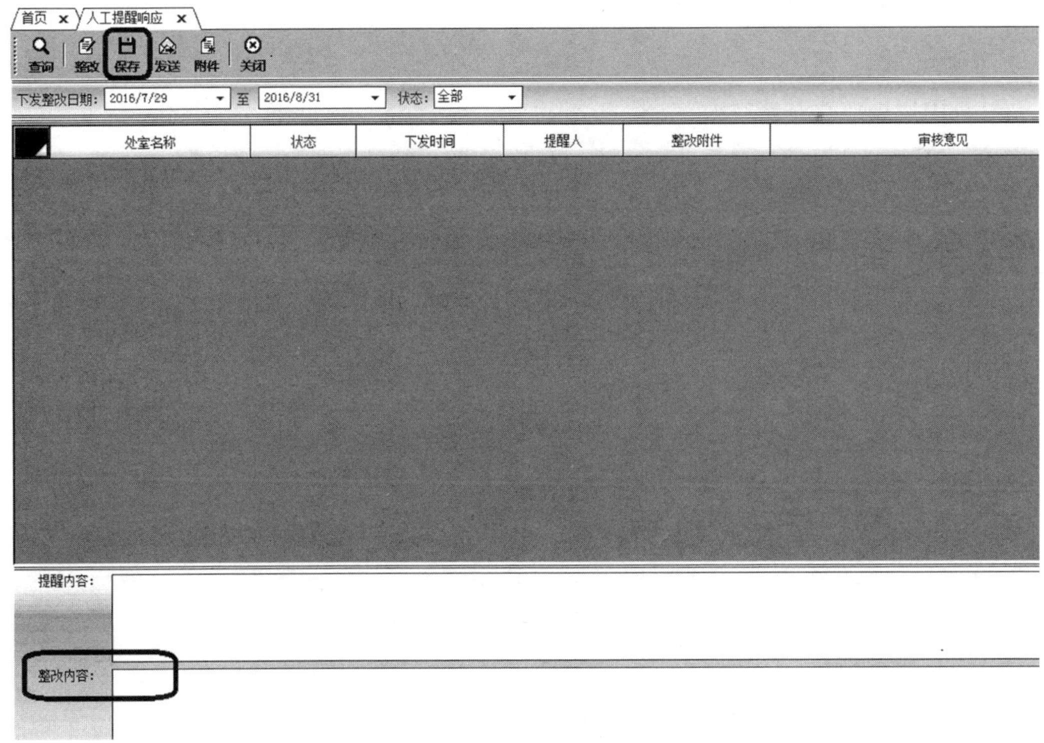

图 2－71 填写整改内容

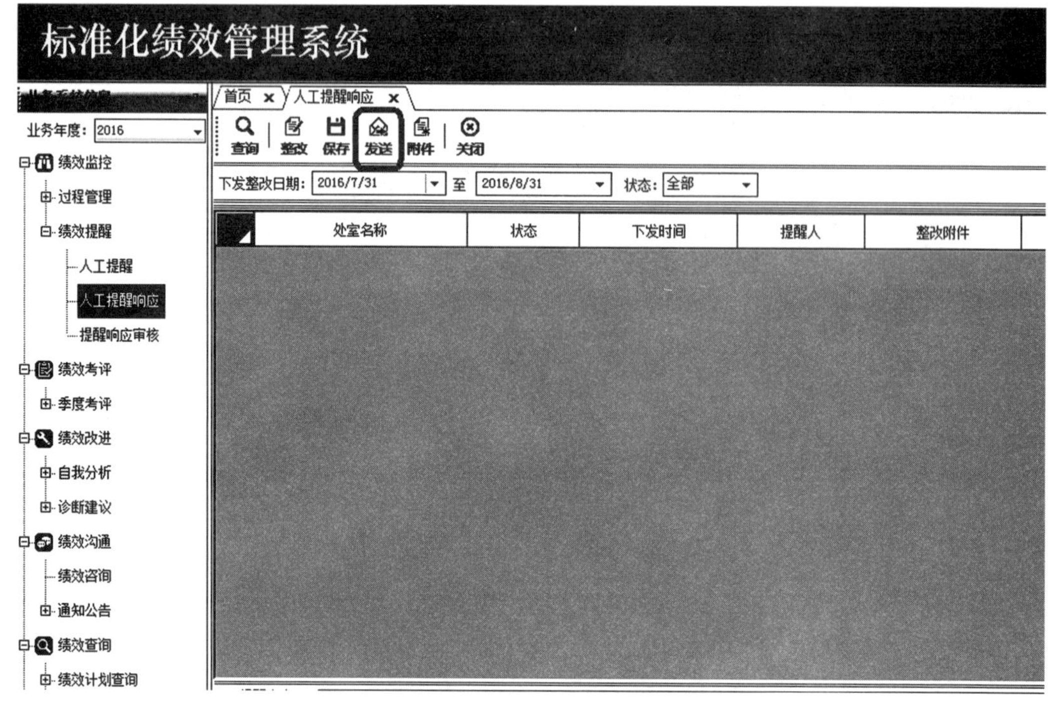

图 2－72　发送人工提醒响应

操作步骤：

1. 中层副职登录系统。

2. 进入主界面后，选择业务年度，依次选择“绩效监控”→“绩效提醒”菜单，进入“人工提醒响应”界面（图 2－68）。

3. 点击“查询”按钮，选择已发来的提醒条目（图 2－69）。

4. 点击“整改”按钮（图 2－70）在下方“整改内容”栏中输入相应内容（图 2－71）点击“保存”按钮，选择待整改条目点击“发送”按钮（图 2－72）（此处可上传附件）。

5. 中层负责人响应本单位人工提醒，中层副职响应中层负责人人工提醒，工作人员响应中层负责人、中层副职人工提醒。

六、提醒响应审核

（一）业务描述

提醒响应审核是审核对临期指标做出的回应。分管领导、绩效管理员审核厅内各单位的提醒响应，厅内各中层负责人审核本单位的提醒响应，中层副职审核分管工作的提醒响应。

（二）参与角色

分管领导、绩效管理员、中层负责人、中层副职。

（三）业务操作界面及说明

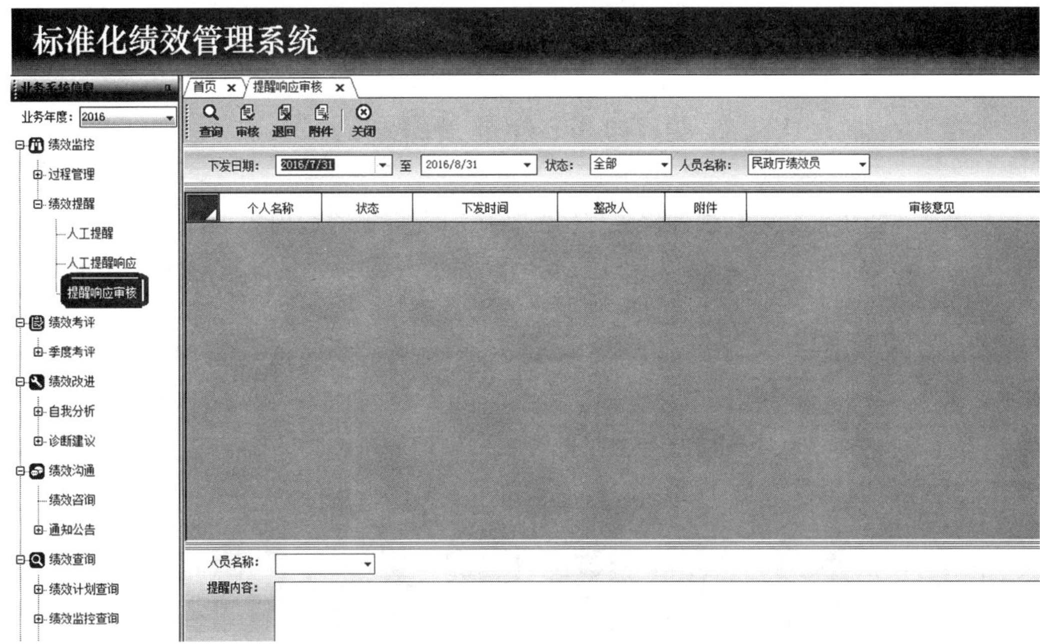

图 2－73 主界面——提醒响应审核

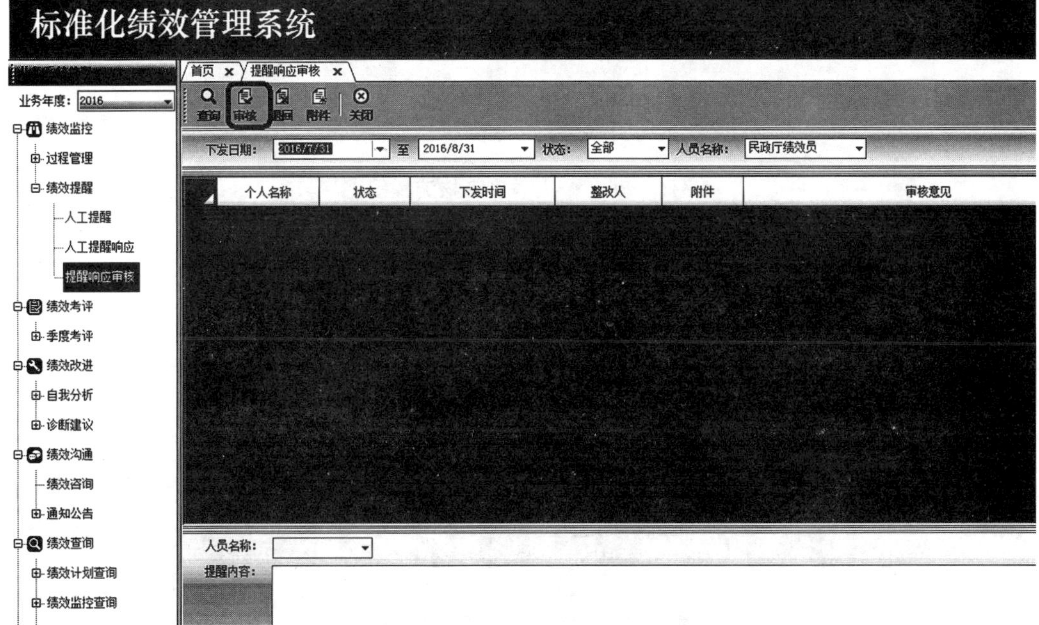

图 2－74 审核提醒响应

操作步骤：

1. 中层负责人登录系统。

2. 进入主界面后，选择业务年度，依次选择“绩效监控”→“绩效提醒”菜单，进入“提醒响应审核”界面（图2－73）。

3. 选择已反馈的提醒响应，点击“审核”按钮，填写审核意见，点击“保存”按钮（图2－74）（此处可查看附件，也可点击“退回”按钮将提醒响应发回）。

第四节 绩效考评

绩效考评指依据绩效计划和有关规定，按照职责分工对厅内各单位及其工作人员的绩效目标指标执行情况、单位党风廉政建设和个人德勤廉情况进行考核评价的过程。绩效考评以季度、年度为周期，按照发布考评清单、录入数据、审核数据、生成得分、得分发布、结果展示的程序进行。包括单位季度考核（图2－75）、个人季度考核（图2－76）、单位年度考核（图2－77）和个人年度考核（图2－78）。季度考评内容包括日常型指标执行情况、阶段型和年度型指标关键节点完成情况。年度考评内容包括所有绩效目标指标全年执行情况、单位党风廉政建设和个人德勤廉情况。

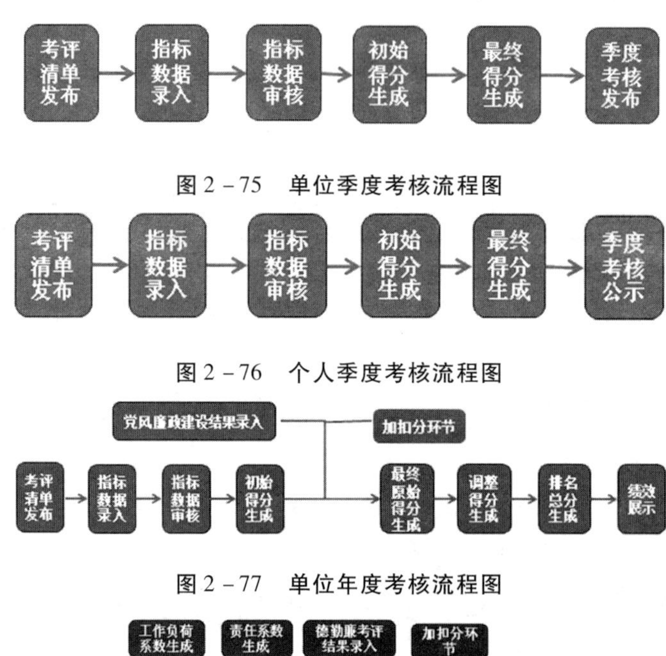

图2－75 单位季度考核流程图

图2－76 个人季度考核流程图

图2－77 单位年度考核流程图

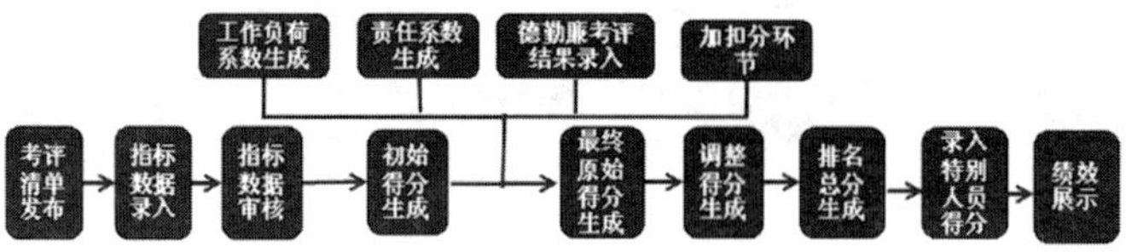

图2－78 个人年度考核流程图

一、季度考评

季度考评是对单位和个人日常型指标执行情况、阶段型和年度型指标关键节点完成情况进行的考评。

（一）单位季度考评

1. 发布考评清单

（1）业务描述

单位季度考评周期开始后，发布单位绩效考评清单。

（2）参与角色

绩效管理员。

（3）业务操作界面及说明

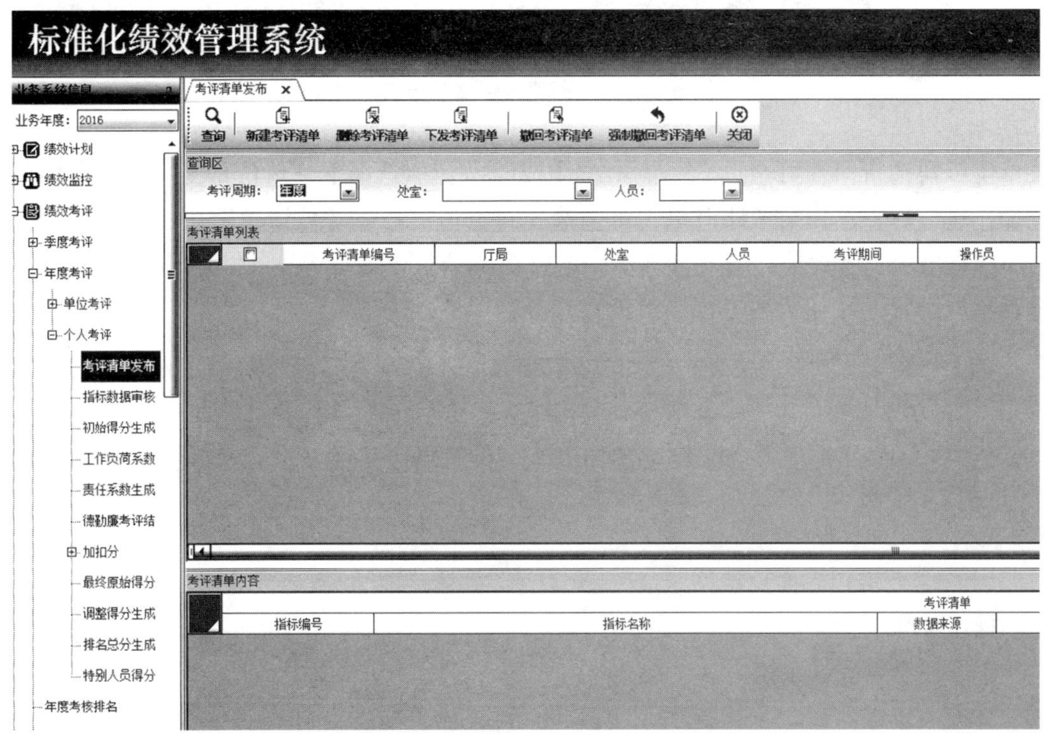

图 2－79　主界面——考评清单发布

操作步骤：

①绩效管理员登录系统。

②进入主界面后，依次选择“绩效考评”→“季度考评”→“单位考评”→“考评清单发布”菜单，进入“考评清单发布”界面（图 2－79）。

③点击“新建考评清单”按钮，在弹出的新建考评清单窗口（图 2－80）中选择

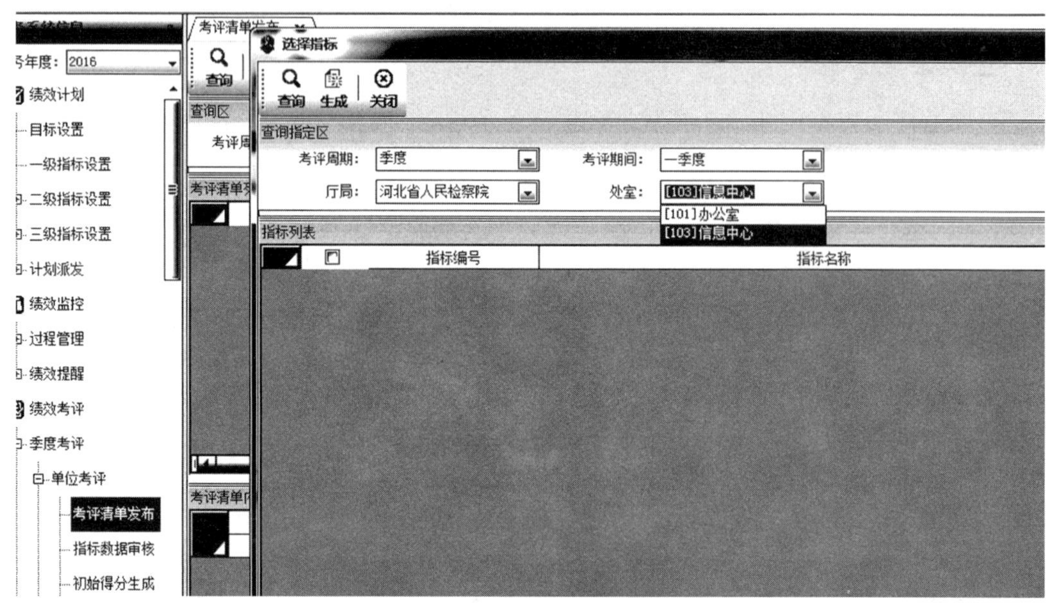

图 2－80 新建考评清单窗口

某单位→勾选指标（可全选）→点击“生成”按钮。选择下一单位重复操作→全部单位操作完成后，选择某考评清单（可全选）→点击“下发考评清单”按钮。

注意事项：考评前，绩效管理员一定要在“绩效设置”界面中，点击“考评小组分管单位设置”按钮为各考评小组设置其分管单位。

2. 录入考评数据

（1）业务描述

在单位季度考评清单发布后，录入指标考评数据内容。

（2）参与角色

考评小组。

（3）业务操作界面及说明

操作步骤：

①考评小组登录系统。

②进入主界面后，依次选择“绩效考评”→“季度考评”→“单位考评”→“指标数据录入”菜单，进入“指标数据录入”界面（图 2－81）。

③点击“查询”按钮→选择考评清单→选择指标→双击指标或点击“录入指标执行数据”按钮，进入到维度录入界面（图 2－82），在方框中录入指标得分→点击“月小结附件或添加附件”按钮，检视月小结中的指标证明材料或上传证明材料文件→点击“保存”按钮。重复录入所负责所考评单位各指标考评数据→选中清单（可全选）→点击“发送指标执行数据”按钮。

注意事项：此处的月小结附件或添加附件分别为证明指标得分与否的两种途径。

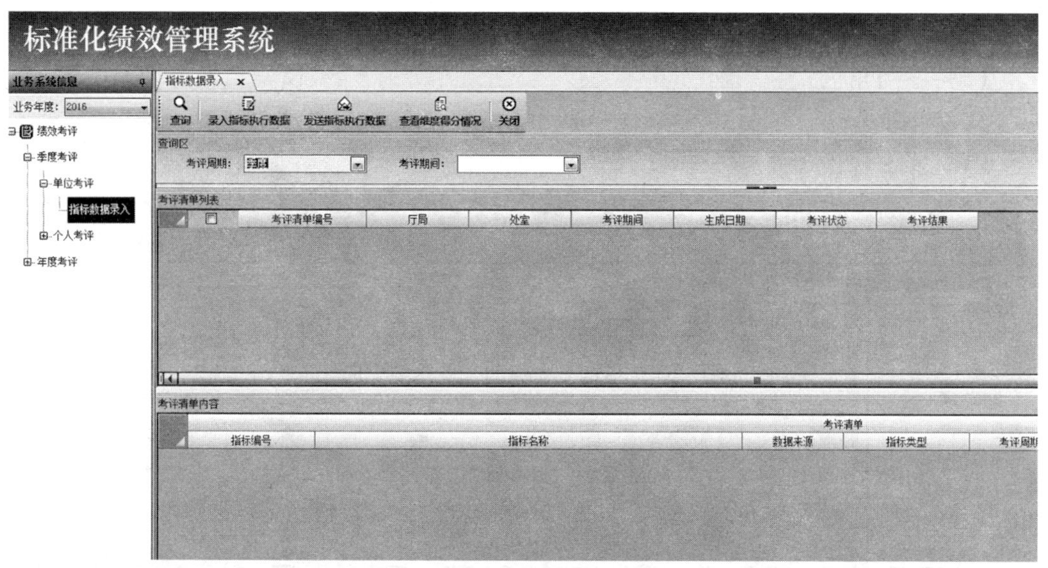

图 2－81 指标数据录入界面

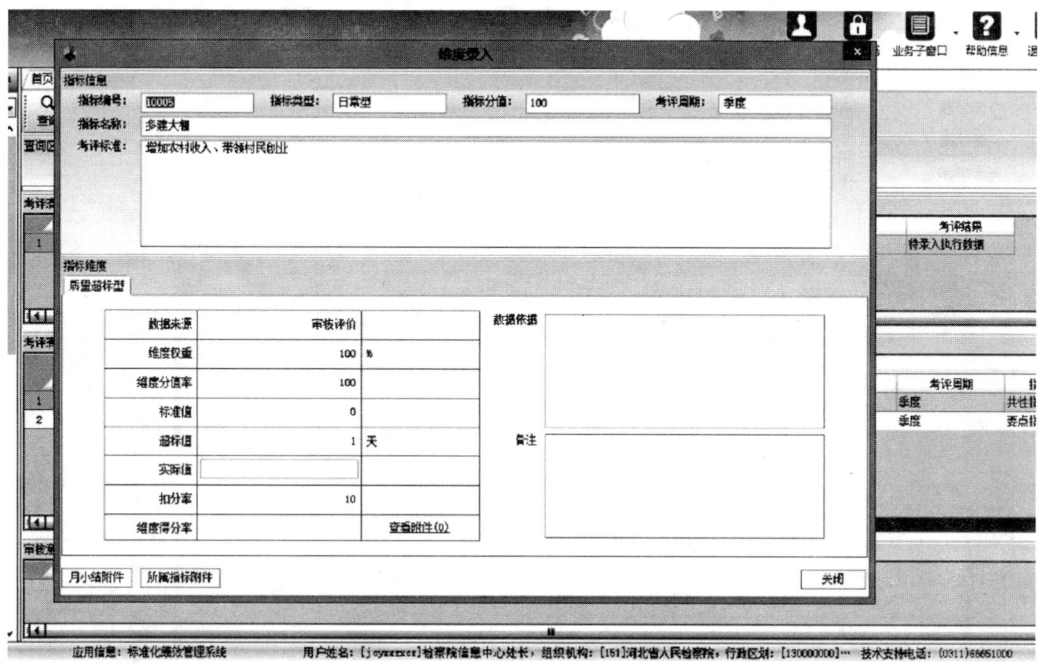

图 2－82 录入指标执行数据窗口

若月小结附件不能证明得分，可通过添加附件进行补充。

3．审核指标数据

（1）业务描述

指标数据录入完成后，对录入的指标维度分值和指标证明材料等相关内容进行审核。

（2）参与角色

绩效管理员。

（3）业务操作界面及说明

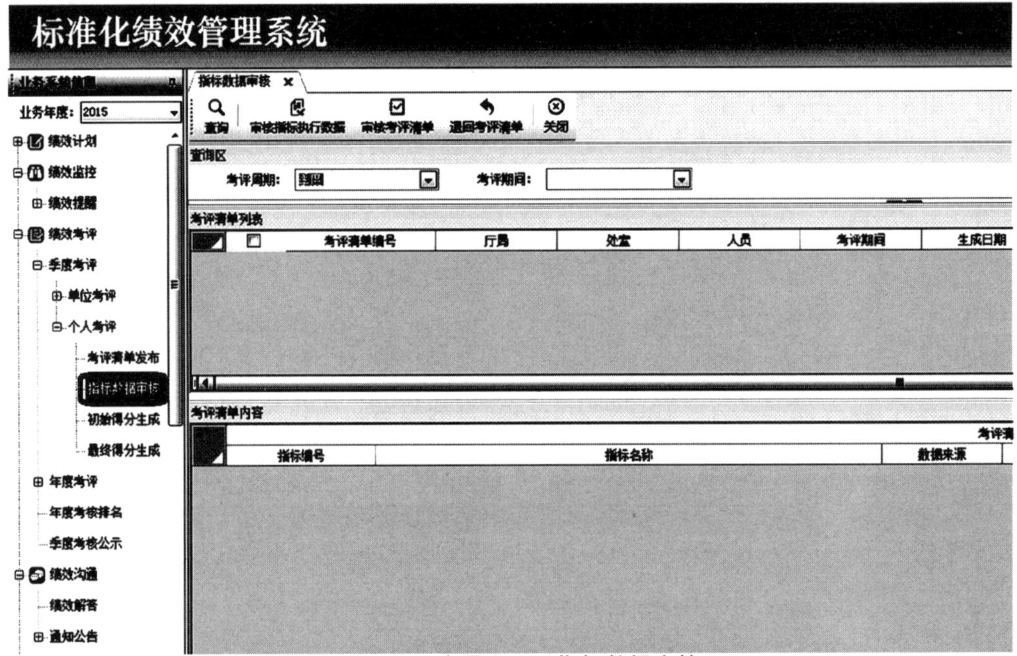

图 2－83　主界面——指标数据审核

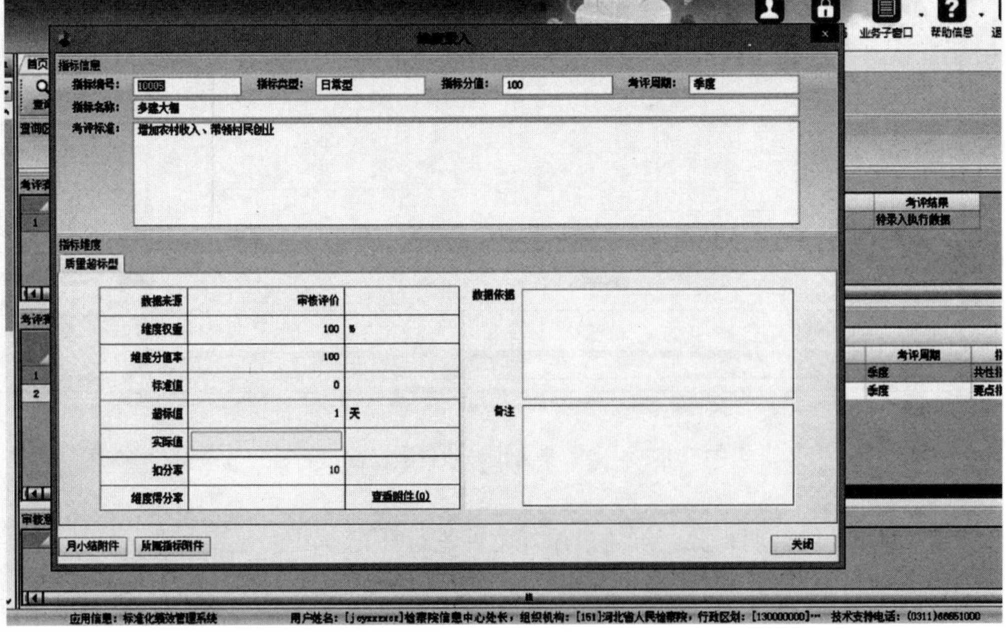

图 2－84　审核指标执行数据窗口

操作步骤：

①绩效管理员登录系统。

②进入主界面后，依次选择“绩效考评”→“季度考评”→“单位考评”→“指标数据审核”菜单，进入“指标数据审核”界面（图2－83）。

③点击“查询”按钮→选择考评清单→双击指标或点击“审核指标执行数据”按钮→审核指标维度数据及材料依据（图2－84）（如需修改，在方框中填写）→点击“保存”按钮保存成功。

④审核各单位各指标考评数据及得分依据→选中清单（可全选）→点击“审核考评清单”按钮→弹出文本框，填写审核意见→点击“保存”按钮保存成功。

4．生成初始得分

（1）业务描述

对单位季度考评指标数据审核完成后，生成单位季度考评初始得分。

（2）参与角色

绩效管理员。

（3）业务操作界面及说明

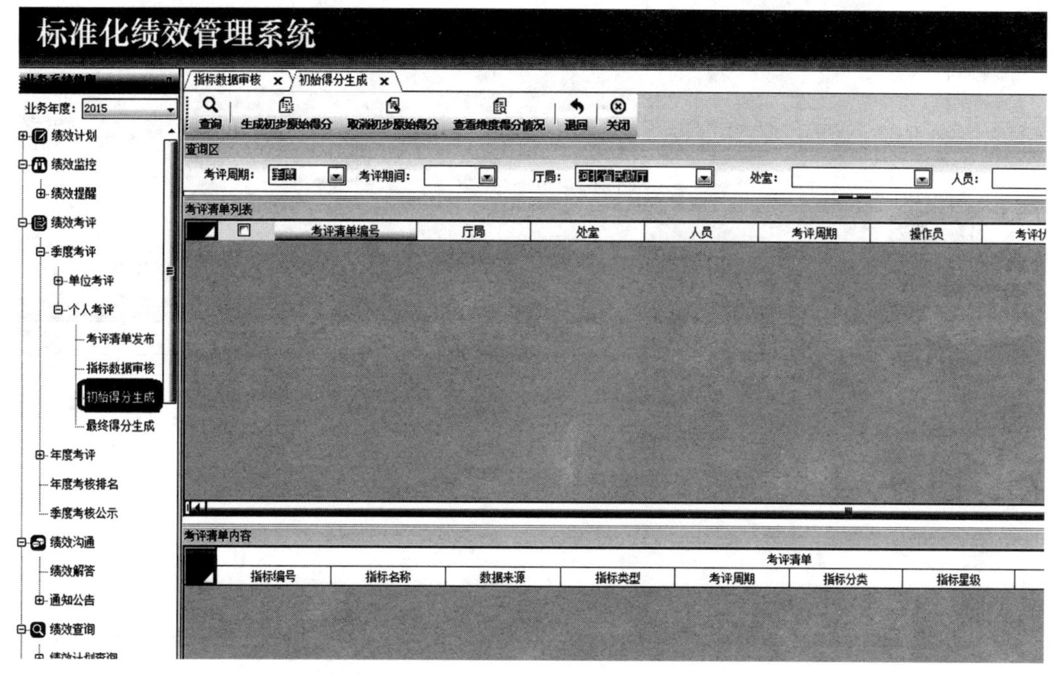

图2－85 主界面——初始得分生成

操作步骤：

①绩效管理员登录系统。

②进入主界面后，依次选择“绩效考评”→“季度考评”→“单位考评”→

“初始得分生成”菜单，进入“初始得分生成”界面（图 2－85）。

③点击“查询”按钮→选择清单→点击“生成初步原始得分”按钮，系统将自动生成该清单的初步原始得分。

5. 生成最终得分并发布

(1) 业务描述

单位季度考评初始得分生成后，生成单位最终得分，并发布单位季度考评得分，对考评成绩进行公示。

(2) 参与角色

绩效管理员。

(3) 业务操作界面及说明

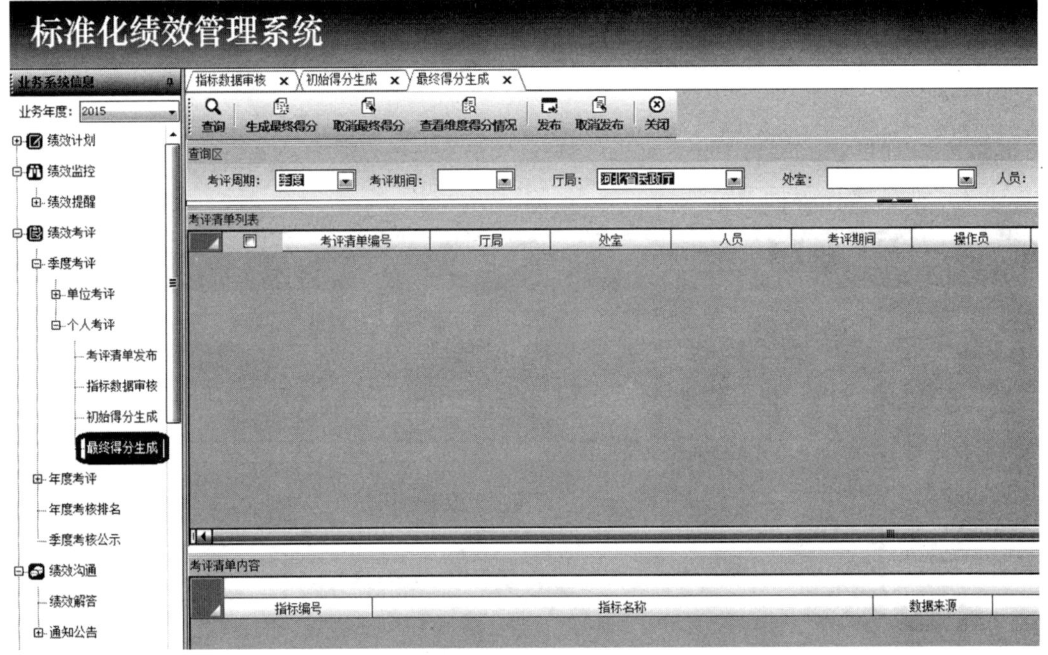

图 2－86 主界面——最终得分生成

操作步骤：

①绩效管理员登录系统。

②进入主界面后，依次选择“绩效考评”→“季度考评”→“单位考评”→“最终得分生成”菜单，进入“最终得分生成”界面（图 2－86）。

③点击“查询”按钮→选择考评周期、期间和单位→选择清单→点击“生成最终得分”按钮，系统将自动生成单位的最终原始得分。

④生成最终得分后，点击界面上“发布”按钮后，各单位即可以选择“绩效查询”→“考评查询”→“我的单位得分”菜单，查看到单位季度得分情况。

（二）个人季度考评

1．负荷系数设置

（1）业务描述

个人季度考评周期开始后，分管领导、中层负责人、中层副职、工作人员需要设置工作负荷系数。

（2）参与角色

分管领导、中层负责人、中层副职、工作人员。

（3）业务操作界面及说明

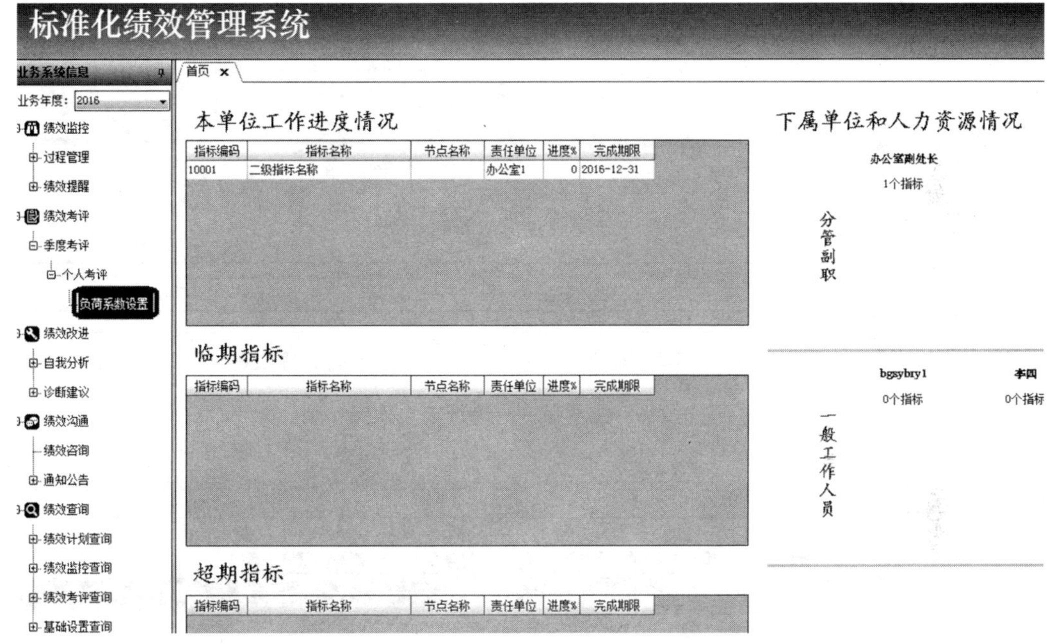

图2－87　主界面——负荷系数设置

操作步骤：

①分管领导、中层负责人、中层副职、工作人员分别登录系统。

②进入主界面后，依次选择“绩效考评”→“季度考评”→“个人考评”→“负荷系数设置”菜单，进入“负荷系数设置”界面（图2－87）。

③选择“年度”“季度”参数→点击“新建”按钮→在“工作负荷系数评价”下拉框内单选评价等级→点击“保存”按钮。

注意事项：评价工作负荷系数须按照设置规则进行（可点击“设置规则表”按钮查看）；中层负责人、工作人员还需勾选“是否为其他负责人”，对中层副职进行评价（副职不互评）；不对本人评价；负荷系数设置界面有单独密码，与登录密码不同；每季度设置一次工作负荷系数。

2. 发布考评清单

(1) 业务描述

个人季度考评周期开始后，发布个人绩效考评清单。

(2) 参与角色

绩效管理员。

(3) 业务操作界面及说明

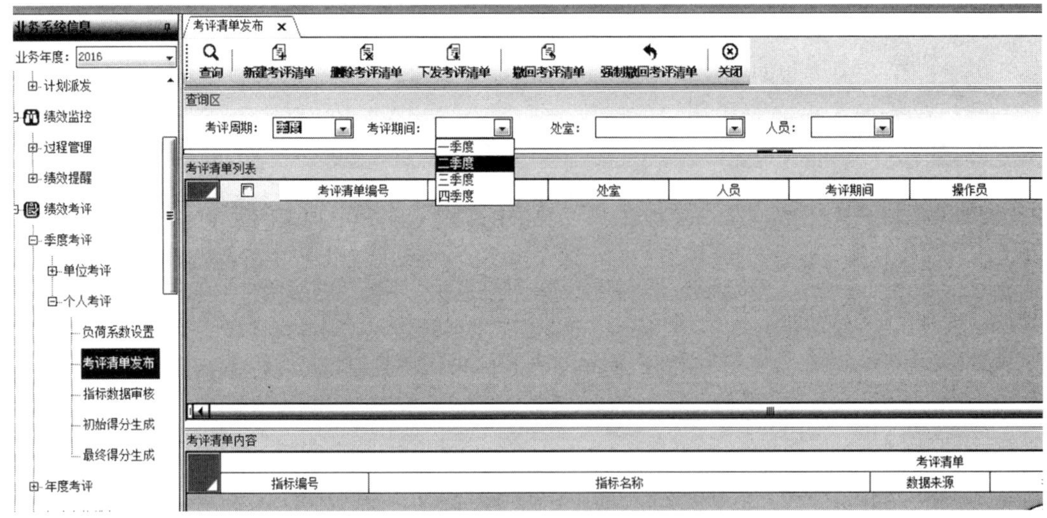

图2－88　主界面——考评清单发布

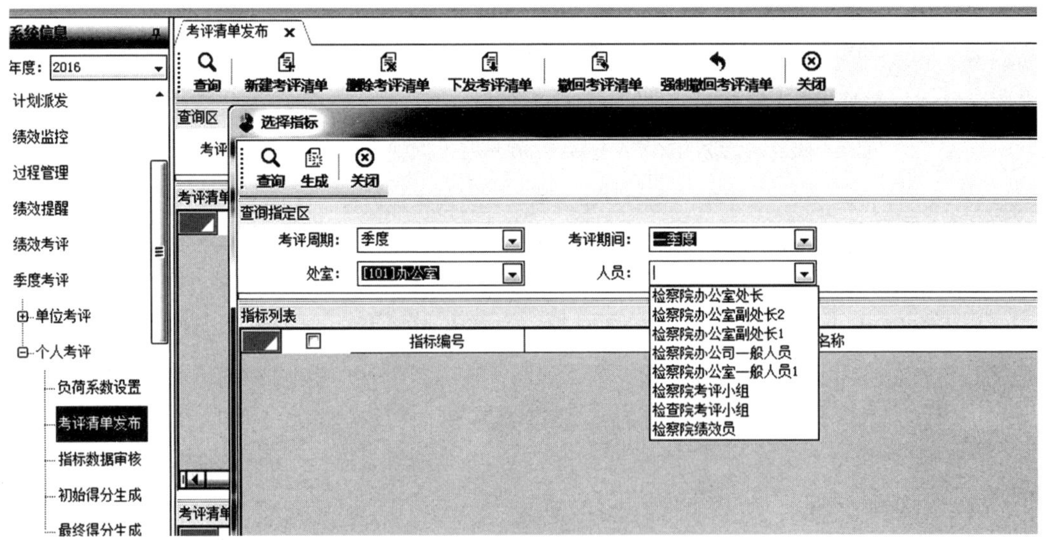

图2－89　新建考评清单窗口

操作步骤：

①绩效管理员登录系统。

②进入主界面后，依次选择“绩效考评”→“季度考评”→“个人考评”→“考评清单发布”菜单，进入“考评清单发布”界面（图2-88）。

③点击“新建考评清单”按钮，进入到新建考评清单窗口（图2-89），选择被考评单位→选择某工作人员→勾选指标（可全选）→点击“生成”按钮。选择下一个工作人员重复操作→全部工作人员操作完成后，勾选考评清单（可全选）→点击“下发考评清单”按钮。

3. 录入考评数据

(1) 业务描述

在个人季度考评清单发布后，录入指标考评数据内容。

(2) 参与角色

考评小组。

(3) 业务操作界面及说明

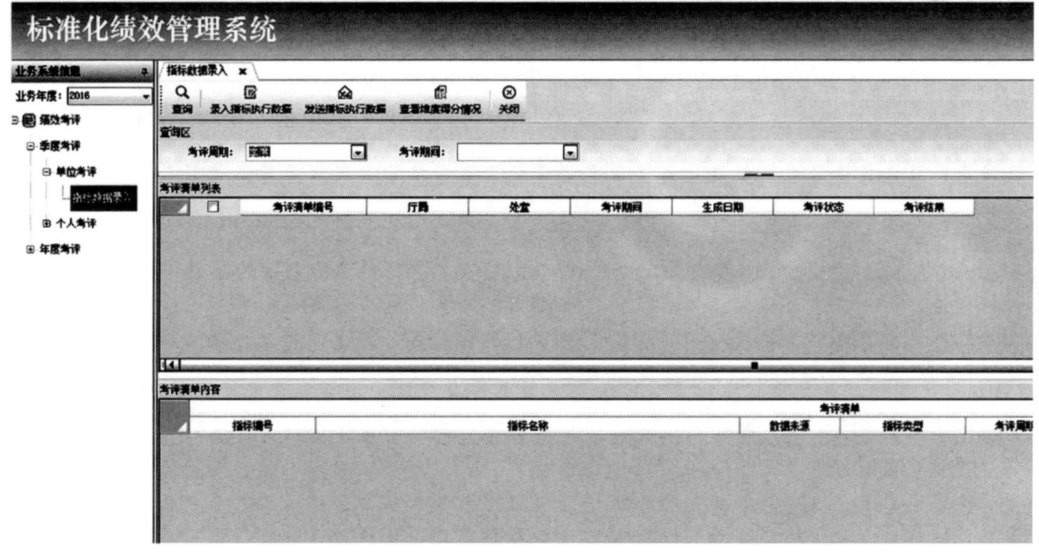

图2-90 指标数据录入界面

操作步骤：

①考评小组登录系统。

②进入主界面后，依次选择“绩效考评”→“季度考评”→“个人考评”→“指标数据录入”菜单，进入“指标数据录入”界面（图2-90）。

③点击“查询”按钮，选择考评清单→选择指标→双击指标或点击“录入指标执行数据”按钮，弹出窗口（图2-91），在方框中录入指标维度自评数据→点击“查看附件”按钮，上传证明材料文件（若月小结中附件材料不全）→点击“保存”按

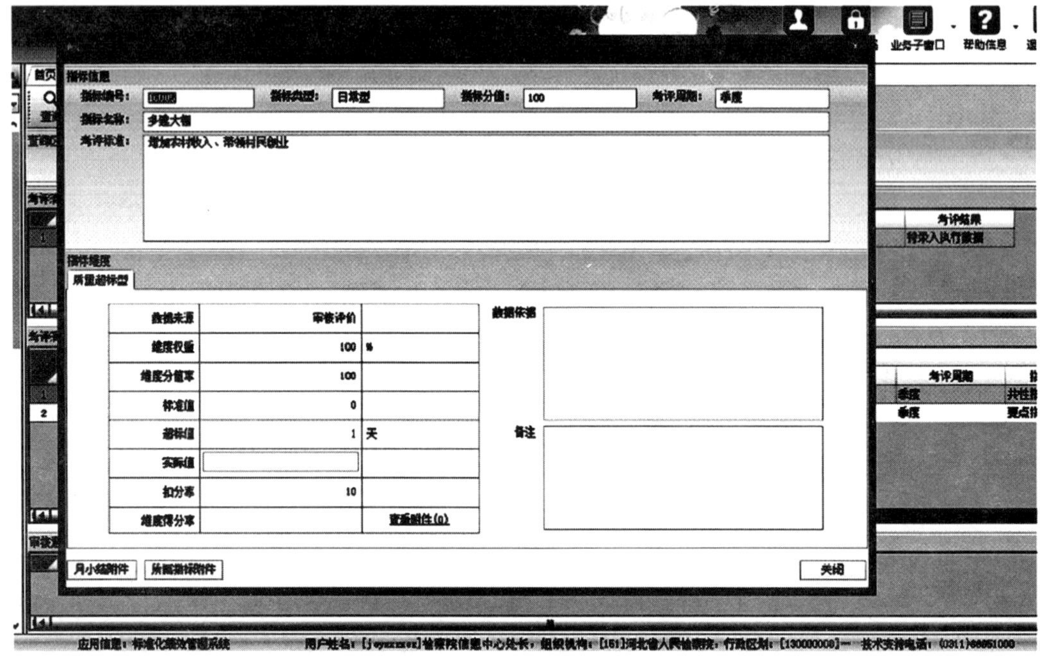

图 2－91 录入指标执行数据窗口

钮。重复录入承担各指标考评数据→选中清单（可全选）→点击“发送指标执行数据”按钮。

4. 审核指标数据

（1）业务描述

指标数据录入完成后，对录入的指标维度和指标证明材料等相关内容进行审核。

（2）参与角色

绩效管理员。

（3）业务操作界面及说明

操作步骤：

①绩效管理员登录系统。

②进入主界面后，依次选择“绩效考评”→“季度考评”→“个人考评”→“指标数据审核”菜单，进入“指标数据审核”界面（图 2－92）。

③点击“查询”按钮→选择考评清单→选择指标→双击指标或点击“审核指标执行数据”按钮→审核指标维度数据及得分依据（图 2－93）（如需修改，在方框中填写）→点击“保存”按钮保存成功。

④审核工作人员各指标考评数据及得分依据→点击“审核考评清单”按钮→弹出文本框，填写审核意见→点击“保存”按钮。

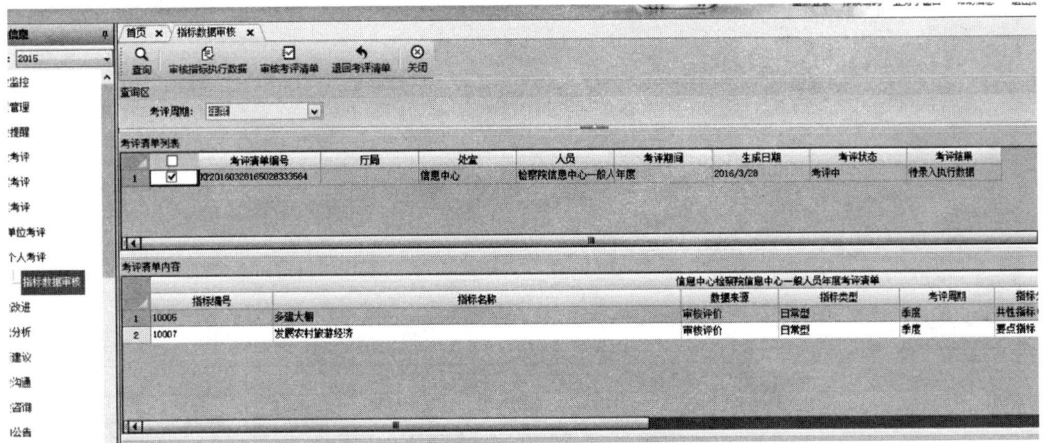

图 2－92 主界面——指标数据审核

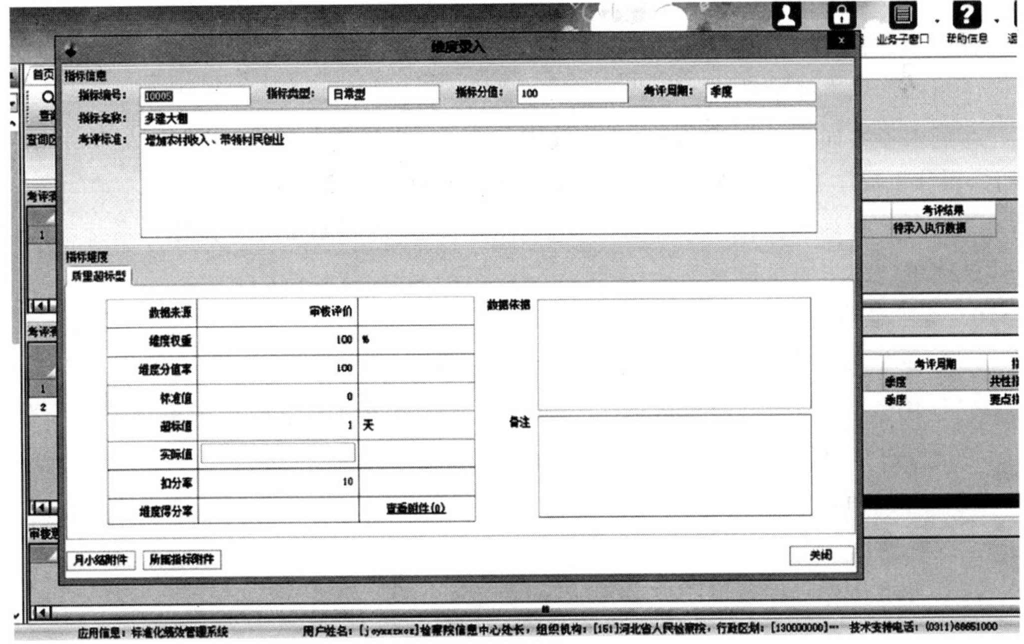

图 2－93 审核指标执行数据窗口

5．生成初始得分

（1）业务描述

对个人季度考评指标数据审核完成后，生成个人季度考评初始得分。

（2）参与角色

绩效管理员。

（3）业务操作界面及说明

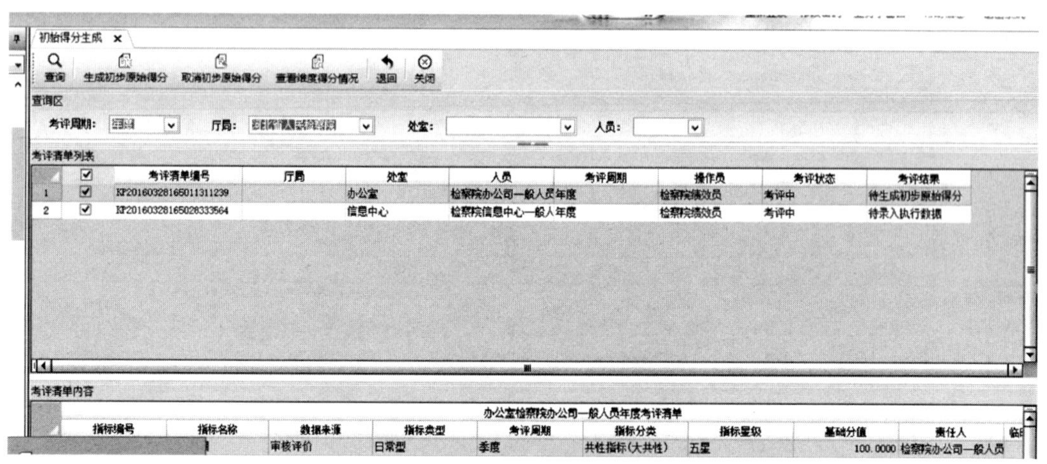

图 2－94 主界面——初始得分生成

操作步骤：

①绩效管理员登录系统。

②进入主界面后，依次选择“绩效考评”→“季度考评”→“个人考评”→“初始得分生成”菜单，进入“初始得分生成”界面（图 2－94）。

③点击“查询”按钮→选择清单→点击“生成初步原始得分”按钮，系统将自动生成该清单的初步原始得分。

6. 生成最终得分并发布

（1）业务描述

个人季度考评初始得分生成后，生成个人最终得分，并发布个人季度考评得分，对考评成绩进行公示。

（2）参与角色

绩效管理员。

（3）业务操作界面及说明

操作步骤：

①绩效管理员登录系统。

②进入主界面后，依次选择“绩效考评”→“季度考评”→“个人考评”→“最终得分生成”菜单，进入“最终得分生成”界面（图 2－95）。

③点击“查询”按钮→选择考评周期、期间和个人→选择清单→点击“生成最终得分”按钮，系统将自动生成个人的最终原始得分。

④生成最终得分后，点击界面上“发布”按钮后，每个人即可以选择“绩效查询”→“考评查询”→“我的得分”菜单，查看到个人季度得分情况。

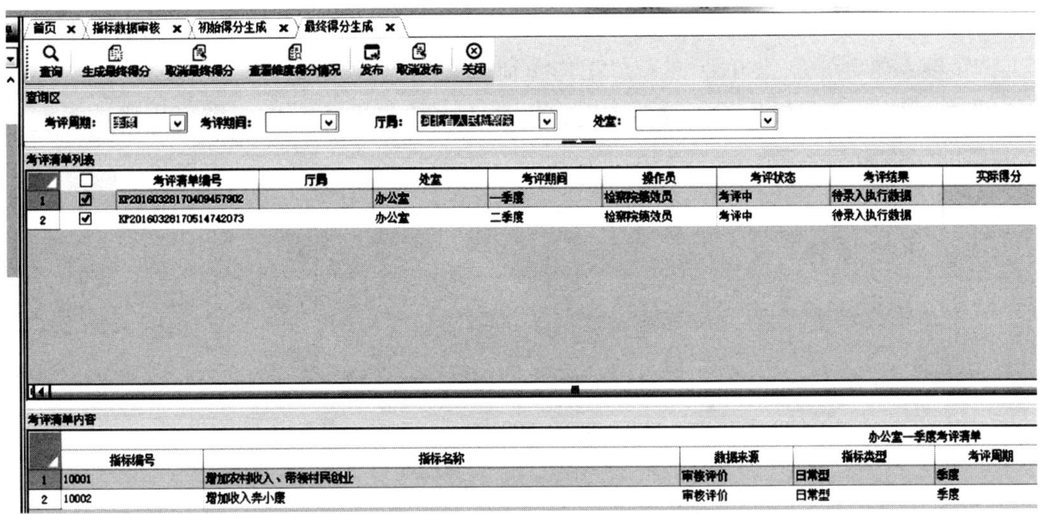

图 2－95 主界面——最终得分生成

7. 生成工作负荷系数

(1) 业务描述

分管领导、中层负责人、中层副职、工作人员设置完工作负荷系数后，需要生成所有人的工作负荷系数。

(2) 参与角色

绩效管理员。

(3) 业务操作界面及说明

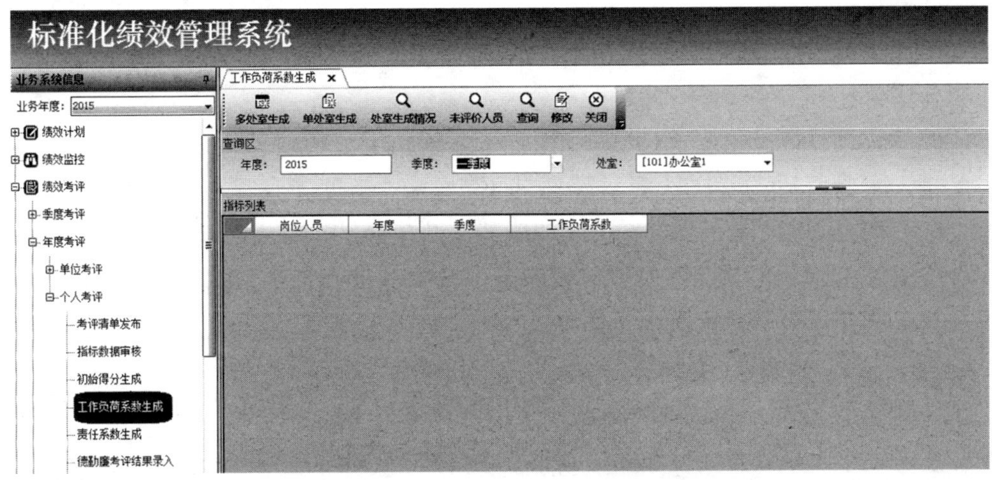

图 2－96 主界面——工作负荷系数生成

操作步骤：

①绩效管理员登录系统。

②进入主界面后，依次选择“绩效考评”→“年度考评”→“个人考评”→“工作负荷系数生成”菜单，进入“工作负荷系数生成”界面（图2－96）。

③选择要生成工作负荷系数的季度，点击“多单位生成”按钮即可生成该季度所有人员的工作负荷系数。

二、年度考评

（一）单位年度考评

1. 发布考评清单

单位年度考评周期开始后，发布年度考评清单，同单位季度考评。

2. 录入指标数据

发布单位年度考评清单后，录入指标数据，同单位季度考评。

3. 审核指标数据

录入单位指标数据后，审核指标数据和相关证明材料，同单位季度考评。

4. 生成初始得分

单位年度考评周期开始后，发布年度考评清单，同单位季度考评。

5. 录入党风廉政建设结果

（1）业务描述

单位年度考评中，包括对单位党风廉政建设的考评，录入党风廉政建设结果。

（2）参与角色

绩效管理员。

（3）业务操作界面及说明

操作步骤：

①绩效管理员登录系统。

②进入主界面后，依次选择“绩效考评”→“年度考评”→“单位考评”→“党风廉政建设结果录入”菜单，进入“党风廉政建设结果录入”界面（图2－97）。

③点击“新增”按钮，在右侧录入区录入相应分值和理由→点击“保存”按钮。逐个录入各相关单位党风廉政建设结果。

6. 加（扣）分录入

（1）业务描述

年度考评中，录入各单位加扣分结果。

（2）参与角色

绩效管理员。

（3）业务操作界面及说明

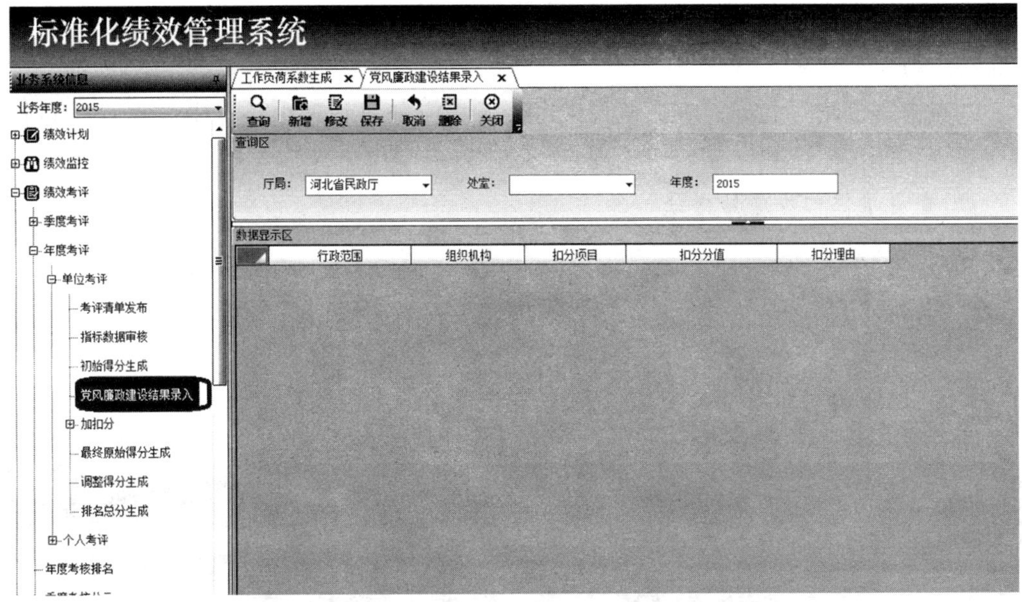

图 2－97 **主界面——党风廉政建设结果录入**

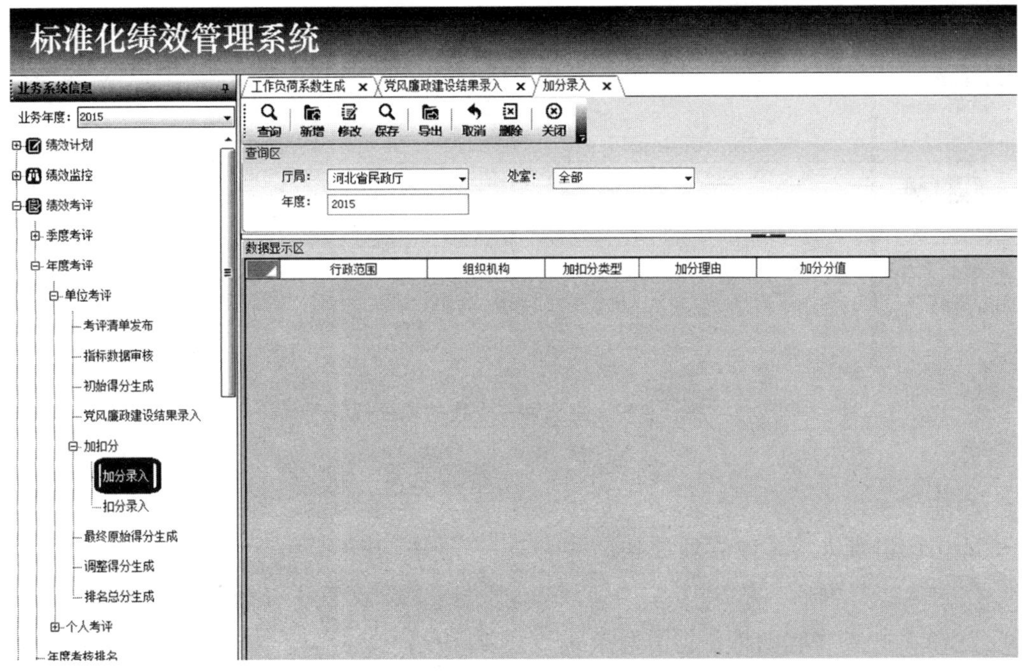

图 2－98 **主界面——加（扣）分录入**

操作步骤：

①绩效管理员登录系统。

②进入主界面后，依次选择“绩效考评”→“年度考评”→“单位考评”→

“加扣分”→“加分录入”或“扣分录入”菜单，进入“加（扣）分录入”界面（图2－98）。

③点击“新增”按钮，在右侧录入区录入相应分值和理由→点击“保存”按钮。逐个录入各相关单位加（扣）分情况。

7. 查看单位初步原始得分

（1）业务描述

中层负责人、绩效管理员可以查看单位初步原始得分。

（2）参与角色

中层负责人、绩效管理员。

（3）业务操作界面及说明

图2－99　主界面——我的单位得分

操作步骤：

①中层负责人、绩效管理员登录系统。

②进入主界面后，依次选择“绩效查询”→“绩效考评查询”→“我的单位得分”菜单，进入“我的单位得分”界面（图2－99）。

③点击“查询”按钮，查看我的单位得分情况。

8. 生成最终原始得分

（1）业务描述

单位初步原始得分没问题后，生成最终原始得分。

（2）参与角色

绩效管理员。

(3) 业务操作界面及说明

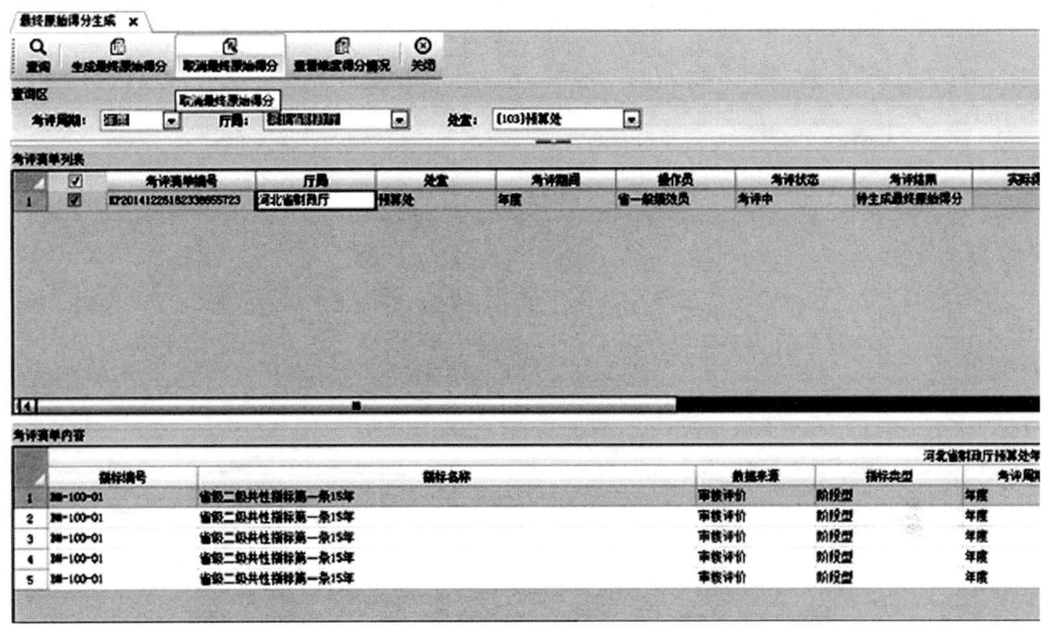

图 2－100 主界面——最终原始得分生成

操作步骤：

①绩效管理员登录系统。

②进入主界面后，依次选择“绩效考评”→“年度考评”→“单位考评”→“最终原始得分生成”菜单，进入“最终原始得分生成”界面（图 2－100）。

③点击“查询”按钮→选择清单→点击“生成最终原始得分”按钮。

9. 生成调整的得分

(1) 业务描述

生成最终原始得分后，生成调整得分（必须等到个人考评和处室考评都到待生成调整得分状态，生成一遍调整得分即可）。

(2) 参与角色

绩效管理员。

(3) 业务操作界面及说明

操作步骤：

①绩效管理员登录系统。

②进入主界面后，依次选择“绩效考评”→“年度考评”→“单位考评”→“调整得分生成”菜单，进入“调整得分生成”界面（图 2－101）。

③（必须在所有清单生成原始得分之后）点击“查询”按钮→点击“生成调整得

分”按钮。

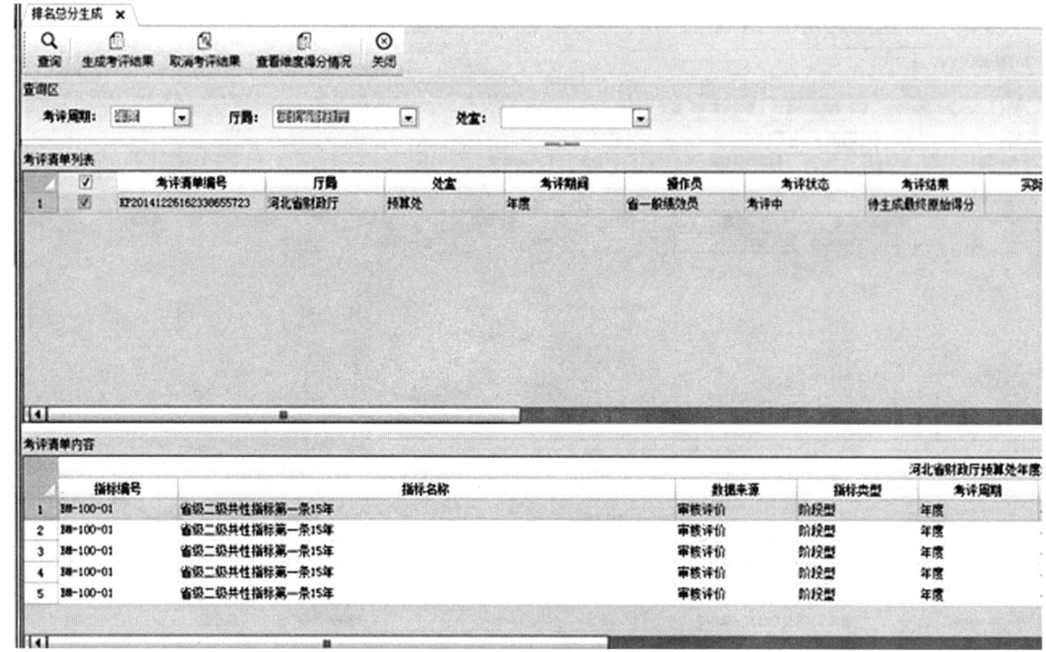

图 2－101 主界面——调整得分生成

10. 生成排名总分

（1）业务描述

年度考评中，调整得分生成后，生成单位排名总分。

（2）参与角色

绩效管理员。

（3）业务操作界面及说明

操作步骤：

①绩效管理员登录系统。

②进入主界面后，依次选择“绩效考评”→“年度考评”→“单位考评”→“排名总分生成”菜单，进入“排名总分生成”界面（图 2－102）。

③点击“查询”按钮→选择清单→点击“生成考评结果”按钮。

11. 绩效展示

（1）业务描述

单位年度考评中，排名总分生成后，对单位年度考评结果进行展示。

（2）参与角色

绩效管理员。

（3）业务操作界面及说明

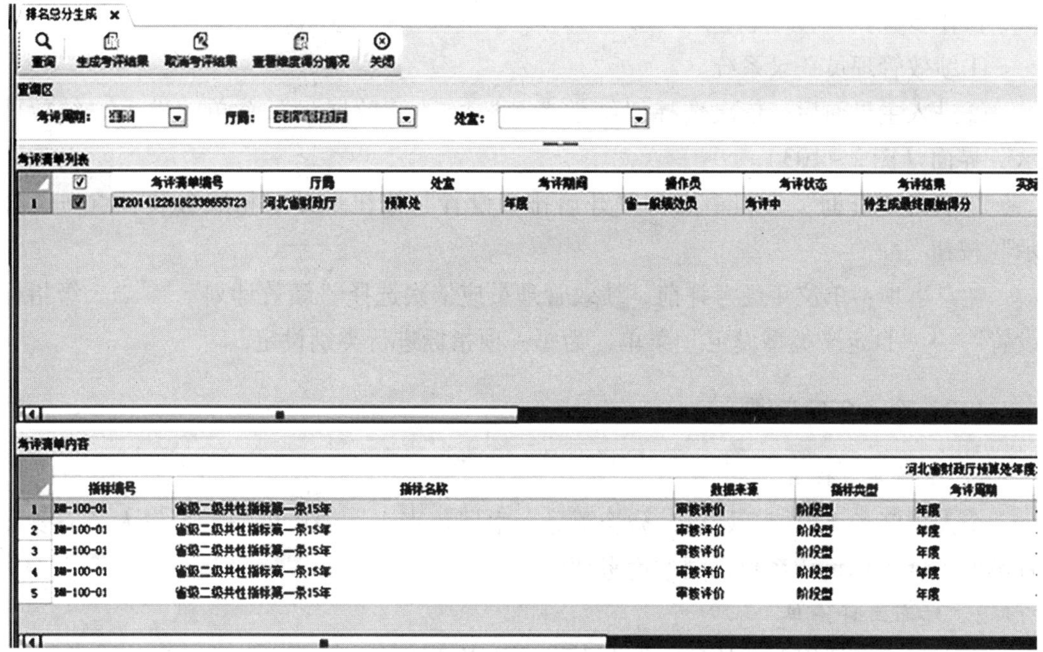

图 2－102　主界面——排名总分生成

年度考核排名

查询　开启排名设置　公示　取消公示　导出　关闭

查询区

年度：2014　设置排名：100　%　保存　出分类别：

选择类型：全部

单位类别：全部　单位性质：全部

处室排名公示　处室主要负责人排名公示　处室其他负责人排名公示　一般人员排名公示　外聘人员排名公示

排名　厅局　处室　最终原始得分　调整得分　党风廉政建设扣分　特别加分　特别扣分

图 2－103　主界面——绩效展示

操作步骤：

①绩效管理员登录系统。

②进入主界面后，依次选择“绩效考评”→“绩效展示”菜单，进入“绩效展示”界面（图2-103）。

③点击“查询”按钮→点击“开启排名设置”按钮→设定相应参数→点击“公示”按钮。

注意事项：单位年度考评前，绩效管理员应依次选择“绩效计划”→“二级指标设置”→“自定义类型设定”菜单，为每一项指标进行类别设定。

（二）个人年度考评

1. 负荷系数设置

个人年度考评周期开始后，分管领导、中层负责人、中层副职、工作人员需要设置第四季度工作负荷系数，同季度考评。

2. 发布考评清单

个人年度考评周期开始后，发布个人绩效考评清单，同季度考评。

3. 录入考评数据

在个人年度考评清单发布后，录入指标考评数据内容，同季度考评。

4. 审核指标数据

指标数据录入完成后，对录入的指标维度和指标证明材料等相关内容进行审核，同季度考评。

5. 生成初始得分

对个人季度考评指标数据审核完成后，生成个人季度考评初始得分，同季度考评。

6. 生成工作负荷系数

分管领导、中层负责人、中层副职、工作人员设置完工作负荷系数后，需要生成所有人的工作负荷系数，同季度考评。

7. 生成责任系数

（1）业务描述

责任系数是根据单位内各副职间承担单位指标分值的相对分差而计算出的调整参数，在个人年度考评中，生成责任系数是年度考评的必要过程。

（2）参与角色

绩效管理员。

（3）业务操作界面及说明

图 2-104 主界面——责任系数生成

操作步骤：

①绩效管理员登录系统。

②进入主界面后，依次选择“绩效考评”→“年度考评”→“个人考评”→“责任系数生成”菜单，进入“责任系数生成”界面（图 2-104）。

③点击“责任系数生成”按钮，弹出窗口，选择是否确定生成责任系数，点击“确定”，即可完成责任系数生成工作。

8. 录入德勤廉结果

(1) 业务描述

对个人德、勤、廉进行考评，将考评结果记录下来。

(2) 参与角色

绩效管理员。

(3) 业务操作界面及说明

操作步骤：

①绩效管理员登录系统。

②进入主界面后，依次选择“绩效考评”→“年度考评”→“个人考评”→“德勤（或廉）考评结果录入”菜单，进入“德勤（或廉）考评结果录入”界面（图 2-105）。

③点击“新增”按钮→在右侧录入区录入扣分分值和理由→点击“保存”按钮。

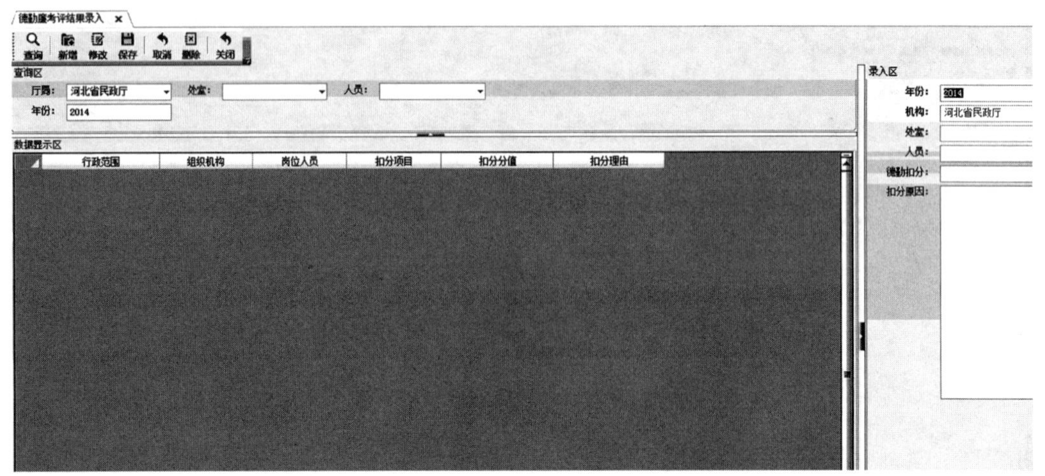

图 2－105 主界面——德勤（或廉）考评结果录入

9. 加（扣）分录入

（1）业务描述

特别加分项目包括创新工作、突破性工作、其他加分三类。特别扣分项目包括行政行为有过错、行政权力运行有过错、行政违法行为、其他工作失误四类，由厅领导或相关职能部门在年度绩效考评环节提出扣分意见。

（2）参与角色

绩效管理员。

（3）业务操作界面及说明

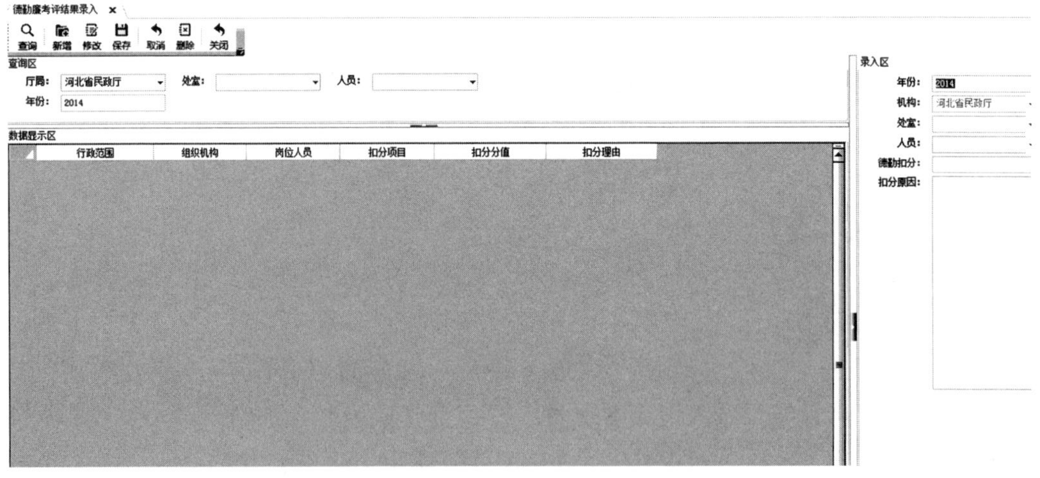

图 2－106 主界面——加（或扣）分录入

操作步骤：

①绩效管理员登录系统。

②进入主界面后，依次选择“绩效考评”→“年度考评”→“个人考评”→“加扣分”→“加（扣）分录入”菜单，进入“加（或扣）分录入”界面（图2-106）。

③在右侧录入区，录入年度→选择人员→录入加（或扣）分分值→录入加（或扣）分理由，列明加（或扣）分项目及分值→点击“保存”按钮。逐个录入需加（或扣）分的人员情况。

10．查看个人初步原始得分

（1）业务描述

个人年度考评中，录入加扣分后，中层副职、工作人员可以查看个人初步原始得分。

（2）参与角色

中层副职、工作人员。

（3）业务操作界面及说明

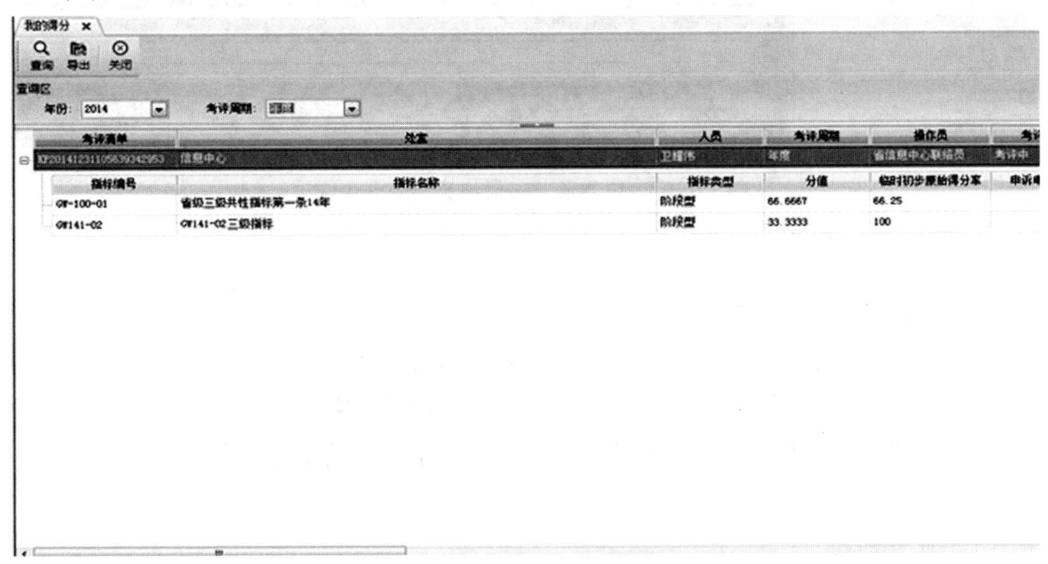

图2-107 主界面——我的得分

操作步骤：

①中层副职、工作人员登录系统。

②进入主界面后，依次选择“绩效查询”→“绩效考评查询”→“我的得分”菜单，进入“我的得分”界面（图2-107），点击“查询”按钮。

11．生成最终原始得分

（1）业务描述

个人年度考评阶段，对初步原始得分无异议后，生成个人最终原始得分。

(2) 参与角色

绩效管理员。

(3) 业务操作界面及说明

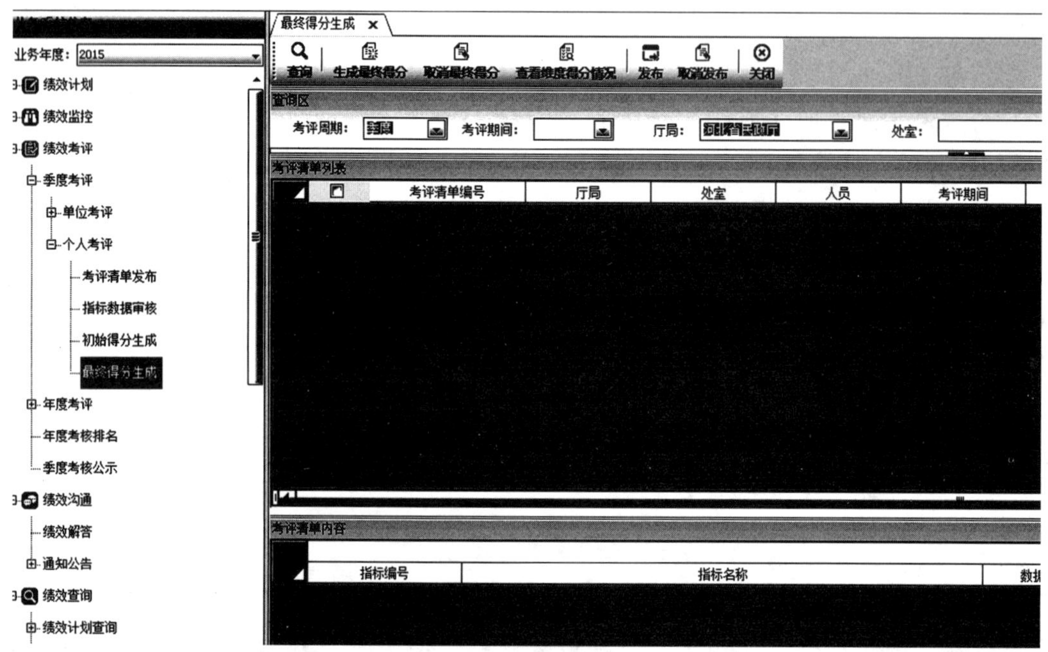

图 2-108 主界面——最终原始得分生成

操作步骤:

①绩效管理员登录系统。

②进入主界面后,依次选择"绩效考评"→"年度考评"→"个人考评"→"最终原始得分生成"菜单,进入"最终原始得分生成"界面(图 2-108)。

③点击"查询"按钮→选择清单→点击"生成最终原始得分"按钮。

12. 生成调整得分

(1) 业务描述

个人年度考评阶段中,生成最终原始得分后,生成个人调整得分(必须等到个人考评和处室考评都到待生成调整得分状态,生成一遍调整得分即可)。

(2) 参与角色

绩效管理员。

(3) 业务操作界面及说明

操作步骤:

①绩效管理员登录系统。

②进入主界面后,依次选择"绩效考评"→"年度考评"→"个人考评"→"调整得分生成"菜单,进入"调整得分生成"界面(图 2-109)。

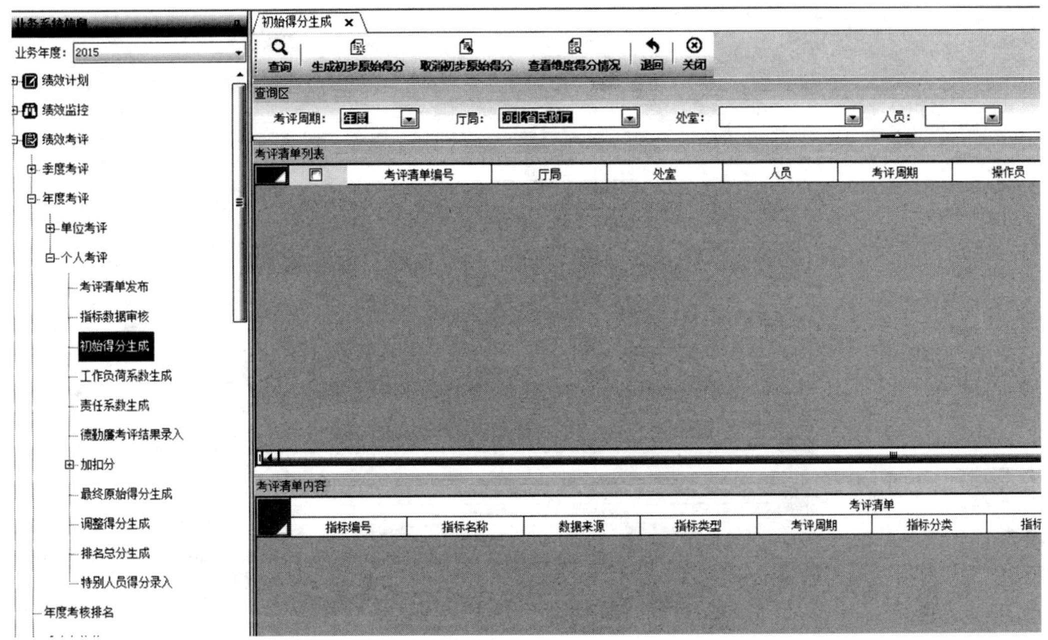

图 2－109 **主界面——调整得分生成**

③必须在所有清单生成最终原始得分之后，点击“查询”按钮→点击“生成调整得分”按钮。

13. 生成排名总分

(1) 业务描述

调整得分生成后，生成排名总分。

(2) 参与角色

绩效管理员。

(3) 业务操作界面及说明

操作步骤：

①绩效管理员登录系统。

②进入主界面后，依次选择“绩效考评”→“年度考评”→“个人考评”→“排名总分生成”菜单，进入“排名总分生成”界面（图 2－110）。

③点击“查询”按钮→选择清单→点击“生成考评结果”按钮。

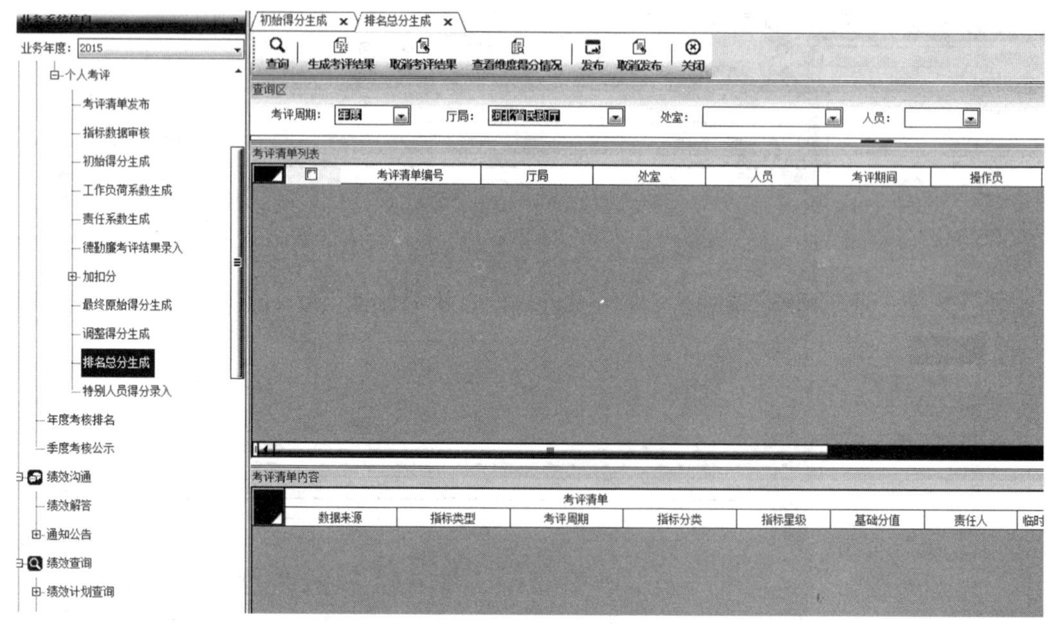

图 2－110 主界面——排名总分生成

14．录入特别人员得分

（1）业务描述

单位年度考评中，排名总分生成后，录入特别人员得分。

（2）参与角色

绩效管理员。

（3）业务操作界面及说明

操作步骤：

①绩效管理员登录系统。

②进入主界面后，依次选择“绩效考评”→“年度考评”→“个人考评”→“特别人员得分录入”菜单，进入“特别人员得分录入”界面（图 2－111）。

③选择有“特殊人员个数”的单位→点击折叠按钮展开→选中某特殊人员，在右侧录入区录入→点击“保存”按钮。重复录入全部特别人员得分。

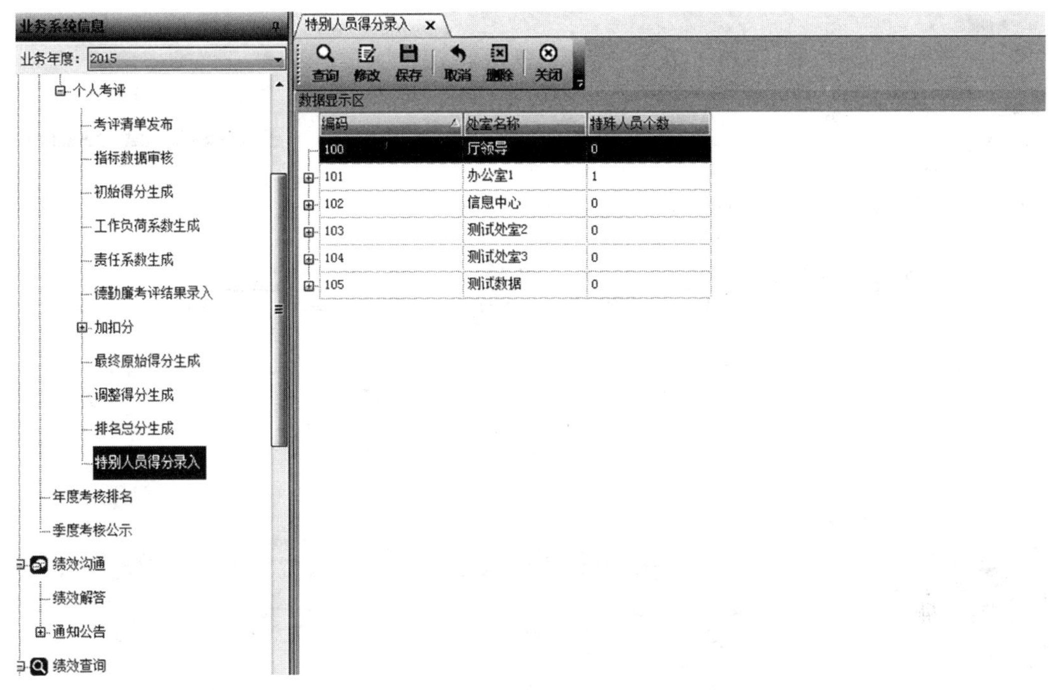

图 2－111 主界面——特别人员得分录入

15. 绩效展示

(1) 业务描述

个人年度考评中，录入特别人员得分后，对个人年度考评结果进行展示。

(2) 参与角色

绩效管理员。

(3) 业务操作界面及说明

操作步骤：

①绩效管理员登录系统。

②进入主界面后，依次选择“绩效考评”→“年度考评”→“绩效展示”菜单，进入“绩效展示”界面（图 2－112）。

③点击“查询”按钮→点击“开启排名设置”按钮→设定相应参数→点击“公示”按钮。也可根据实际情况，进行线下展示。

注意事项：

个人年度考评前，绩效管理员应依次选择“绩效计划”→“三级指标设置”→“自定义类型设定”菜单，为每一项指标进行类别设定。

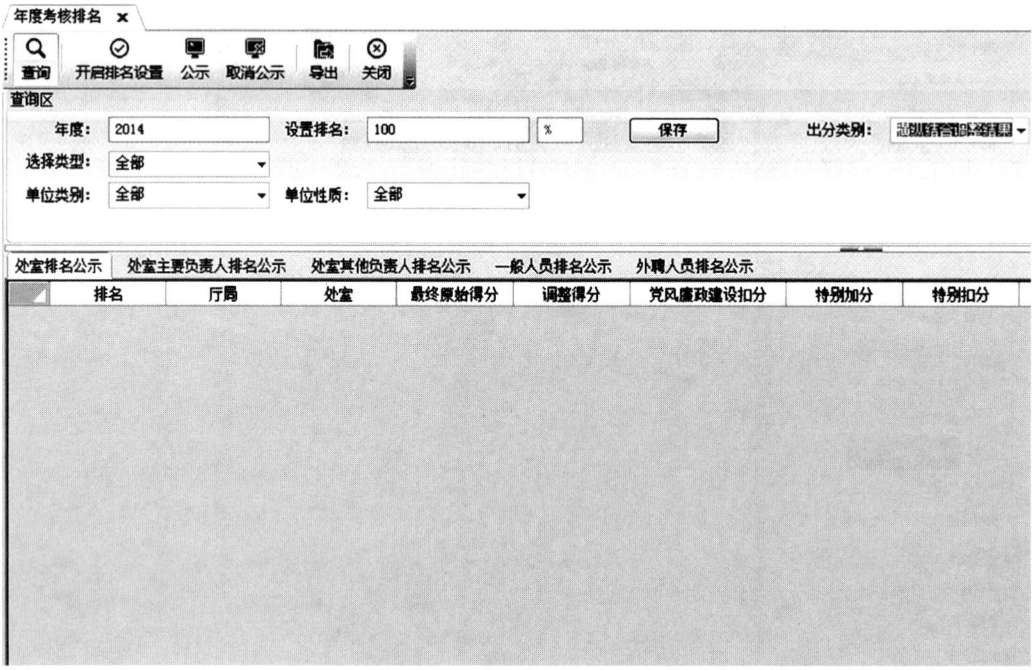

图 2－112 主界面——绩效展示

第五节 绩效改进

绩效改进指针对绩效考评结果反映的情况，就未达到绩效目标的工作，分析原因、查找问题、进行整改。包括职责工作方面的改进和绩效管理体系的改进。在本系统中，主要体现为绩效分析报告的编写与审核、绩效提升计划的编写与审核。

一、自我分析

（一）业务描述

针对本人绩效指标的完成情况进行分析并编写报告发送给中层负责人。

（二）参与人员

工作人员、中层负责人。

（三）业务操作界面及说明

操作步骤：

1. 工作人员登录，进入主界面后，依次选择“绩效改进”→“自我分析”→

图 2－113　工作人员绩效分析报告编写界面

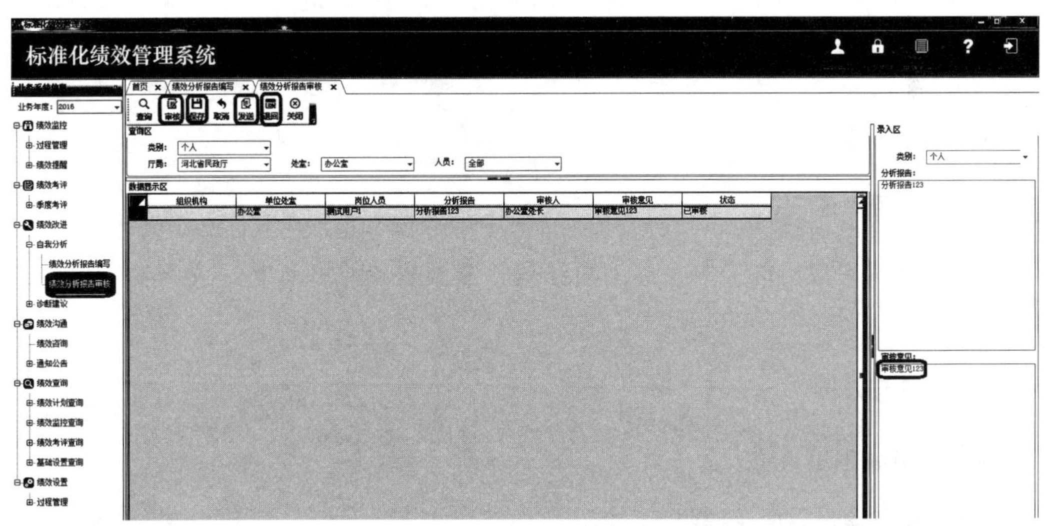

图 2－114　绩效报告分析审核界面

“绩效分析报告编写”菜单，进入“绩效分析报告编写”界面，在中间区域，单击“新增”，在右侧“分析报告”编辑区填写相应内容并“保存”，如发现错误可以点击

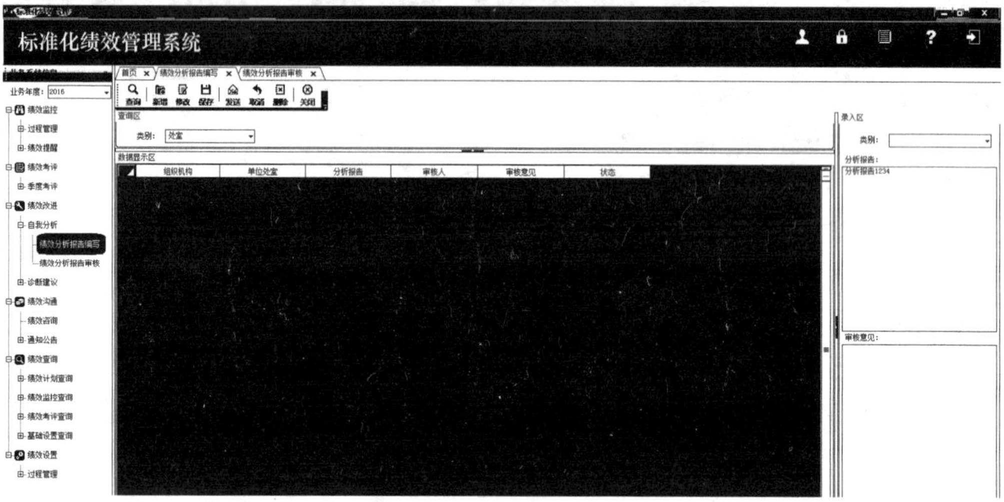

图 2-115　中层负责人绩效分析报告编写界面

“修改”，完善后选中需要发送的报告，点击“发送”按钮即可（图 2-113）。

2. 中层负责人对工作人员“绩效分析报告”进行审核，如果通过审核，单击“审核”→填写审核意见→“保存”→“发送”；如果报告没有通过审核，负责人可直接“退回”工作人员发送的绩效分析报告即可（图 2-114）。

3. 中层负责人针对本单位绩效指标的完成程度情况，进行分析并编写报告，发送给绩效管理员并由其审核（图 2-115），其操作同工作人员操作。

二、诊断建议

（一）业务描述

中层负责人可以给本工作人员编写绩效诊断报告，并将诊断建议下发给相应人员。

（二）参与人员

工作人员、中层负责人。

（三）业务操作界面及说明

操作步骤：

1. 中层负责人可以给本工作人员编写绩效诊断报告（图 2-116）。

2. 绩效诊断报告下发后，工作人员填写提升计划发送给中层负责人（图 2-117）。

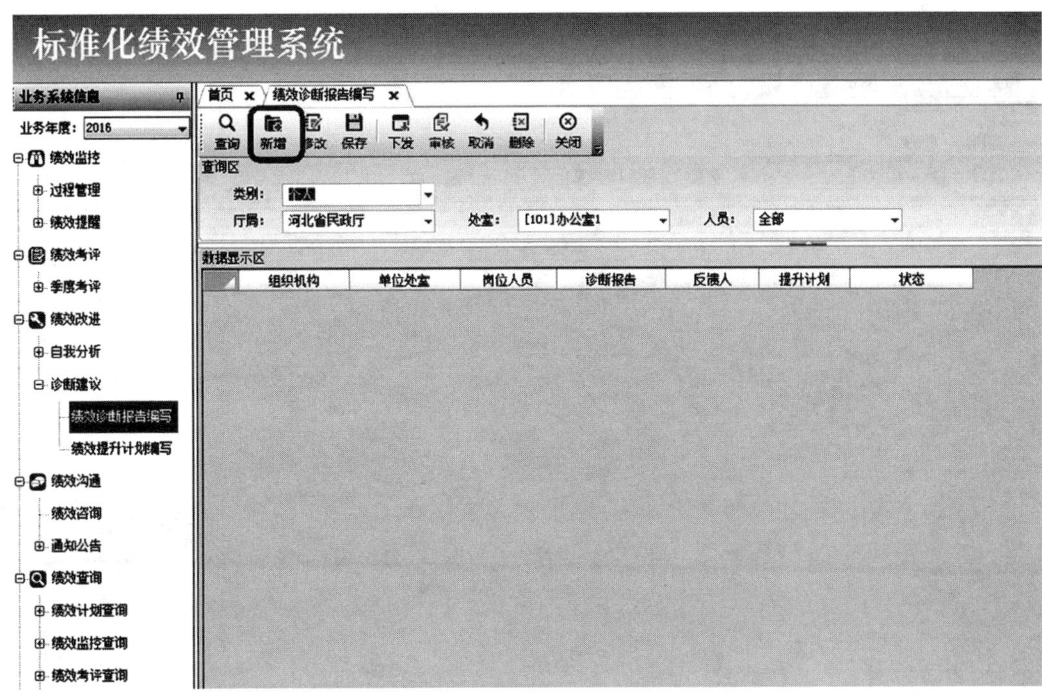

图 2－116　绩效诊断报告编写界面

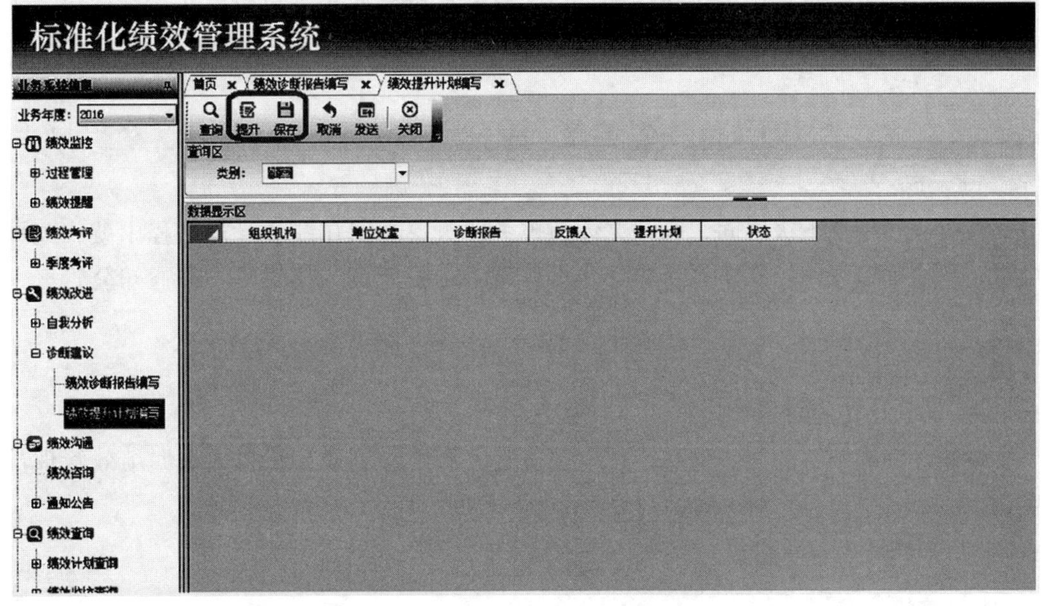

图 2－117　绩效提升计划编写界面

3. 中层负责人需要对提升计划进行审核（图 2－118）。

注意事项：

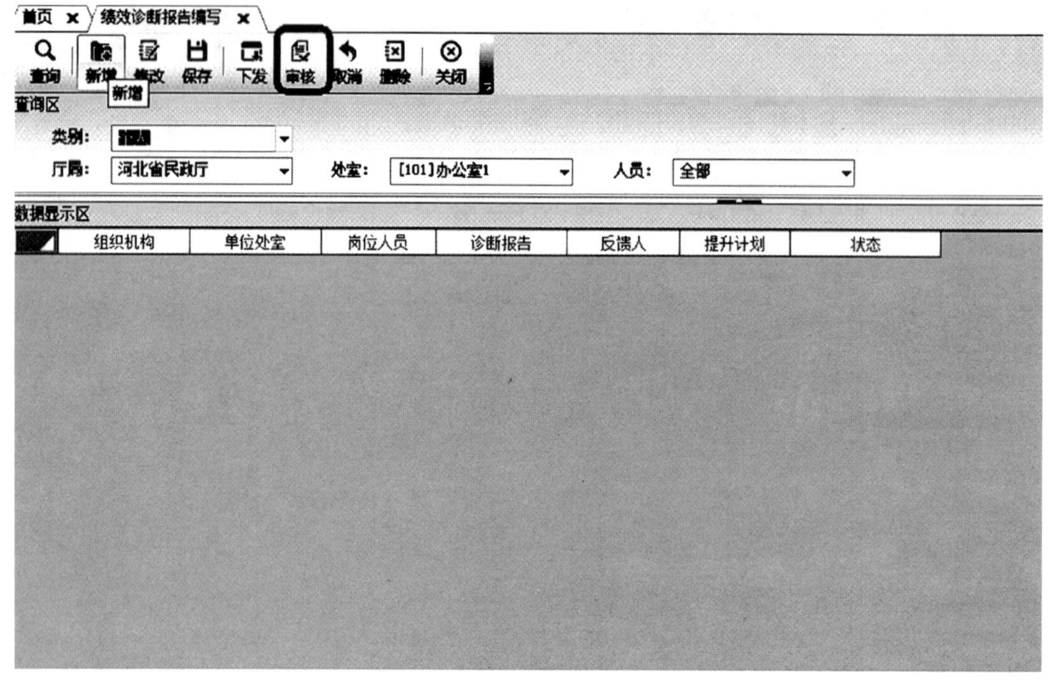

图 2－118　绩效诊断报告审核界面

针对绩效管理过程中的工作情况，绩效管理员也会向相关单位发送诊断建议，中层负责人需要针对诊断建议填写绩效提升计划。具体操作方法与工作人员相同。

第六节　绩效沟通

绩效沟通指上下级之间、考评主体与被考评对象之间在绩效管理过程中就相关事项进行的协商和反馈。在本系统中，主要体现为绩效咨询、绩效解答和通知公告三个模块。

一、绩效咨询与解答

绩效咨询和解答的层级关系是：中层负责人和中层副职、工作人员向绩效管理员咨询。

绩效咨询与解答序列：

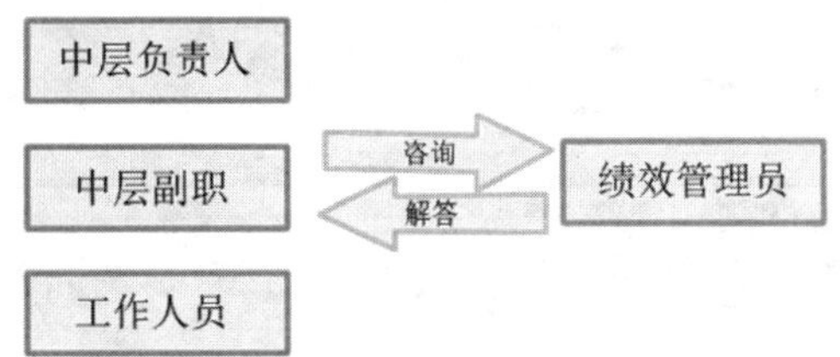

（一）绩效咨询

1. 业务描述

中层负责人、中层副职、工作人员对绩效管理过程中相关事项进行咨询。

2. 参与角色

中层负责人、中层副职、工作人员。

3. 业务操作界面及说明

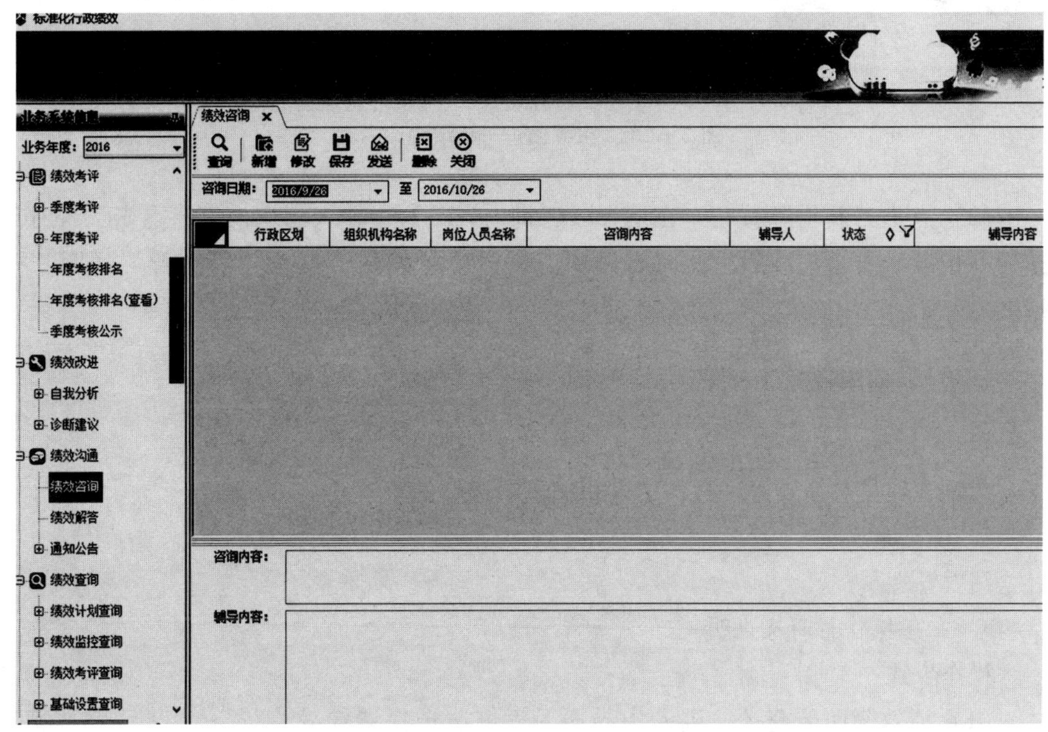

图 2－119 主界面——绩效咨询

操作步骤：

（1）中层负责人、中层副职、工作人员登录，进入主界面后，依次选择“绩效沟通”→“绩效咨询”菜单，进入“绩效咨询”界面（图 2－119）。

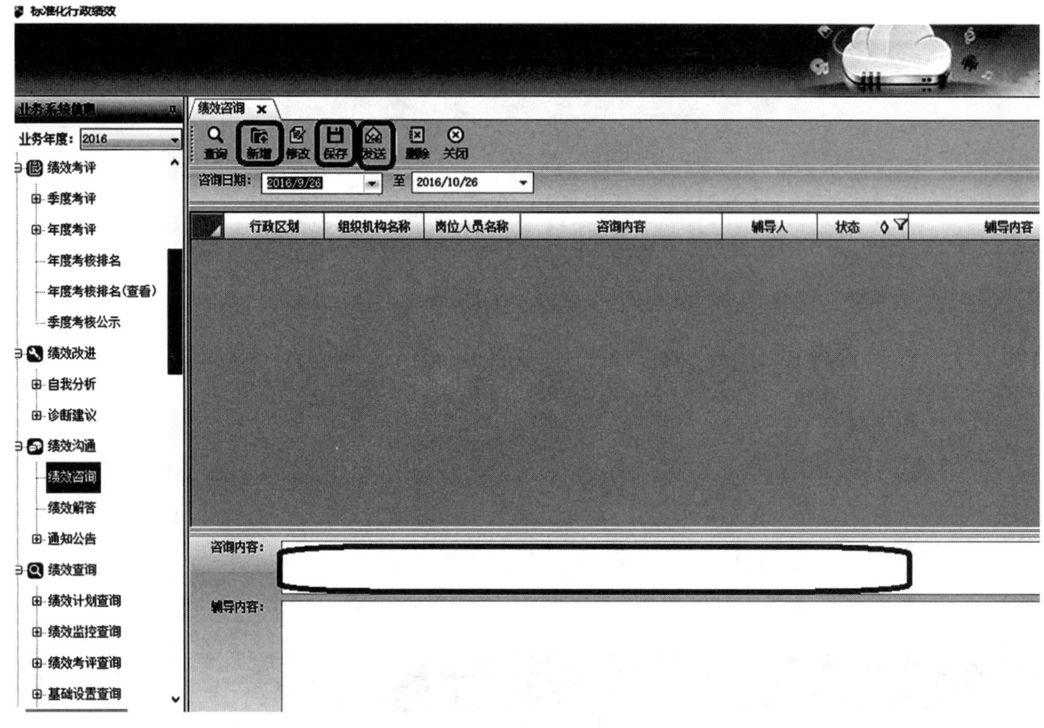

图 2 - 120　主界面——新增咨询内容

(2) 点击“新增”按钮→在下方“咨询内容”栏中输入相应内容→点击“保存”按钮→点击“发送”按钮，此时右侧状态栏由“待发送”变为“待辅导”（图 2 - 120）。

(二) 绩效解答

1. 业务描述

绩效管理员对绩效管理过程中就相关事项进行的解答。

2. 参与角色

绩效管理员。

3. 业务操作界面及说明

操作步骤：

(1) 绩效管理员登录，进入主界面后，依次选择“绩效沟通”→“绩效解答”菜单，进入“绩效解答”界面（图 2 - 121）。

(2) 点击“查询”按钮，查看绩效咨询。选中某条咨询，点击“辅导”按钮并在下方“辅导内容”栏中输入相应内容，点击“回复”按钮。此时咨询者会收到该条回复，右侧状态栏变为“已辅导”。

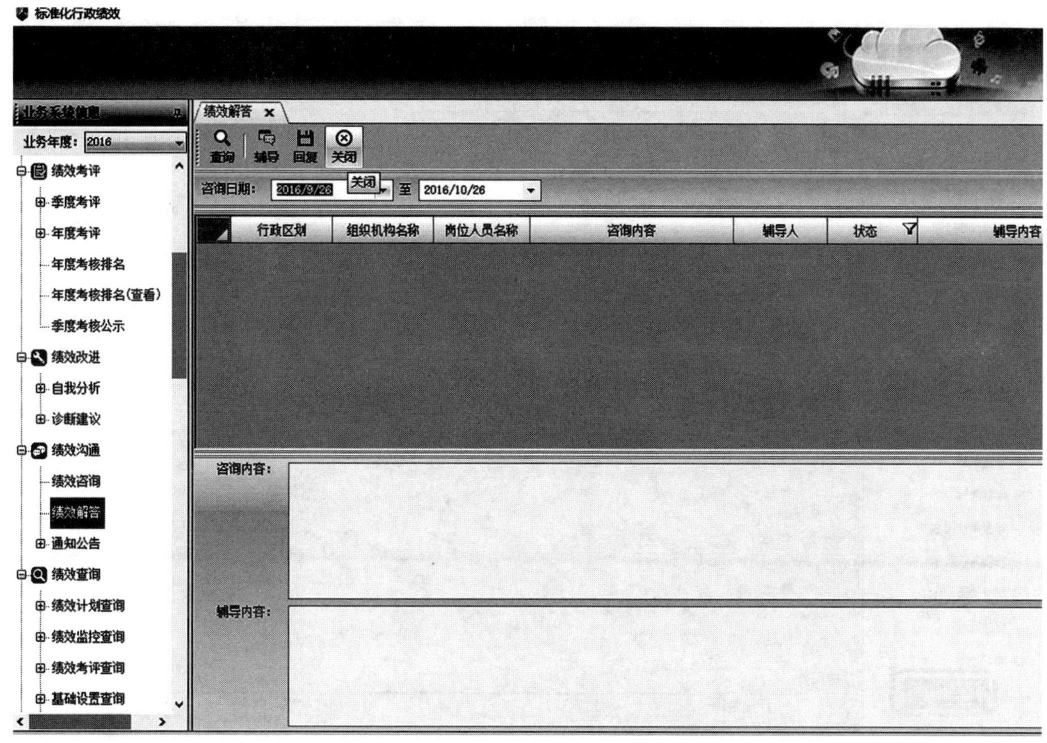

图 2－121 主界面——绩效解答

二、通知公告

（一）通知公告管理

1．业务描述

绩效管理员发布标准化绩效管理相关通知公告。

2．参与角色

绩效管理员。

3．业务操作界面及说明

操作步骤：

（1）绩效管理员可发布绩效管理相关通知公告。绩效管理员登录，进入主界面后，依次选择“绩效沟通”→“通知公告”→“通知公告管理”菜单，进入“通知公告管理”界面（图 2－122）。

（2）点击“新增”按钮（图 2－123），即可录入通知公告，标题和通知内容为必填项，可上传附件，录入完毕后点击“保存”按钮。

（3）点击菜单栏中的“发布”按钮（图 2－124），此时会弹出对话框，确定发布

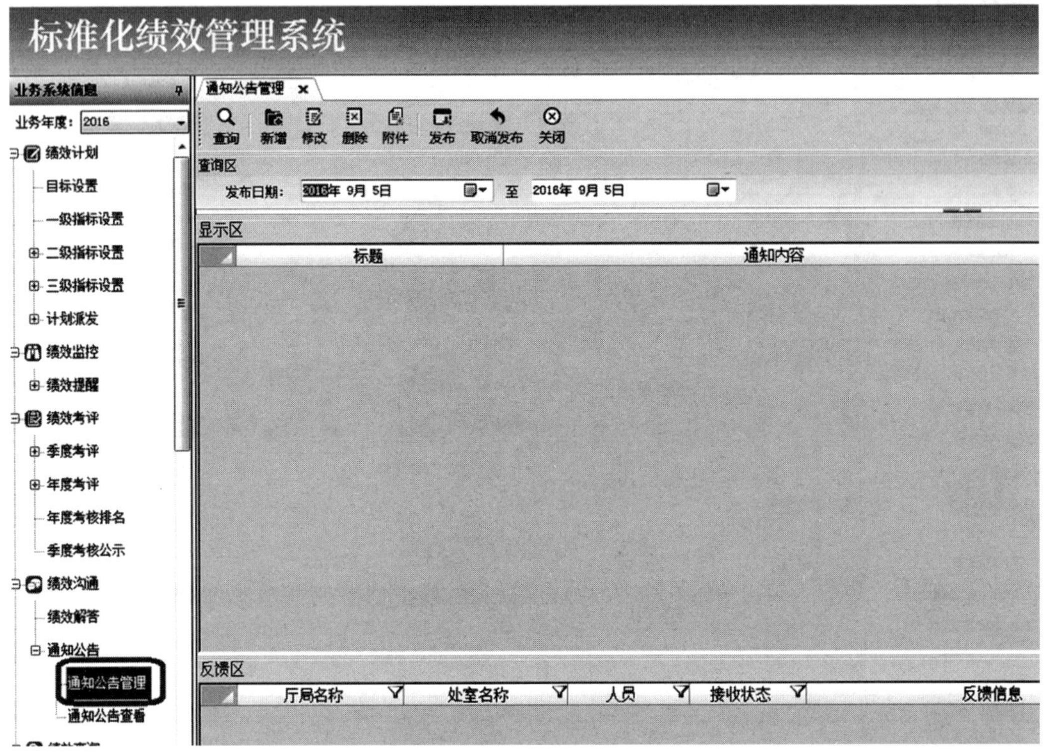

图 2－122　主界面——通知公告管理

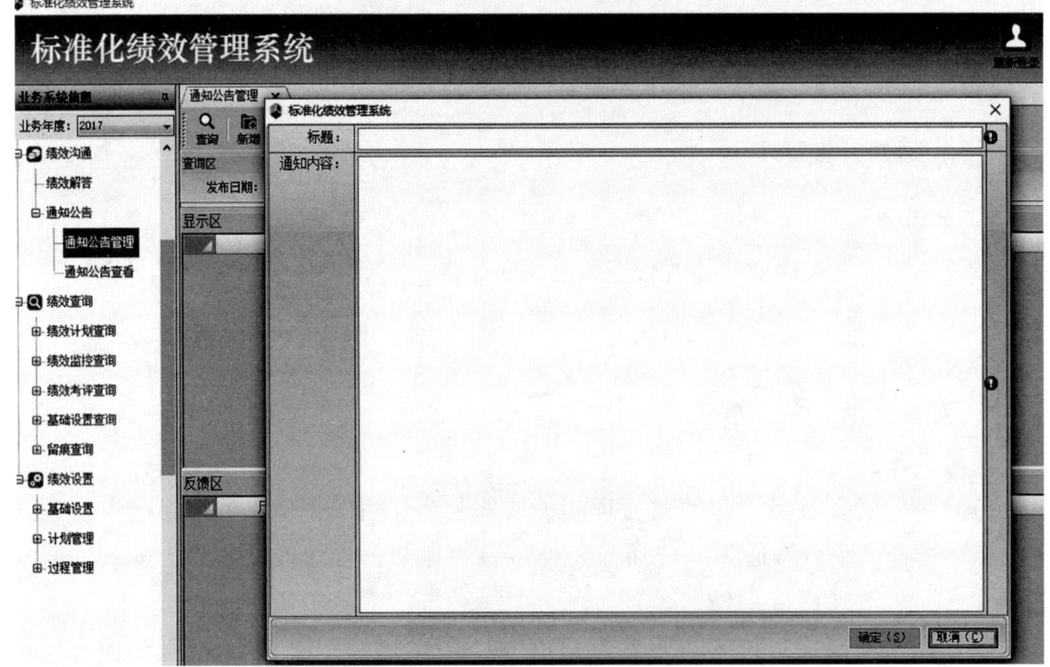

图 2－123　新增通知公告窗口

图 2－124　**通知公告发布窗口**

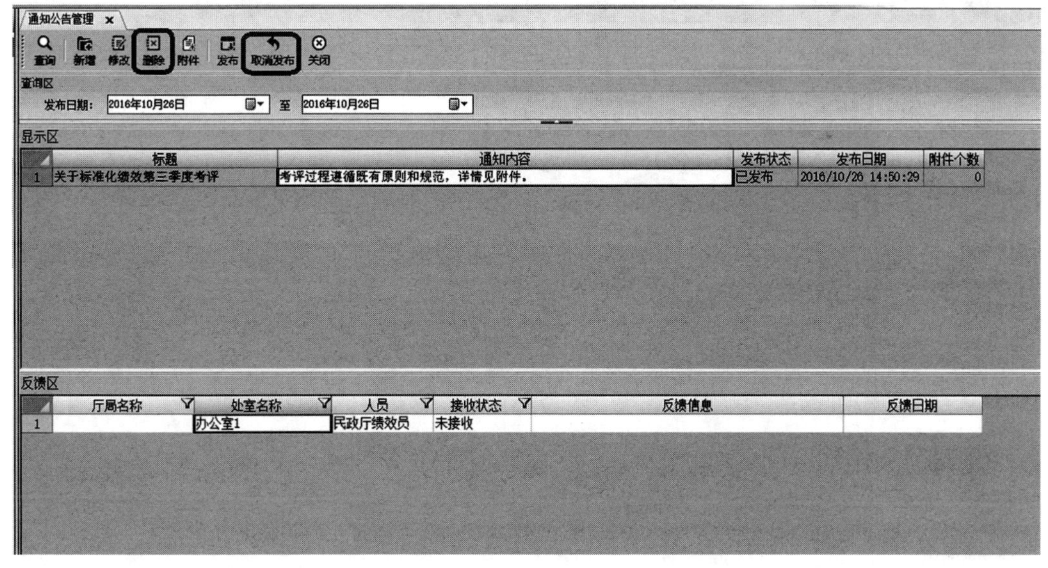

图 2－125　**通知公告取消删除窗口**

范围。

（4）此处要依次选择“通知要发往的单位”“接收通知的角色”和“具体人员”，确认无误后，点击“确定”按钮将保存好的通知公告进行发布；此时下方的“反馈区”会提示接收状态，可以查看某条通知的阅知情况。并有“取消发布”和“删除”

功能（图 2－125）。

（二）通知公告查看

1．业务描述

中层负责人、中层副职、工作人员查看绩效管理员发布的通知公告。

2．参与角色

中层负责人、中层副职、工作人员。

3．业务操作界面及说明

操作步骤：

（1）接收通知公告的人员登录，进入主界面后，依次选择“绩效沟通”→“通知公告”→“通知公告查看”菜单，进入“通知公告查看”界面（图 2－126）。

（2）在公告展示区，切换“待接收通知”和“已接收通知”按钮，可以查看所有已发布的通知公告（图 2－127）。双击某条待接收的通知公告，填写反馈后，该通知状态会变为“已接收”。

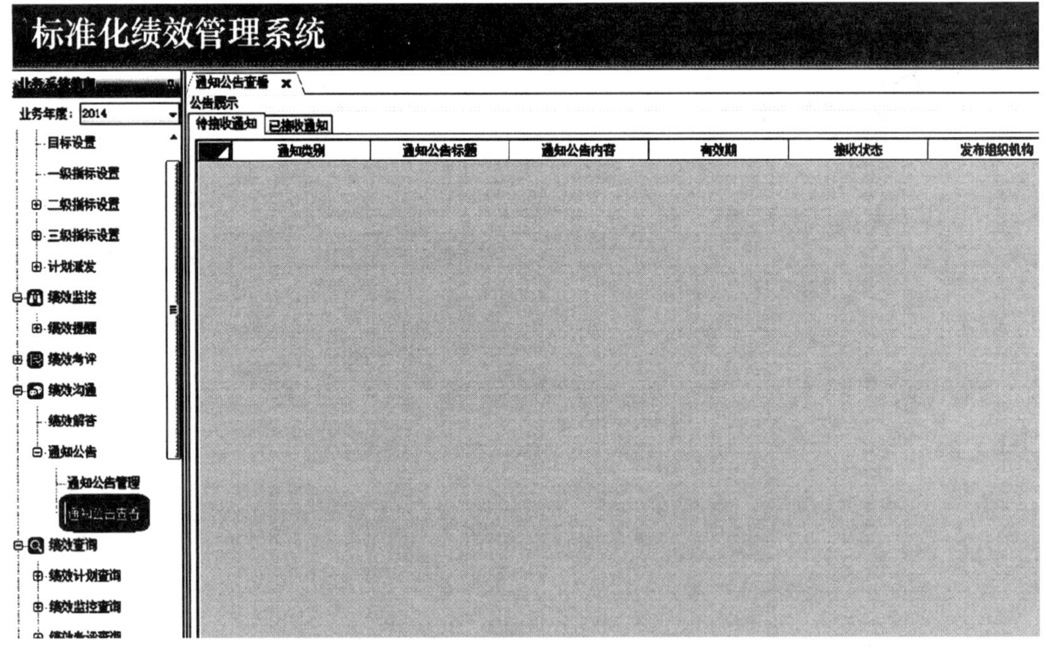

图 2－126　主界面——通知公告查看

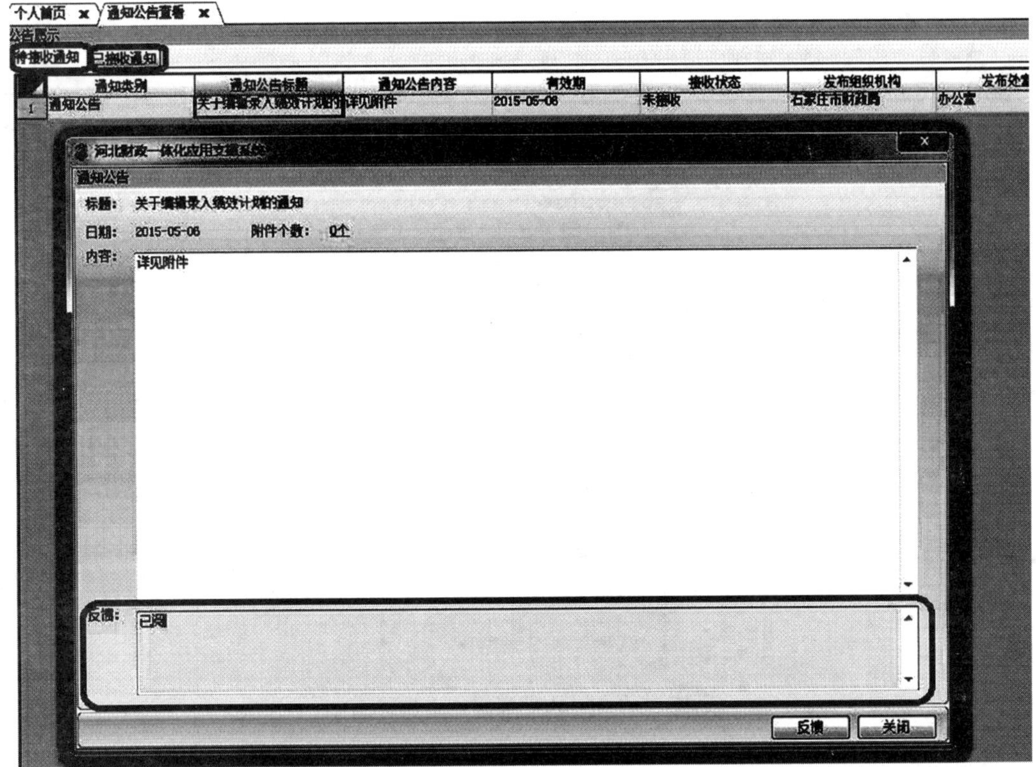

图 2－127　接收通知窗口

第七节 绩效查询

绩效查询主要实现了对计划指标、工作进展情况、考评过程和结果以及相关的基础设置快速的了解查询。

一、绩效计划查询

（一）业务描述

绩效计划查询功能可以帮助分管领导和中层负责人掌握所属人员工作的进展情况，分管领导还可以实现以人找指标，以指标找人的筛选、统计、汇总等综合查询功能。

（二）参与角色

工作人员、绩效管理员、中层负责人、中层副职及分管领导。

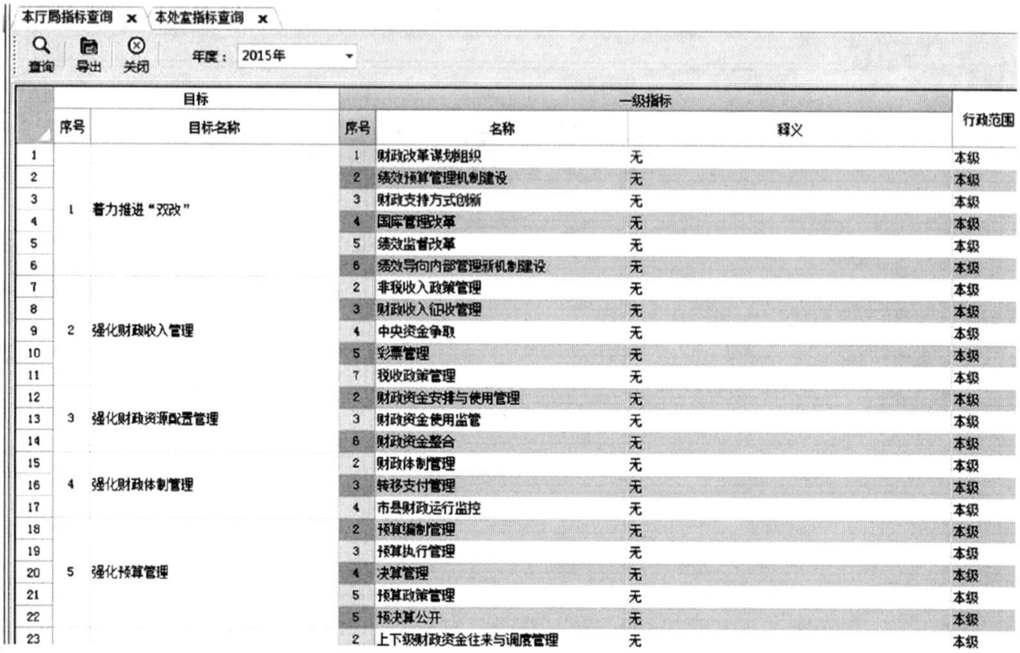

本厅局指标查询 ×　本处室指标查询 ×

查询　导出　关闭　年度：2015年

	目标		一级指标			行政范围
	序号	目标名称	序号	名称	释义	
1			1	财政改革谋划组织	无	本级
2			2	绩效预算管理机制建设	无	本级
3	1	着力推进“双改”	3	财政支持方式创新	无	本级
4			4	国库管理改革	无	本级
5			5	绩效监督改革	无	本级
6			6	绩效导向内部管理新机制建设	无	本级
7			2	非税收入政策管理	无	本级
8			3	财政收入征收管理	无	本级
9	2	强化财政收入管理	4	中央资金争取	无	本级
10			5	彩票管理	无	本级
11			7	税收政策管理	无	本级
12			2	财政资金安排与使用管理	无	本级
13	3	强化财政资源配置管理	3	财政资金使用监管	无	本级
14			6	财政资金整合	无	本级
15			2	财政体制管理	无	本级
16	4	强化财政体制管理	3	转移支付管理	无	本级
17			4	市县财政运行监控	无	本级
18			2	预算编制管理	无	本级
19			3	预算执行管理	无	本级
20	5	强化预算管理	4	决算管理	无	本级
21			5	预算政策管理	无	本级
22			5	预决算公开	无	本级
23			2	上下级财政资金往来与调度管理	无	本级

图 2－128　本厅局指标查询界面

（三）业务操作界面及说明

操作步骤：

1. 进入主界面后，依次选择“绩效查询”→“绩效计划查询”→“本厅局指标查询”菜单，在年度指标中选择查询年份，点击“查询”按钮，显示本局所有目标和一级指标（图 2－128）。

2. 切换到“绩效计划查询”菜单下“本处室指标查询”菜单，在年度指标中选择查询年份，指标分类选择全部，点击“查询”按钮，显示单位所有指标（按照分管副职排序）（图 2－129）。

3. 切换到“绩效计划查询”菜单下“我的指标”菜单，点击“查询”按钮，在年度指标中选择查询年份，指标分类选择全部，显示本人所属指标（图 2－130）。

绩效管理员、中层负责人、中层副职及省厅其他负责人员还可以通过绩效计划查询指标节点、指标维度和指标进度等指标项。

4. 中层负责人登录系统，进入主界面后，依次选择“绩效查询”→“绩效计划查询”→“指标节点查询”菜单，根据需要选择年度、指标级次和分类，点击“查询”按钮并点击＋号展开菜单后，显示本人所属指标的节点。

5. 切换到“绩效计划查询”菜单下“指标维度查询”菜单，点击“查询”按钮并点击＋号展开菜单后（图 2－131），显示本人所属指标的各维度；双击某指标，则

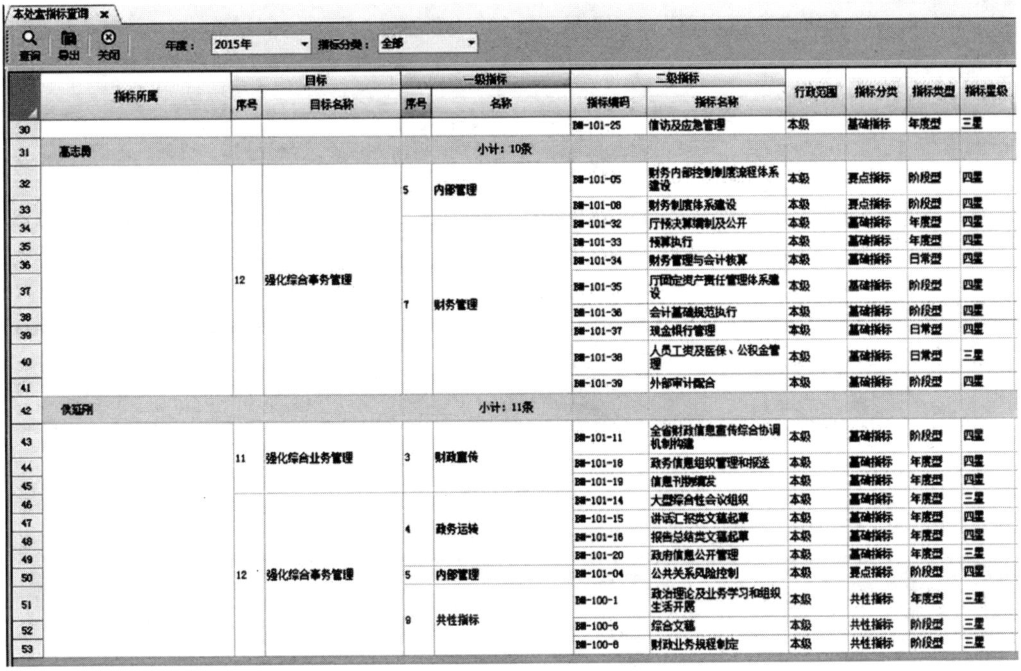

本处室指标查询 ×

查询 导出 关闭 年度：2015年 指标分类：全部

	指标所属	目标		一级指标		二级指标		行政范围	指标分类	指标类型	指标星级
		序号	目标名称	序号	名称	指标编码	指标名称				
30						BM-101-25	信访及应急管理	本级	基础指标	年度型	三星
31	高志勇				小计：10条						
32				5	内部管理	BM-101-05	财务内部控制制度流程体系建设	本级	要点指标	阶段型	四星
33						BM-101-08	财务制度体系建设	本级	要点指标	阶段型	四星
34						BM-101-32	厅预决算编制及公开	本级	基础指标	年度型	四星
35						BM-101-33	预算执行	本级	基础指标	年度型	四星
36						BM-101-34	财务管理与会计核算	本级	基础指标	日常型	四星
37		12	强化综合事务管理			BM-101-35	厅固定资产责任管理体系建设	本级	基础指标	阶段型	四星
38				7	财务管理	BM-101-36	会计基础规范执行	本级	基础指标	阶段型	四星
39						BM-101-37	现金银行管理	本级	基础指标	日常型	四星
40						BM-101-38	人员工资及医保、公积金管理	本级	基础指标	日常型	三星
41						BM-101-39	外部审计配合	本级	基础指标	阶段型	四星
42	侯延刚				小计：11条						
43						BM-101-11	全省财政信息宣传综合协调机制构建	本级	基础指标	阶段型	四星
44		11	强化综合业务管理	3	财政宣传	BM-101-18	政务信息组织管理和报送	本级	基础指标	年度型	四星
45						BM-101-19	信息刊物编发	本级	基础指标	年度型	四星
46						BM-101-14	大型综合性会议组织	本级	基础指标	年度型	三星
47				4	政务运转	BM-101-15	讲话汇报类文稿起草	本级	基础指标	年度型	四星
48						BM-101-16	报告总结类文稿起草	本级	基础指标	年度型	四星
49						BM-101-20	政府信息公开管理	本级	基础指标	年度型	三星
50		12	强化综合事务管理	5	内部管理	BM-101-04	公共关系风险控制	本级	要点指标	阶段型	四星
51						BM-100-1	政治理论及业务学习和组织生活开展	本级	共性指标	年度型	三星
52				9	共性指标	BM-100-6	综合文稿	本级	共性指标	阶段型	三星
53						BM-100-8	财政业务规程制定	本级	共性指标	阶段型	三星

图 2－129　本处室指标查询界面

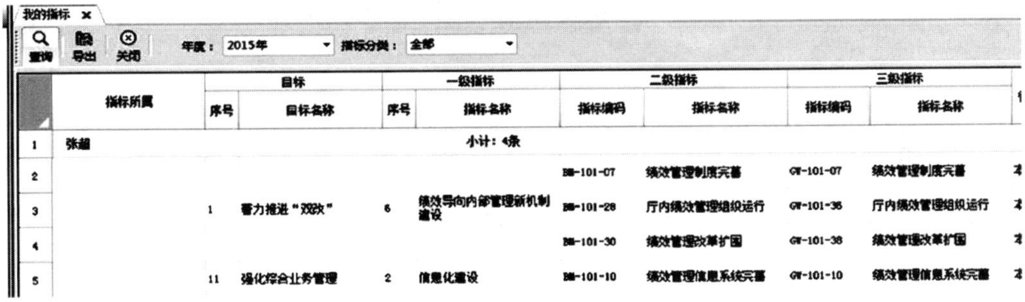

我的指标 ×

查询 导出 关闭 年度：2015年 指标分类：全部

	指标所属	目标		一级指标		二级指标		三级指标		
		序号	目标名称	序号	指标名称	指标编码	指标名称	指标编码	指标名称	
1	张超				小计：4条					
2						BM-101-07	绩效管理制度完善	GW-101-07	绩效管理制度完善	本
3		1	着力推进“双改”	6	绩效导向内部管理新机制建设	BM-101-28	厅内绩效管理组织运行	GW-101-36	厅内绩效管理组织运行	本
4						BM-101-30	绩效管理改革扩围	GW-101-38	绩效管理改革扩围	本
5		11	强化综合业务管理	2	信息化建设	BM-101-10	绩效管理信息系统完善	GW-101-10	绩效管理信息系统完善	本

图 2－130　我的指标界面

显示指标的全部维度信息（图 2－132）。

6. 切换到“绩效计划查询”菜单下“指标进度查询”菜单，点击“查询”按钮，显示本人所属指标的进度（图 2－133）。

注意事项：

绩效管理员除以上功能外，在绩效计划查询部分拥有更多功能，如一级指标查询、二级指标查询、三级指标查询、人员指标查询等功能。不同的查询功能源于不同的角色权限，其具体操作方法和工作人员一致。

指标维度查询

查询 导出 关闭 年度：2015年 指标级次：三级指标 指标分类：全部

处室名称：[101]办公室 负责人：张超

目标名称	一级指标名称	二级指标编码	二级指标名称	三级指标编码	三级指标名称
着力推进“双改”	绩效导向内部管理新机制建设	BM-101-07	绩效管理制度完善	GW-101-07	绩效管理制度完善
序号	维度	数据来源	来源子系统	来源公式	维度权重
0	时间方面	审核评价		0	40
0	数量方面	审核评价		0	60
目标名称	一级指标名称	二级指标编码	二级指标名称	三级指标编码	三级指标名称
强化综合业务管理	信息化建设	BM-101-10	绩效管理信息系统完善	GW-101-10	绩效管理信息系统完善
序号	维度	数据来源	来源子系统	来源公式	维度权重
0	时间方面	审核评价		0	60
0	数量方面	审核评价		0	40
目标名称	一级指标名称	二级指标编码	二级指标名称	三级指标编码	三级指标名称
着力推进“双改”	绩效导向内部管理新机制建设	BM-101-28	厅内绩效管理组织运行	GW-101-38	厅内绩效管理组织运行
序号	维度	数据来源	来源子系统	来源公式	维度权重
0	质量方面	审核评价		0	60
1	时间方面	审核评价		0	40

图 2－131　指标节点查询界面

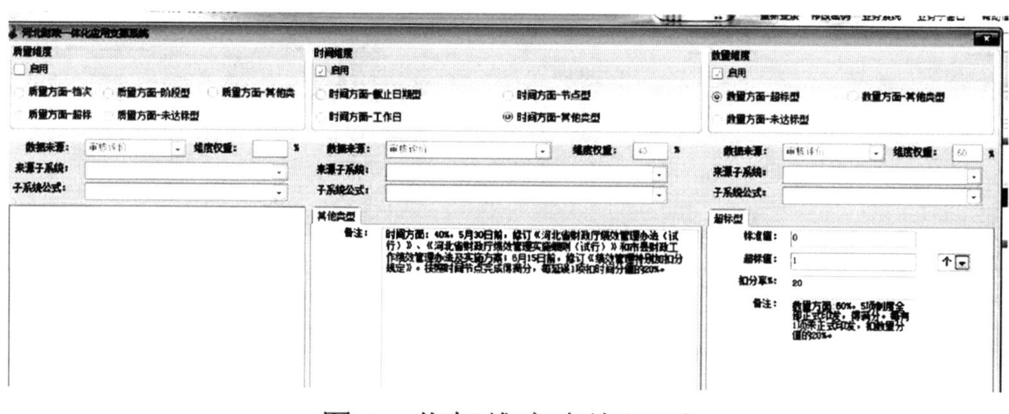

图 2－132　指标维度查询界面

指标进度查询

查询 导出 关闭 年度：2015年 指标级次：三级指标 指标分类：全部

处室名称：[101]办公室 人员：

	二级指标	三级指标			处室	人员	指标进度						
	指标名称	指标编码	指标名称	节点名称			总进度	1月	2月	3月	4月	5月	6月
1	绩效管理制度完善	GW-101-07	绩效管理制度完善		办公室	张超	0%			0%	0%		
2	厅内绩效管理组织运行	GW-101-36	厅内绩效管理组织运行	下发编制2015年绩效计	办公室	张超	[illegible]			100%	100%		
3				下发通知组织厅内各单	办公室	张超	[illegible]			100%	100%		
4	绩效管理改革扩围	GW-101-38	绩效管理改革扩围	下发全系统开展绩效运	办公室	张超	0%			0%	0%		
5				组织开展全系统绩效管	办公室	张超	0%			0%	0%		
6	绩效管理信息系统完善	GW-101-10	绩效管理信息系统完善		办公室	张超	[illegible]			35%	70%		

图 2－133　指标进度查询界面

二、绩效监控查询

（一）业务描述

根据不同角色权限设置要求，绩效管理员、中层负责人和中层副职拥有绩效监控查询菜单，对所属人员的月计划和月小结进行查询。

（二）参与角色

绩效管理员、中层负责人和中层副职。

（三）业务操作界面及说明

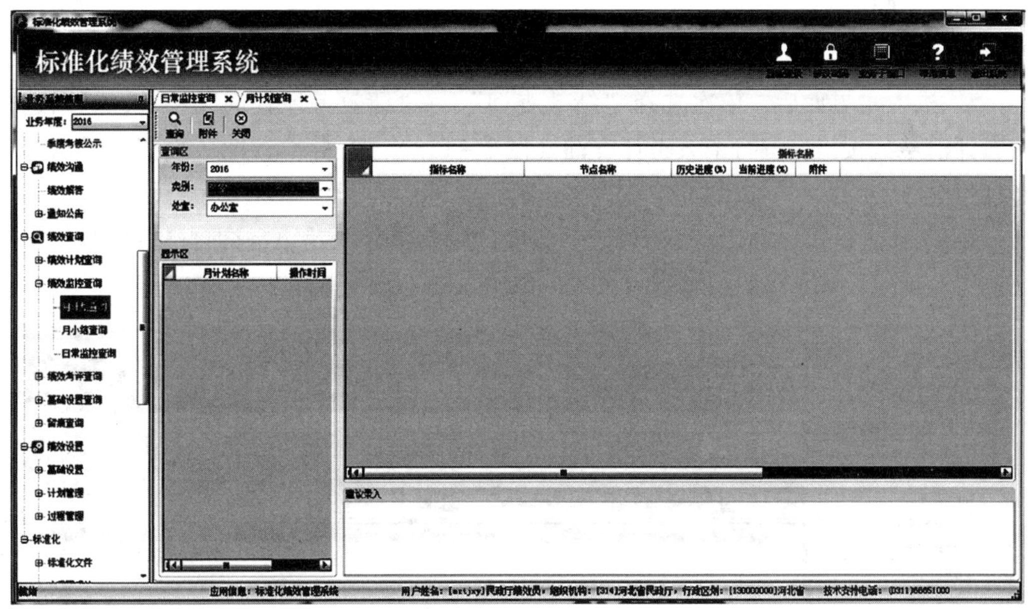

图 2－134 月计划查询界面

操作步骤：

1. 绩效管理员登录。

2. 进入主界面后，依次选择“绩效查询”→“绩效监控查询”→“月计划查询”菜单，进入月计划查询界面（图 2－134）。选择要查询的内容，点击“查询”按钮，显示月计划录入情况。

3. 用同样的步骤进行月小结和日常监控的查询。

三、绩效考评查询

（一）业务描述

根据层级和权限，进行绩效考评查询。

（二）参与角色

工作人员、绩效管理员、负责人。

（三）业务操作界面及说明

操作步骤：

1. 绩效管理员登录。

2. 进入主界面后，依次选择“绩效查询”→“绩效考评查询”菜单，可以选择按考评清单或按指标进行个人考评查询（图2－135），点击“查询”按钮，显示个人考评情况。

3. 工作人员可以利用“我的得分”“我的处室得分”菜单查询自己季度和年度考评的得分情况及本单位得分情况（图2－136）。

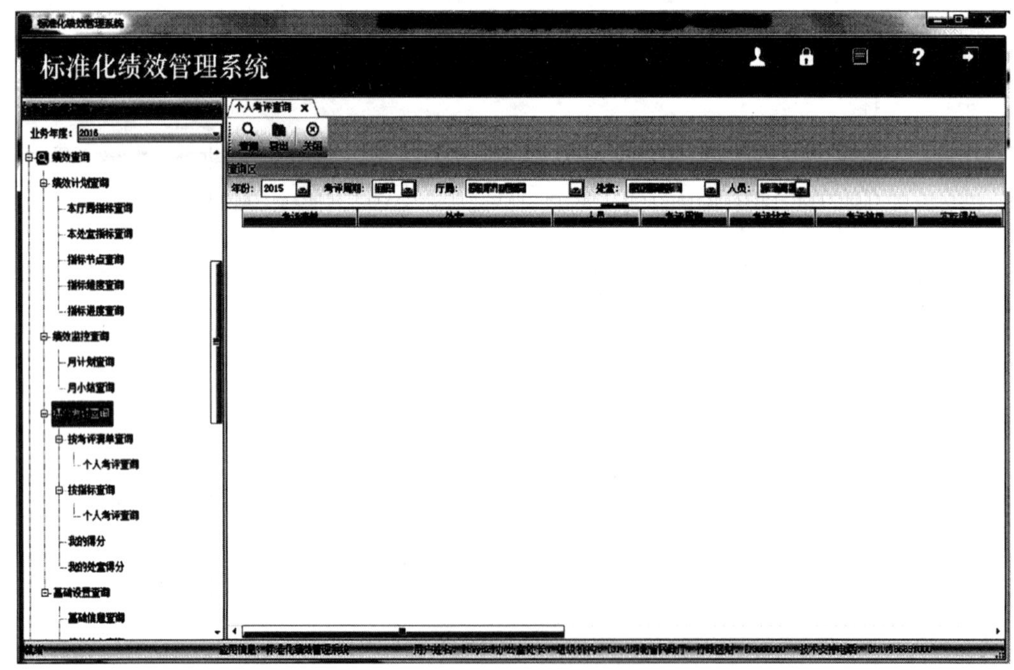

图2－135 主界面——绩效考评查询

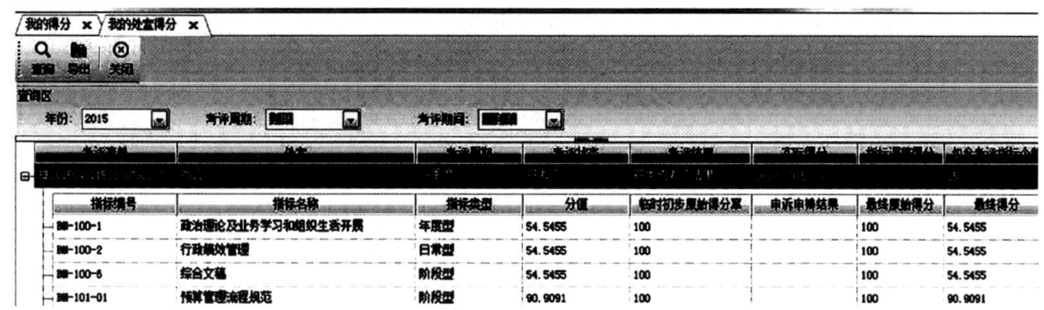

图 2－136 得分界面

四、基础设置查询

（一）业务描述

查询基础信息、绩效处室、绩效人员的相关信息。

（二）参与角色

工作人员、绩效管理员、中层负责人。

（三）业务操作界面及说明

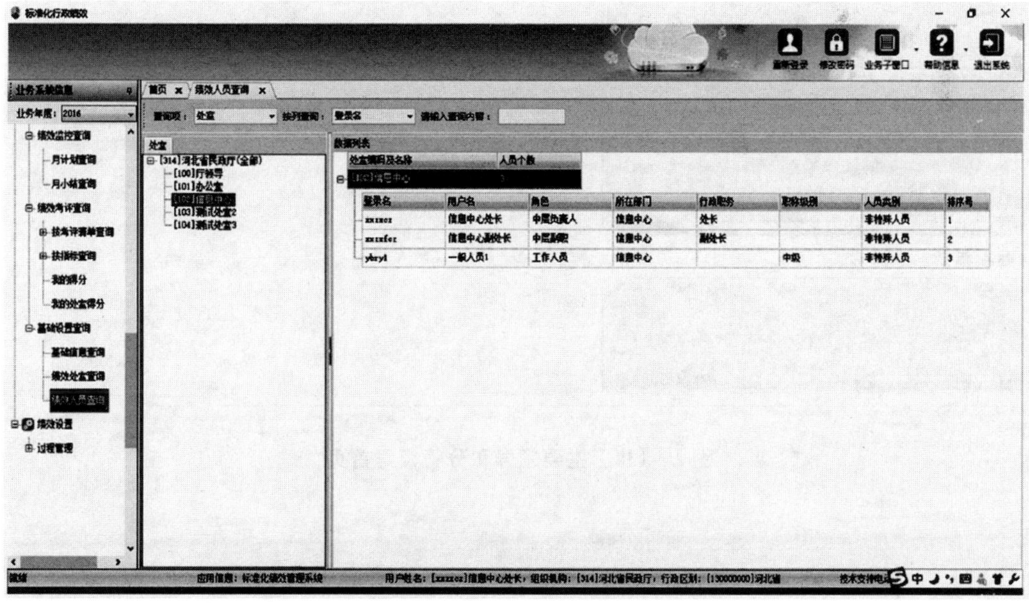

图 2－137 绩效人员查询界面

操作步骤（以中层负责人的厅局人员查询为例）：

1. 中层负责人登录。

2. 进入主界面后，依次选择“绩效查询”→“基础设置查询”→“绩效人员查询”菜单，进入厅局人员查询界面（图 2－137），进行人员信息的查询工作。

五、首页

（一）业务描述

每个用户进入标准化绩效管理系统，首先会自动生成一个首页。不同角色的人员首页也不相同。

（二）参与角色

主要领导和分管领导、中层负责人、中层副职、工作人员。

（三）业务操作界面及说明

不同角色人员的首页：

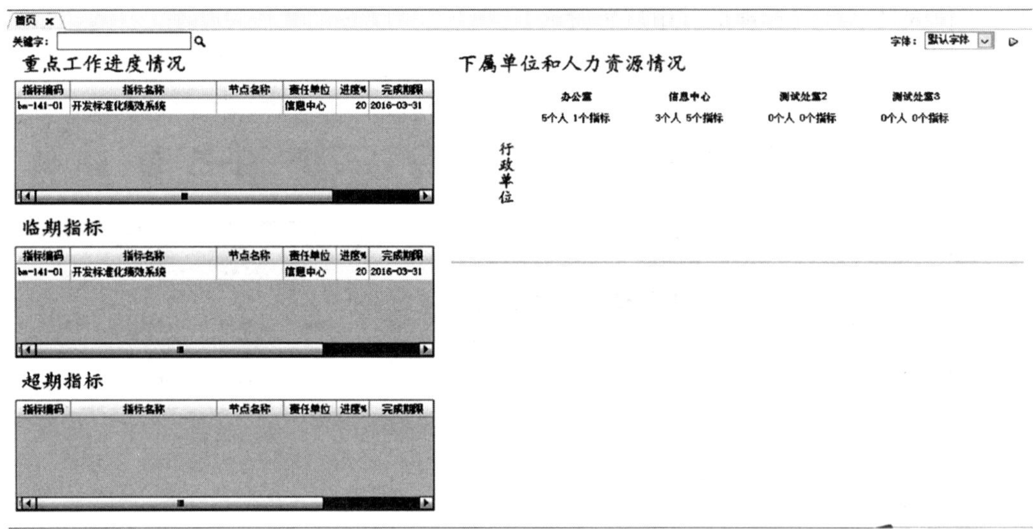

图 2－138 主要领导和分管领导首页

首页 ×

字体：特大字体

本单位工作进度情况

指标编码	指标名称	节点名称	责任单位
100002	二级指标名称	111	信息中心
100003	ddddd	2222	信息中心
10001	二级指标名称	节点名称1	信息中心
10002	个性二级指标名称	个性节点名称	信息中心
bm-141-01	开发标准化绩效系统		信息中心

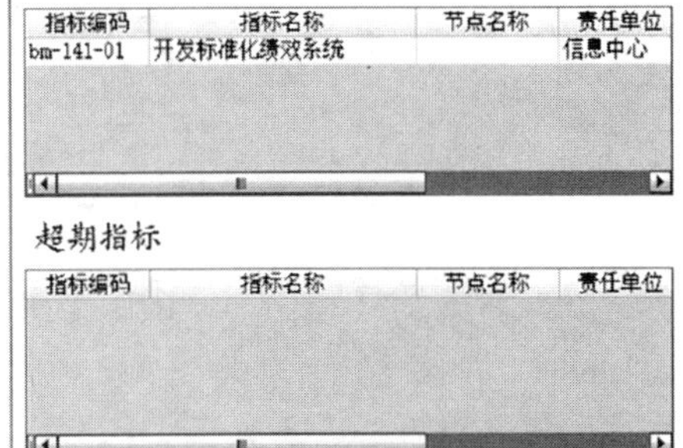

临期指标

指标编码	指标名称	节点名称	责任单位
bm-141-01	开发标准化绩效系统		信息中心

超期指标

指标编码	指标名称	节点名称	责任单位

下属单位和人力资源情况

信息中心副处长
5个指标
分管副职

一般人员1
5个指标
一般工作人员

图2－139　中层负责人首页

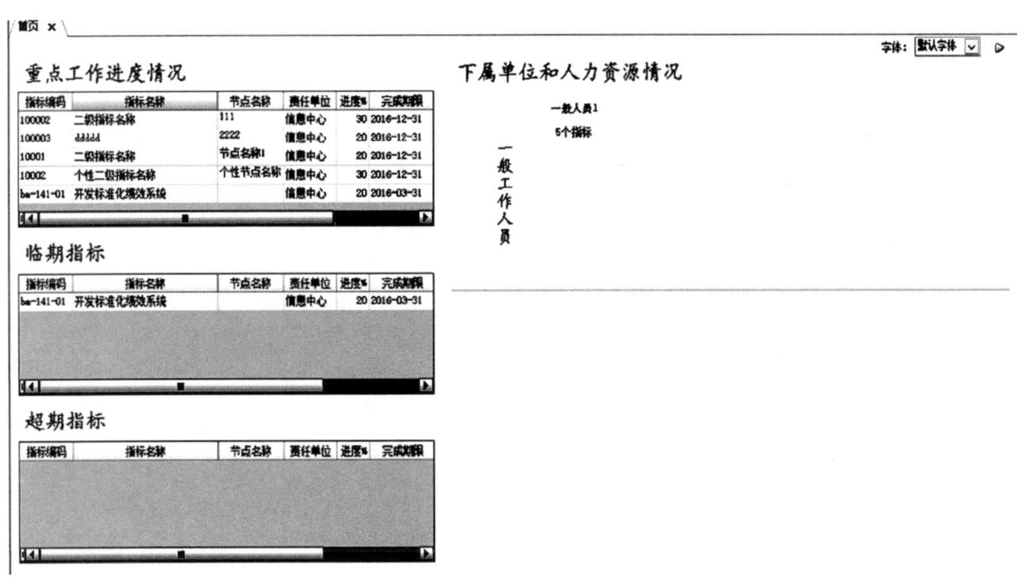

首页 ×

字体：默认字体

重点工作进度情况

指标编码	指标名称	节点名称	责任单位	进度%	完成期限
100002	二级指标名称	111	信息中心	30	2016-12-31
100003	ddddd	2222	信息中心	20	2016-12-31
10001	二级指标名称	节点名称1	信息中心	20	2016-12-31
10002	个性二级指标名称	个性节点名称	信息中心	30	2016-12-31
bm-141-01	开发标准化绩效系统		信息中心	20	2016-03-31

临期指标

指标编码	指标名称	节点名称	责任单位	进度%	完成期限
bm-141-01	开发标准化绩效系统		信息中心	20	2016-03-31

超期指标

指标编码	指标名称	节点名称	责任单位	进度%	完成期限

下属单位和人力资源情况

一般人员1
5个指标
一般工作人员

图2－140　中层副职首页

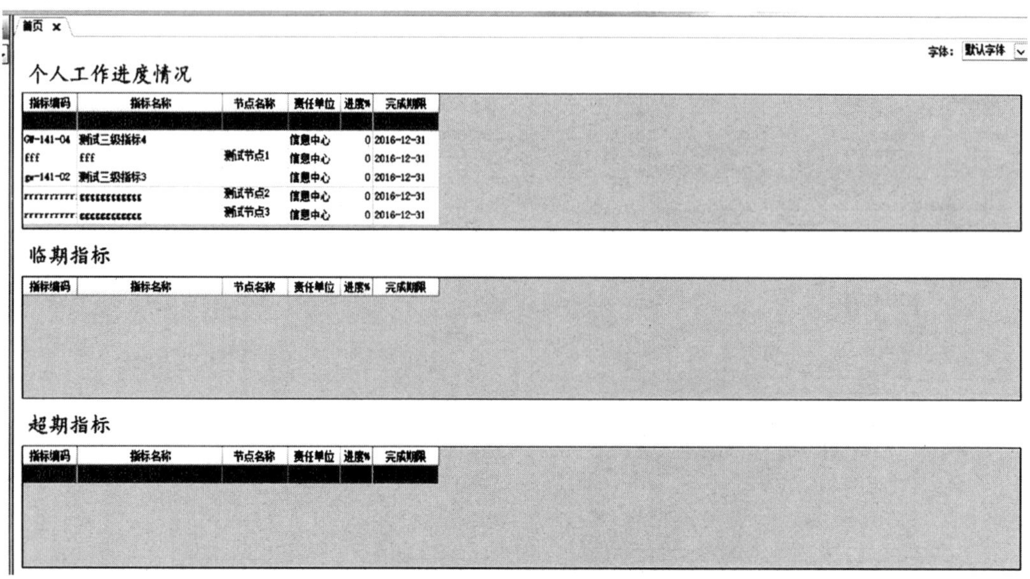

图 2－141　工作人员首页

第三章 系统管理

在标准化绩效系统正式运行之前，绩效管理员应做好各项准备工作，包括对绩效管理软件、绩效实务体系和理论体系的深入学习和理解。从软件角度，绩效管理员需提前对“系统管理”菜单下“基础设置”子菜单进行设置，包括对各单位机构、人员等内容的基础设置。另外，在“过程管理”子菜单下，绩效管理员在日常工作中还可以对月计划、月小结和周记录逾期补录功能进行管理。

第一节 基础设置

由绩效管理员对系统基础信息进行设置、维护、修改。

一、内部机构维护

（一）业务描述

用于增加和修改各部门的内部机构。

（二）参与角色

绩效管理员。

（三）业务操作界面及说明

操作步骤：

1. 点击“新增”或“修改”按钮后，在右侧会弹出“编辑区”活动窗口，填写相应内容。选择不同的“上级”框，以建立树形结构。如“上级”选择“无”，则表示在厅本级下设立机构；如选择某单位，则在该单位下设立机构（建议“上级”框中选择“无”）（图 3 –2）。

2. 此处的“设置”按钮用于调整某单位是否参与本年度的考评。在开始录入指标计划之前，必须设置参与考评单位，此时右侧的“是否参加考评”列显示信息相应变化（图 3 –3）。

3. 此处的“状态”按钮用于调整某单位是否在绩效系统中出现，选择某单位后

“状态”按钮显示为“停用”或“启用”按钮，此时右侧的“部门状态”显示信息相应变化（图3－4）。

注意事项：

a. 编辑区中“分类”列用于设定单位类别，可供显示的信息有“内部运转类”“政策法规类”“其他管理”“直属事业单位”“专业管理类”五种情况，用于年度单位绩效考评后分类排名。

b. 编辑区中“性质”列用于设定单位性质，可供显示的信息有“行政管理”“参照公务员管理的事业单位”“事业单位”三种情况。

内部机构维护

新增 修改 设置 保存 取消 状态 关闭

数据列表

厅局编码	厅局名称	处室个
318	河北省财政厅	62

排序	编码	名称	类别	性质	部门状态	是否参与考评
0	001	厅领导		行政单位	已启用	否
1	101	办公室	其他管理	行政单位	已启用	是
2	102	人事教育处（财政干部教育中心）	其他管理	行政单位	已启用	是
3	103	预算处（预算编审中心）	预算管理	行政单位	已启用	是
4	104	市县财政处	预算管理	行政单位	已启用	是
5	105	预算绩效管理处	预算管理	行政单位	已启用	是
6	106	政府性债务管理处	预算管理	行政单位	已启用	是

图3－1 主界面——内部机构维护

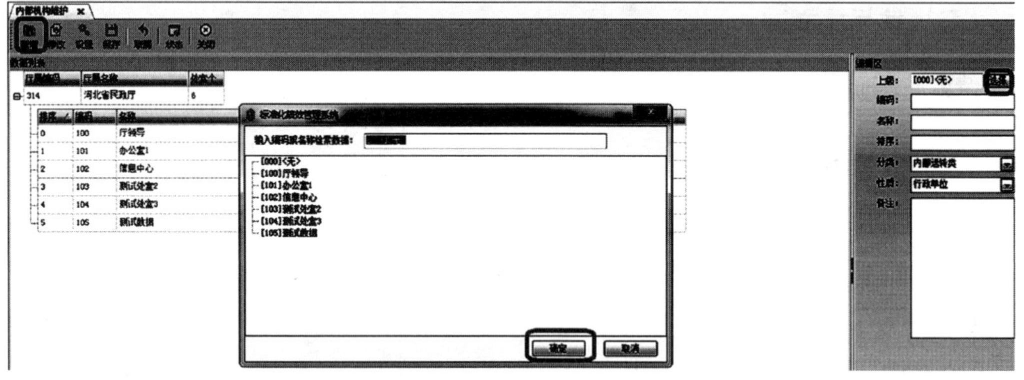

图3－2 新增内部机构窗口

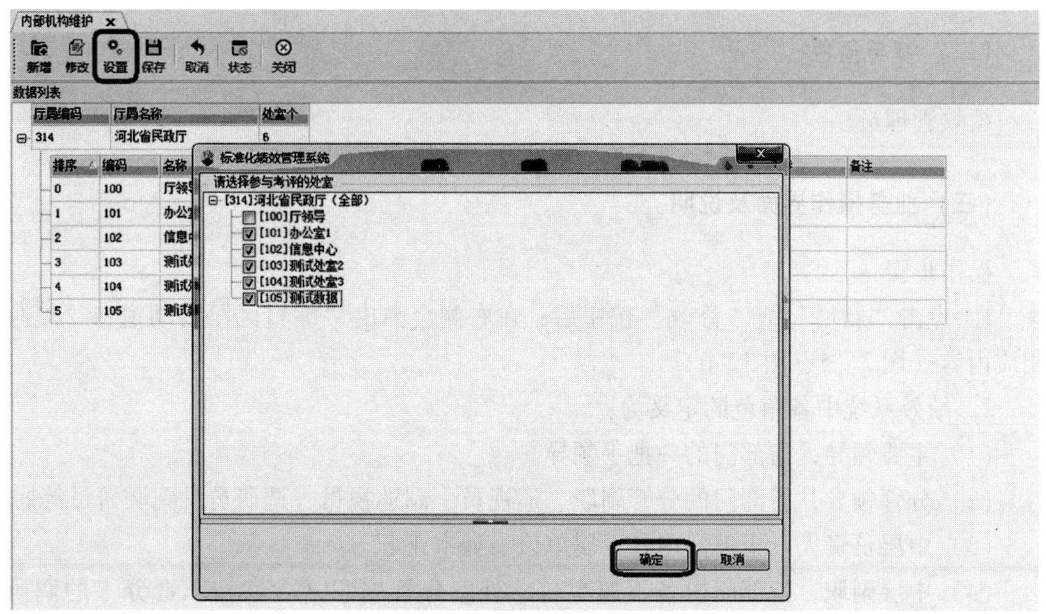

图 3－3　设置参与考评单位窗口

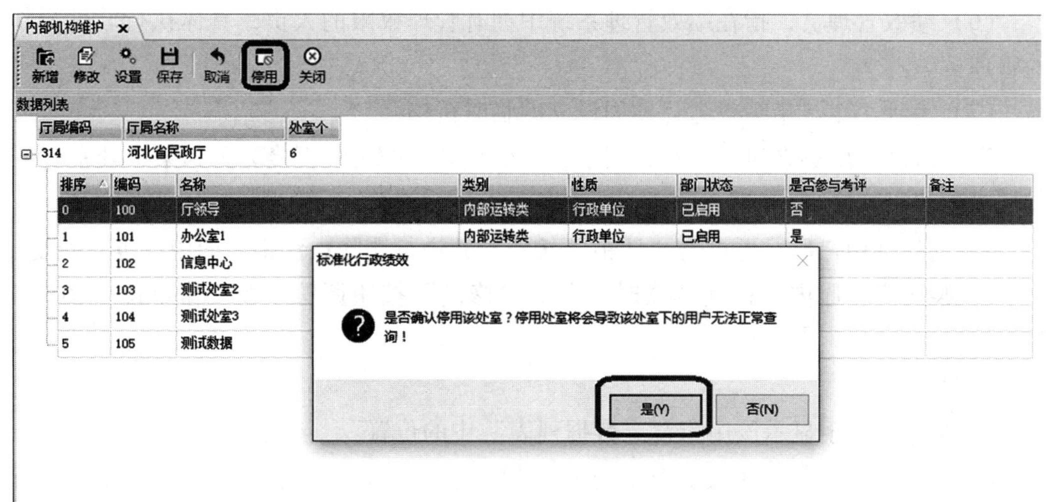

图 3－4　设置启用停用状态窗口

二、厅局人员维护

（一）业务描述

用于绩效系统中各处室单位人员的管理。

（二）参与角色

绩效管理员。

（三）业务操作界面及说明

操作步骤：

1. 点击“新增”或“修改”按钮后，在右侧会弹出“编辑区”活动窗口，填写相应内容（图3－5、图3－6）。

2. 绩效系统中各角色的定义为：

（1）主要领导，指部门的一把手领导。

（2）分管领导，指部门的分管副职、巡视员、副巡视员、调研员、副调研员等。

（3）中层负责人，指部门内各下属单位、处室正职。

（4）中层副职，指部门内各下属单位、处室分管副职（含参与职责分工的调研员）。

（5）工作人员，指副调研员及其他工作人员。

（6）绩效管理员，指在绩效管理系统中拥有管理权限的人员，具体执行软件操作的管理员。

（7）考评小组，指绩效考评期间设立的临时机构。

3. “从已有用户添加”按钮，用于将未分配处室的用户直接分配到某个处室（一般情况不使用该按钮）（图3－8）。

4. 选择某用户后，可点击“注销”按钮对其进行删除；注销后的用户也可恢复。

5. 某用户在厅内单位间调动时，点击“修改”按钮调整到新工作单位（图3－7）。

注意事项：

a. 排序号用于显示该用户在“数据列表”中的位置。

b. 全部用户都归入主要领导、分管领导、中层负责人、中层副职、工作人员五类用户角色；绩效管理员、考评小组为专门设立的虚拟用户角色，不固定到具体人员，以保持人员变动后这些角色的延续性并避免系统中出现菜单混淆。

c. 行政职务与职称级别两者必选其一，且不可同时选，一个输入条显示被选定的内容，另一个显示为“空”。

d. 是否在编表示的是该用户的人事编制身份，与是否参加绩效考评无关。

e. “特殊人员”项，根据《绩效管理办法》相关规定，选择相应特殊人员类别，其考评成绩在非特殊人员成绩确定后再计算得出。

登录名	用户名	角色	所在部门	行政职务	职称级别	人员类别	是否在编
csyh2	办公室处长	中层负责人	办公室1	处长		非特殊人员	是
bgsfcz	办公室副处长	中层副职	办公室1	处长		非特殊人员	是
csyh1	测试用户1	工作人员	办公室1		初级	非特殊人员	是
mztjxy	民政厅绩效员	绩效管理员,省管…	办公室1		初级	非特殊人员	是
办公室一般人员1	bgsybry1	工作人员	办公室1	正科		非特殊人员	是
lis	李四	工作人员	办公室1	科员		达到最高任职年龄	是

图 3－5　主界面——厅局人员维护

编辑区

登录名：csyh2

用户姓名：办公室处长

登录密码：****** 重置

确认密码：******

工作密码：****** 重置

确认密码：******

排序号：1

所处处室：[101]办公室 选择

用户角色：中层负责人

行政职务：处长

职称级别：<空>

是否在编：是

特殊人员：非特殊人员

☐ 是否合署办公领导

图 3－6　厅局人员信息编辑窗口

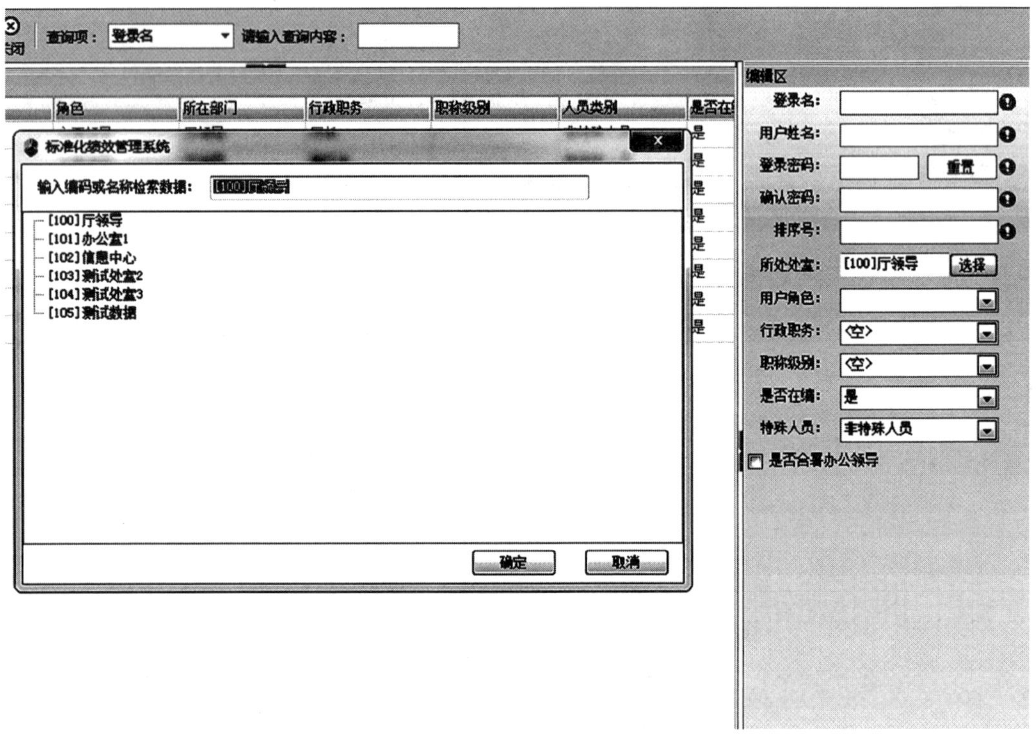

图 3－7　所处处室选择窗口

登录名	用户名	角色	所在部门	行政职务	职称级别
tingz	正厅长	主要领导	厅领导	厅长	
futz1	副厅长1	分管领导	厅领导	副厅长	
futz2	副厅长2	分管领导	厅领导	副厅长	
futz3	副厅长3	分管领导	厅领导	副厅长	
test1	测试用户	分管领导	厅领导	副厅长	
futz4	副厅长4	分管领导	厅领导	副厅长	
kpxz1	考评小组1	绩效考评小组	厅领导		初级
kpxz2	考评小组2	绩效考评小组	厅领导		中级
csyh2	办公室处长	中层负责人	办公室1	处长	
bgsfcz	办公室副处长	中层副职	办公室1	处长	
csyh1	测试用户1	工作人员	办公室1		初级
mztjxy	民政厅绩效员	绩效管理员，省管…	办公室1		初级
办公室一般人员1	bgsybry1	工作人员	办公室1	正科	
lis	李四	工作人员	办公室1	科员	
xxzxcz	信息中心处长	中层负责人	信息中心	处长	
xxzxfcz	信息中心副处长	中层副职	信息中心	副处长	
ybry1	一般人员1	工作人员	信息中心		中级
aa	aa	工作人员	信息中心	巡视员	
test	测试数据	工作人员	信息中心		中级

图 3－8　从已有用户添加窗口

三、领导分管单位

（一）业务描述

用于设置分管领导的分管单位。

（二）参与角色

绩效管理员。

（三）业务操作界面及说明

操作步骤：

点击“设置”按钮并勾选负责人对应的分管单位，点击“确定”按钮（图3－9、图3－10）。

注意事项：若出现主要领导直接分管某单位的情况，可进入“厅局人员维护”界面，点击“修改”按钮，在“用户角色”栏为其添加一个“分管领导”角色。

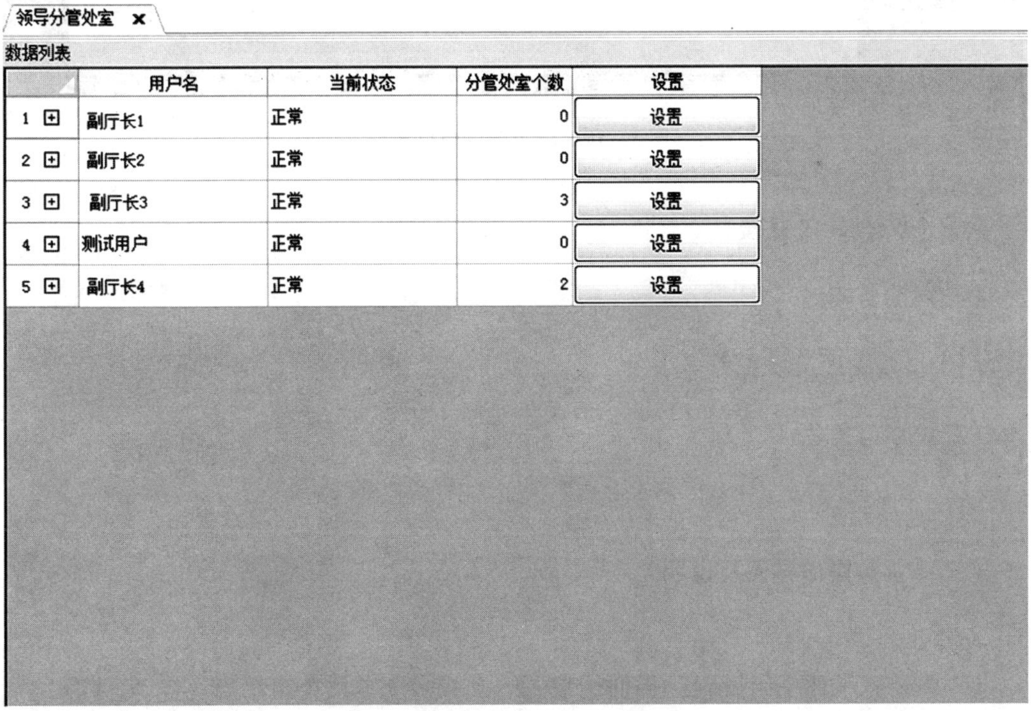

领导分管处室 ×

数据列表

	用户名	当前状态	分管处室个数	设置
1 ⊞	副厅长1	正常	0	设置
2 ⊞	副厅长2	正常	0	设置
3 ⊞	副厅长3	正常	3	设置
4 ⊞	测试用户	正常	0	设置
5 ⊞	副厅长4	正常	2	设置

图3－9 设置分管单位窗口

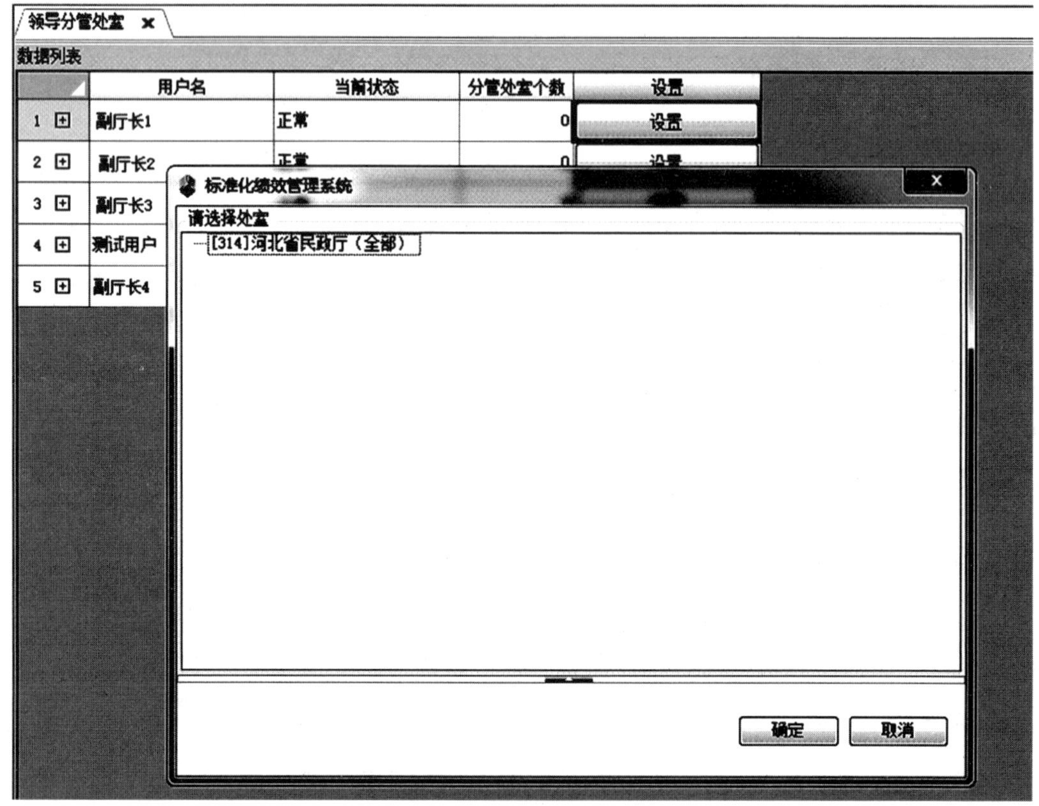

图 3－10　设置分管单位窗口

四、考评小组设置

（一）业务描述

用于绩效管理员设置考评小组。

（二）参与角色

绩效管理员。

（三）业务操作界面及说明

操作步骤：

1. 登录“考评小组设置”界面，设置一个或多个考评小组用户（图 3－11）。
2. 进入“考评小组分管单位设置”界面，选定各考评小组所负责的单位。

注意事项：

在绩效考评（包括季度考评和年度考评）前，一定要事先完成考评小组设置及修改工作。

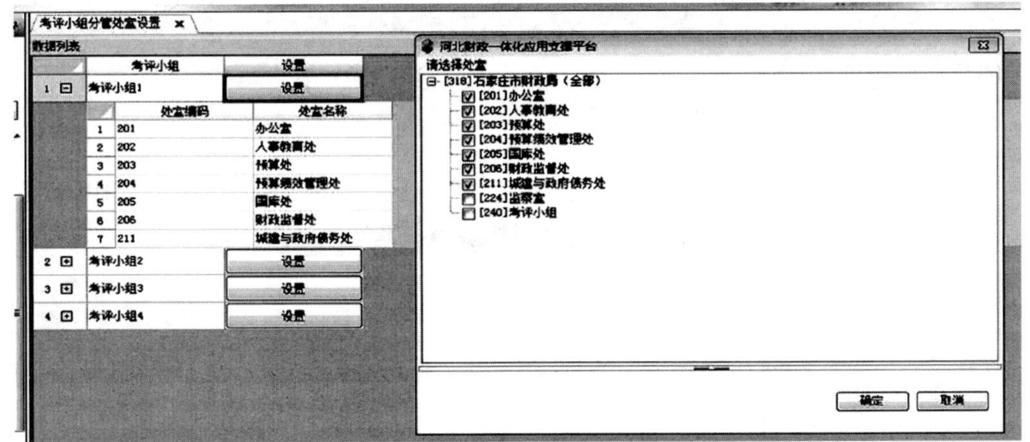

图 3－11　主界面——考评小组设置

第二节　过程管理

用于月计划、月小结、周记录的补录的设置。

一、月计划、月小结补录设置

（一）业务描述

用于月计划、月小结的补录的设置。允许某用户在规定时限之外对月计划、月小结进行操作。

（二）参与角色

绩效管理员。

（三）业务操作界面及说明

操作步骤：

1. 在月计划补录页面，在“处室名称”选择框，点击“选择”按钮（图 3－12）。

2. 在弹出的窗口上选择需要补录的处室名称，点击“确定”（图 3－13）。

3. 勾选需要开启补录的人员，点击“开始补录”按钮，开启补录成功。同理，点击“关闭补录”按钮，则关闭补录状态（图 3－14）。

标准化绩效管理系统
业务系统/导航
业务年度: 2015
绩效计划
绩效监控
绩效考评
绩效沟通
绩效查询
绩效设置
基础设置
计划管理
过程管理
月计划补录
月小结补录
周记录补录
标准化
标准化文件
流程图系统
月计划补录
查询
开启补录
关闭补录
关闭
处室名称:
选择
处室名称
岗位人员名称
补录状态
标准化绩效管理系统
输入编码或名称检索数据:
全部处室
[101]办公室1
[102]信息中心
[103]测试处室2
[104]测试处室3
[105]测试数据
确定
取消

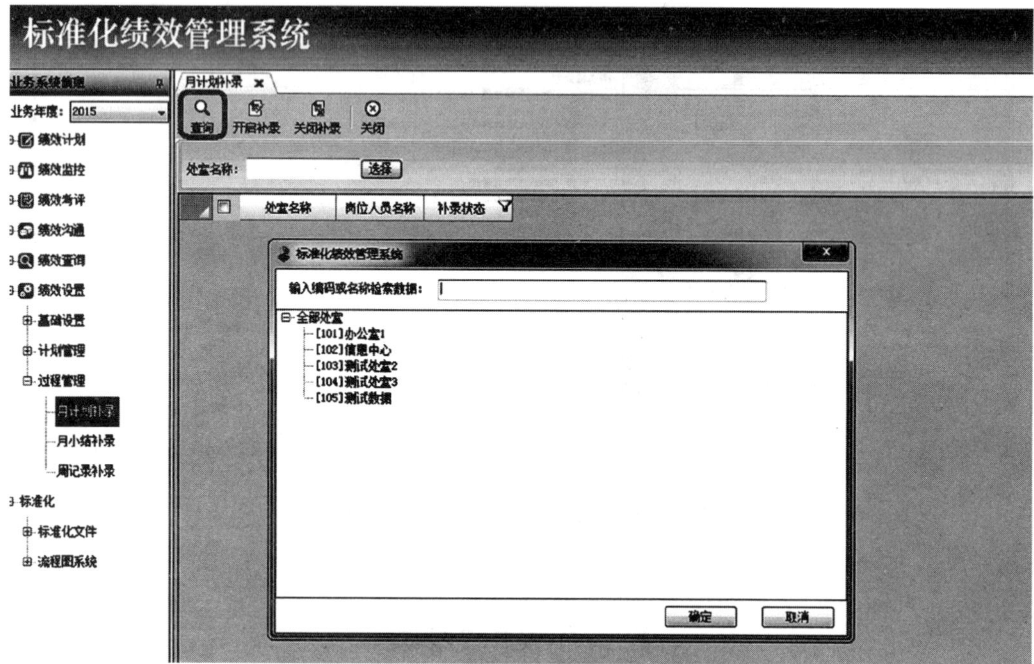

图 3－12　主界面——月计划补录

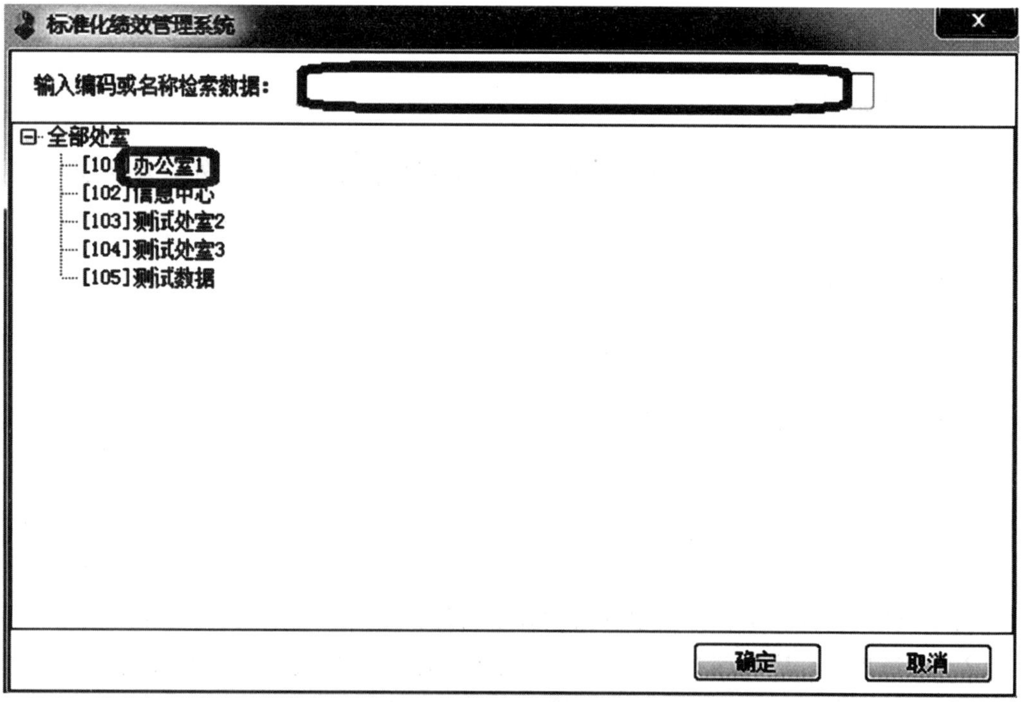

标准化绩效管理系统
输入编码或名称检索数据:
全部处室
[101]办公室1
[102]信息中心
[103]测试处室2
[104]测试处室3
[105]测试数据
确定
取消

图 3－13　选择处室窗口

图 3－14 开启补录窗口

注意事项：

a. 月计划、月小结补录设置，允许某用户在规定时限之外对月计划、月小结，进行操作。

b. 系统默认录入本月小结、下月计划的规定时限为下月前 3 个工作日，逾期用户将无法录入。

c. 补录状态默认是关闭的，补录需要开启补录功能。

d. 补录信息的时间将被系统留痕。

二、周记录补录设置

（一）业务描述

用于周记录的补录的设置。

（二）参与角色

绩效管理员。

（三）业务操作界面及说明

1. 要求每周录入自己的工作情况，假如前一周没有录入，可以开启补录功能，对上一周进行补录。

2. 操作方式与月计划、月小结补录设置功能相同（开启补录后只能补录之前三周的周记录）。

第三节 用户设置

用户在首次登录绩效管理系统时需要对系统服务器地址及业务年度进行设置。

一、登录设置

（一）业务描述

用户首次登录系统需对标准化绩效管理系统的链接服务地址进行设置。

（二）参与角色

所有用户。

（三）业务操作界面及说明

用户首次登录系统，在登录界面上选择右上方的“设置”（图3-15），弹出系统服务器地址设置窗口（图3-16）。在弹出窗口中修改服务地址（该服务地址由各部门绩效管理员发布）。

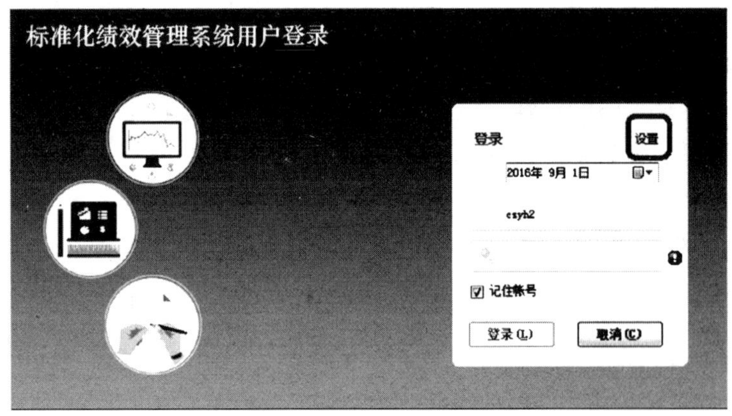

图3-15 主界面——登录设置

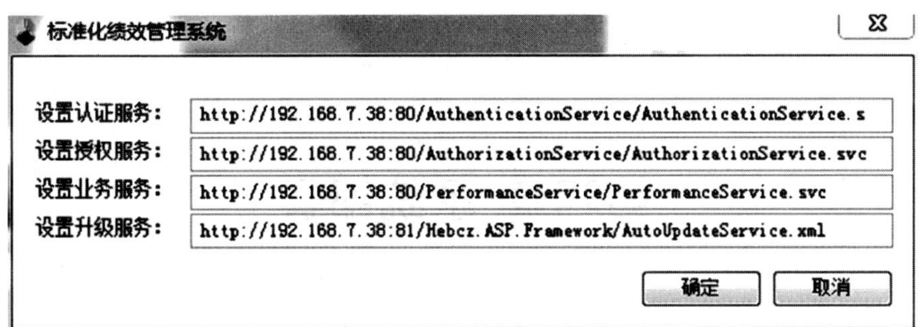

图 3－16　修改系统服务器地址窗口

二、业务年度设置

（一）业务描述

用户在新的考评年度开始时需对业务年度进行设置。

（二）参与角色

所有用户。

（三）业务操作界面及说明

图 3－17　主界面——业务年度设置

用户首次登录绩效管理系统，进入系统后在页面左侧的“业务年度”选择框中，点击下拉菜单，对业务年度进行设置。

第四章　系统部署

第一节　环境

一、硬件环境

服务器		
用途	基本配置	备注
数据库服务器	CPU：4 核，硬盘：500G 以上，内存：8G	推荐
中间件服务器	CPU：4 核，硬盘：300G 以上，内存：16G	推荐
客户端	CPU：4 核，硬盘：500G 以上，内存：8G	推荐

二、软件环境

（一）数据库服务器软件：

1．操作系统：Windows Server 2003、Windows Server 2008、Windows Server 2012 或主流 Unix、Linux

2．数据库：Oracle 11g R2 以上版本

（二）中间件服务器软件：

1．操作系统：Windows Server 2003、Windows Server 2008、Windows Server 2012，推荐 Windows Server 2012 R2

2．IIS Web 服务：IIS 7、IIS 8 以上版本，推荐 IIS 8．5

3．Net Framework：．Net Framework 4．0 以上版本

（三）升级服务器软件：

1．操作系统：Windows Server 2003、Windows Server 2008、Windows Server 2012，推荐 Windows Server 2012 R2

2．IIS Web 服务：IIS 7、IIS 8 以上版本，推荐 IIS 8

3．Net Framework：．Net Framework 4．0 以上版本

（四）客户端软件：

1．操作系统：Windows XP SP3、Windows 7、Windows 8、Windows 10 桌面操作系

统

2．Net Framework：．Net Framework 4．0 以上版本

3．Office 环境：Windows Office 2003 以上版本

4．浏览器环境：IE8 以上版本

5．网络环境：2M 带宽以上网络连接

第二节 部署

一、数据库部署

按照运行环境要求，准备好 oracle 数据库。在 oracle 数据库中分别部署用户权限库（USER_ OGUS）、参数以及 token 等的库（USER_ PARAMS）、相关设置的库（USER_ PLATFORM_ EX）、日志库（USER_ PLATFORM_ LOG）、绩效业务库（ADMIN_ PERFORMANCE）五个数据库。部署过程需要以下几个步骤：

针对 5 个数据库分别建立表空间，创建语句如下：

（一）创建临时表空间：

```
create temporary tablespace USER_ OGUS_ TEMP
tempfile 'D：\ oracledata\ USER_ OGUS_ TEMP. dbf'
size 50m
autoextend on
next 50m maxsize 2048m
extent management local;
create temporary tablespace USER_ PARAMS_ TEMP
tempfile 'D：\ oracledata\ USER_ PARAMS_ TEMP. 'dbf'
size 50m
autoextend on
next 50m maxsize 2048m
extent management local;
create temporary tablespace USER_ PLATFORM_ EX_ TEMP
tempfile 'D：\ oracledata\ USER_ PLATFORM_ EX_ TEMP. dbf'
size 50m
autoextend on
next 50m maxsize 2048m
extent management local;
create temporary tablespace USER_ PLATFORM_ LOG_ TEMP
```

```
tempfile 'D: \ oracledata \ USER_ PLATFORM_ LOG_ TEMP. dbf'
size 50m
autoextend on
next 50m maxsize 2048m
extent management local;
create temporary tablespace ADMIN_ PERFORMANCE_ TEMP
tempfile 'D: \ oracledata \ ADMIN_ PERFORMANCE_ TEMP. dbf'
size 50m
autoextend on
next 50m maxsize 50480m
extent management local;
```

（二）创建表空间：

```
create tablespace USER_ OGUS
logging
datafile 'D: \ oracledata \ USER_ OGUS. dbf'
size 50m
autoextend on
next 50m maxsize 2048m
extent management local;
create tablespace USER_ PARAMS
logging
datafile 'D: \ oracledata \ USER_ PARAMS. dbf'
size 50m
autoextend on
next 50m maxsize 2048m
extent management local;
create tablespace USER_ PLATFORM_ EX
logging
datafile 'D: \ oracledata \ USER_ PLATFORM_ EX. dbf'
size 50m
autoextend on
next 50m maxsize 2048m
extent management local;
create tablespace USER_ PLATFORM_ LOG
logging
```

```
datafile 'D: \ oracledata \ USER_ PLATFORM_ LOG. dbf'
size 50m
autoextend on
next 50m maxsize 2048m
extent management local;
create tablespace ADMIN_ PERFORMANCE
logging
datafile 'D: \ oracledata \ ADMIN_ PERFORMANCE. dbf'
size 50m
autoextend on
next 50m maxsize 50480m
extent management local;
```

（三）创建表空间下的用户：

```
create user USER_ OGUS identified by USER_ OGUS
default tablespace USER_ OGUS
temporary tablespace USER_ OGUS_ TEMP;
create user USER_ PARAMS identified by USER_ PARAMS
default tablespace USER_ PARAMS
temporary tablespace USER_ PARAMS_ TEMP;
create user USER_ PLATFORM_ EX identified by USER_ PLATFORM_ EX
default tablespace USER_ PLATFORM_ EX
temporary tablespace USER_ PLATFORM_ EX_ TEMP;
create user USER_ PLATFORM_ LOG identified by USER_ PLATFORM_ LOG
default tablespace USER_ PLATFORM_ LOG
temporary tablespace USER_ PLATFORM_ LOG_ TEMP;
create user ADMIN_ PERFORMANCE identified by ADMIN_ PERFORMANCE
default tablespace ADMIN_ PERFORMANCE
temporary tablespace ADMIN_ PERFORMANCE_ TEMP;
```

（四）给表空间下的用户分权限：

```
grant connect, resource, dba to USER_ OGUS;
grant connect, resource, dba toUSER_ PARAMS;
grant connect, resource, dba to USER_ PLATFORM_ EX;
grant connect, resource, dba to USER_ PLATFORM_ LOG;
grant connect, resource, dba to ADMIN_ PERFORMANCE;
```

（五）导入数据库文件：

imp USER_ OGUS/USER_ OGUS @ <网络服务名> file = USER_ OGUS. dmp full = y;

impUSER_ PARAMS/USER_ PARAMS @ <网络服务名> file = USER_ PARAMS. dmp full = y;

imp USER_ PLATFORM_ EX/USER_ PLATFORM_ EX @ <网络服务名> file = USER_ PLATFORM_ EX. dmp full = y;

imp USER_ PLATFORM_ LOG/USER_ PLATFORM_ LOG @ <网络服务名> file = USER_ PLATFORM_ LOG. dmp full = y;

imp ADMIN_ PERFORMANCE/ADMIN_ PERFORMANCE @ <网络服务名> file = ADMIN_ PERFORMANCE. dmp full = y;

二、中间服务部署

在 IIS 上需要分别部署三个系统运行服务和一个系统升级服务，分别是：认证服务（AuthenticationService）、授权服务（AuthorizationService）、业务服务（PerformanceService）、升级服务（AutoUpdateService）。这些服务可以单独建立站点，也可以在默认站点下建立多个应用程序，推荐升级服务单独建立网站，其他三个服务在同一个站点下建立三个应用程序。操作步骤如下：

1. 先将服务文件复制到"c：/inetpub/wwwroot/"目录下。

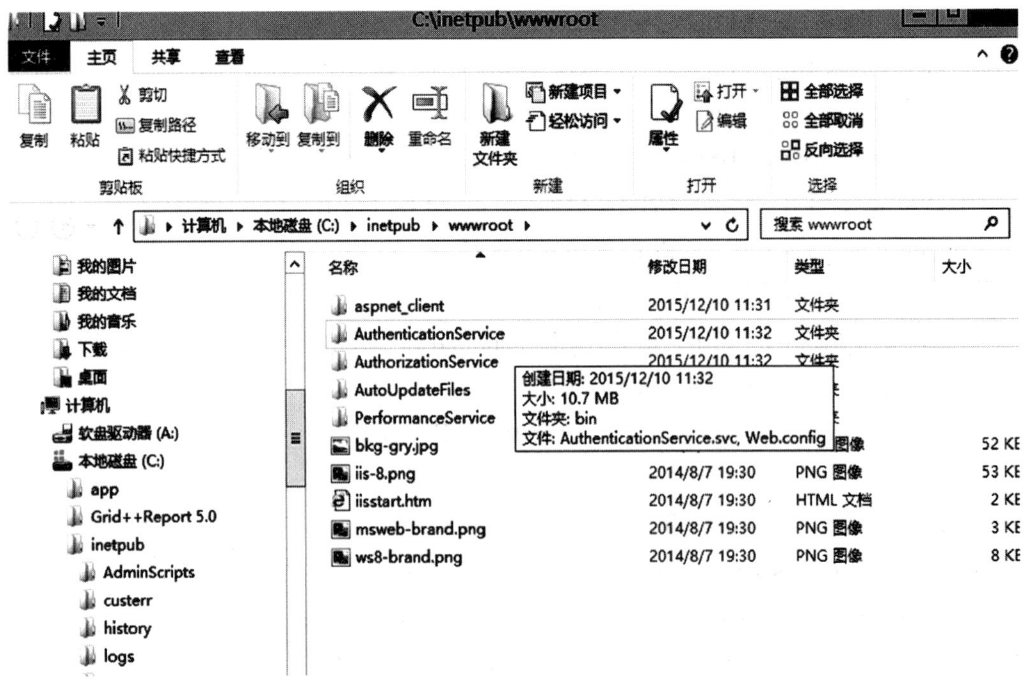

图 4-1 文件存放目录

2. 在IIS服务管理工具中右击“默认站点”点击“添加应用程序”弹出添加应用程序界面，选择认证服务（AuthenticationService）、授权服务（AuthorizationService）、业务服务（PerformanceService）文件存放的路径，添加别名，点击确定即可。

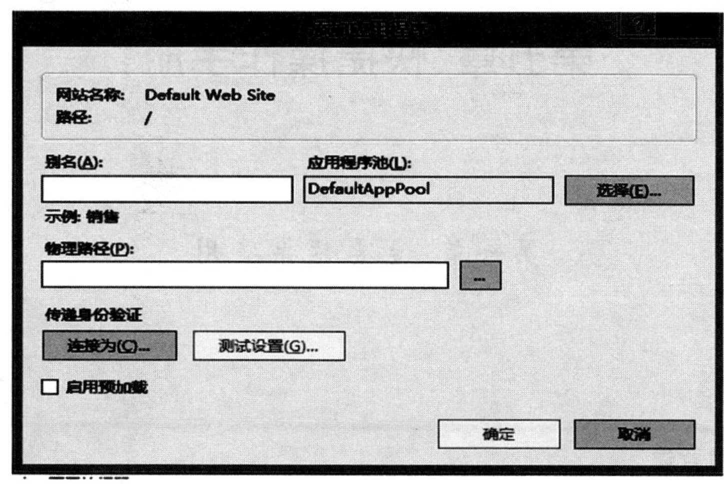

图4－2 创建应用程序界面

3. 在IIS服务管理工具中右击“网站”点击“添加网站”弹出添加网站界面，选择升级服务（AutoUpdateService）的文件路径，添加网站别名，点击确定。

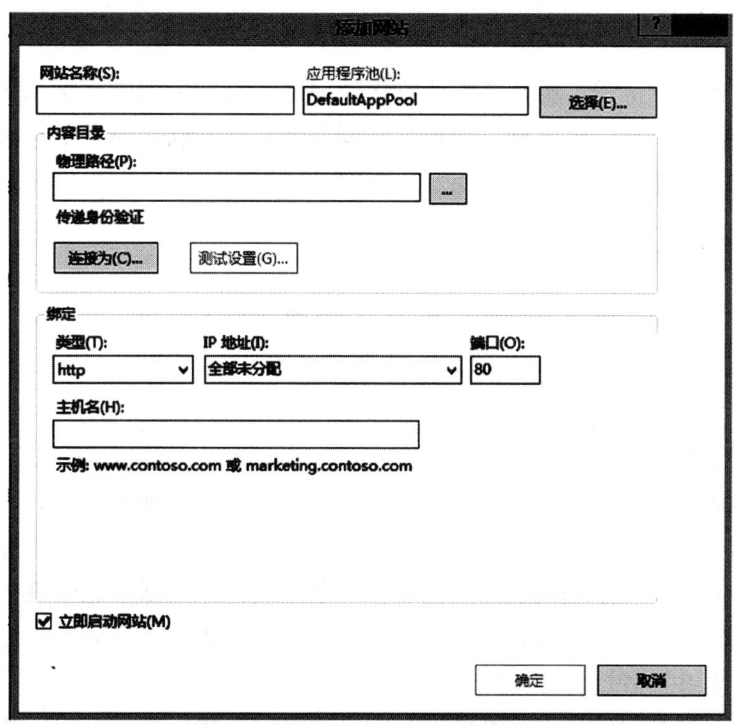

图4－3 创建升级网站界面

第五章 快捷操作手册

第一节 主要领导使用

一、引言

（一）项目背景

绩效管理已经成为现代公共管理的一种潮流和趋势，绩效管理是运用现代公共管理理念，紧密结合工作实际，建立目标引导、过程控制、持续改进、整体提升的管理机制，对单位及其工作人员政策执行、岗位履职、目标完成等方面进行全面系统的管理。

（二）编写目的

更好地让各省直部门了解和熟悉绩效管理理念，掌握绩效管理信息化系统，帮助用户更好地使用该软件，熟悉软件操作，掌握安装和部署软件所需的软硬件资源，以及该软件使用过程中应注意的一些问题。

（三）适用范围

该软件手册适用主要领导角色人员，以便其快速地了解和掌握该角色所应当掌握的软件功能。

二、系统概述

标准化绩效管理系统是以标准化管理为依托、以绩效管理为核心、以信息化为技术支撑的一体化行政管理运行平台。该系统承载了标准化管理和绩效管理两种现代管理科学体系，贯通了一个基础、四个环节、一条主线，即以标准化管理体系文件为制度基础，以绩效计划、绩效监控、绩效考评、绩效改进为四个环节，以绩效沟通为一条主线的核心业务流程（图5－1）。

该系统是全员参与的系统，纵向支撑省、市、县，横向支撑厅局、机构、个人的立体绩效指标运行，有效贯彻了“人人头上有指标，千斤重担大家挑”的绩效管理理念。依据标准化文件要求制定绩效目标、绩效指标以及相应指标考核标准，通过持续进行系统跟踪监控，确保组织和个人的绩效目标得以实现，持续提升组织和个人的绩效成果，不断提高组织和个人的工作效率。

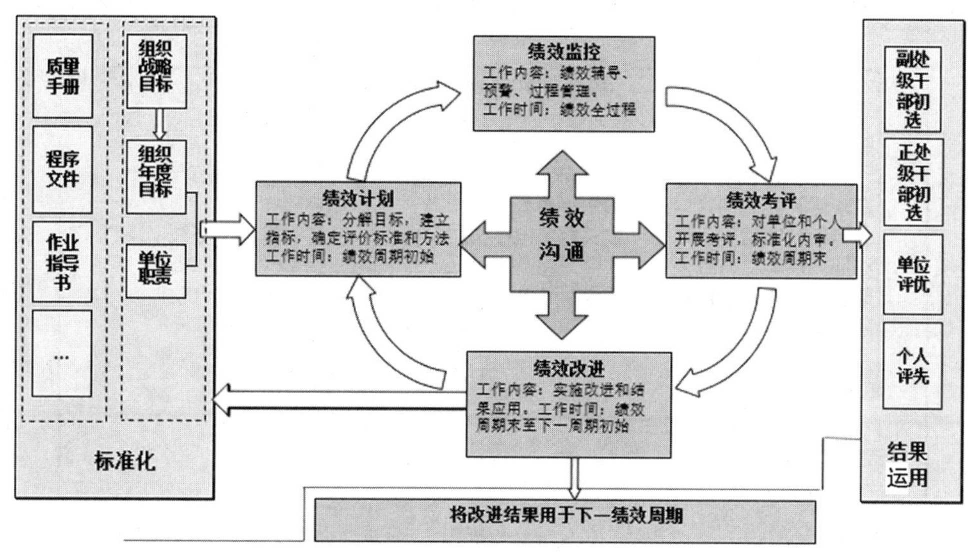

图 5－1　标准化绩效管理体系框架图

三、系统安装

根据各厅局单位指定的下载地址下载该软件安装包。下载后双击安装包，选择合适的安装路径，根据提示点击下一步：

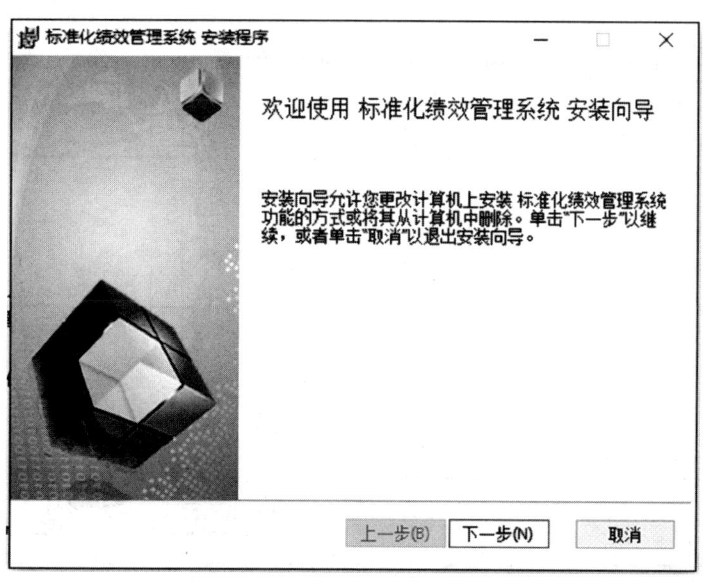

图 5－2　安装向导

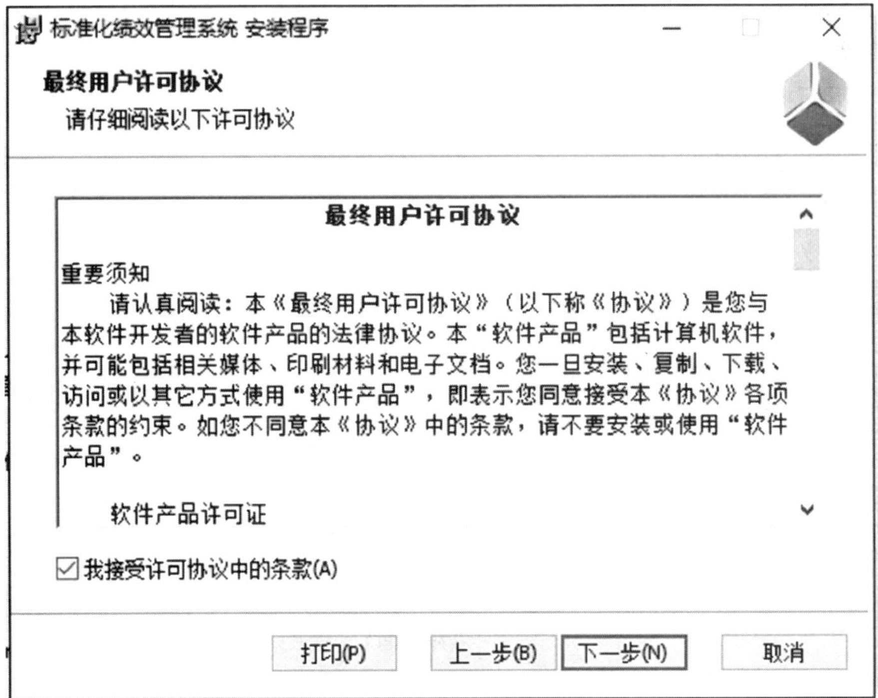

图 5－3　用户协议页面

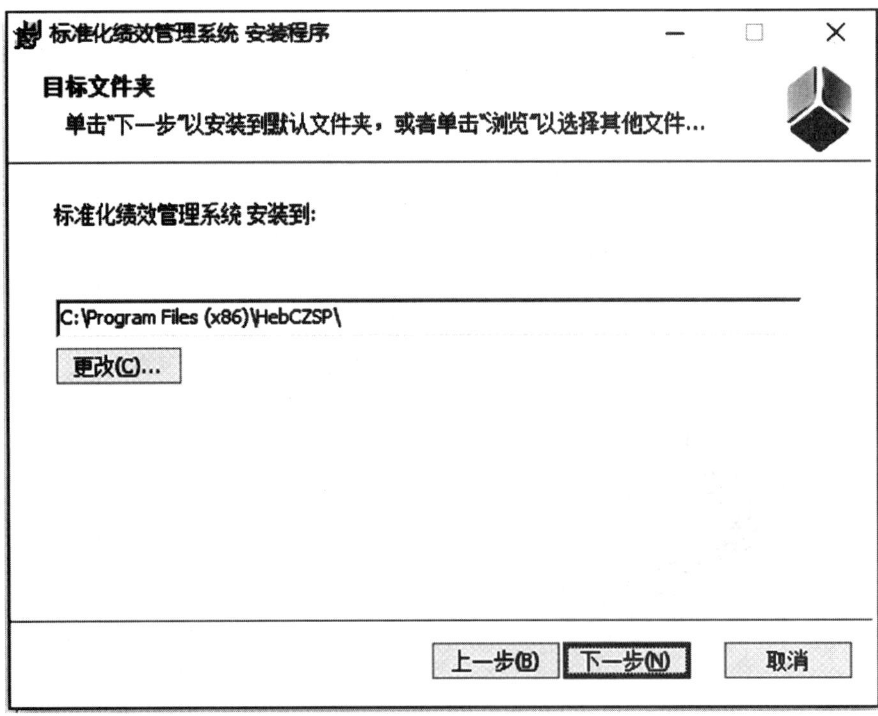

图 5－4　安装路径

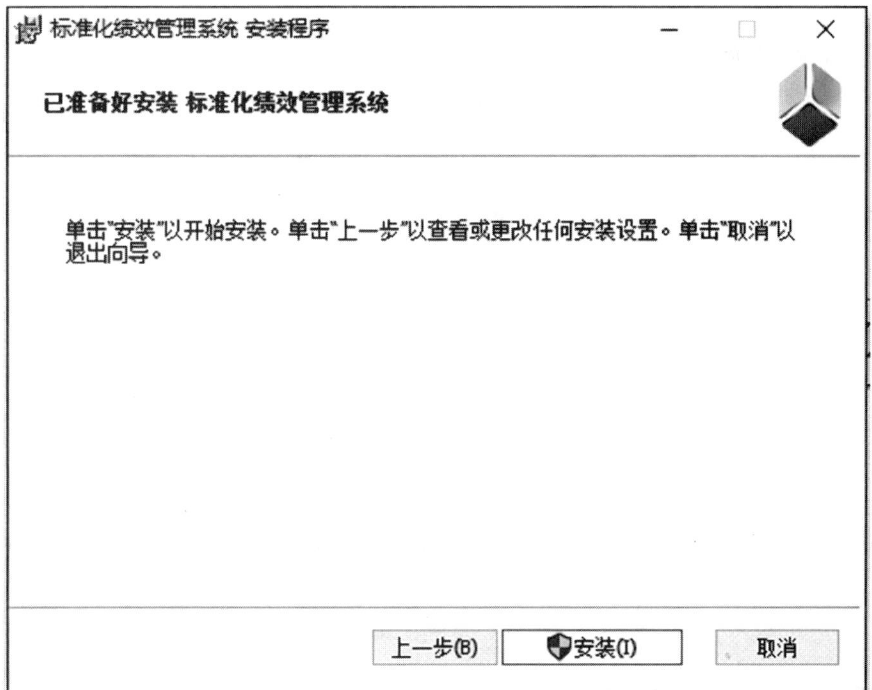

图5－5　安装界面

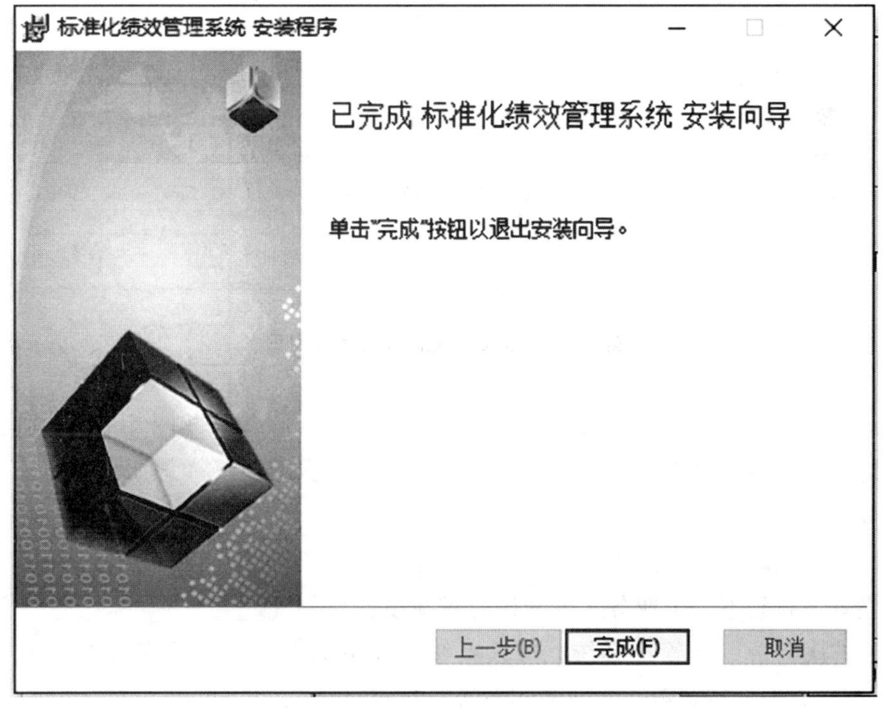

图5－6　安装完成提示界面

四、系统登录

用户首次登录系统需对标准化绩效管理系统的链接服务地址进行设置。

图5-7 主界面——登录设置

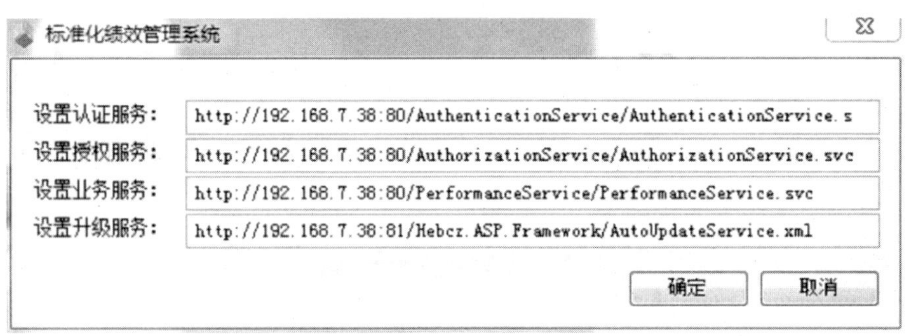

图5-8 修改系统服务器地址窗口

用户首次登录系统，在登录界面上选择右上方的“设置”（图5-7），弹出系统服务器地址设置窗口（图5-8）。在弹出窗口中修改服务地址（该服务地址由各部门绩效管理员发布）。

在登录系统后，首先需要设置业务年度为当前业务年度（设置成功后下次登录不需再次设置，直到下一个业务年度开始时重新设置）。

用户首次登录绩效管理系统，进入系统后在页面左侧的“业务年度”选择框中（图5-9），点击下拉菜单，对业务年度进行设置。

图 5－9 主界面——业务年度设置

五、主要领导操作使用

（一）标准化

1. 标准化文件

标准化文件指的是标准化管理过程的依据文件，包含了国际标准化组织制定的相关标准文件、国家规范性文件、本省规范性文件以及本厅局单位内部规范性文件。

文件查询

（1）业务描述

提供相关的标准化文件的查询、下载功能。

（2）业务操作界面及说明

操作步骤：

①用户登录

②进入菜单："标准化"→"标准化文件"→"文件查询"（图 5－10）。

图 5－10 文件查询

（二）流程图系统

实际工作中具体的流程需要统一规范，通过流程图来规范工作的开展过程。

流程图查看

（1）业务描述

开展工作时可以在线查看流程图，从而依据标准流程开展工作。

（2）业务操作界面及说明

操作步骤：

①用户登录。

②进入菜单："标准化"→"流程图系统"→"流程图查询"（图5－11）。

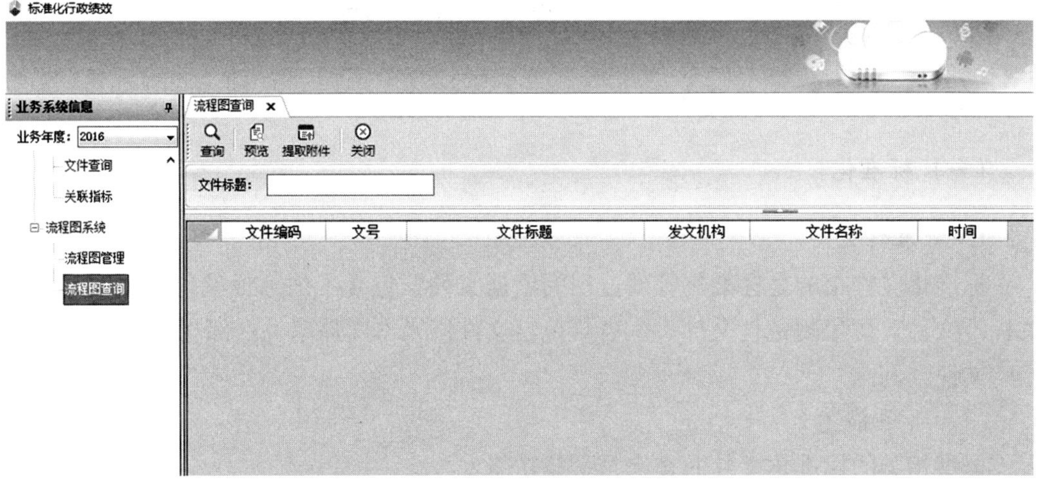

图5－11 流程图查询

（三）绩效查询

绩效查询主要实现了对计划指标、工作进展情况、考评过程和结果以及相关的基础设置快速的了解查询。

首页

（1）业务描述

每个用户进入标准化绩效管理系统，首先会自动生成一个首页。不同角色的人员首页也不相同。

（2）业务操作界面及说明（图5－12）

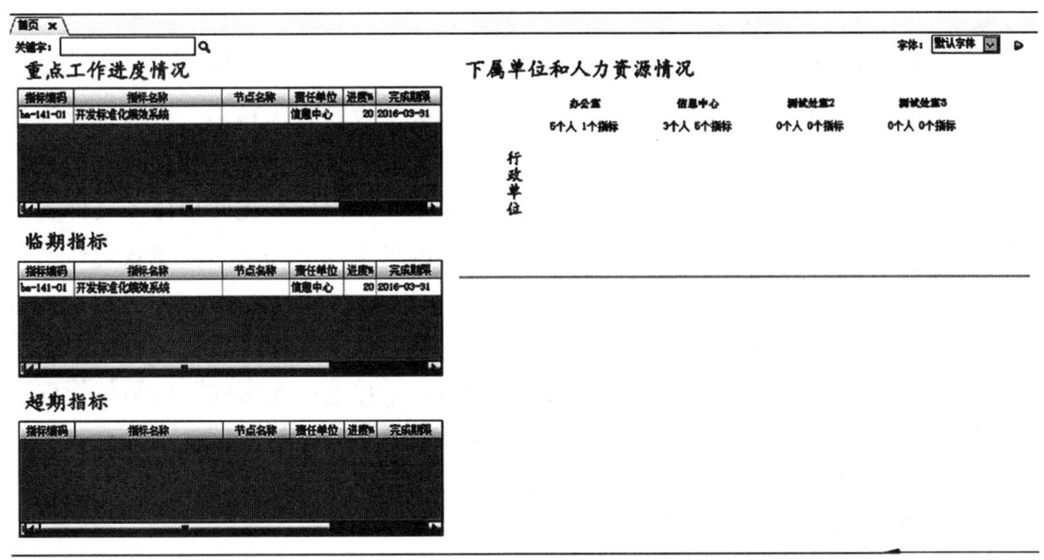

图 5－12 主要领导首页

第二节 分管领导使用

一、引言

（一）项目背景

绩效管理已经成为现代公共管理的一种潮流和趋势，绩效管理是运用现代公共管理理念，紧密结合工作实际，建立目标引导、过程控制、持续改进、整体提升的管理机制，对单位及其工作人员政策执行、岗位履职、目标完成等方面进行全面系统的管理。

（二）编写目的

更好地让各省直部门了解和熟悉绩效管理理念，掌握绩效管理信息化系统，帮助用户更好地使用该软件，熟悉软件操作，掌握安装和部署软件所需的软硬件资源，以及该软件使用过程中应注意的一些问题。

（三）适用范围

该软件手册适用分管领导角色人员，以便其快速地了解和掌握该角色所应当掌握的软件功能。

二、系统概述

标准化绩效管理系统是以标准化管理为依托、以绩效管理为核心、以信息化为技术支撑的一体化行政管理运行平台。该系统承载了标准化管理和绩效管理两种现代管理科学体系，贯通了一个基础、四个环节、一条主线，即以标准化管理体系文件为制度基础，以绩效计划、绩效监控、绩效考评、绩效改进为四个环节，以绩效沟通为一条主线的核心业务流程（图5－13）。

该系统是全员参与的系统，纵向支撑省、市、县，横向支撑厅局、机构、个人的立体绩效指标运行，有效贯彻了“人人头上有指标，千斤重担大家挑”的绩效管理理念。依据标准化文件要求制定绩效目标、绩效指标以及相应指标考核标准，通过持续进行系统跟踪监控，确保组织和个人的绩效目标得以实现，持续提升组织和个人的绩效成果，不断提高组织和个人的工作效率。

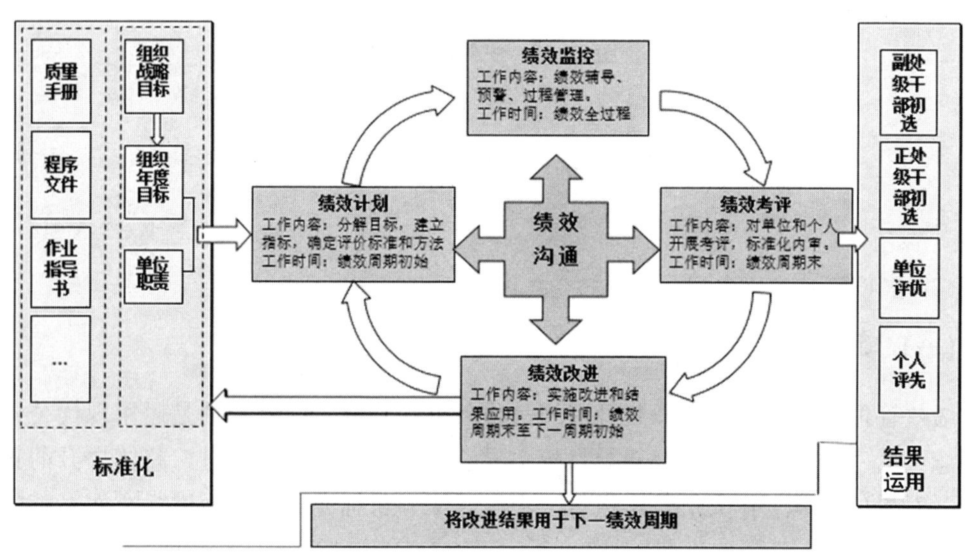

图5－13 标准化绩效管理体系框架图

三、系统安装

根据各厅局单位指定的下载地址下载该软件安装包。下载后双击安装包，选择合适的安装路径，根据提示点击下一步：

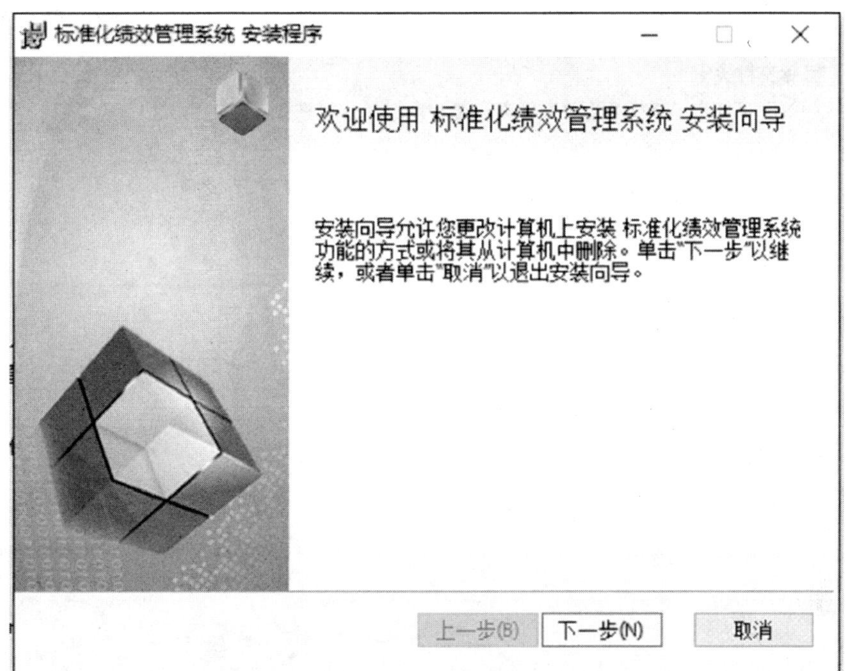

图 5－14　安装向导

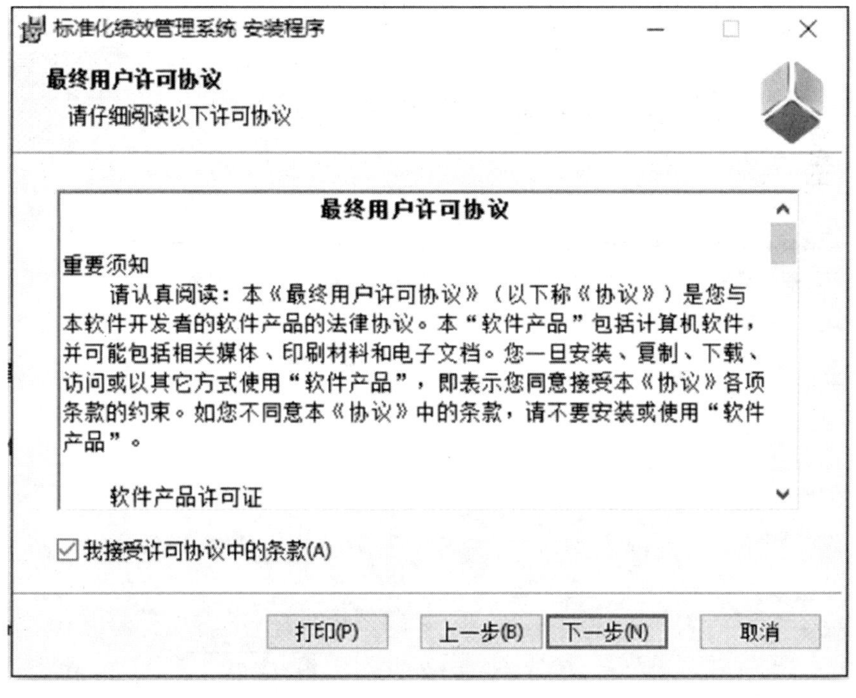

图 5－15　用户协议页面

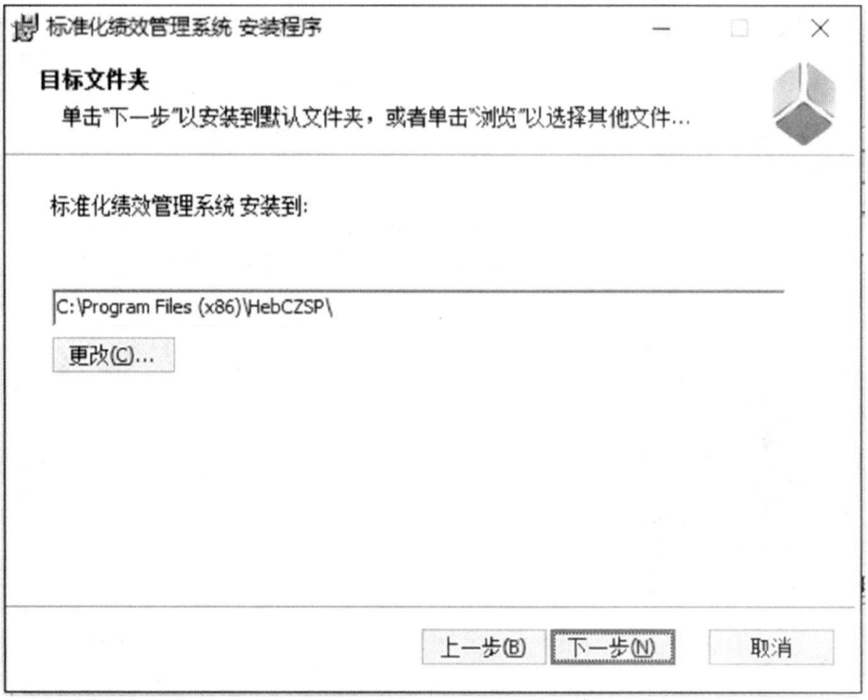

标准化绩效管理系统 安装程序
目标文件夹
单击"下一步"以安装到默认文件夹，或者单击"浏览"以选择其他文件…
标准化绩效管理系统 安装到:
C:\Program Files (x86)\HebCZSP\
更改(C)...
上一步(B)
下一步(N)
取消

图 5－16　安装路径

标准化绩效管理系统 安装程序
已准备好安装 标准化绩效管理系统
单击"安装"以开始安装。单击"上一步"以查看或更改任何安装设置。单击"取消"以退出向导。
上一步(B)
安装(I)
取消

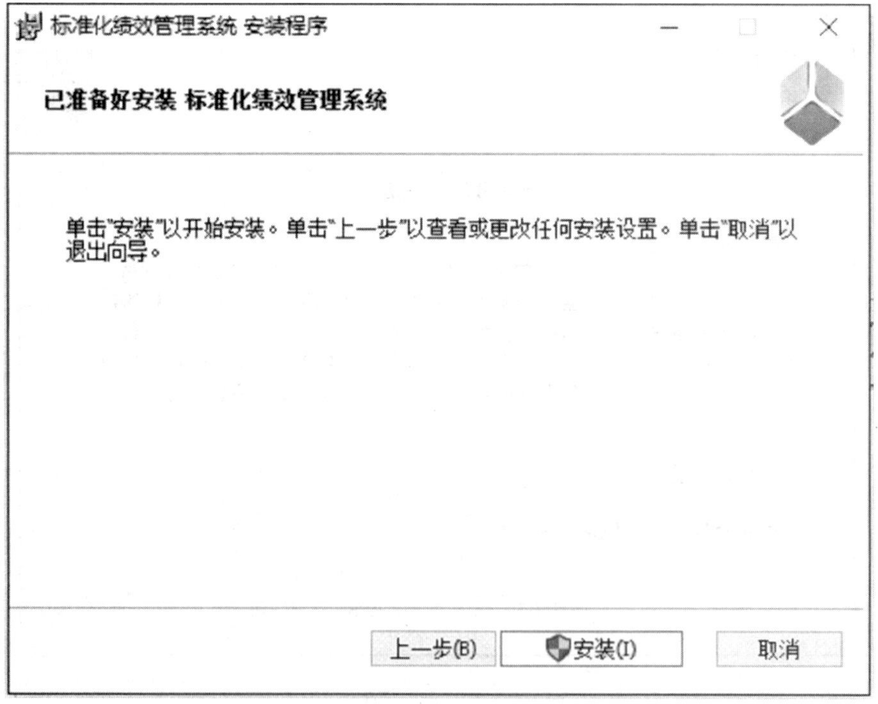

图 5－17　安装界面

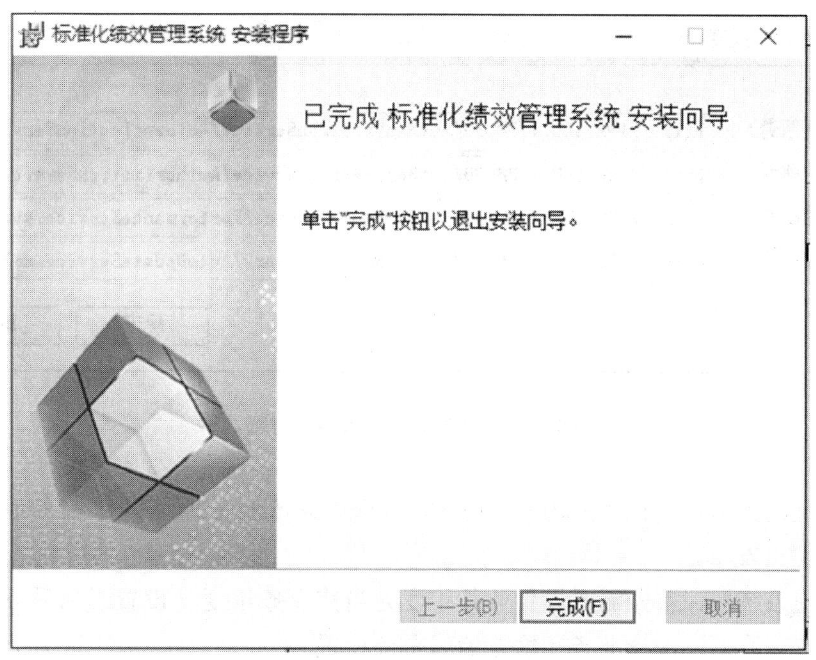

图 5－18 安装完成提示界面

四、系统登录

用户首次登录系统需对标准化绩效管理系统的链接服务地址进行设置。

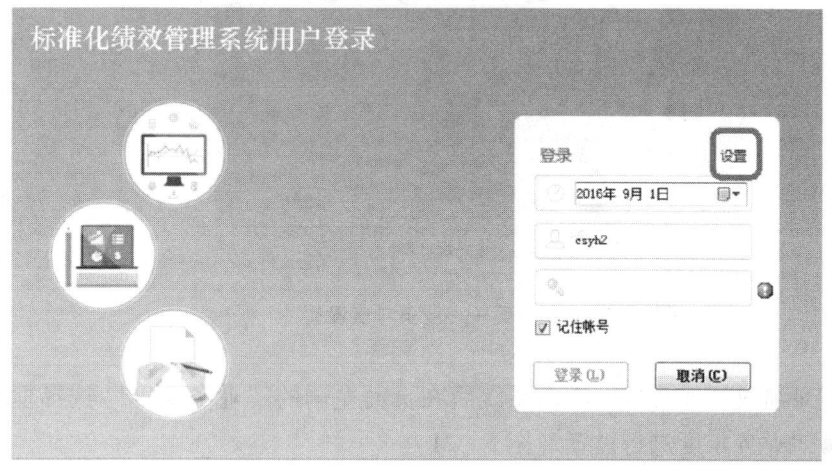

图 5－19 主界面——登录设置

用户首次登录系统，在登录界面上选择右上方的“设置”（图 5－19），弹出系统

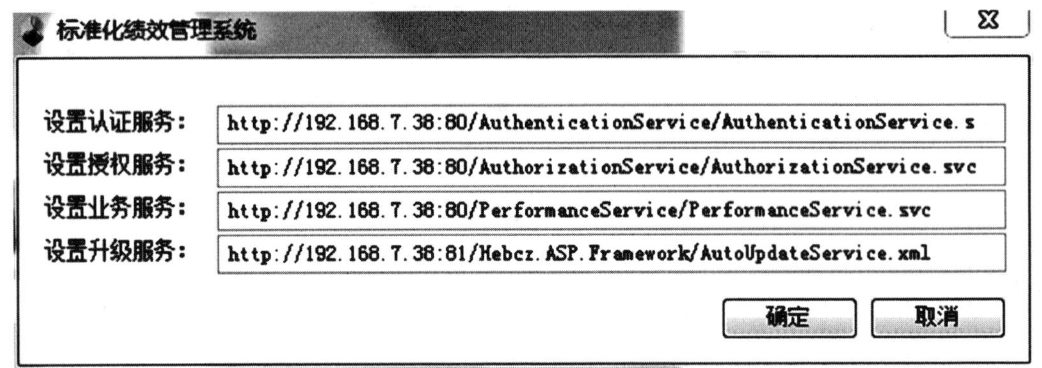

图 5－20 修改系统服务器地址窗口

服务器地址设置窗口（图 5－20）。在弹出窗口中修改服务地址（该服务地址由各部门绩效管理员发布）。

在登录系统后，首先需要设置业务年度为当前业务年度（设置成功后下次登录不需再次设置，直到下一个业务年度开始时重新设置）。

图 5－21 主界面——业务年度设置

用户首次登录绩效管理系统，进入系统后在页面左侧的“业务年度”选择框中，点击下拉菜单，对业务年度进行设置（图 5－21）。

五、分管领导操作使用

分管领导角色指的是：部门分管副职、巡视员、副巡视员、调研员、副调研员等。

参与功能模块包含：

1. 领导决策：领导决策支持模块。

2. 绩效监控：周记录审核、月计划审核、月小结审核以及对分管工作中临期的指标进行人工提醒和提醒响应的审核。

3. 绩效考评：工作负荷系数评定。

(一) 标准化

1. 文件查询

(1) 业务描述

提供相关的标准化文件的查询、下载功能。

(2) 业务操作界面及说明

操作步骤：

①用户登录

②进入菜单："标准化" → "标准化文件" → "文件查询"(图5-22)。

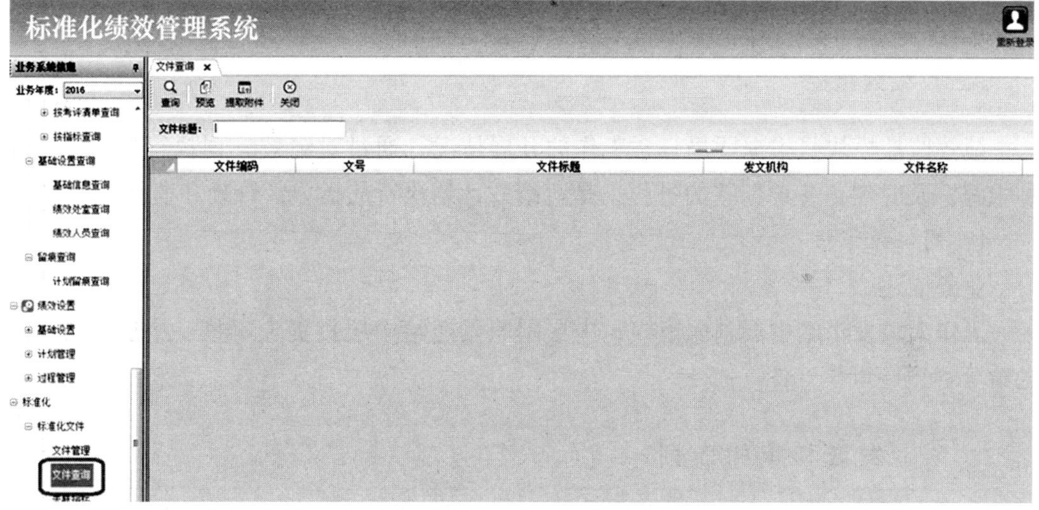

图5-22 文件查询

(二) 流程图系统

实际工作中具体的流程需要统一规范，通过流程图来规范工作的开展过程。

1. 流程图查看

(1) 业务描述

开展工作时可以在线查看流程图，从而依据标准流程开展工作。

(2) 业务操作界面及说明

操作步骤：

①用户登录。

②进入菜单："标准化"→"流程图系统"→"流程图查询"（图5－23）。

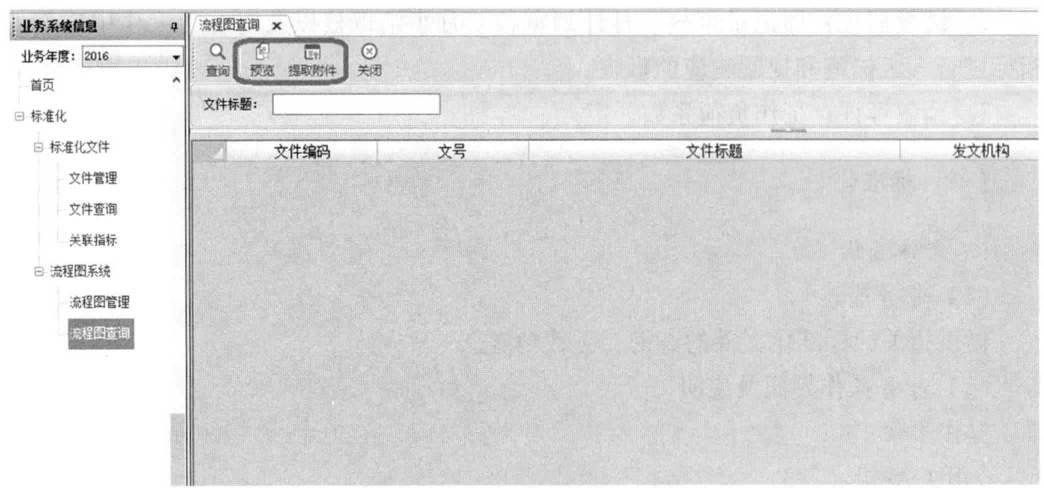

图5－23 流程图查询

（三）绩效监控

绩效监控模块是根据厅局日常工作的开展情况，通过对绩效计划执行情况进行实时跟踪，及时纠正各种偏差的过程，是对绩效计划执行的指导、管理和监督。

1．周记录审核

业务描述

工作人员发送给中层副职审核；中层副职发送给中层负责人审核；中层负责人发送给分管领导审核（图5－24）。

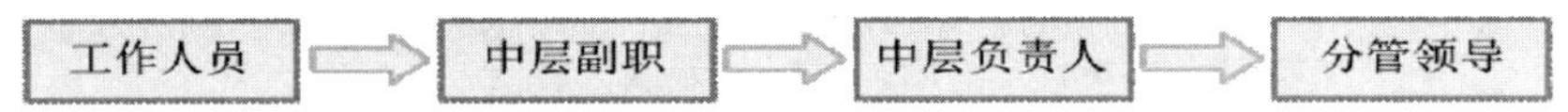

图5－24 周记录审核流程

2．月计划审核

（1）业务描述

月计划是以月度为单位，由中层负责人、中层副职、工作人员每月初制定绩效指标月度完成计划，中层负责人的月计划视同为本单位月计划。单位的月计划由分管领导审定，中层副职的月计划由中层负责人审定，工作人员的月计划由中层副职审定。

（2）业务操作界面及说明

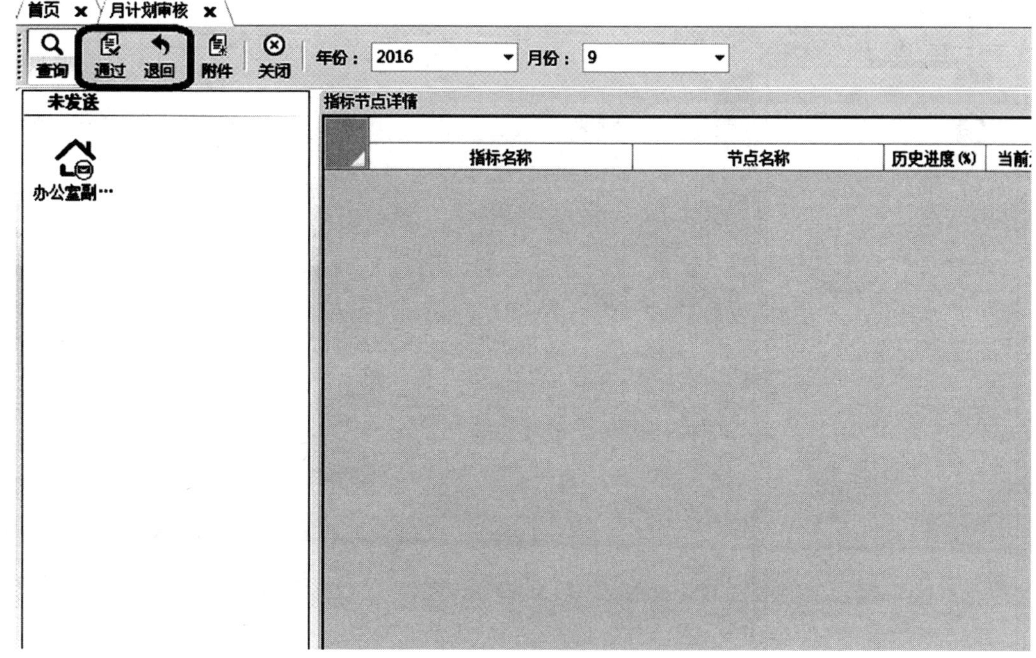

图 5－25 审核月计划窗口

操作步骤：

审核时一定要选择正确的年度和月份。选中已发送人员，点击“通过”或“退回”按钮进行审定，此时可以填写文本，也可查看附件（图 5－25）。

3．月小结审核

（1）业务描述

月小结是以月度为单位，由中层负责人、中层副职、工作人员每月底就绩效指标完成情况进行总结。中层负责人的月小结视同为本单位月小结。单位的月小结由分管领导审定，中层副职的月小结由中层负责人审定，工作人员的月小结由中层副职审定。

（2）业务操作界面及说明

操作步骤：

审核时一定要选择正确的年度和月份。选中已发送人员，点击“通过”或“退回”按钮进行审定，此时可以填写文本，也可查看附件（图 5－26）。

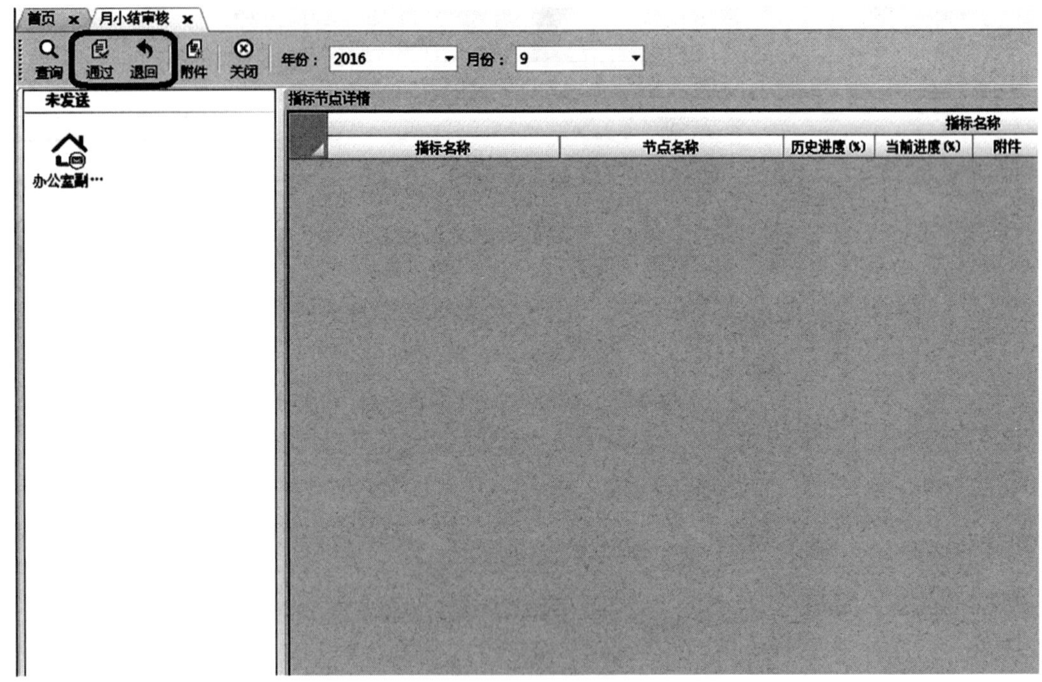

图 5－26　审核月小结窗口

4. 人工提醒

（1）业务描述

人工提醒是对临期指标（即将到期但未完成的指标）向单位发送预警信息，以督促相应的人员尽快完成该项指标的工作。分管领导、绩效管理员负责对厅内各单位进行人工提醒。厅内各单位主要负责人负责对本单位进行人工提醒。其他负责人对分管工作进行人工提醒。

（2）业务操作界面及说明

操作步骤：

①分管领导登录系统。

②进入主界面后，选择业务年度，依次选择“绩效监控”→“绩效提醒”菜单，进入“人工提醒”界面（图 5－27）。

③选择要提醒的人员，点击“新增”按钮，可新增人工提醒（图 5－28）。

④点击新增窗口后，在下方“提醒内容”栏中输入相应内容，点击“保存”（图 5－29）按钮后点击“下发”按钮（图 5－30）。

⑤分管领导、绩效管理员给单位发人工提醒，单位负责人给单位副职、工作人员发人工提醒，单位副职给工作人员发人工提醒（操作步骤同上）。

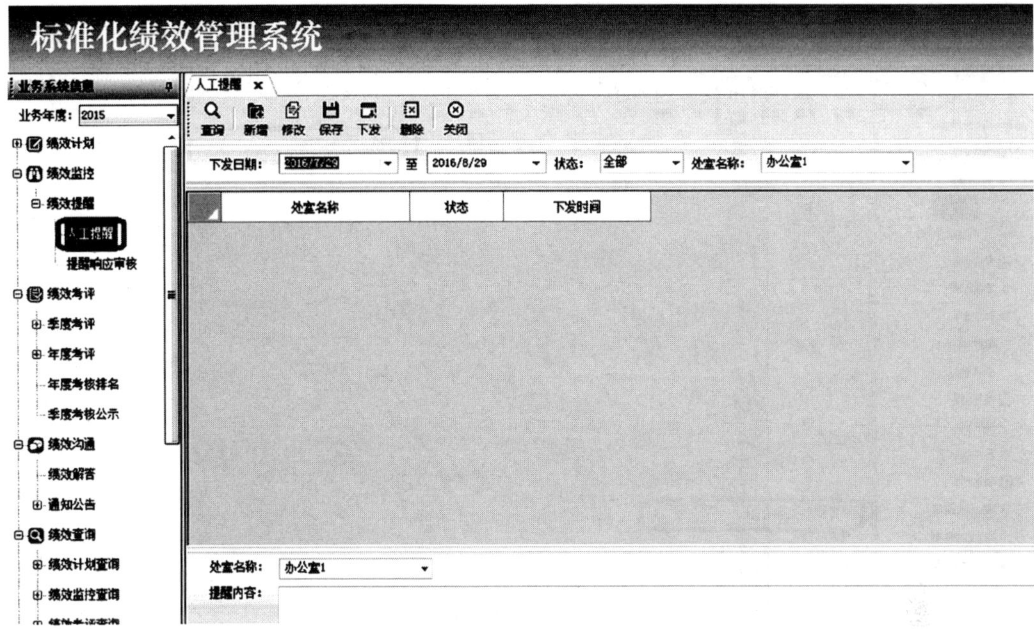

图 5－27 主界面——人工提醒

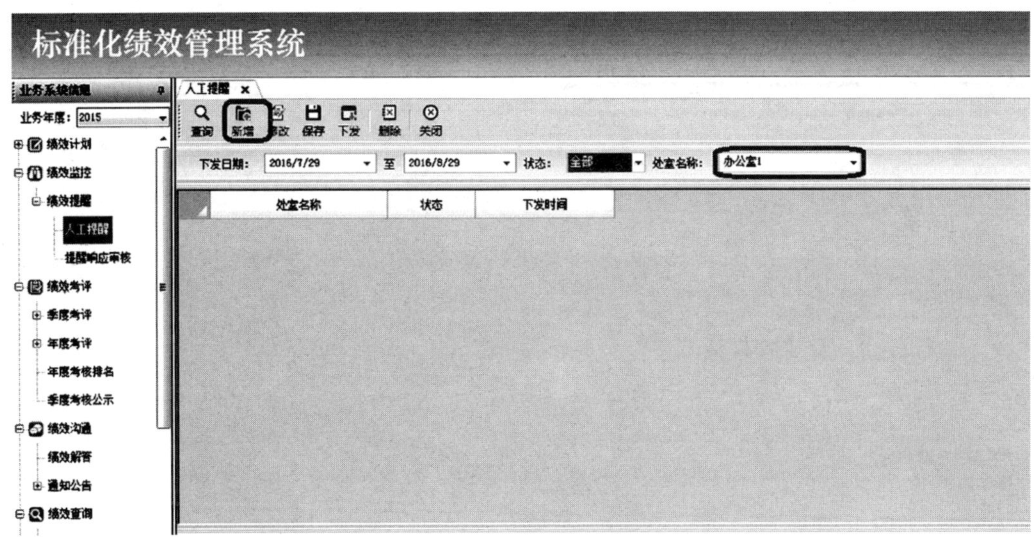

图 5－28 新增人工提醒

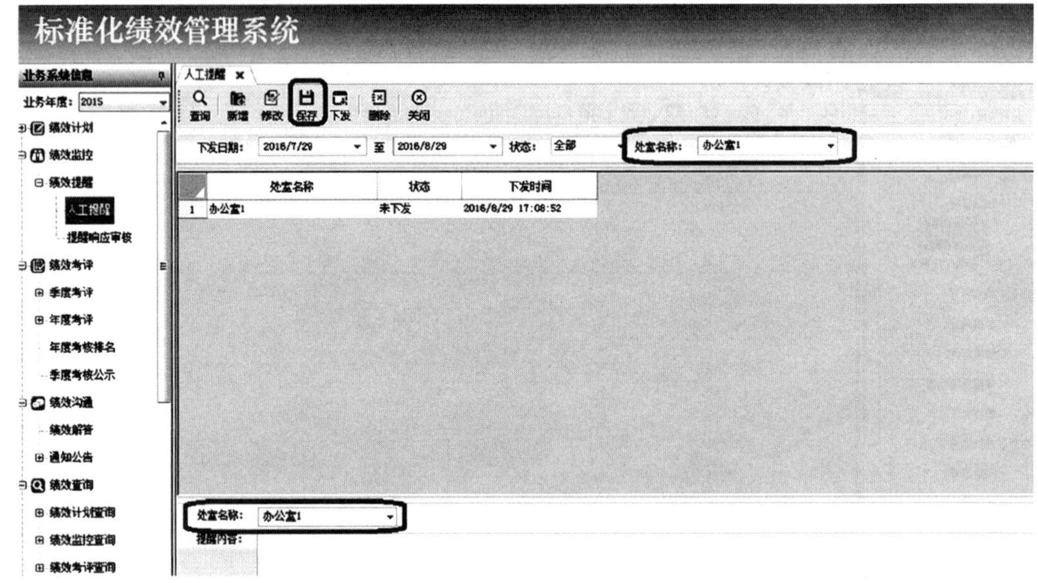

图 5－29 填写人工提醒

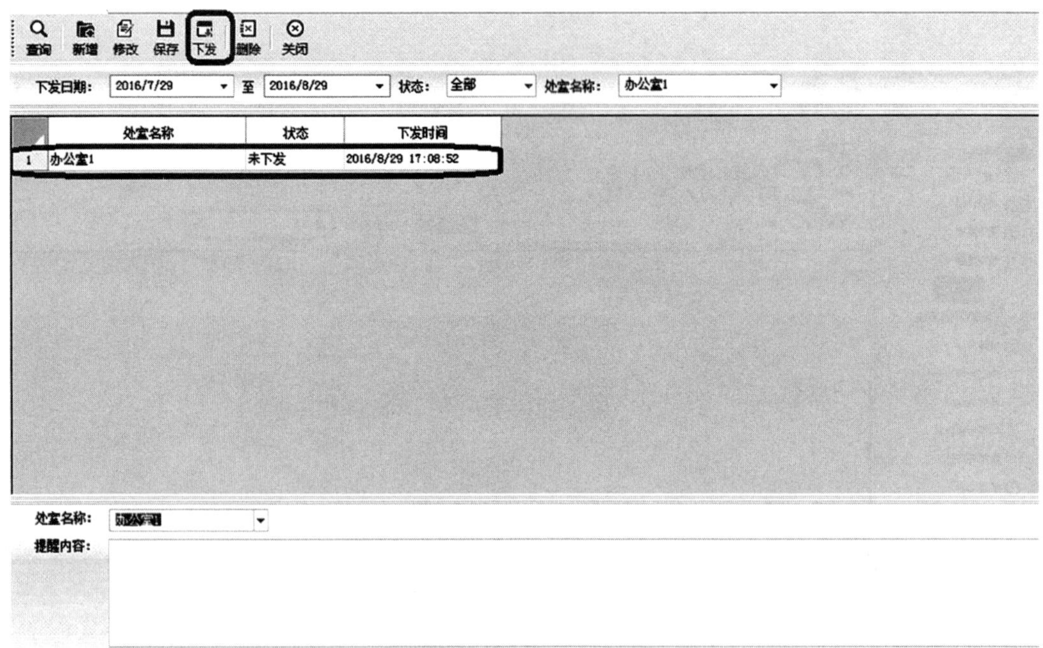

图 5－30 下发人工提醒

5. 提醒响应审核

(1) 业务描述

提醒响应审核是审核对临期指标做出的回应。分管领导、绩效管理员审核厅内各单位的提醒响应，厅内各中层负责人审核本单位的提醒响应，中层副职审核分管工作的提醒响应。

(2) 业务操作界面及说明

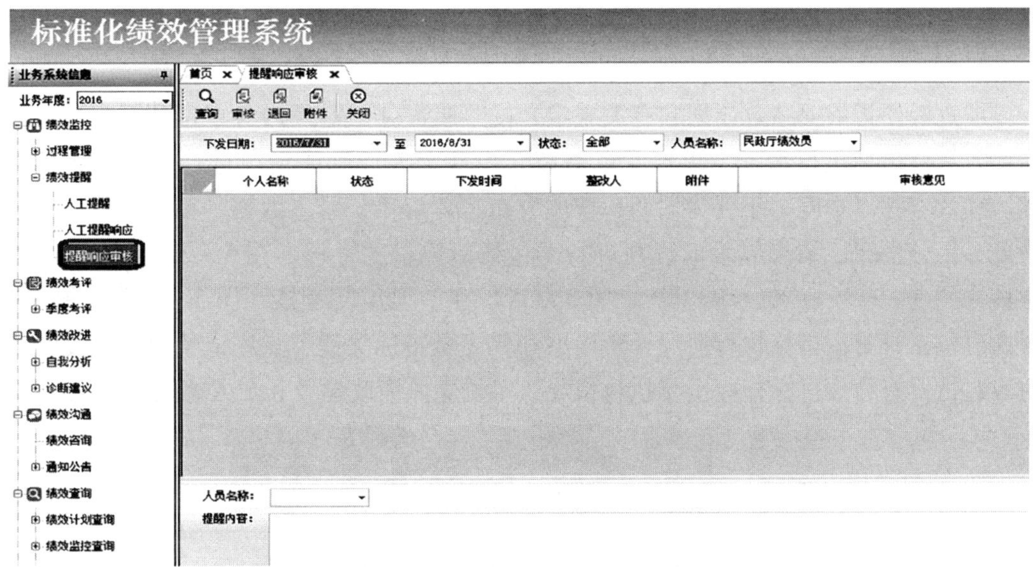

图 5－31 主界面——提醒响应审核

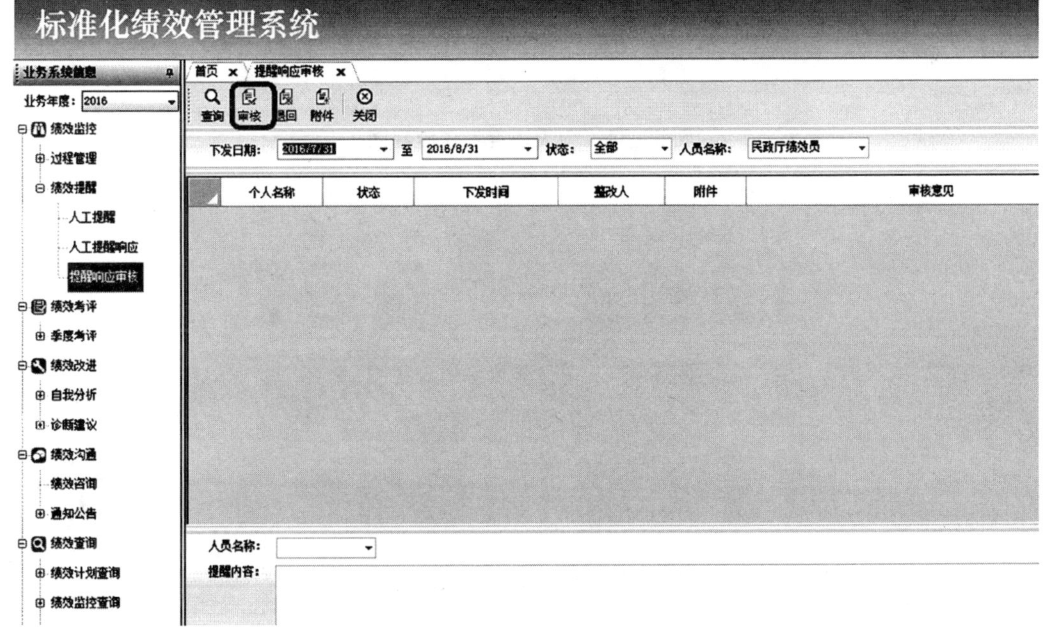

图 5－32 审核提醒响应

操作步骤：

①分管领导登录系统。

②进入主界面后，选择业务年度，依次选择“绩效监控”→“绩效提醒”菜单，进入“提醒响应审核”界面（图5-31）。

③选择已反馈的提醒响应，点击“审核”按钮，填写审核意见，点击“保存”按钮（图5-32）（此处可查看附件，也可点击“退回”按钮将提醒响应发回）。

（四）绩效考评

绩效考评指依据绩效计划和有关规定，按照职责分工对厅内各单位及其工作人员的绩效目标指标执行情况、单位党风廉政建设和个人德勤廉情况进行考核评价的过程。绩效考评以季度、年度为周期，按照发布考评清单、录入数据、审核数据、生成得分、得分发布、结果展示的程序进行。包括单位季度考核（图5-33）、个人季度考核（图5-34）、单位年度考核（图5-35）和个人年度考核（图5-36）。季度考评内容包括日常型指标执行情况、阶段型和年度型指标关键节点完成情况。年度考评内容包括所有绩效目标指标全年执行情况、单位党风廉政建设和个人德勤廉情况。

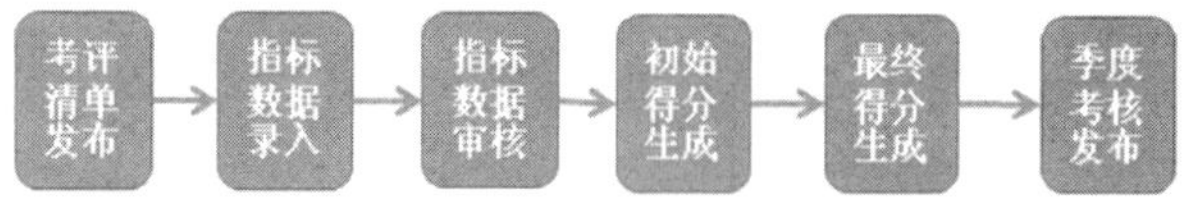

图5-33 单位季度考核流程图

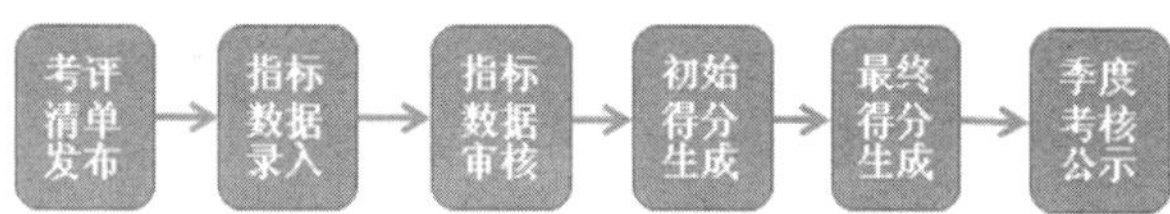

图5-34 个人季度考核流程图

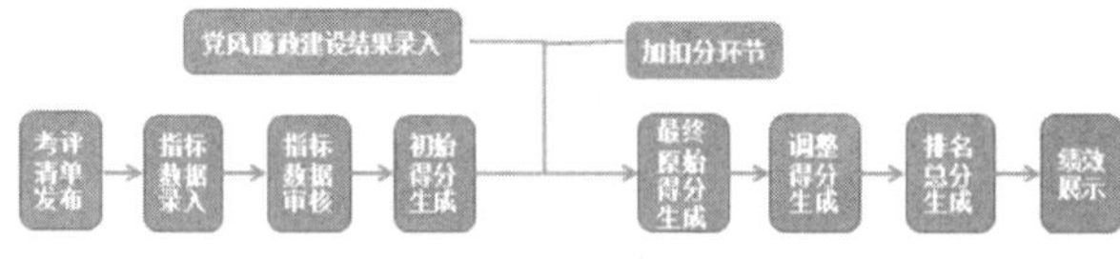

图5-35 单位年度考核流程图

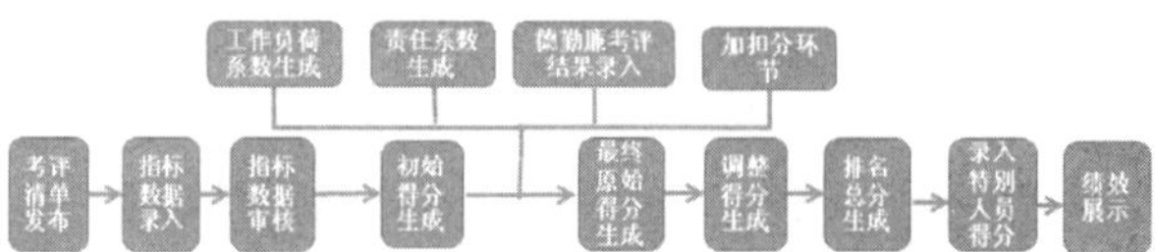

图5-36 个人年度考核流程图

1. 负荷系数设置

（1）业务描述

个人季度考评周期开始后，分管领导、中层负责人、中层副职、工作人员需要设置工作负荷系数。

（2）业务操作界面及说明

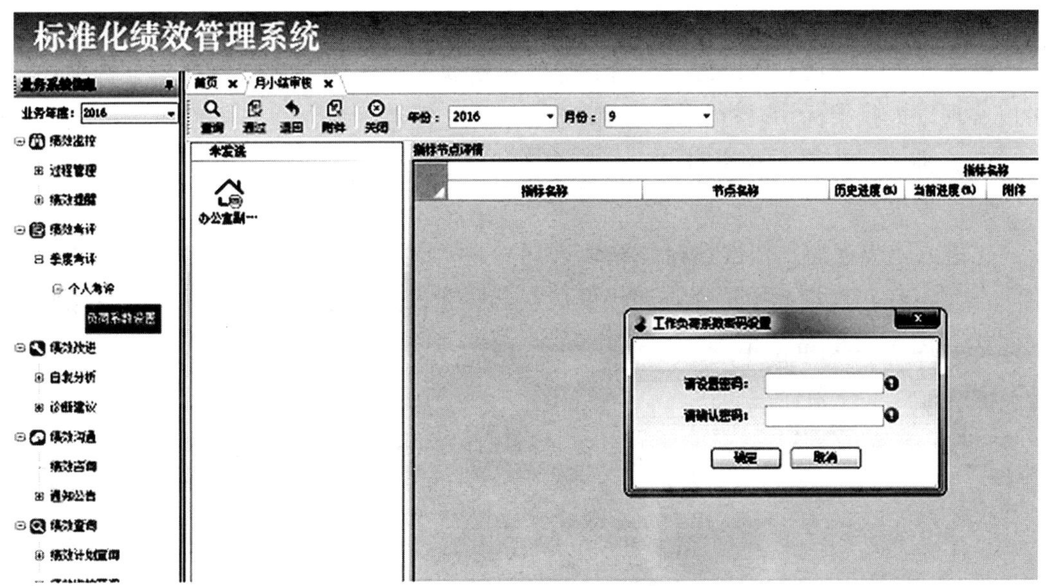

图 5－37 主界面——负荷系数设置

操作步骤：

①分管领导登录系统。

②进入主界面后，依次选择“绩效考评”→“季度考评”→“个人考评”→“负荷系数设置”菜单，进入“负荷系数设置”界面（图 5－37）。

③选择“年度”“季度”参数→点击“新建”按钮→在“工作负荷系数评价”下拉框内单选评价等级→点击“保存”按钮。

注意事项：

评价工作负荷系数须按照设置规则进行（可点击“设置规则表”按钮查看）；负荷系数设置界面有单独密码，与登录密码不同；每季度设置一次工作负荷系数。

（五）绩效查询

绩效查询主要实现了对计划指标、工作进展情况、考评过程和结果以及相关的基础设置快速的了解查询。

1. 绩效计划查询

（1）业务描述

绩效计划查询功能可以帮助分管领导掌握所属人员工作的进展情况，分管领导还可以实现以人找指标，以指标找人的筛选、统计、汇总等综合查询功能。

（2）业务操作界面及说明

操作步骤：

①进入主界面后，依次选择“绩效查询”→“绩效计划查询”→“本厅局指标查询”菜单，在年度指标中选择查询年份，点击“查询”按钮，显示本局所有目标和一级指标（图 5－38）。

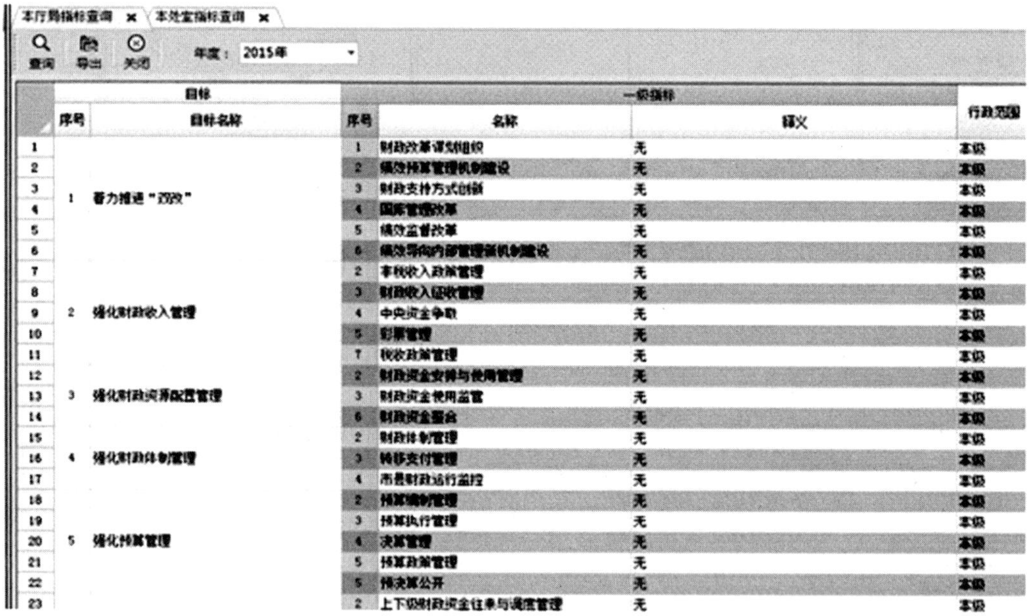

本厅局指标查询 × 本处室指标查询 ×

查询 导出 关闭 年度：2015年

	目标		一级指标			
	序号	目标名称	序号	名称	释义	行政范围
1			1	财政改革谋划组织	无	本级
2			2	绩效预算管理机制建设	无	本级
3	1	着力推进“四改”	3	财政支持方式创新	无	本级
4			4	国库管理改革	无	本级
5			5	绩效监督改革	无	本级
6			6	绩效导向内部管理新机制建设	无	本级
7			2	非税收入政策管理	无	本级
8			3	财政收入征收管理	无	本级
9	2	强化财政收入管理	4	中央资金争取	无	本级
10			5	彩票管理	无	本级
11			7	税收政策管理	无	本级
12			2	财政资金安排与使用管理	无	本级
13	3	强化财政资源配置管理	3	财政资金使用监管	无	本级
14			6	财政资金整合	无	本级
15			2	财政体制管理	无	本级
16	4	强化财政体制管理	3	转移支付管理	无	本级
17			4	市县财政运行监控	无	本级
18			2	预算编制管理	无	本级
19			3	预算执行管理	无	本级
20	5	强化预算管理	4	决算管理	无	本级
21			5	预算政策管理	无	本级
22			5	预决算公开	无	本级
23			2	上下级财政资金往来与调度管理	无	本级

图 5－38 本厅局指标查询界面

②分管领导登录系统，进入主界面后，依次选择“绩效查询”→“绩效计划查询”→“指标节点查询”菜单，根据需要选择年度、指标级次和分类，点击“查询”按钮并点击＋号展开菜单后，显示本人所属指标的节点。

③切换到“绩效计划查询”菜单下“指标维度查询”菜单，点击“查询”按钮并点击＋号展开菜单后（图 5－39），显示指标的各维度；双击某指标，则显示指标的全部维度信息（图 5－40）。

指标维度查询

年度：2015年 指标级次：三级指标 指标分类：全部

处室名称：[101]办公室 负责人：张超

目标名称	一级指标名称	二级指标编码	二级指标名称	三级指标编码	三级指标名称
着力推进“双改”	绩效导向内部管理新机制建设	BM-101-07	绩效管理制度完善	GW-101-07	绩效管理制度完善
序号	维度	数据来源	来源子系统	来源公式	维度权重
0	时间方面	审核评价		0	40
0	数量方面	审核评价		0	60
目标名称	一级指标名称	二级指标编码	二级指标名称	三级指标编码	三级指标名称
强化综合业务管理	信息化建设	BM-101-10	绩效管理信息系统完善	GW-101-10	绩效管理信息系统完善
序号	维度	数据来源	来源子系统	来源公式	维度权重
0	时间方面	审核评价		0	60
0	数量方面	审核评价		0	40
目标名称	一级指标名称	二级指标编码	二级指标名称	三级指标编码	三级指标名称
着力推进“双改”	绩效导向内部管理新机制建设	BM-101-28	厅内绩效管理组织运行	GW-101-36	厅内绩效管理组织运行
序号	维度	数据来源	来源子系统	来源公式	维度权重
0	质量方面	审核评价		0	60
1	时间方面	审核评价		0	40

图 5－39 指标维度查询界面

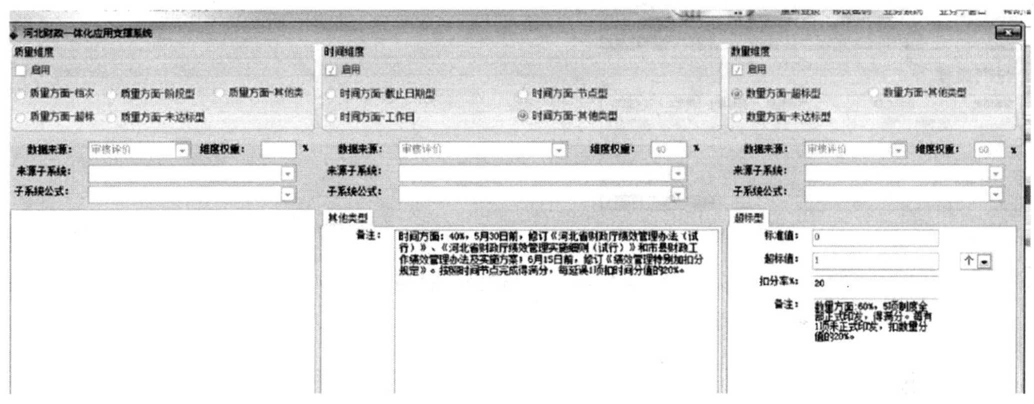

图 5－40 指标维度查询界面

④切换到“绩效计划查询”菜单下“指标进度查询”菜单，点击“查询”按钮，显示指标的进度（图 5－41）。

指标进度查询

年度：2015年 指标级次：三级指标 指标分类：全部

处室名称：[101]办公室 人员：

	二级指标	三级指标			处室	人员	指标进度						
	指标名称	指标编码	指标名称	节点名称			总进度	1月	2月	3月	4月	5月	6月
1	绩效管理制度完善	GW-101-07	绩效管理制度完善		办公室	张超	0%			0%	0%		
2	厅内绩效管理组织运行	GW-101-36	厅内绩效管理组织运行	下发编制2015年绩效计	办公室	张超	100%			100%	100%		
3				下发通知组织厅内各单	办公室	张超	100%			100%	100%		
4	绩效管理改革扩围	GW-101-38	绩效管理改革扩围	下发全系统开展绩效运	办公室	张超	0%			0%	0%		
5				组织开展全系统绩效管	办公室	张超	0%			0%	0%		
6	绩效管理信息系统完善	GW-101-10	绩效管理信息系统完善		办公室	张超	70%			35%	70%		

图 5－41 指标进度查询界面

2. 首页

(1) 业务描述

每个用户进入标准化绩效管理系统，首先会自动生成一个首页。不同角色的人员首页也不相同。

(2) 业务操作界面及说明（图5-42）

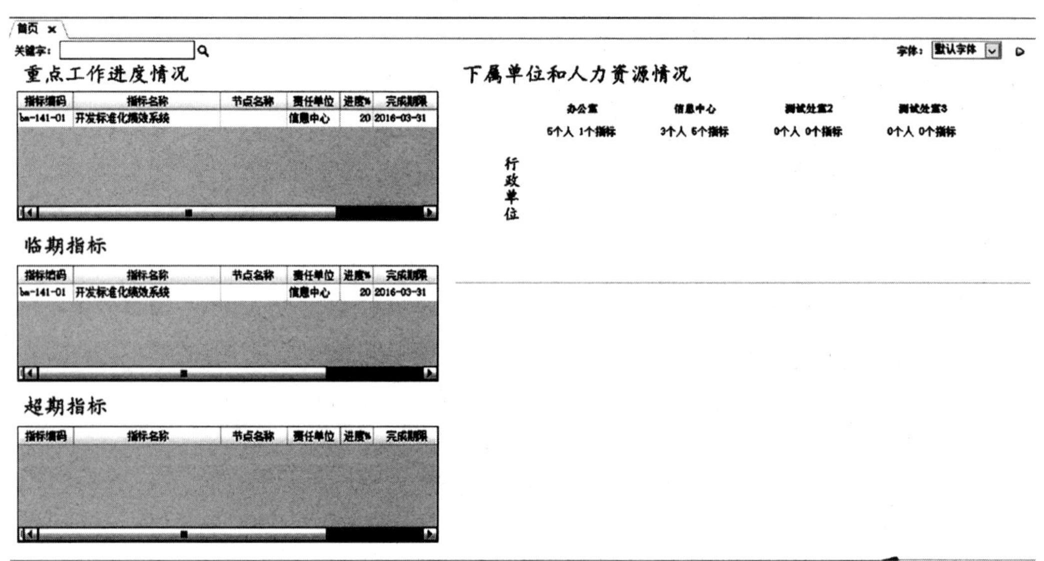

图5-42 分管领导首页

第三节 中层负责人使用

一、引言

（一）项目背景

绩效管理已经成为现代公共管理的一种潮流和趋势，绩效管理是运用现代公共管理理念，紧密结合工作实际，建立目标引导、过程控制、持续改进、整体提升的管理机制，对单位及其工作人员政策执行、岗位履职、目标完成等方面进行全面系统的管理。

（二）编写目的

更好地让各省直部门了解和熟悉绩效管理理念，掌握绩效管理信息化系统，帮助用户更好地使用该软件，熟悉软件操作，掌握安装和部署软件所需的软硬件资源，以及该软件使用过程中应注意的一些问题。

（三）适用范围

该软件手册适用中层负责人角色人员，以便其快速地了解和掌握该角色所应当掌握的软件功能。

二、系统概述

标准化绩效管理系统是以标准化管理为依托、以绩效管理为核心、以信息化为技术支撑的一体化行政管理运行平台。该系统承载了标准化管理和绩效管理两种现代管理科学体系，贯通了一个基础、四个环节、一条主线，即以标准化管理体系文件为制度基础，以绩效计划、绩效监控、绩效考评、绩效改进为四个环节，以绩效沟通为一条主线的核心业务流程。

该系统是全员参与的系统，纵向支撑省、市、县，横向支撑厅局、机构、个人的立体绩效指标运行，有效贯彻了“人人头上有指标，千斤重担大家挑”的绩效管理理念。依据标准化文件要求制定绩效目标、绩效指标以及相应指标考核标准，通过持续进行系统跟踪监控，确保组织和个人的绩效目标得以实现，持续提升组织和个人的绩效成果，不断提高组织和个人的工作效率。

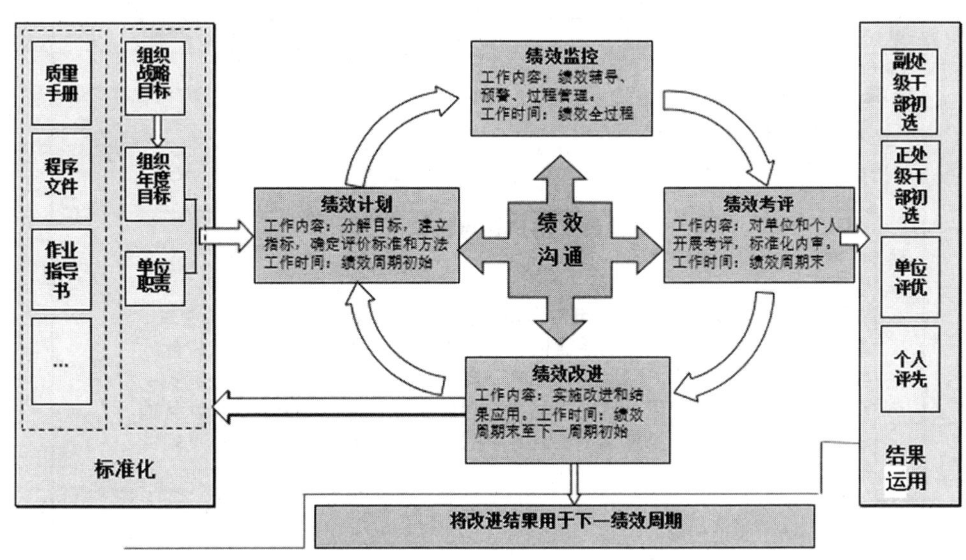

图 5－43 标准化绩效管理体系框架图

三、系统安装

根据各厅局单位指定的下载地址下载该软件安装包。下载后双击安装包，选择合适的安装路径，根据提示点击下一步：

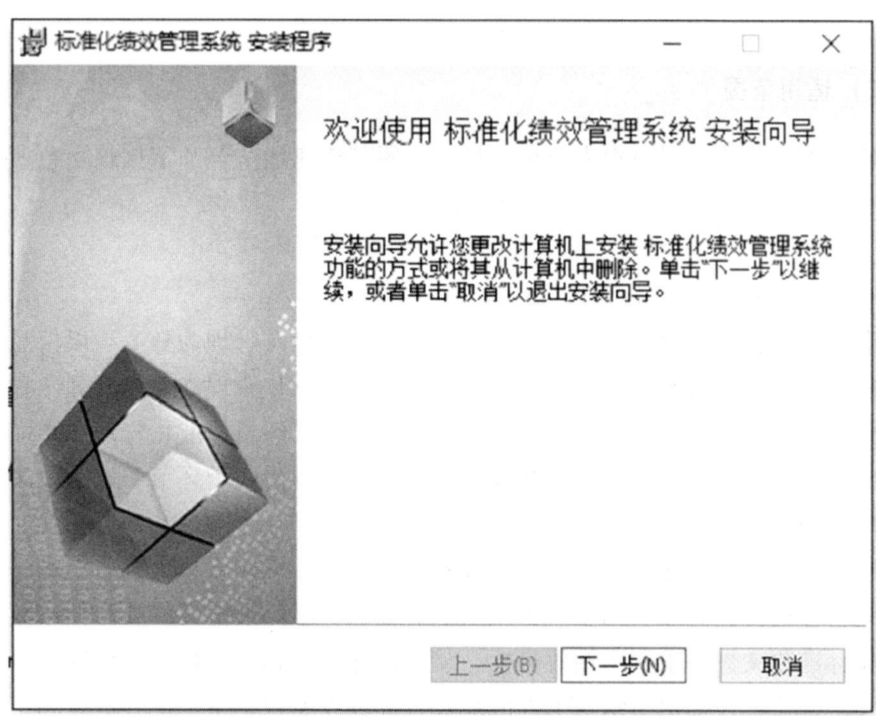

图 5－44　安装向导

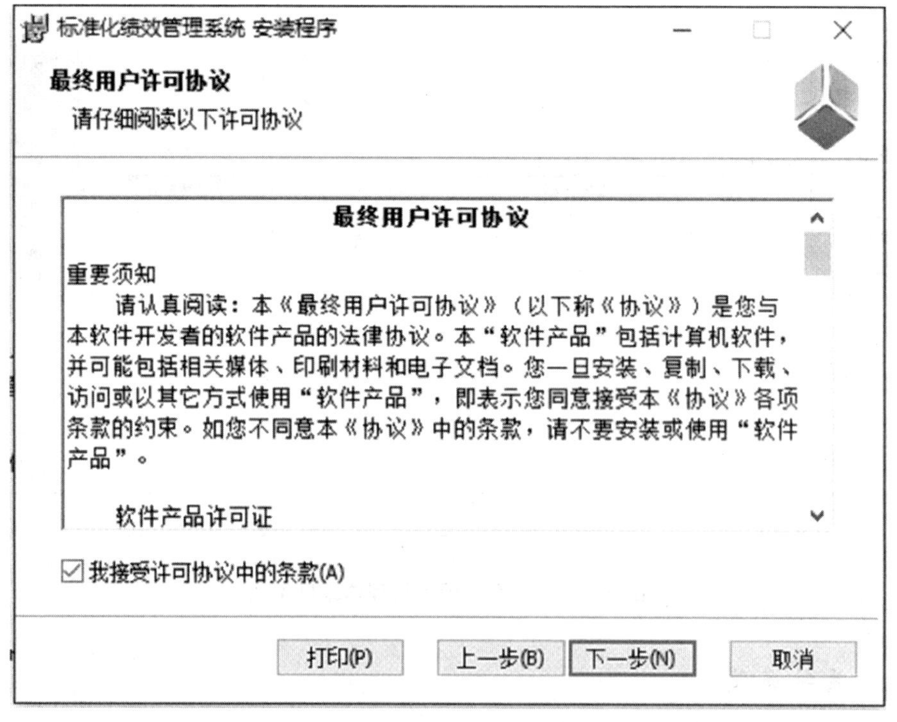

图 5－45　用户协议页面

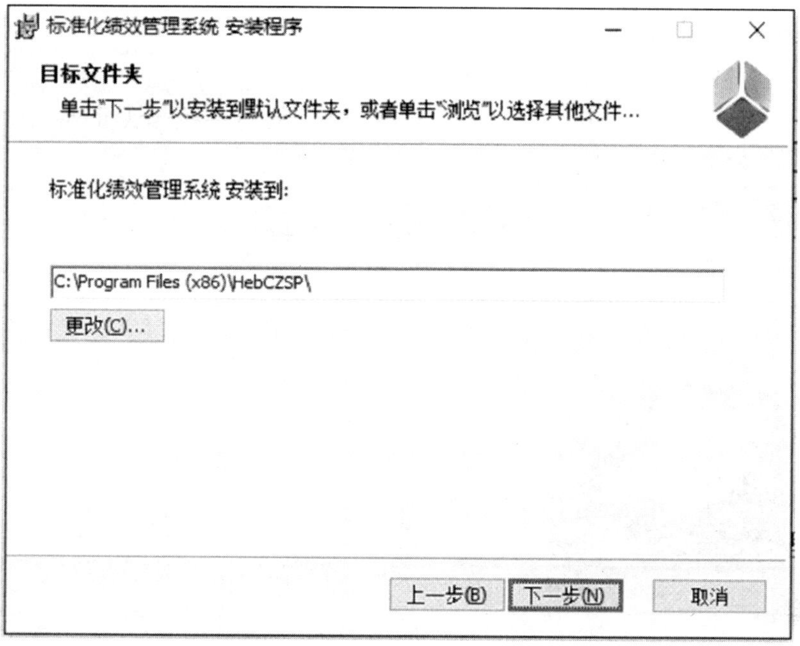

标准化绩效管理系统 安装程序
目标文件夹
单击"下一步"以安装到默认文件夹，或者单击"浏览"以选择其他文件...
标准化绩效管理系统 安装到:
C:\Program Files (x86)\HebCZSP\
更改(C)...
上一步(B)
下一步(N)
取消

图 5－46　安装路径

标准化绩效管理系统 安装程序
已准备好安装 标准化绩效管理系统
单击"安装"以开始安装。单击"上一步"以查看或更改任何安装设置。单击"取消"以退出向导。
上一步(B)
安装(I)
取消

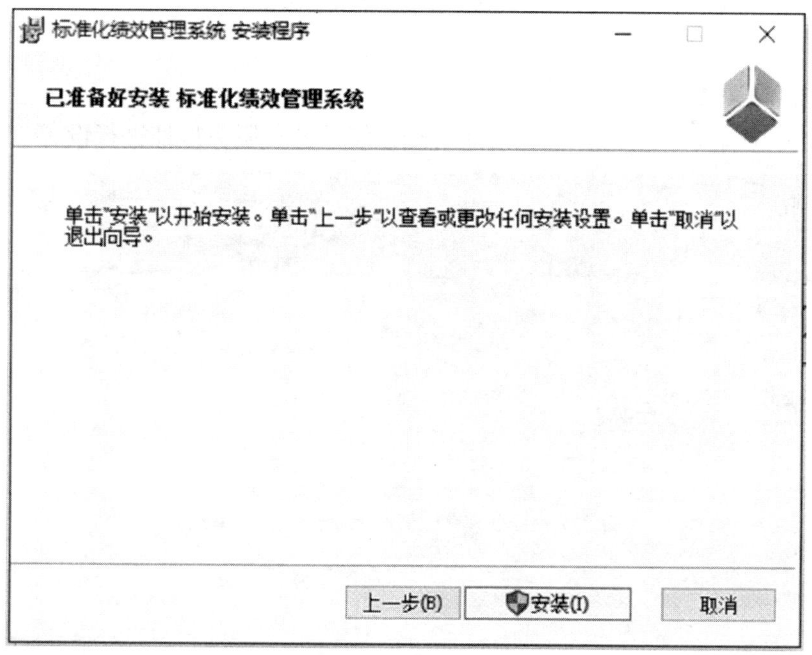

图 5－47　安装界面

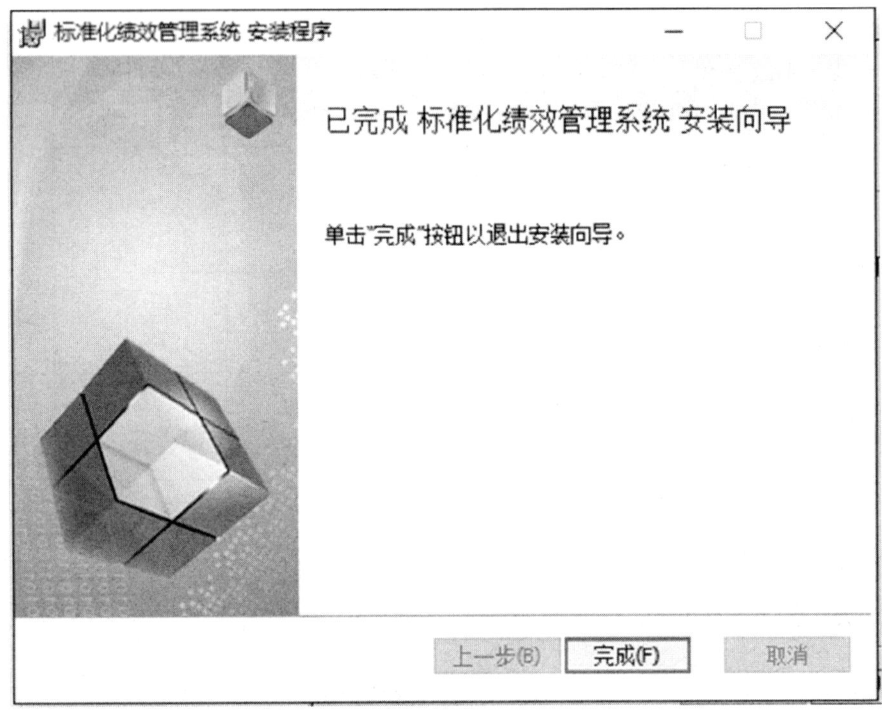

图 5 - 48　安装完成提示界面

四、系统登录

用户首次登录系统需对标准化绩效管理系统的链接服务地址进行设置。

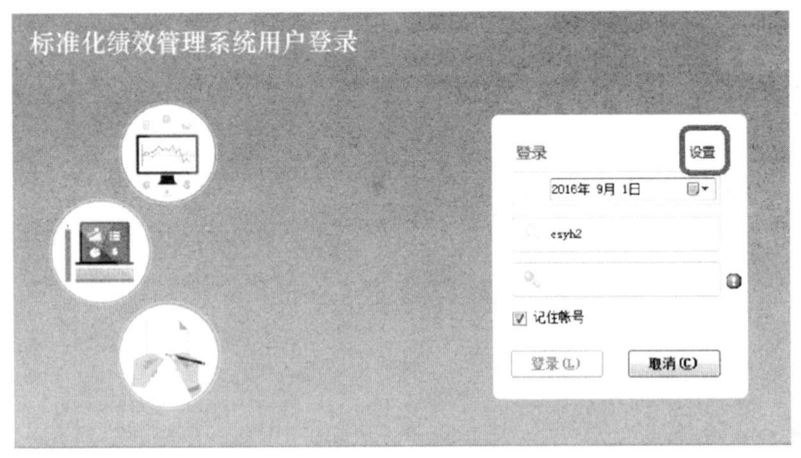

图 5 - 49　主界面——登录设置

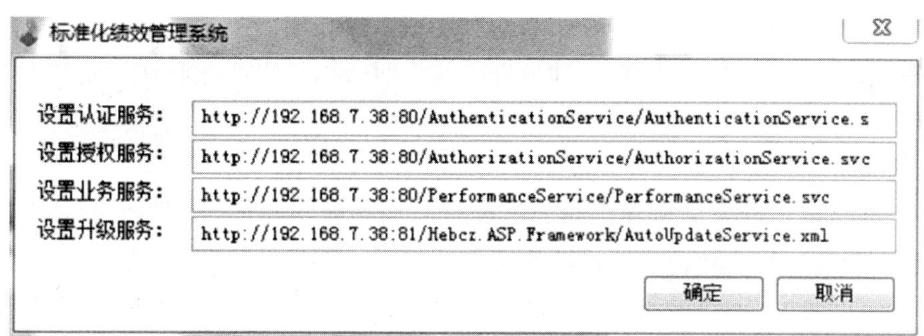

图 5－50 修改系统服务器地址窗口

用户首次登录系统，在登录界面上选择右上方的“设置”（图 5－49），弹出系统服务器地址设置窗口（图 5－50）。在弹出窗口中修改服务地址（该服务地址由各部门绩效管理员发布）。

在登录系统后，首先需要设置业务年度为当前业务年度（设置成功后下次登录不需再次设置，直到下一个业务年度开始时重新设置）。

图 5－51 主界面——业务年度设置

用户首次登录绩效管理系统，进入系统后在页面左侧的“业务年度”选择框中，点击下拉菜单，对业务年度进行设置（图 5－51）。

五、中层负责人操作使用

中层负责人角色指的是：指部门内各下属单位、处室正职。

参与功能模块包含：

a. 绩效监控：录入自己的周记录，录入本处室的月计划和月小结；审核本处中层其他副职的周记录、月计划、月小结；对处室工作临期的指标进行人工提醒和提醒响应的审核，对分管领导或绩效管理员提出的临期指标提醒进行响应。

b. 绩效考评：给本处室人员工作负荷系数进行评定。

c. 绩效沟通：进行绩效咨询以及通知公告查看。

d. 绩效改进：绩效分析报告编写、绩效分析报告审核、绩效诊断报告编写、绩效提升计划编写，以及相应的查询功能。

（一）标准化

1. 文件查询

（1）业务描述

提供相关的标准化文件的查询、下载功能。

（2）业务操作界面及说明

操作步骤：

①用户登录

②进入菜单："标准化"→"标准化文件"→"文件查询"（图5－52）。

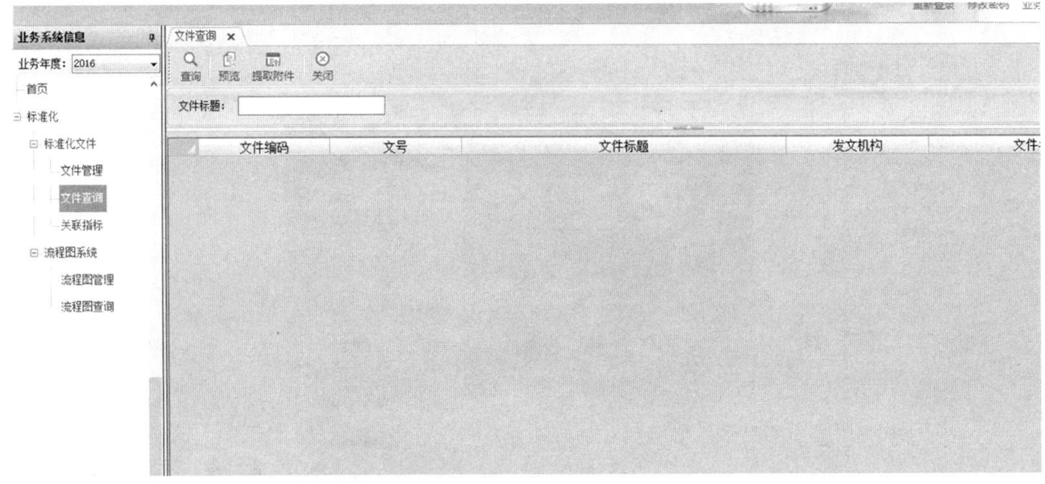

图5－52 文件查询

（二）流程图系统

实际工作中具体的流程需要统一规范，通过流程图来规范工作的开展过程。

1. 流程图查看

（1）业务描述

开展工作时可以在线查看流程图，从而依据标准流程开展工作。

（2）业务操作界面及说明

操作步骤：

①用户登录。

②进入菜单："标准化"→"流程图系统"→"流程图查询"（图5-53）。

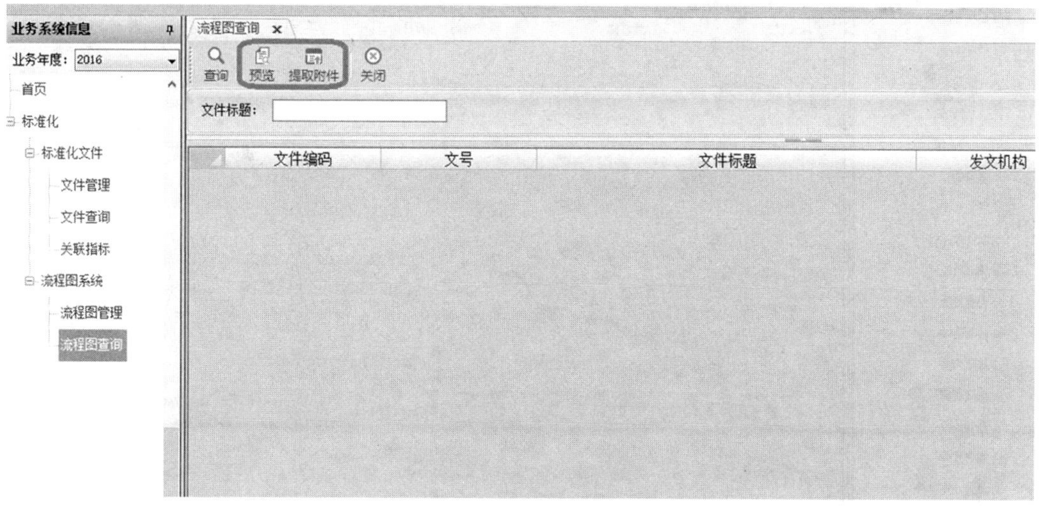

图5-53 流程图查询

（三）绩效监控

绩效监控模块是根据厅局日常工作的开展情况，通过对绩效计划执行情况进行实时跟踪，及时纠正各种偏差的过程，是对绩效计划执行的指导、管理和监督。

1．周记录

（1）业务描述

周记录以周为单位，每周末之前记录自己一周的工作。

（2）业务操作界面及说明

操作步骤：

①中层负责人登录系统。

②进入主界面后，选择业务年度，依次选择"绩效监控"→"过程管理"菜单，进入"周记录"界面（图5-54）。

③点击"新增"按钮，在下方"内容"栏中输入相应内容（最少100字，最多2000字符），点击"保存"按钮，点击"发送"按钮（图5-55）。

④工作人员发送给中层副职审核；中层副职发送给中层负责人审核；中层负责人发送给分管领导审核。

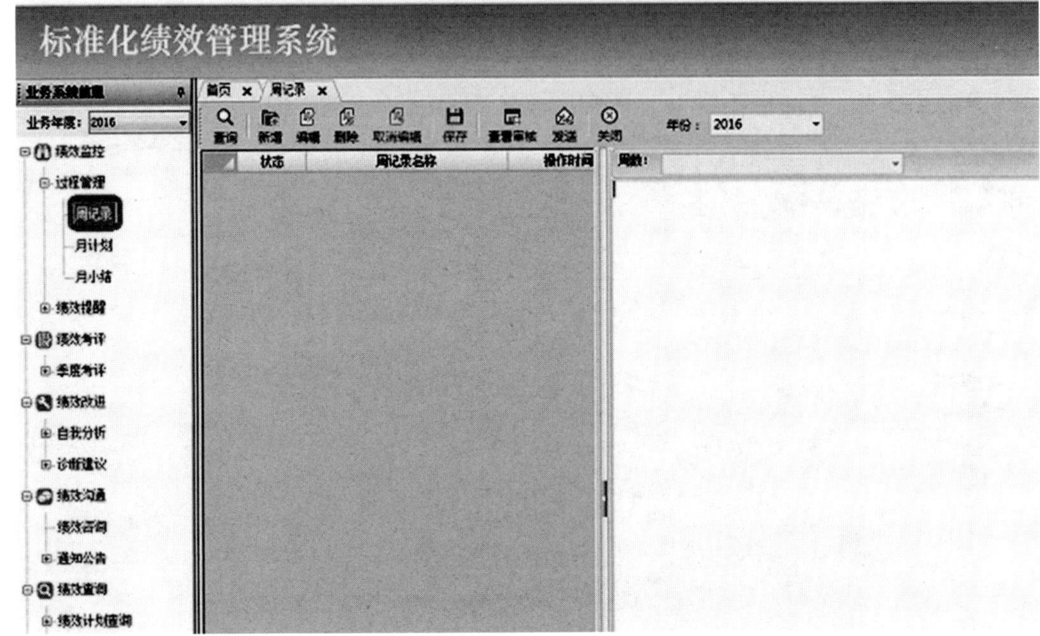

图 5－54　主界面——周记录

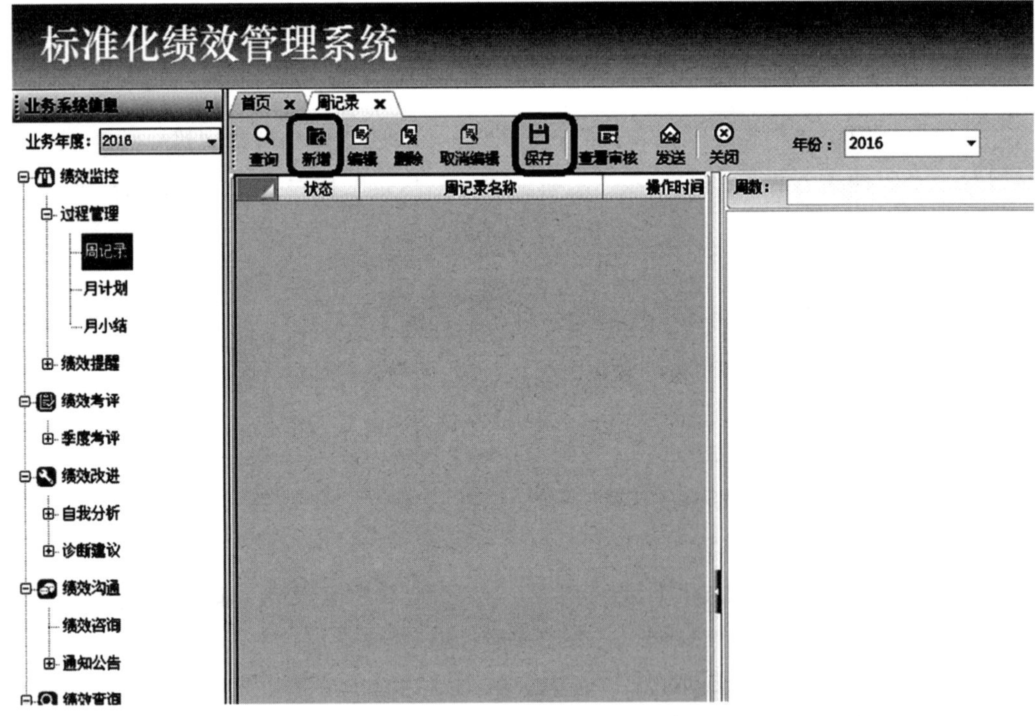

图 5－55　编辑周记录窗口

发送和审核序列：

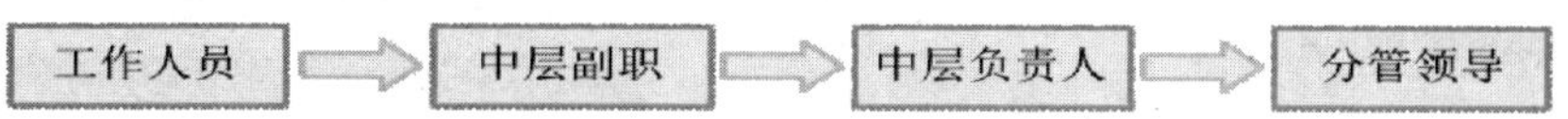

图 5－56　周记录审核流程

2．月计划

（1）业务描述

月计划是以月度为单位，由中层负责人、中层副职、工作人员每月初制定绩效指标月度完成计划，中层负责人的月计划视同为本单位月计划。单位的月计划由分管领导审定，中层副职的月计划由中层负责人审定，工作人员的月计划由中层副职审定。

（2）业务操作界面及说明

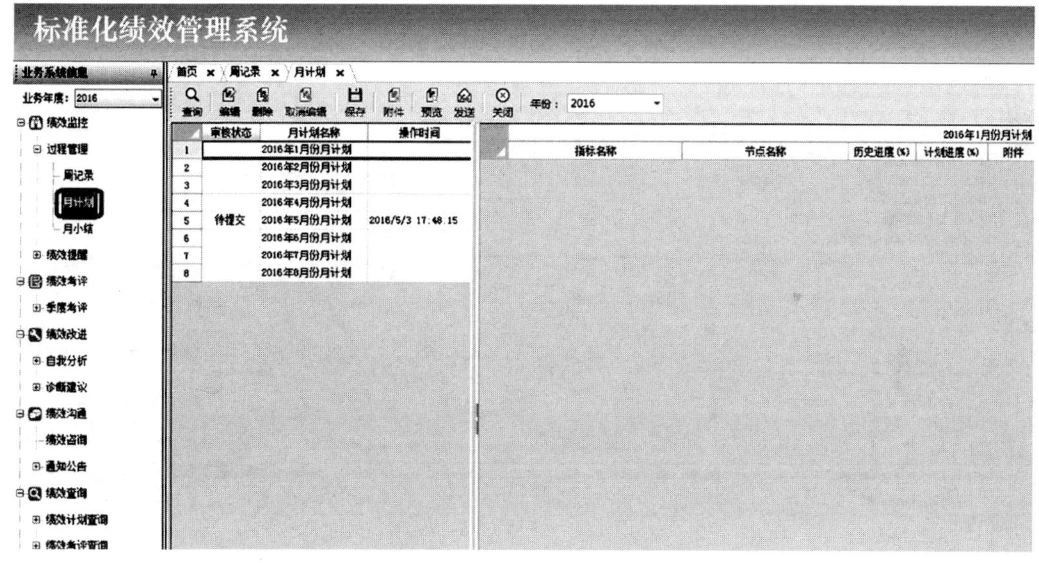

图 5－57　主界面——月计划

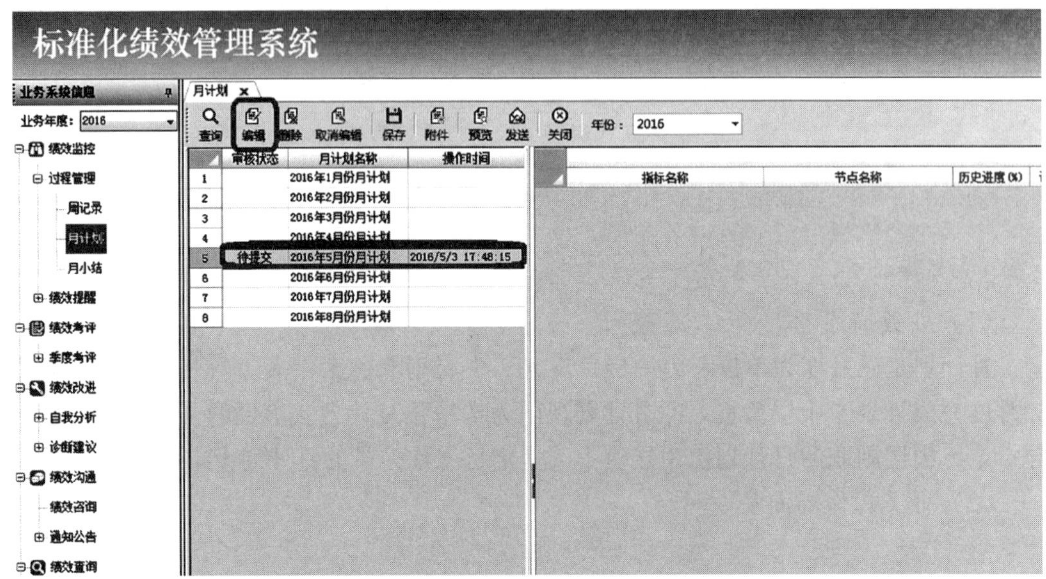

图 5－58　编辑月计划窗口

2016年5月份月计划

	指标名称	节点名称	历史进度(%)	计划进度(%)	附件	内容
1	[10001] 二级指标名称		0	0	1	太投入
2	[10002] 个性二级指标名称	个性节点名称	30	0	0	测试数据
3	[100002] 二级指标名称	111	30	0	0	发个
4	[100003] 演示二级指标1	2222	20	0	0	人体吧
5	[bm-141-01] 开发标准化绩效系统		20	0	0	反光板

月计划内容(您还可以输入996字)　提取上次内容

测试数据

图 5－59　填写月计划窗口

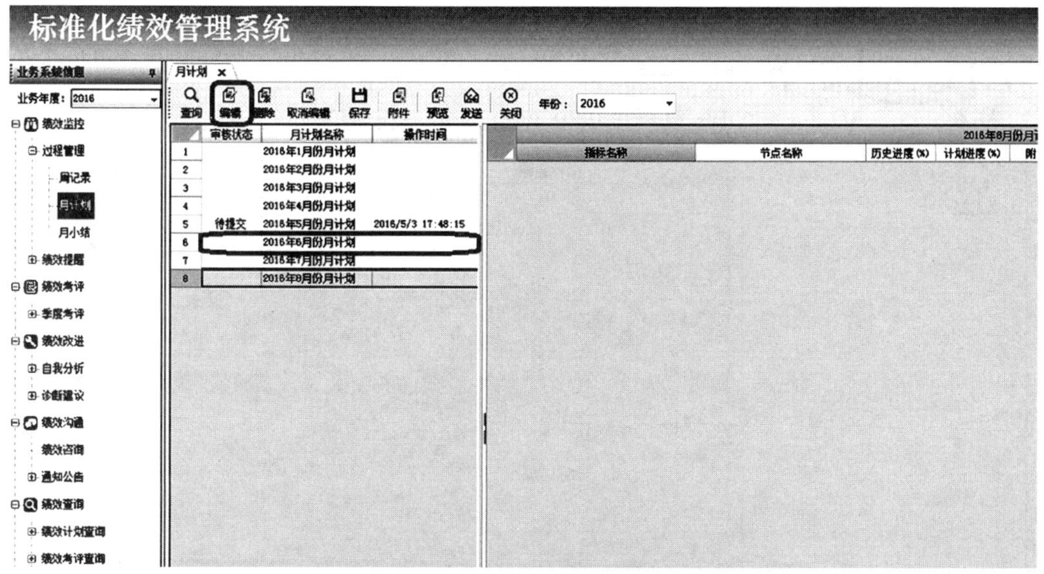

图 5－60 编辑月计划窗口

月计划

查询 编辑 删除 取消编辑 提取附件 保存 附件 预览 发送 关闭 年份：2016

	2016年5月份月计划				
	指标名称	节点名称	历史进度(%)	计划进度(%)	附件
1	[10001] 二级指标名称	节点名称1	20	0	0
2	[10002] 个性二级指标名称	个性节点名称	30	0	0
3	[100002] 二级指标名称	111	30	0	0
4	[100003] ddddd	2222	20	0	0
5	[bm-141-01] 开发标准化绩效系统		20	0	0

图 5－61 提取月计划附件窗口

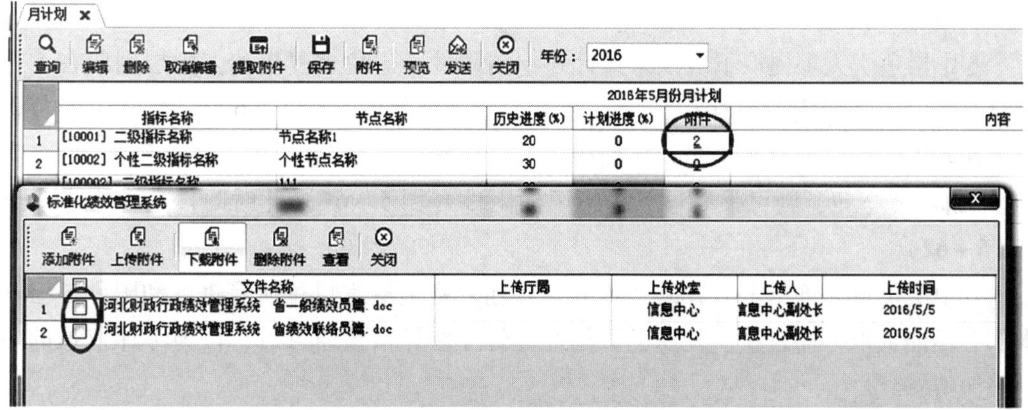

图 5－62 提取月计划附件窗口

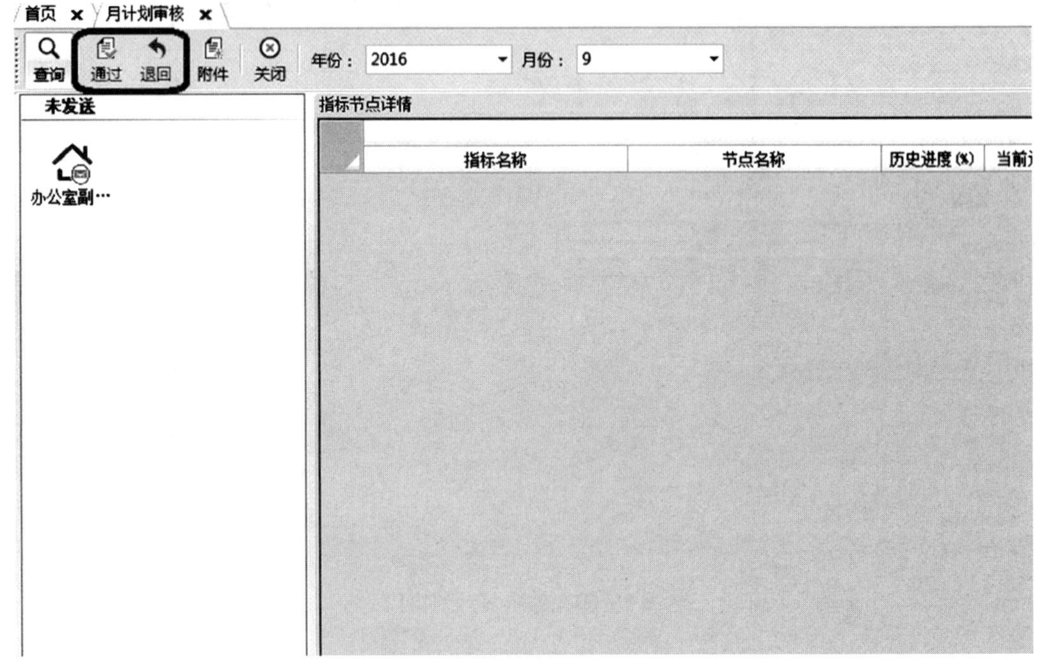

图 5－63　审核月计划窗口

操作步骤：

①中层负责人登录系统。

②进入主界面后，选择业务年度，依次选择“绩效监控”→“过程管理”菜单，进入“月计划”界面（图 5－57）。

③选中要录入的月份，点击“编辑”按钮，可录入月计划（图 5－58）。

④在弹出的录入窗口，双击“当前进度”按钮可填写指标完成进度；点击“附件”按钮可上传相关证明材料；计划内容需在下方文字框中手工输入，也可利用“提取上次内容”提取上月文本（图 5－59）。

⑤中层负责人可提取下级发来月计划中的附件，避免重复上传。中层副职在 5 月份月小结的“二级指标名称”指标下已上传了 2 个附件（图 5－60），此时中层负责人可在本人的 5 月份月小结录入界面中点击“编辑”按钮后，选中某一条指标，点击“提取附件”按钮，则可提取这条指标下的附件（图 5－61）此时附件数变为了 2 个（图 5－62）。

⑥中层负责人可点击上方的“提取”按钮一键提取本单位所有进度和附件，但文本部分不能提取，需自撰。发送的数据经分管厅领导审核通过后，作为考评依据的一种来源待查。

⑦录入完成后需点击“发送”按钮，方可将月计划发送至分管领导审核，审核时一定要选择正确的年度和月份。选中已发送人员，点击“通过”或“退回”按钮进行

审定，此时可以填写文本，也可查看附件（图5－63）。

⑧中层副职发送给中层负责人审核；中层负责人发送给分管领导审核。

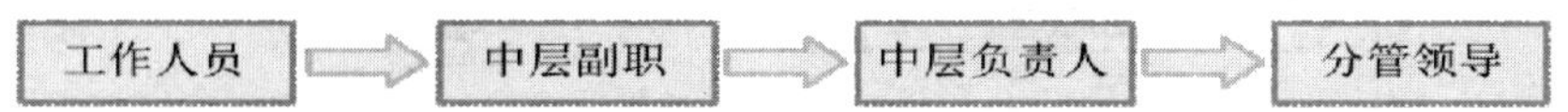

图5－64 月计划审核流程

注意事项：

①编辑月计划时，应先选择月份，再点击“编辑”按钮，否则易出现编辑错月份的情况。

②计划进度栏中，日常发生或无法预测进度的增加8%，最后一个月增加12%；未发生的增加0%。在添加当前进度时，需要填写当前累积的进度，请勿填写本月进度。

③某指标工作完结，以后月份都填“已完成”“100%”。

④某指标附件材料上传一次即可，不用每个月重复上传；材料较多的也不需全部上传，只要能证明即可。

3．月小结

（1）业务描述

月小结是以月度为单位，由中层负责人、中层副职、工作人员每月底就绩效指标完成情况进行总结。中层负责人的月小结视同为本单位月小结。单位的月小结由分管领导审定，中层副职的月小结由中层负责人审定，工作人员的月小结由中层副职审定。

（2）业务操作界面及说明

操作步骤：

①中层负责人登录系统。

②进入主界面后，选择业务年度，依次选择“绩效监控”→“过程管理”菜单，进入“月小结”界面（图5－65）。

③选中要录入的月份，点击“编辑”按钮，可录入月小结（图5－66）。

④在弹出的录入窗口，双击“当前进度”按钮可填写指标完成进度；点击“附件”按钮可上传相关证明材料；计划内容需在下方文字框中手工输入，也可利用“提取上次内容”提取上月文本（图5－67、图5－68）。

⑤中层负责人也可点击上方的“提取”按钮（图5－69）一键提取本单位所有进度和附件，但文本部分不能提取，需自撰。发送的数据经分管厅领导审核通过后，作为依据的一种来源待查。

⑥录入完成后需点击“发送”按钮（图5－70），方可将月小结发送至分管领导

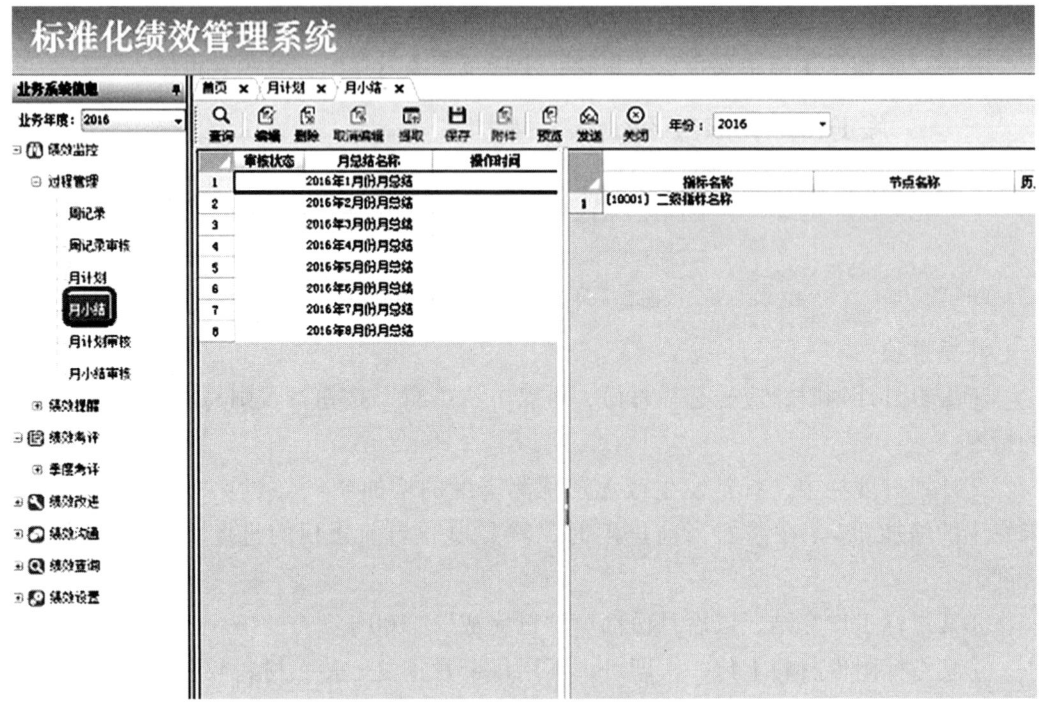

图 5－65　主界面——月小结

图 5－66　编辑月小结窗口

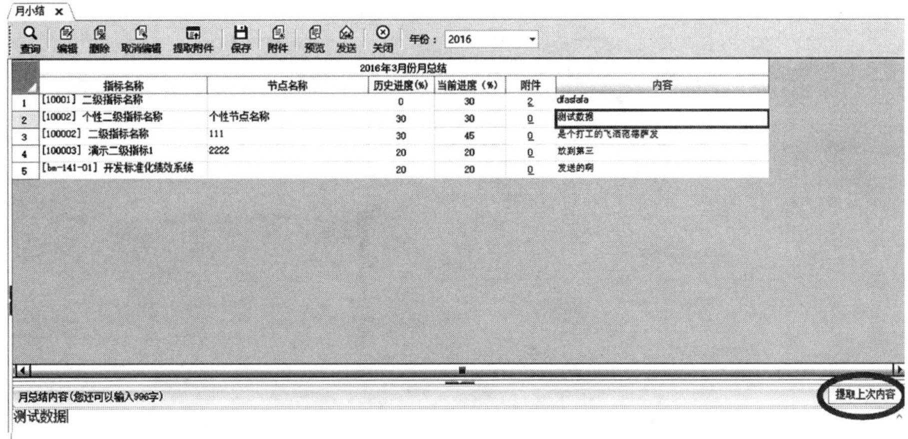

图 5－67 填写月小结窗口

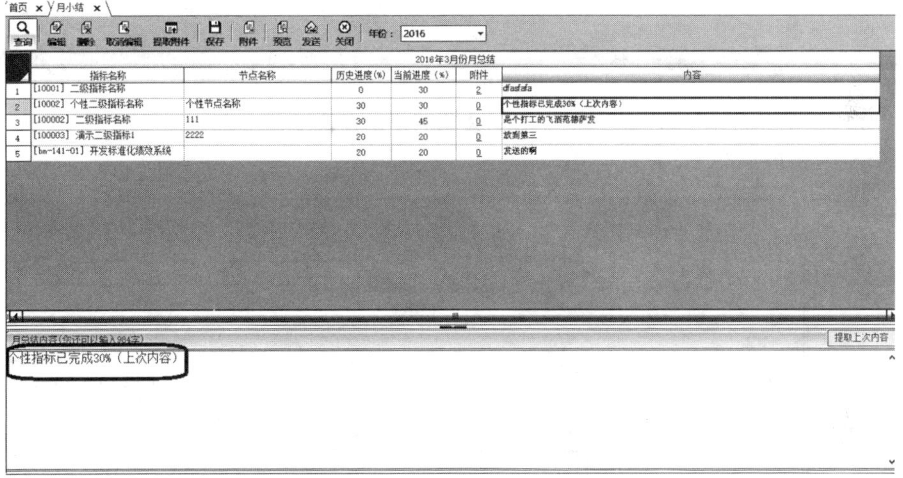

图 5－68 编辑月小结窗口

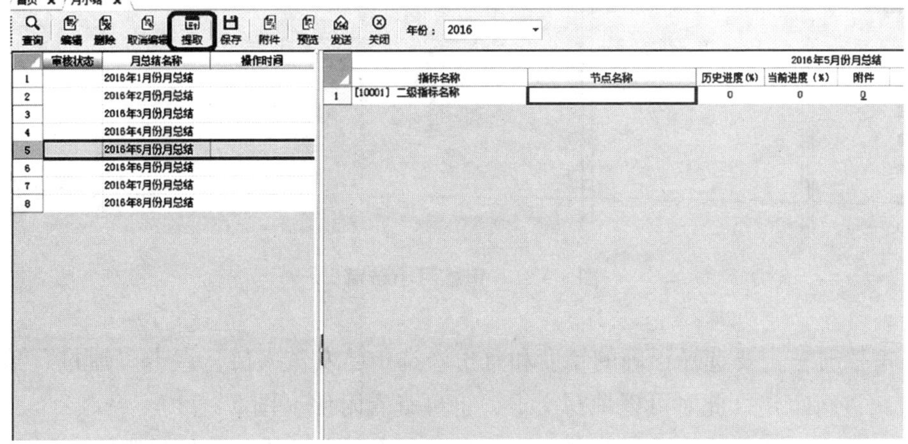

图 5－69 填写月小结窗口

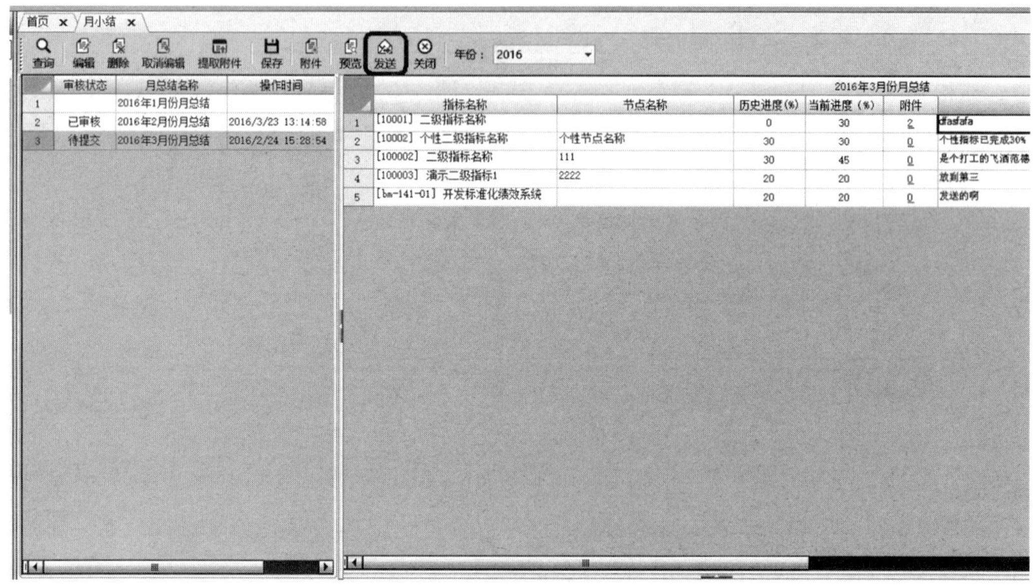

图 5－70 发送月小结窗口

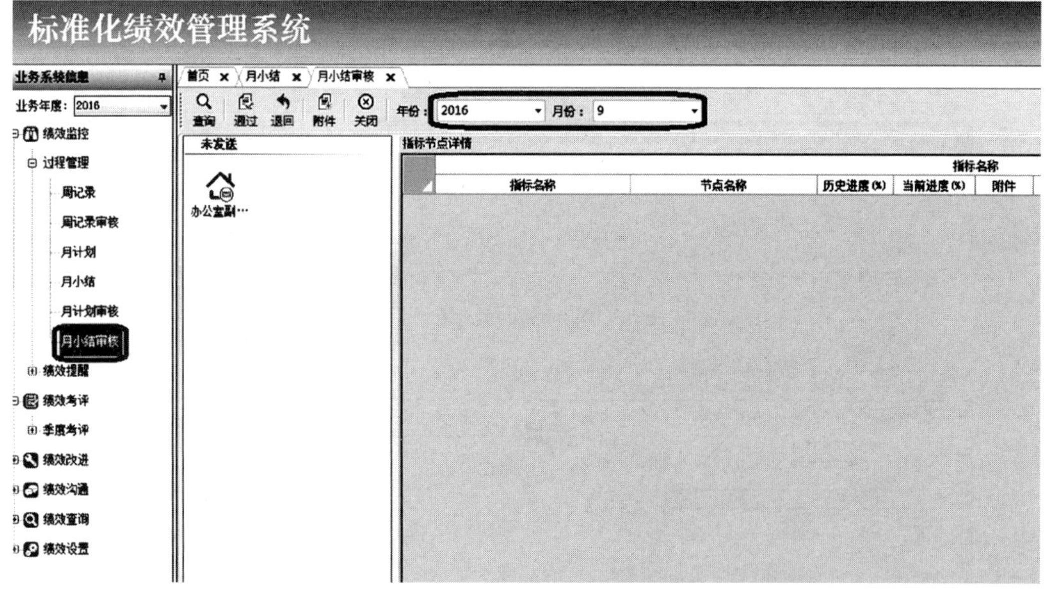

图 5－71 审核月小结窗口

审核。审核时一定要选择正确的年度和月份。选中已发送人员，点击“通过”或“退回”按钮进行审定，此时可以填写文本，也可查看附件（图 5－71）。

⑦中层副职发送给中层负责人审核；中层负责人发送给分管领导审核。

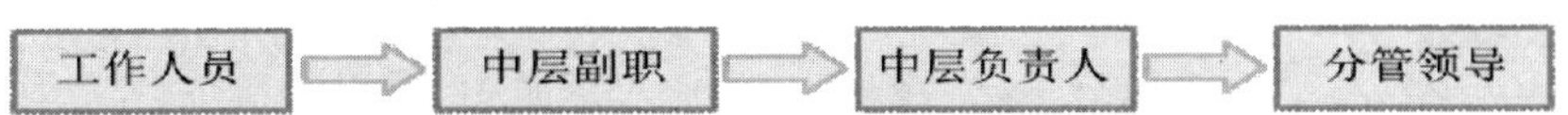

图5－72 月小结审核流程

注意事项：

①编辑月小结时，应先选择月份，再点击“编辑”按钮，否则易出现编辑错月份的情况。

②小结进度栏中，日常发生或无法预测进度的增加8%，最后一个月增加12%；未发生的增加0%。在添加当前进度时，需要填写当前累积的进度，请勿填写本月进度。

③某指标工作完结，以后月份都填“已完成”“100%”。

④某指标附件材料上传一次即可，不用每个月重复上传；材料较多的也不需全部上传，只要能证明即可。

4．人工提醒

（1）业务描述

人工提醒是对临期指标（即将到期但未完成的指标）向单位发送预警信息，以督促相应的人员尽快完成该项指标的工作。分管领导、绩效管理员负责对厅内各单位进行人工提醒。厅内各单位主要负责人负责对本单位进行人工提醒。其他负责人对分管工作进行人工提醒。

（2）业务操作界面及说明

操作步骤：

①中层负责人登录系统。

②进入主界面后，选择业务年度，依次选择“绩效监控”→“绩效提醒”菜单，进入“人工提醒”界面（图5－73）。

③选择要提醒的人员，点击“新增”按钮，可新增人工提醒（图5－74）。

④点击新增窗口后，在下方“提醒内容”栏中输入相应内容，点击“保存”（图5－75）按钮后点击“下发”按钮（图5－76）。

⑤分管领导、绩效管理员给单位发人工提醒，中层负责人给单位副职、工作人员发人工提醒，中层副职给工作人员发人工提醒（操作步骤同上）。

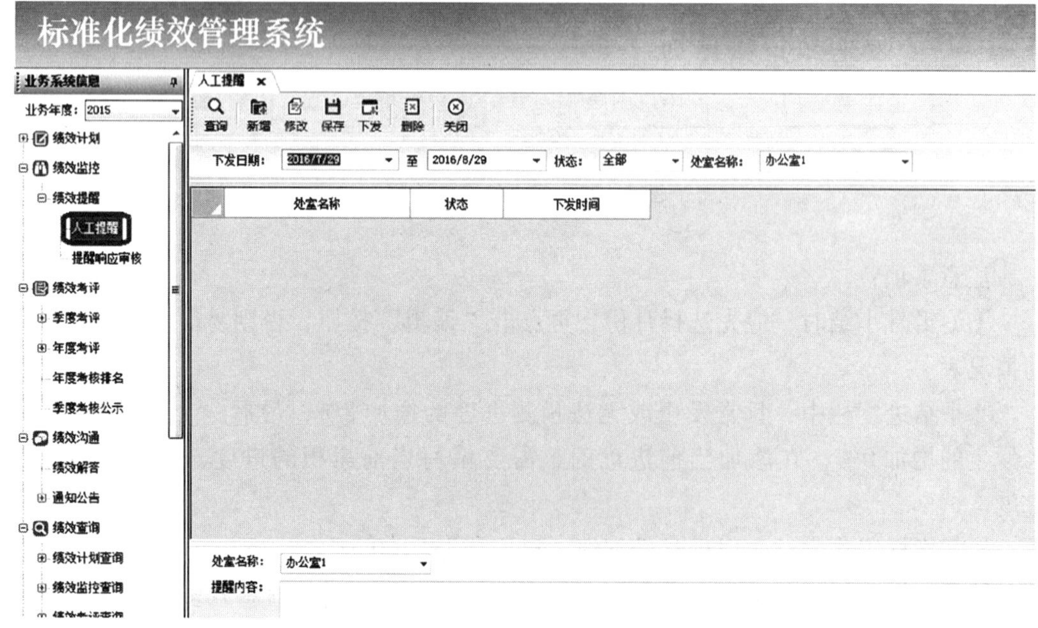

图 5－73 主界面——人工提醒

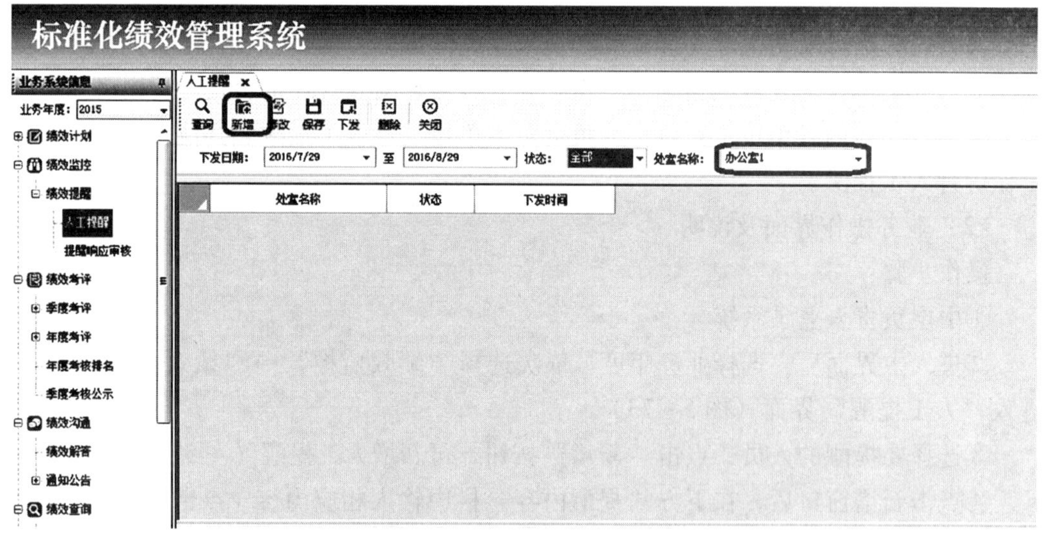

图 5－74 新增人工提醒

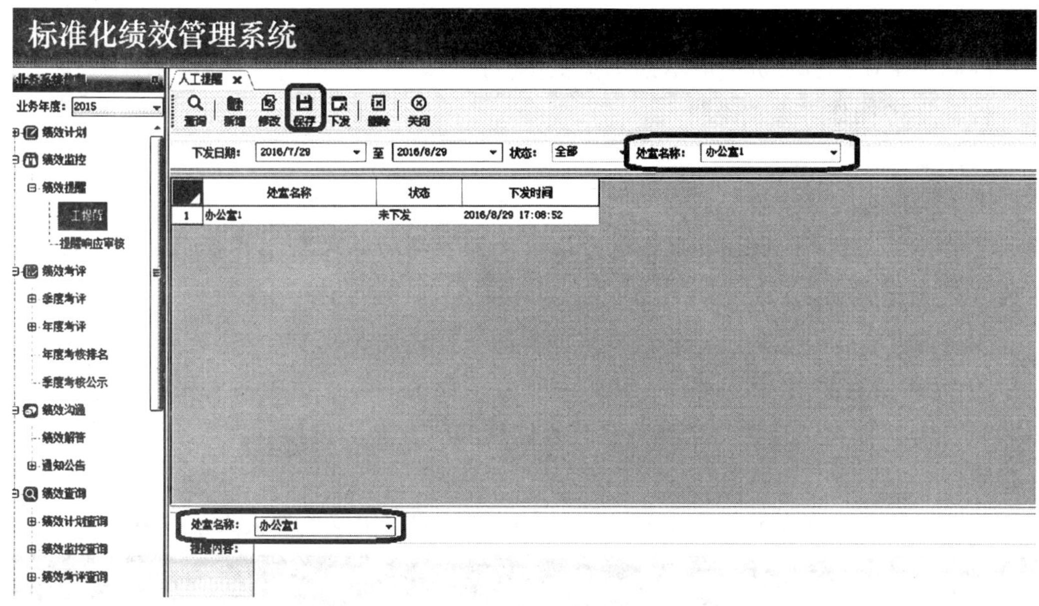

图 5－75 填写人工提醒

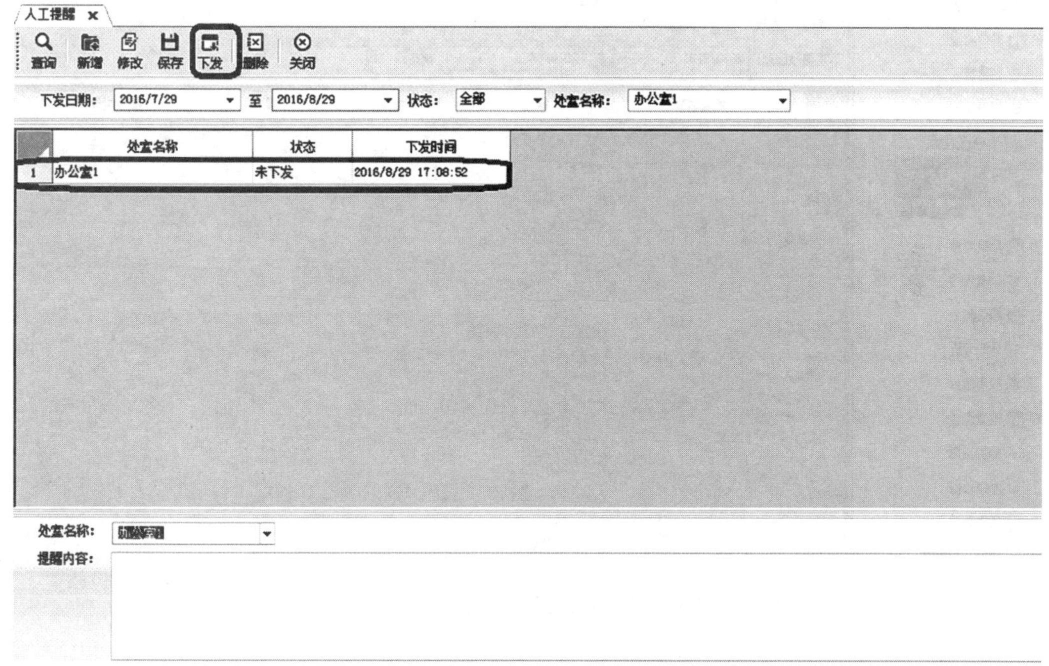

图 5－76 下发人工提醒

5．人工提醒响应

（1）业务描述

人工提醒响应是对临期指标（即将到期但未完成的指标）向单位发送的预警信息

做出的回应。厅内各中层负责人负责回应分管领导或者绩效管理员对本单位的提醒，中层副职和工作人员负责回应本人承担工作的提醒。

（2）业务操作界面及说明

操作步骤：

①中层负责人登录系统。

②进入主界面后，选择业务年度，依次选择“绩效监控”→“绩效提醒”菜单，进入“人工提醒响应”界面（图5－77）。

③点击“查询”按钮，选择已发来的提醒条目（图5－78）。

④点击“整改”按钮（图5－79）在下方“整改内容”栏中输入相应内容（图5－80）点击“保存”按钮，选择待整改条目点击“发送”按钮（图5－81）（此处可上传附件）。

⑤中层负责人响应本单位人工提醒，中层副职响应中层负责人人工提醒。

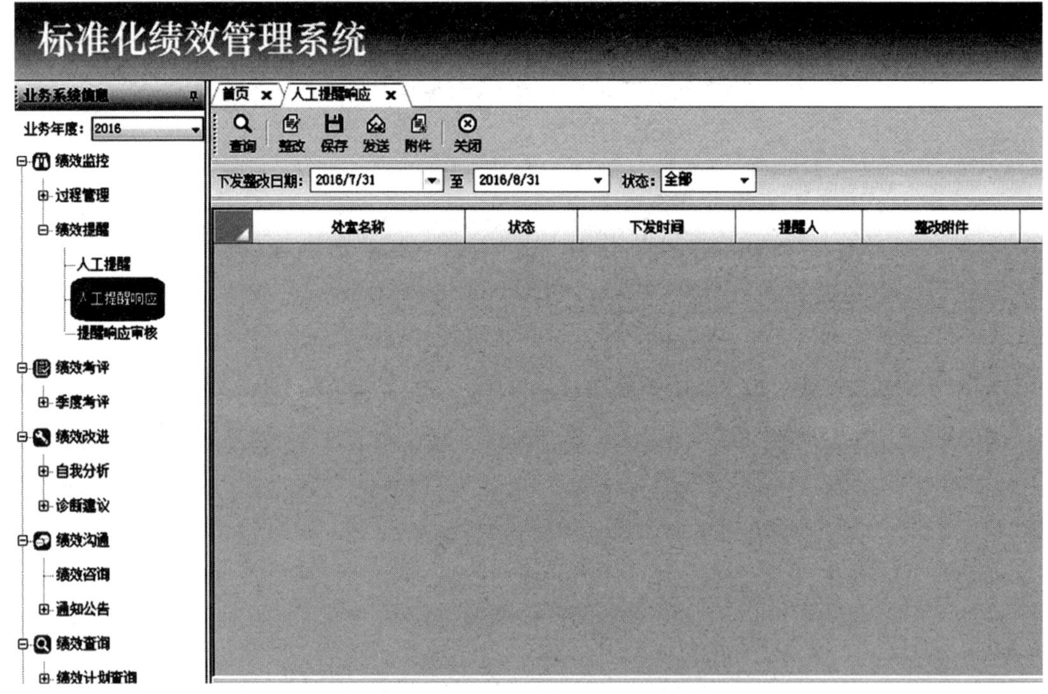

图5－77 主界面——人工提醒响应

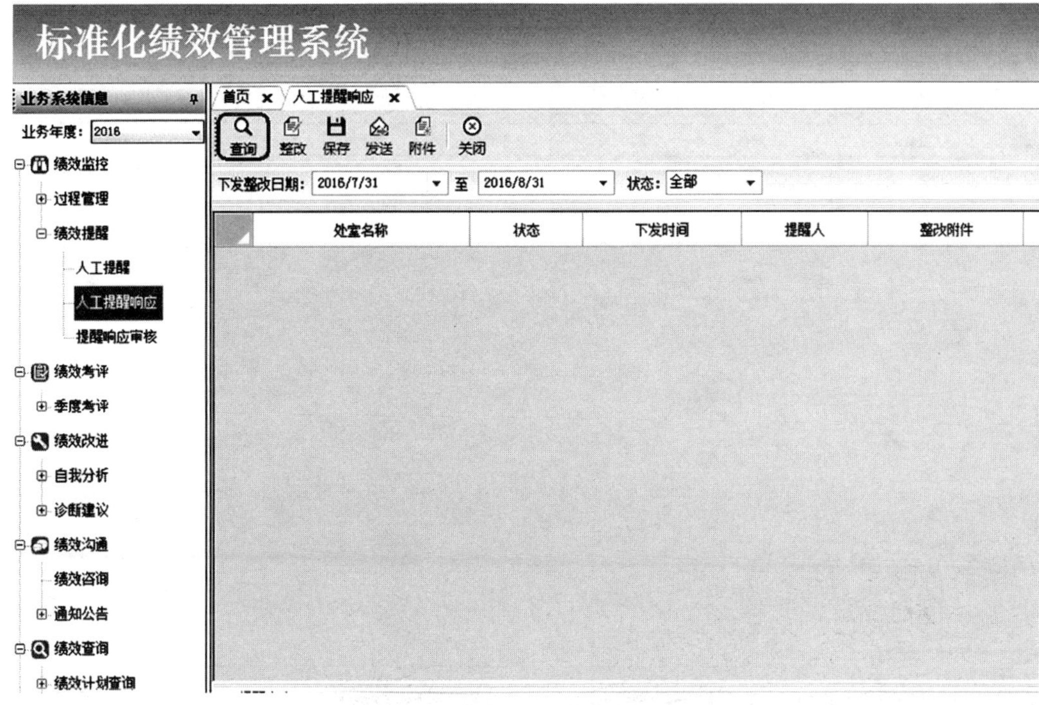

图 5－78　查询人工提醒响应

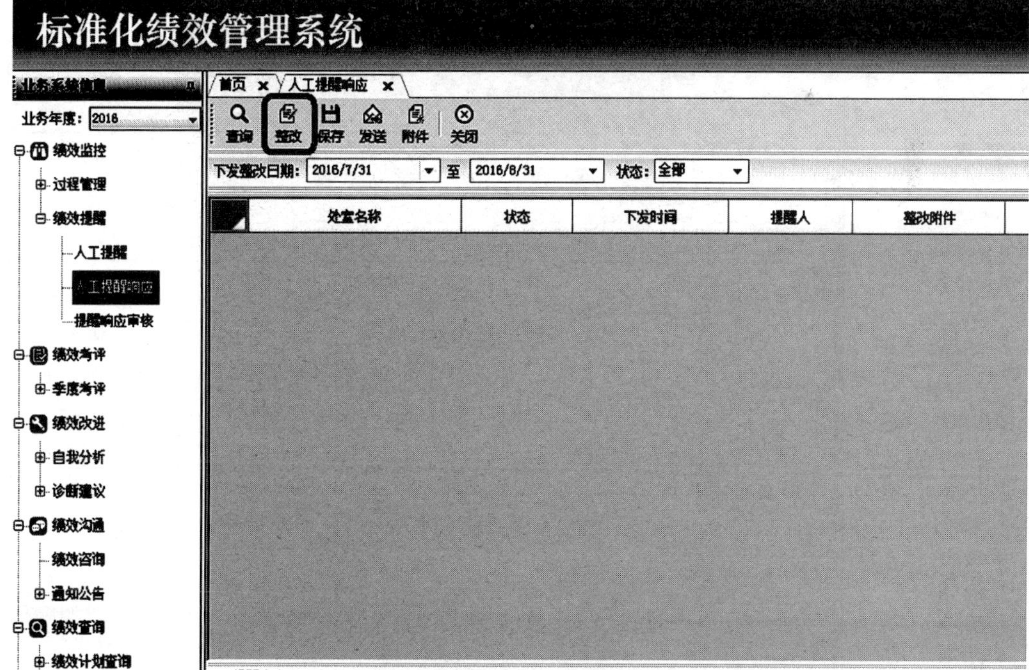

图 5－79　整改人工提醒响应

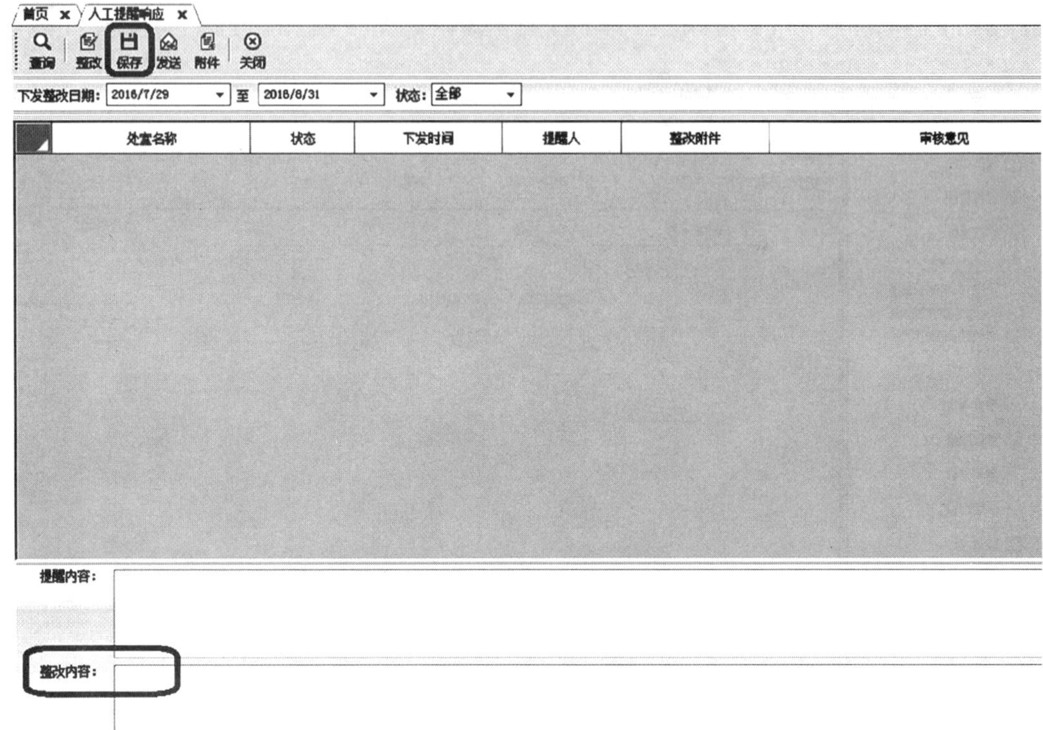

图 5－80　填写整改内容

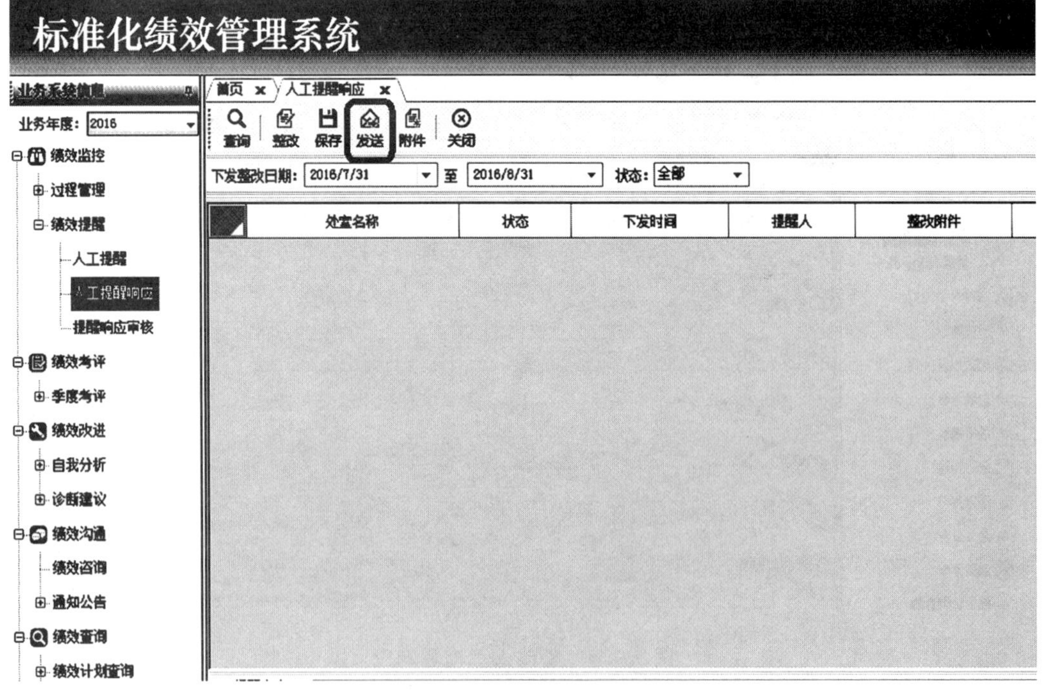

图 5－81　发送人工提醒响应

2. 提醒响应审核

（1）业务描述

提醒响应审核是审核对临期指标做出的回应。分管领导、绩效管理员审核厅内各单位的提醒响应，厅内各中层负责人审核本单位的提醒响应，中层副职审核分管工作的提醒响应。

（2）业务操作界面及说明

操作步骤：

①中层负责人登录系统。

②进入主界面后，选择业务年度，依次选择“绩效监控”→“绩效提醒”菜单，进入“提醒响应审核”界面（图5－82）。

③选择已反馈的提醒响应，点击“审核”按钮，填写审核意见，点击“保存”按钮（图5－83）（此处可查看附件，也可点击“退回”按钮将提醒响应发回）。

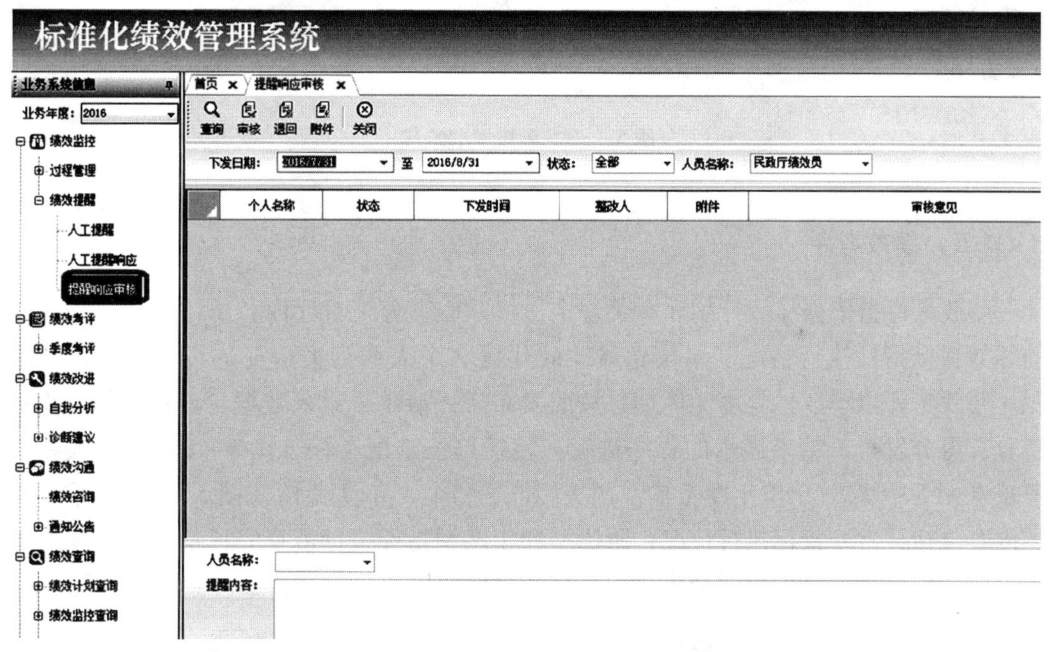

图5－82 主界面——提醒响应审核

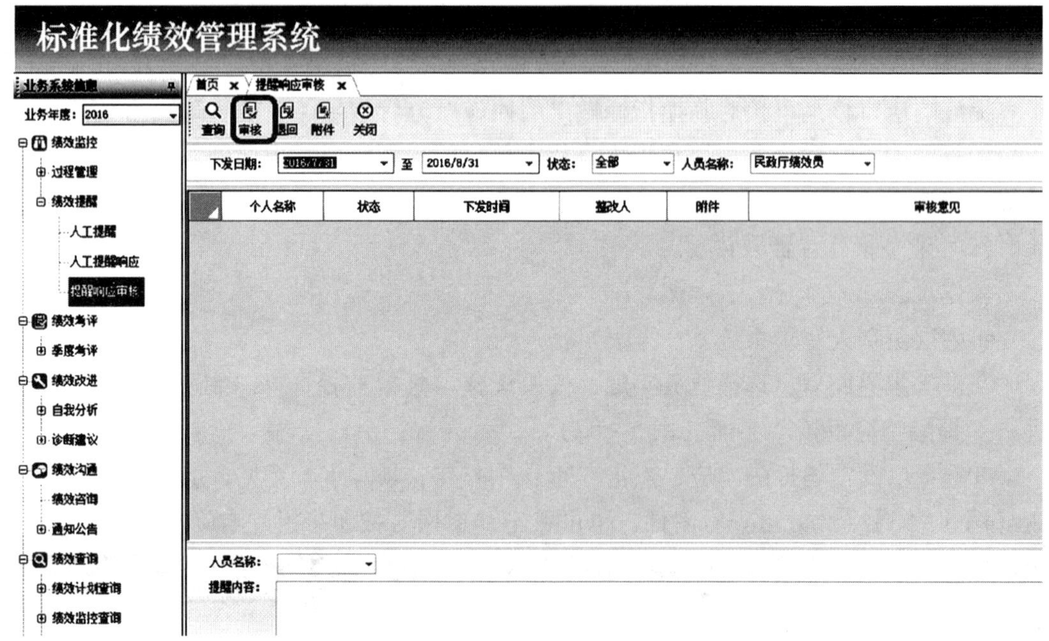

图 5－83　审核提醒响应

（五）绩效考评

绩效考评指依据绩效计划和有关规定，按照职责分工对厅内各单位及其工作人员的绩效目标指标执行情况、单位党风廉政建设和个人德勤廉情况进行考核评价的过程。绩效考评以季度、年度为周期，按照发布考评清单、录入数据、审核数据、生成得分、得分发布、结果展示的程序进行。包括单位季度考核（图 5－84）、个人季度考核（图 5－85）、单位年度考核（图 5－86）和个人年度考核（图 5－87）。季度考评内容包括日常型指标执行情况、阶段型和年度型指标关键节点完成情况。年度考评内容包括所有绩效目标指标全年执行情况、单位党风廉政建设和个人德勤廉情况。

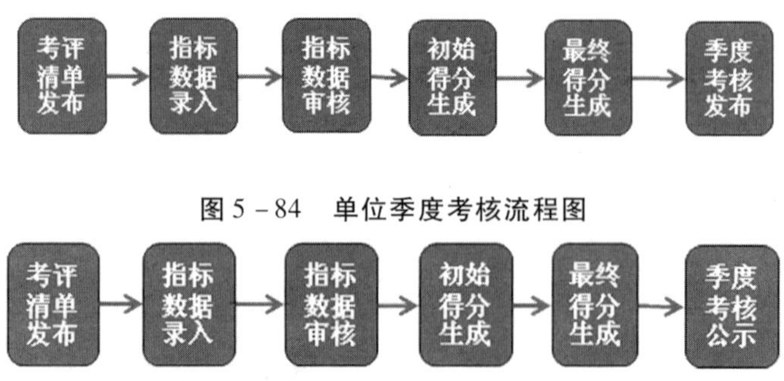

图 5－84　单位季度考核流程图

图 5－85　个人季度考核流程图

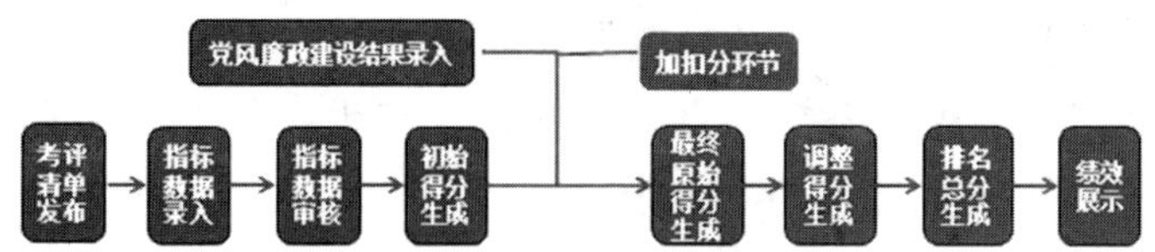

图 5－86　单位年度考核流程图

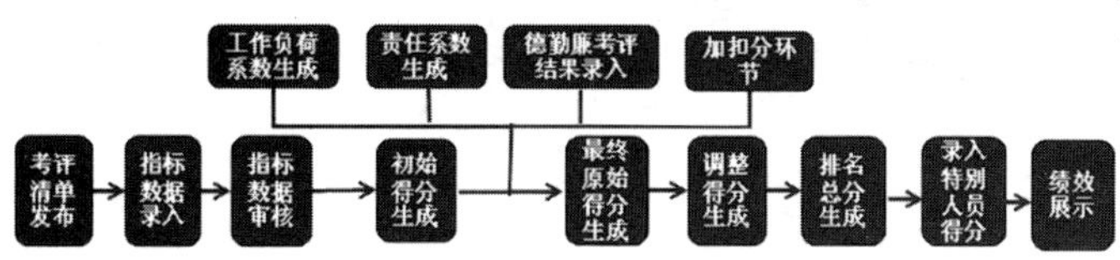

图 5－87　个人年度考核流程图

1．负荷系数设置

（1）业务描述

个人季度考评周期开始后，分管领导、中层负责人、中层副职、工作人员需要设置工作负荷系数。

（2）业务操作界面及说明

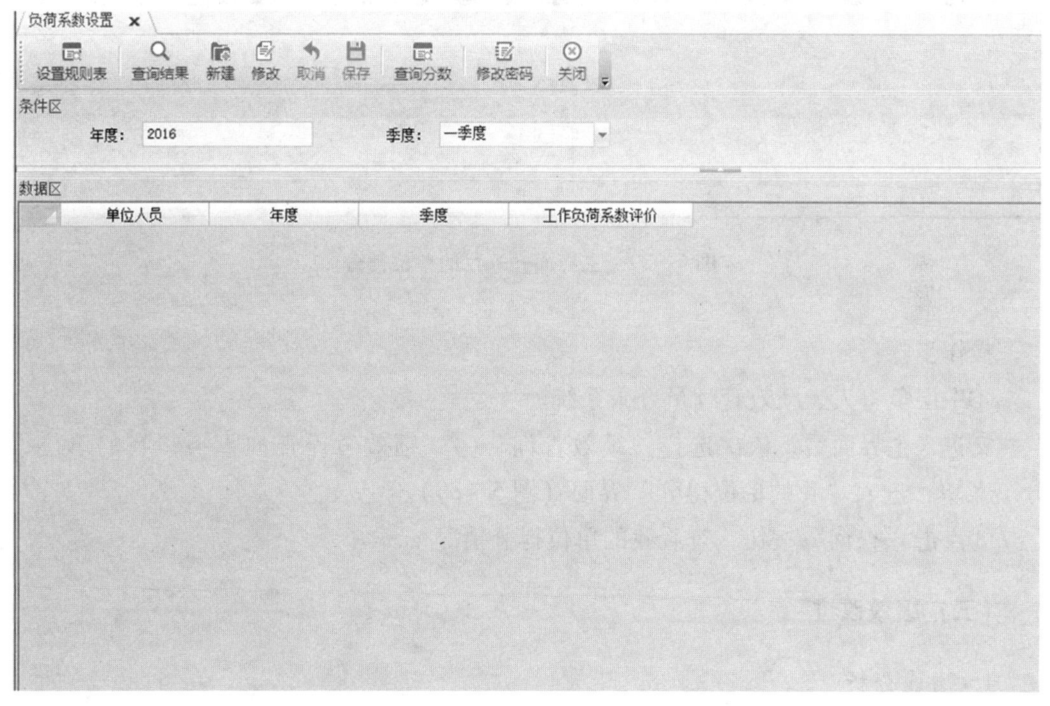

图 5－88　主界面——负荷系数设置

操作步骤：

①中层负责人登录系统。

②进入主界面后，依次选择“绩效考评”→“季度考评”→“个人考评”→

“负荷系数设置”菜单，进入“负荷系数设置”界面（图5－88）。

③选择“年度”“季度”参数→点击“新建”按钮→在“工作负荷系数评价”下拉框内单选评价等级→点击“保存”按钮。

注意事项：评价工作负荷系数须按照设置规则进行（可点击“设置规则表”按钮查看）；中层负责人还需勾选“是否为其他负责人”，对中层副职进行评价（副职不互评）；负荷系数设置界面有单独密码，与登录密码不同；每季度设置一次工作负荷系数。

2. 单位年度考评

（1）业务描述

中层负责人、绩效管理员可以查看单位初步原始得分。

（2）业务操作界面及说明

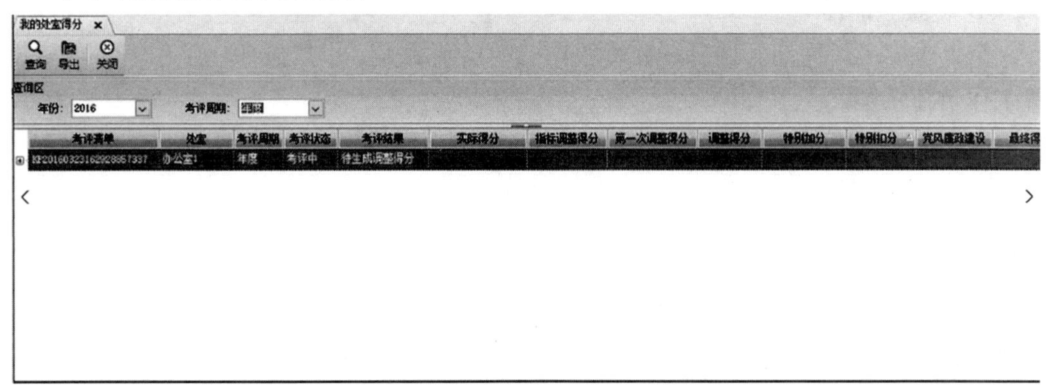

图5－89 主界面——我的单位得分

操作步骤：

①中层负责人、绩效管理员登录系统。

②进入主界面后，依次选择“绩效查询”→“绩效考评查询”→“我的单位得分”菜单，进入“我的单位得分”界面（图5－89）。

③点击“查询”按钮，查看我的单位得分情况。

（五）绩效改进

1. 自我分析

（1）业务描述

针对本人绩效指标的完成情况进行分析并编写报告发送给中层负责人。

（2）业务操作界面及说明

操作步骤：

①工作人员登录，进入主界面后，依次选择“绩效改进”→“自我分析”→“绩

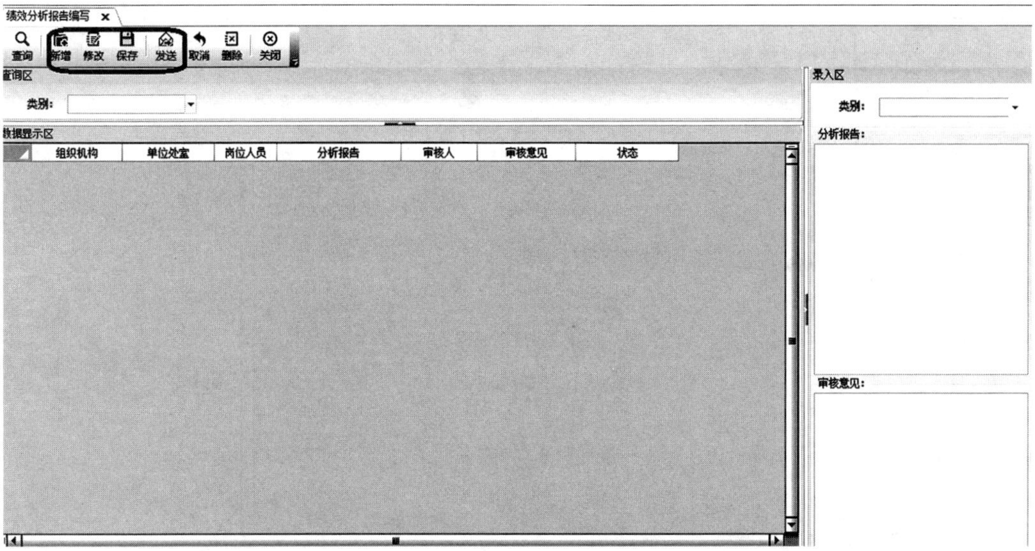

图 5－90　工作人员绩效分析报告编写界面

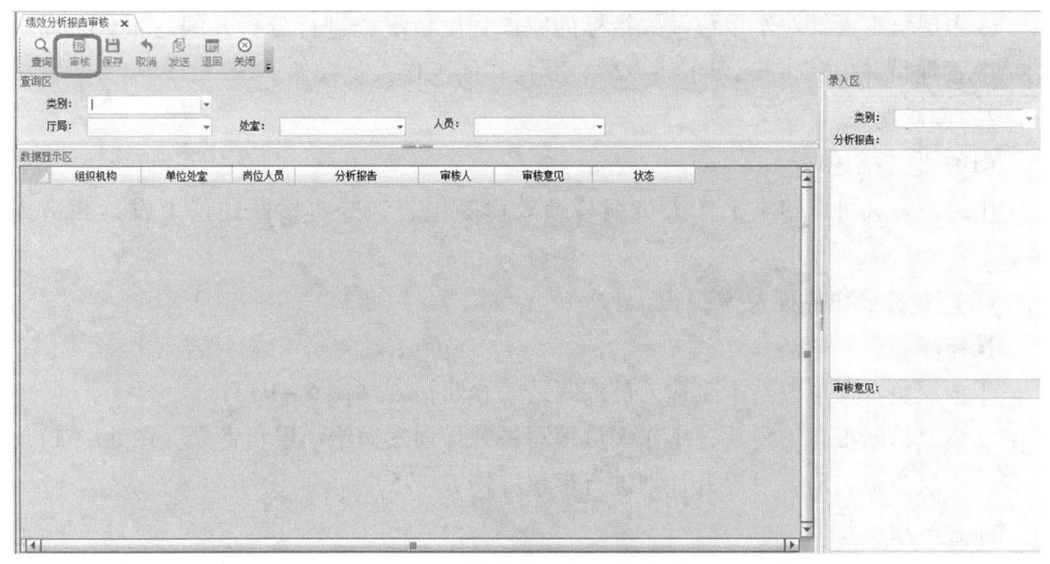

图 5－91　绩效报告分析审核界面

效分析报告编写”菜单，进入“绩效分析报告编写”界面，在中间区域，单击“新增”，在右侧“分析报告”编辑区填写相应内容并“保存”，如发现错误可以点击“修改”，完善后选中需要发送的报告，点击“发送”按钮即可（图 5－90）。

②中层负责人对工作人员“绩效分析报告”进行审核，如果通过审核，单击“审核”→填写审核意见→“保存”→“发送”；如果报告没有通过审核，负责人可直接“退回”工作人员发送的绩效分析报告即可（图 5－91）。

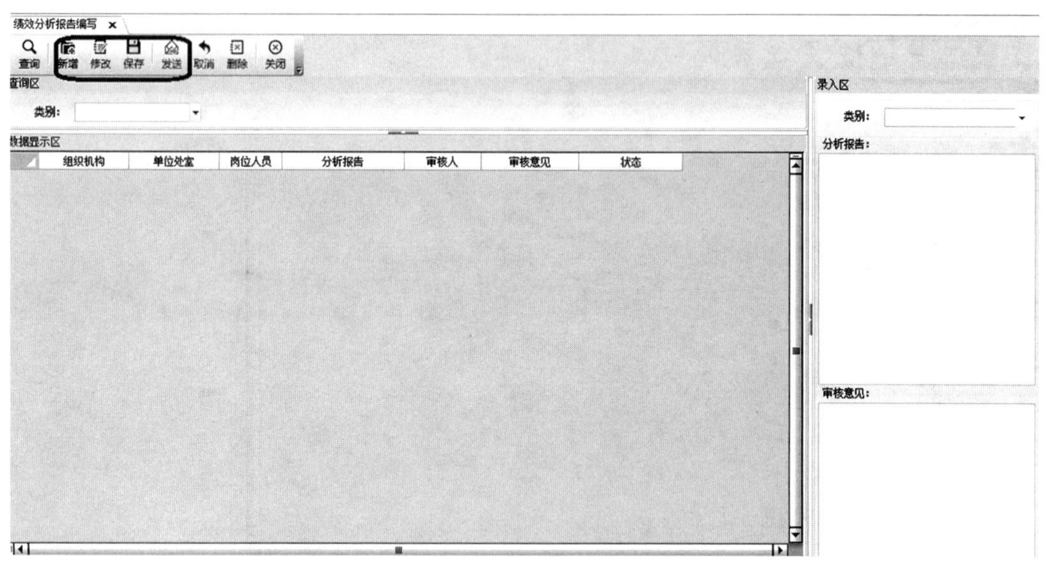

图 5－92　中层负责人绩效分析报告编写界面

③中层负责人针对本单位绩效指标的完成程度情况，进行分析并编写报告，发送给绩效管理员并由其审核（图 5－92），其操作同工作人员操作。

2．诊断建议

（1）业务描述

中层负责人可以给本工作人员编写绩效诊断报告，并将诊断建议下发给相应人员。

（2）业务操作界面及说明

操作步骤：

①中层负责人可以给本工作人员编写绩效诊断报告（图 5－93）。

②绩效诊断报告下发后，工作人员填写提升计划发送给中层负责人（图 5－94）。

③中层负责人需要对提升计划进行审核（图 5－95）。

注意事项：

针对绩效管理过程中的工作情况，绩效管理员也会向相关单位发送诊断建议，中层负责人需要针对诊断建议填写绩效提升计划。具体操作方法与工作人员相同。

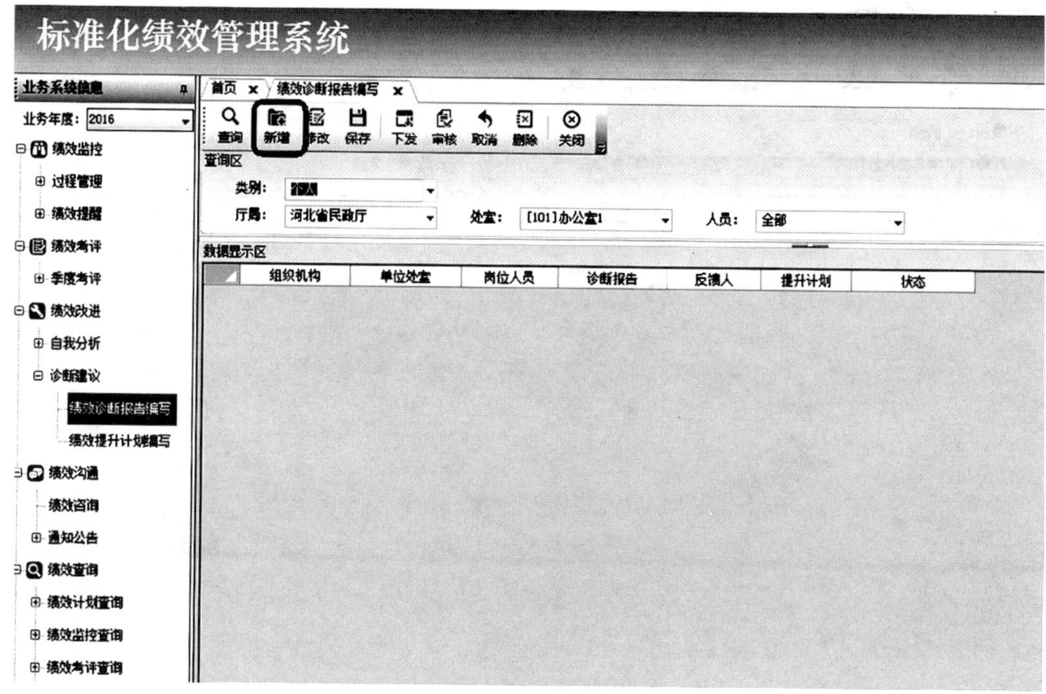

图 5－93　绩效诊断报告编写界面

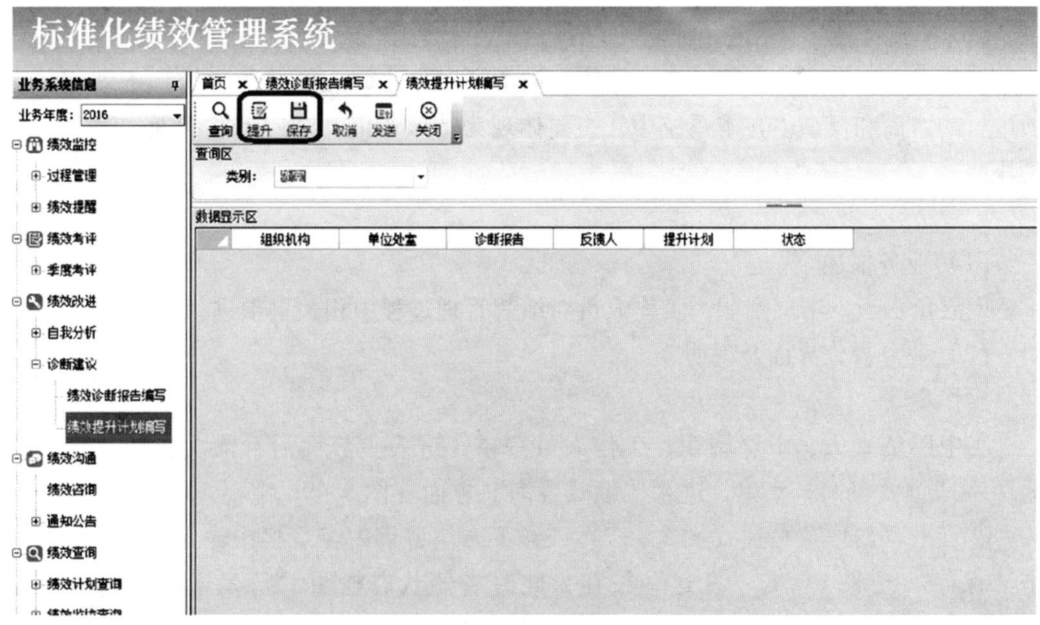

图 5－94　绩效提升计划编写界面

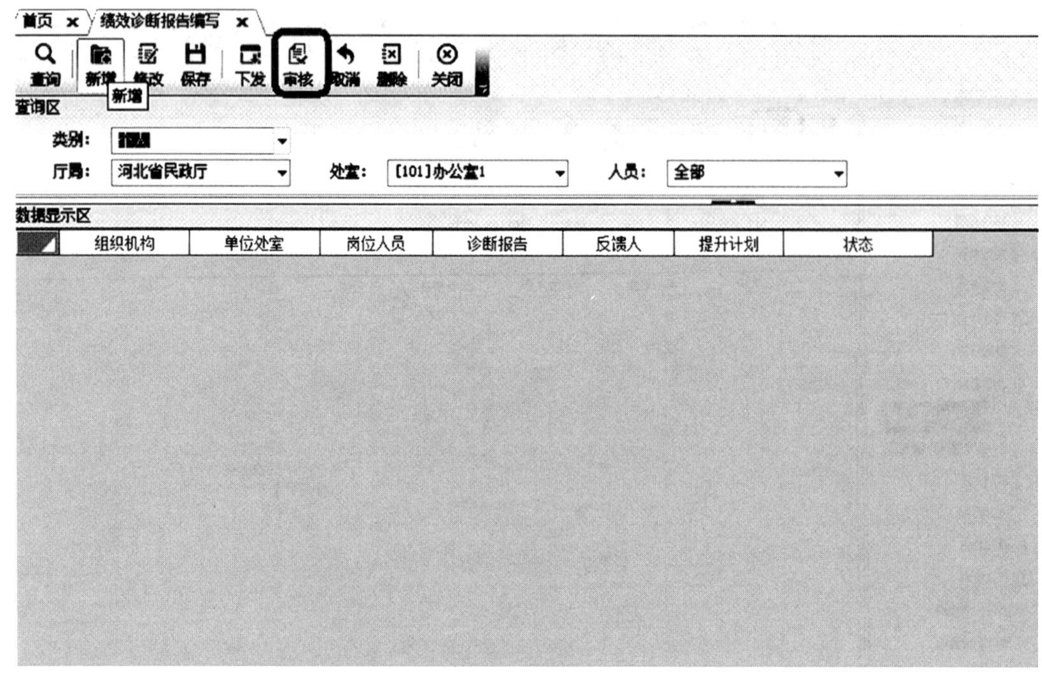

图 5－95　绩效诊断报告审核界面

（六）绩效沟通

绩效沟通指上下级之间、考评主体与被考评对象之间在绩效管理过程中就相关事项进行的协商和反馈。在本系统中，主要体现为绩效咨询、绩效解答和通知公告三个模块。

1．绩效咨询

（1）业务描述

中层负责人、中层副职、工作人员对绩效管理过程中相关事项进行咨询。

（2）业务操作界面及说明

操作步骤：

①中层负责人、中层副职、工作人员登录，进入主界面后，依次选择“绩效沟通”→“绩效咨询”菜单，进入“绩效咨询”界面（图 5－96）。

②点击“新增”按钮（图 5－97）→在下方“咨询内容”栏中输入相应内容→点击“保存”按钮→点击“发送”按钮，此时右侧状态栏由“待发送”变为“待辅导”。

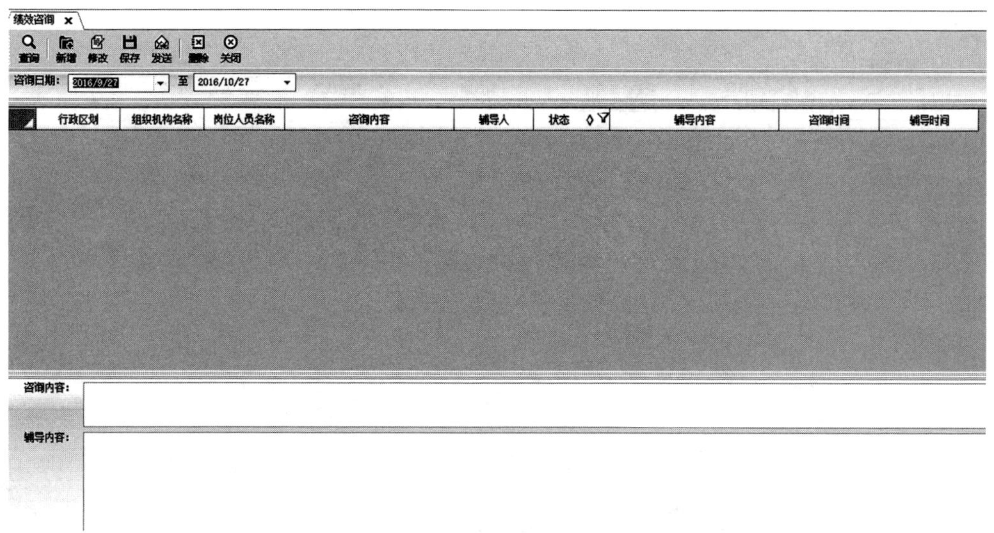

图 5－96　主界面——绩效咨询

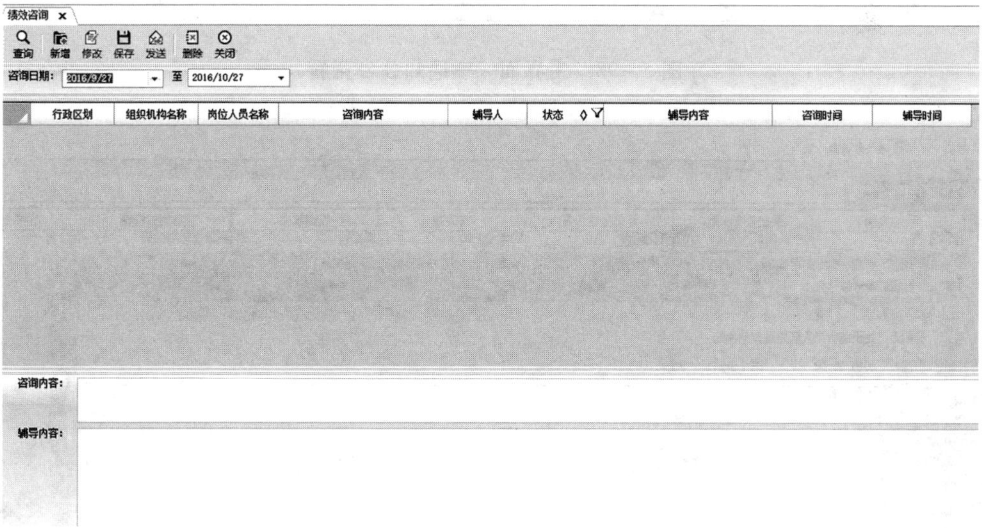

图 5－97　主界面——新增咨询内容

2．通知公告查看

（1）业务描述

中层负责人、中层副职、工作人员查看绩效管理员发布的通知公告。

（2）业务操作界面及说明

操作步骤：

①接收通知公告的人员登录，进入主界面后，依次选择“绩效沟通”→“通知公告”→“通知公告查看”菜单，进入“通知公告查看”界面（图 5－98）。

②在公告展示区，切换“待接收通知”和“已接收通知”按钮，可以查看所有已

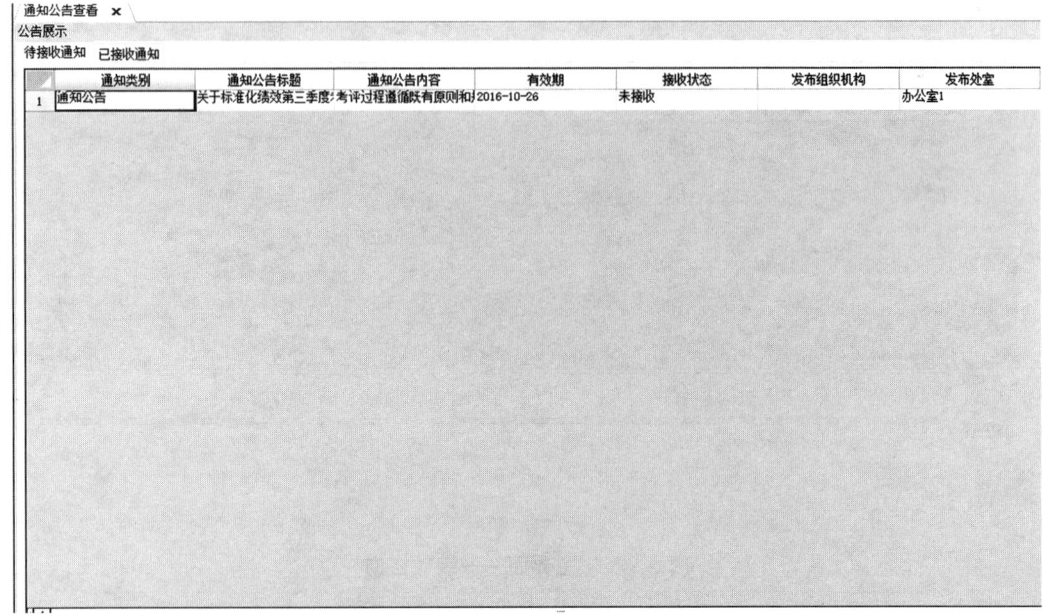

图 5－98 主界面——通知公告查看

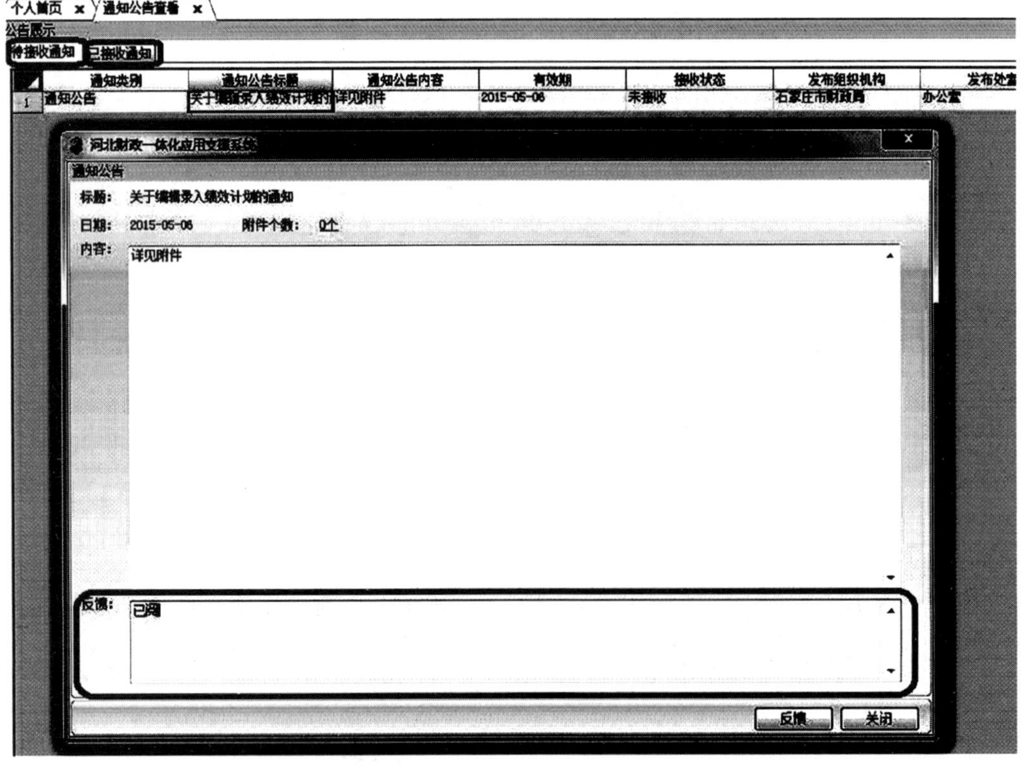

图 5－99 接收通知窗口

发布的通知公告（图 5 – 99）。双击某条待接收的通知公告，填写反馈后，该通知状态会变为“已接收”。

（七）绩效查询

绩效查询主要实现了对计划指标、工作进展情况、考评过程和结果以及相关的基础设置快速的了解查询。

1. 绩效计划查询

（1）业务描述

绩效计划查询功能可以帮助分管领导和中层负责人掌握所属人员工作的进展情况，分管领导还可以实现以人找指标，以指标找人的筛选、统计、汇总等综合查询功能。

（2）业务操作界面及说明

操作步骤：

①进入主界面后，依次选择“绩效查询”→“绩效计划查询”→“本厅局指标查询”菜单，在年度指标中选择查询年份，点击“查询”按钮，显示本局所有目标和一级指标（图 5 – 100）。

本厅局指标查询 × 本处室指标查询 ×

查询 导出 关闭 年度：2015年

	目标		一级指标			
	序号	目标名称	序号	名称	释义	行政范围
1	1	着力推进“[illegible]”	1	财政改革谋划组织	无	本级
2			2	绩效预算管理机制建设	无	本级
3			3	财政支持方式创新	无	本级
4			4	国库管理改革	无	本级
5			5	绩效监督改革	无	本级
6			6	绩效导向内部管理新机制建设	无	本级
7	2	强化财政收入管理	2	非税收入政策管理	无	本级
8			3	财政收入征收管理	无	本级
9			4	中央资金争取	无	本级
10			5	彩票管理	无	本级
11			7	税收政策管理	无	本级
12	3	强化财政资源配置管理	2	财政资金安排与使用管理	无	本级
13			3	财政资金使用监管	无	本级
14			6	财政资金整合	无	本级
15	4	强化财政体制管理	2	财政体制管理	无	本级
16			3	转移支付管理	无	本级
17			4	市县财政运行监控	无	本级
18	5	强化预算管理	2	预算编制管理	无	本级
19			3	预算执行管理	无	本级
20			4	决算管理	无	本级
21			5	预算政策管理	无	本级
22			5	预决算公开	无	本级
23			2	上下级财政资金往来与调度管理	无	本级

图 5 – 100 本厅局指标查询界面

②切换到“绩效计划查询”菜单下“本处室指标查询”菜单，在年度指标中选择查询年份，指标分类选择全部，点击“查询”按钮，显示单位所有指标（按照分管副

职排序）（图 5－101）。

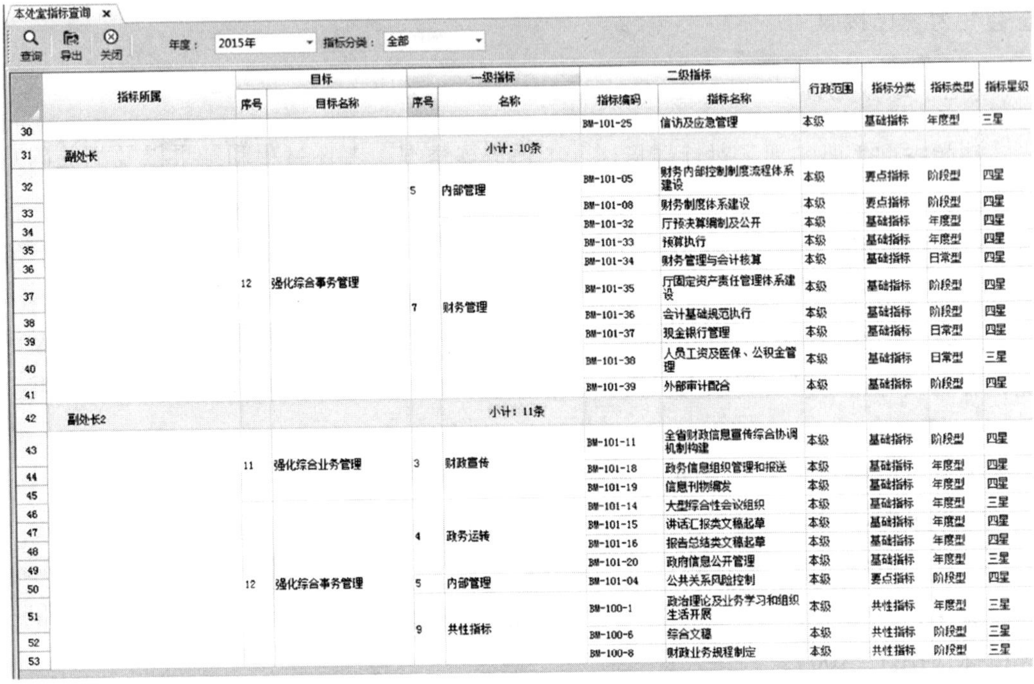

本处室指标查询 ×

查询 导出 关闭 年度：2015年 指标分类：全部

	指标所属	目标		一级指标		二级指标		行政范围	指标分类	指标类型	指标星级
		序号	目标名称	序号	名称	指标编码	指标名称				
30						BM-101-25	信访及应急管理	本级	基础指标	年度型	三星
31	副处长				小计：10条						
32				5	内部管理	BM-101-05	财务内部控制制度流程体系建设	本级	要点指标	阶段型	四星
33						BM-101-08	财务制度体系建设	本级	要点指标	阶段型	四星
34						BM-101-32	厅预决算编制及公开	本级	基础指标	年度型	四星
35						BM-101-33	预算执行	本级	基础指标	年度型	四星
36		12	强化综合事务管理			BM-101-34	财务管理与会计核算	本级	基础指标	日常型	四星
37				7	财务管理	BM-101-35	厅固定资产责任管理体系建设	本级	基础指标	阶段型	四星
38						BM-101-36	会计基础规范执行	本级	基础指标	阶段型	四星
39						BM-101-37	现金银行管理	本级	基础指标	日常型	四星
40						BM-101-38	人员工资及医保、公积金管理	本级	基础指标	日常型	三星
41						BM-101-39	外部审计配合	本级	基础指标	阶段型	四星
42	副处长2				小计：11条						
43						BM-101-11	全省财政信息宣传综合协调机制构建	本级	基础指标	阶段型	四星
44		11	强化综合业务管理	3	财政宣传	BM-101-18	政务信息组织管理和报送	本级	基础指标	年度型	四星
45						BM-101-19	信息刊物编发	本级	基础指标	年度型	四星
46						BM-101-14	大型综合性会议组织	本级	基础指标	年度型	三星
47				4	政务运转	BM-101-15	讲话汇报类文稿起草	本级	基础指标	年度型	四星
48						BM-101-16	报告总结类文稿起草	本级	基础指标	年度型	四星
49						BM-101-20	政府信息公开管理	本级	基础指标	年度型	三星
50		12	强化综合事务管理	5	内部管理	BM-101-04	公共关系风险控制	本级	要点指标	阶段型	四星
51						BM-100-1	政治理论及业务学习和组织生活开展	本级	共性指标	年度型	三星
52				9	共性指标	BM-100-6	综合文稿	本级	共性指标	阶段型	三星
53						BM-100-8	财政业务规程制定	本级	共性指标	阶段型	三星

图 5－101　本处室指标查询界面

绩效管理员、中层负责人、中层副职及省厅其他负责人员还可以通过绩效计划查询指标节点、指标维度和指标进度等指标项。

③中层负责人登录系统，进入主界面后，依次选择“绩效查询”→“绩效计划查询”→“指标节点查询”菜单，根据需要选择年度、指标级次和分类，点击“查询”按钮并点击＋号展开菜单后，显示本人所属指标的节点（图 5－102）。

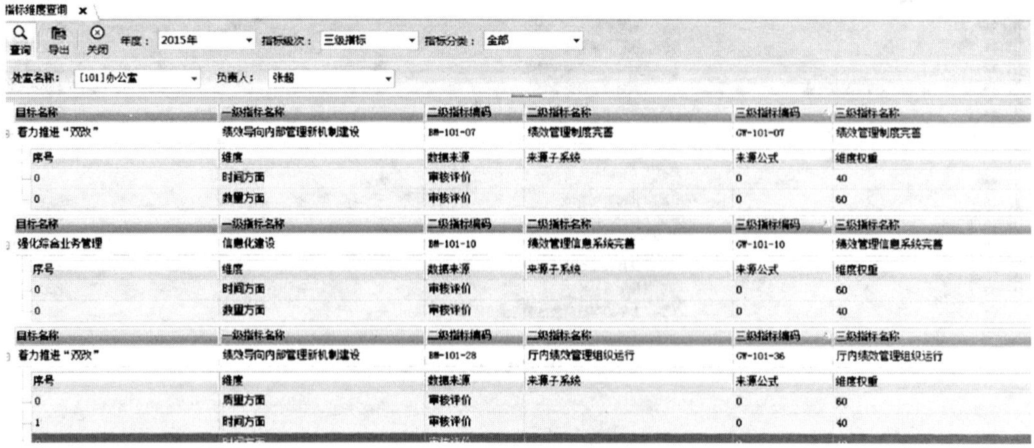

指标维度查询 ×

查询 导出 关闭 年度：2015年 指标级次：三级指标 指标分类：全部

处室名称：[101]办公室 负责人：张超

目标名称	一级指标名称	二级指标编码	二级指标名称	三级指标编码	三级指标名称
着力推进“双改”	绩效导向内部管理新机制建设	BM-101-07	绩效管理制度完善	GW-101-07	绩效管理制度完善

序号	维度	数据来源	来源子系统	来源公式	维度权重
0	时间方面	审核评价		0	40
0	数量方面	审核评价		0	60

目标名称	一级指标名称	二级指标编码	二级指标名称	三级指标编码	三级指标名称
强化综合业务管理	信息化建设	BM-101-10	绩效管理信息系统完善	GW-101-10	绩效管理信息系统完善

序号	维度	数据来源	来源子系统	来源公式	维度权重
0	时间方面	审核评价		0	60
0	数量方面	审核评价		0	40

目标名称	一级指标名称	二级指标编码	二级指标名称	三级指标编码	三级指标名称
着力推进“双改”	绩效导向内部管理新机制建设	BM-101-28	厅内绩效管理组织运行	GW-101-36	厅内绩效管理组织运行

序号	维度	数据来源	来源子系统	来源公式	维度权重
0	质量方面	审核评价		0	60
1	时间方面	审核评价		0	40

图 5－102　指标节点查询界面

④切换到“绩效计划查询”菜单下“指标维度查询”菜单，点击“查询”按钮并点击+号展开菜单后，显示本人所属指标的各维度；双击某指标，则显示指标的全部维度信息（图5-103）。

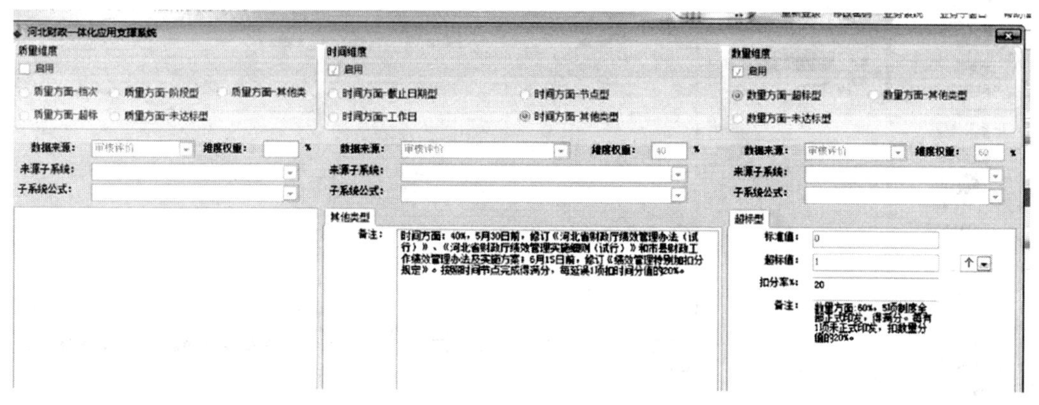

图5-103 指标维度查询界面

⑤切换到“绩效计划查询”菜单下“指标进度查询”菜单，点击“查询”按钮，显示本人所属指标的进度（图5-104）。

指标进度查询

查询 导出 关闭 年度：2015年 指标级次：三级指标 指标分类：全部

处室名称：[101]办公室 人员：[illegible]

	二级指标	三级指标			处室	人员	指标进度						
	指标名称	指标编码	指标名称	节点名称			总进度	1月	2月	3月	4月	5月	6月
1	绩效管理制度完善	GF-101-07	绩效管理制度完善		办公室	张超	0%			0%	0%		
2	厅内绩效管理组织运行	GF-101-36	厅内绩效管理组织运行	下发编制2015年绩效计	办公室	张超	100%			100%	100%		
3				下发通知组织厅内各单	办公室	张超	100%			100%	100%		
4	绩效管理改革扩围	GF-101-38	绩效管理改革扩围	下发全系统开展绩效运	办公室	张超	0%			0%	0%		
5				组织开展全系统绩效管	办公室	张超	0%			0%	0%		
6	绩效管理信息系统完善	GF-101-10	绩效管理信息系统完善		办公室	张超	70%			35%	70%		

图5-104 指标进度查询界面

2. 绩效监控查询

（1）业务描述

根据不同角色权限设置要求，绩效管理员、中层负责人和中层副职拥有绩效监控查询菜单，对所属人员的月计划和月小结进行查询。

（2）业务操作界面及说明

操作步骤：

①中层负责人登录。

②进入主界面后，依次选择“绩效查询”→“绩效监控查询”→“月计划查询”菜单，进入月计划查询界面（图5-105）。选择要查询的内容，点击“查询”按钮，显示月计划录入情况。

③用同样的步骤进行月小结和日常监控的查询。

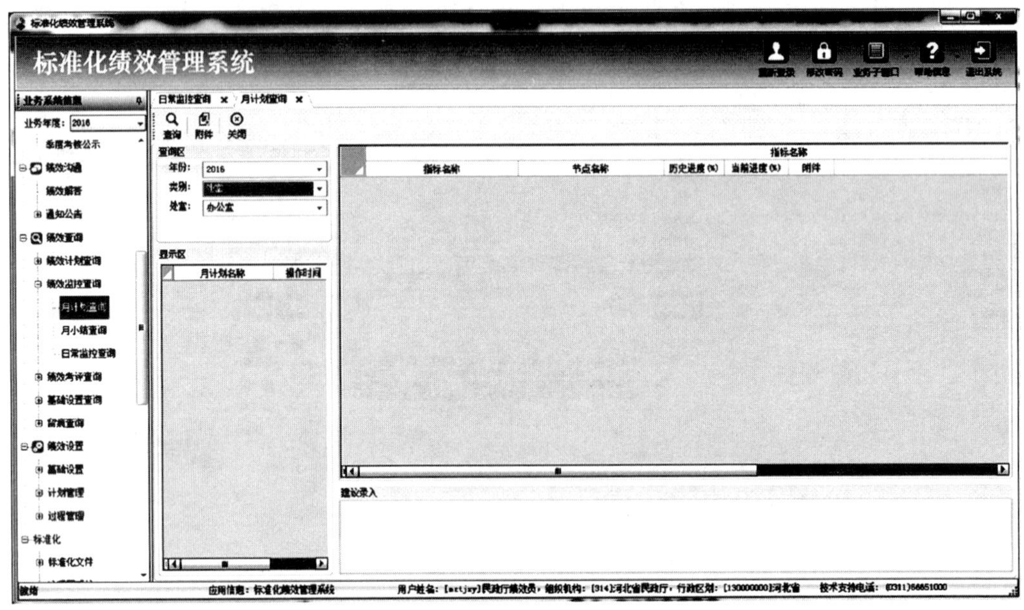

图 5－105　月计划查询界面

3. 首页

(1) 业务描述

每个用户进入标准化绩效管理系统，首先会自动生成一个首页。不同角色的人员首页也不相同。

(2) 业务操作界面及说明

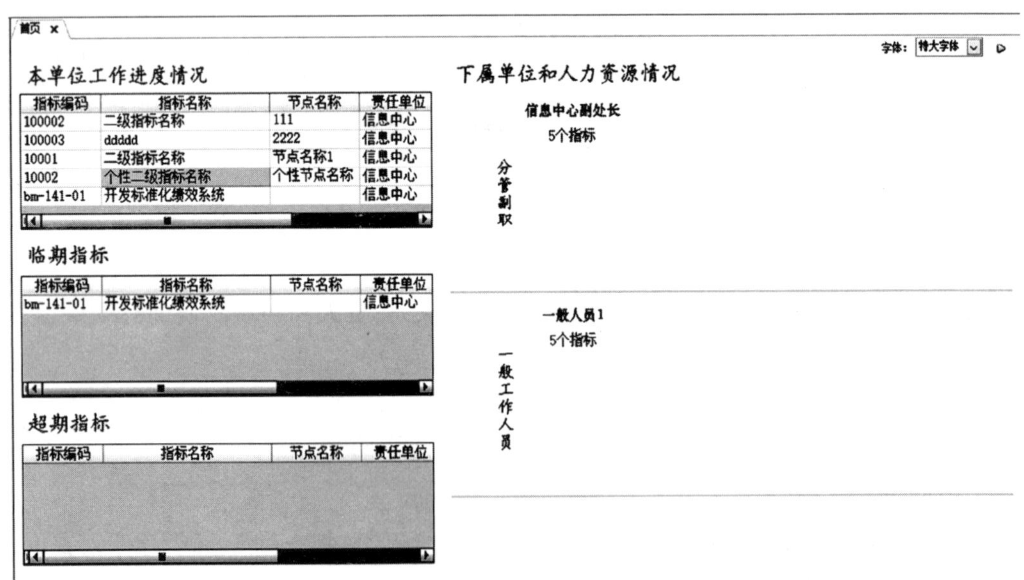

图 5－106　中层负责人首页

第四节 中层副职使用

一、引言

（一）项目背景

绩效管理已经成为现代公共管理的一种潮流和趋势，绩效管理是运用现代公共管理理念，紧密结合工作实际，建立目标引导、过程控制、持续改进、整体提升的管理机制，对单位及其工作人员政策执行、岗位履职、目标完成等方面进行全面系统的管理。

（二）编写目的

更好地让各省直部门了解和熟悉绩效管理理念，掌握绩效管理信息化系统，帮助用户更好地使用该软件，熟悉软件操作，掌握安装和部署软件所需的软硬件资源，以及该软件使用过程中应注意的一些问题。

（三）适用范围

该软件手册适用中层副职角色人员，以便其快速地了解和掌握该角色所应当掌握的软件功能。

二、系统概述

标准化绩效管理系统是以标准化管理为依托、以绩效管理为核心、以信息化为技术支撑的一体化行政管理运行平台。该系统承载了标准化管理和绩效管理两种现代管理科学体系，贯通了一个基础、四个环节、一条主线，即以标准化管理体系文件为制度基础，以绩效计划、绩效监控、绩效考评、绩效改进为四个环节，以绩效沟通为一条主线的核心业务流程（图5－107）。

该系统是全员参与的系统，纵向支撑省、市、县，横向支撑厅局、机构、个人的立体绩效指标运行，有效贯彻了“人人头上有指标，千斤重担大家挑”的绩效管理理念。依据标准化文件要求制定绩效目标、绩效指标以及相应指标考核标准，通过持续进行系统跟踪监控，确保组织和个人的绩效目标得以实现，持续提升组织和个人的绩效成果，不断提高组织和个人的工作效率。

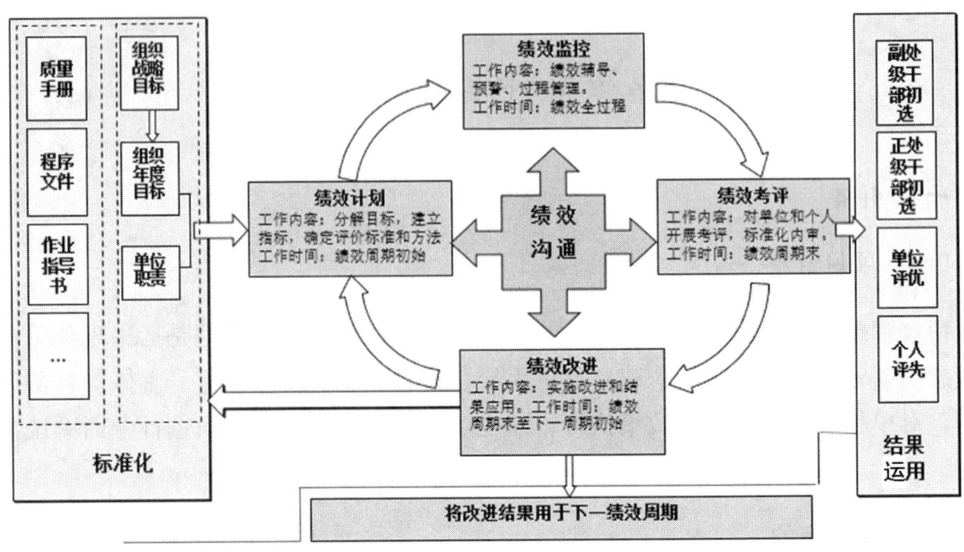

图 5－107　标准化绩效管理体系框架图

三、系统安装

根据各厅局单位指定的下载地址下载该软件安装包。下载后双击安装包，选择合适的安装路径，根据提示点击下一步：

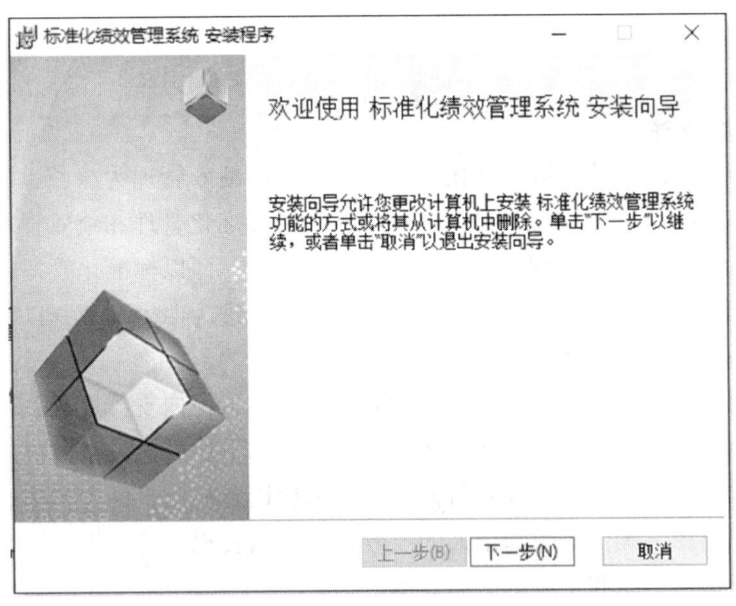

图 5－108　安装向导

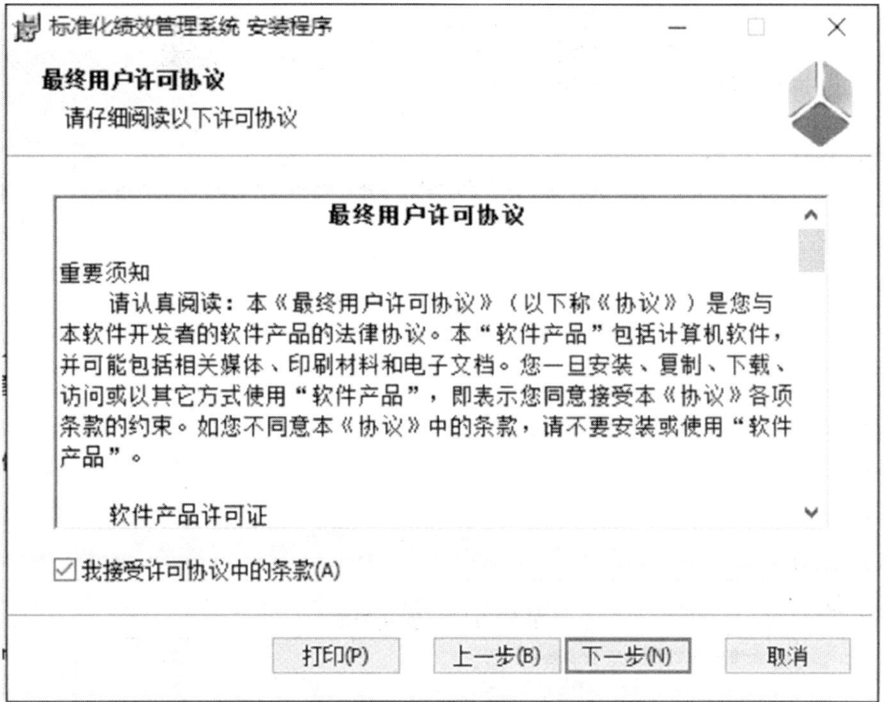

图 5 – 109　用户协议页面

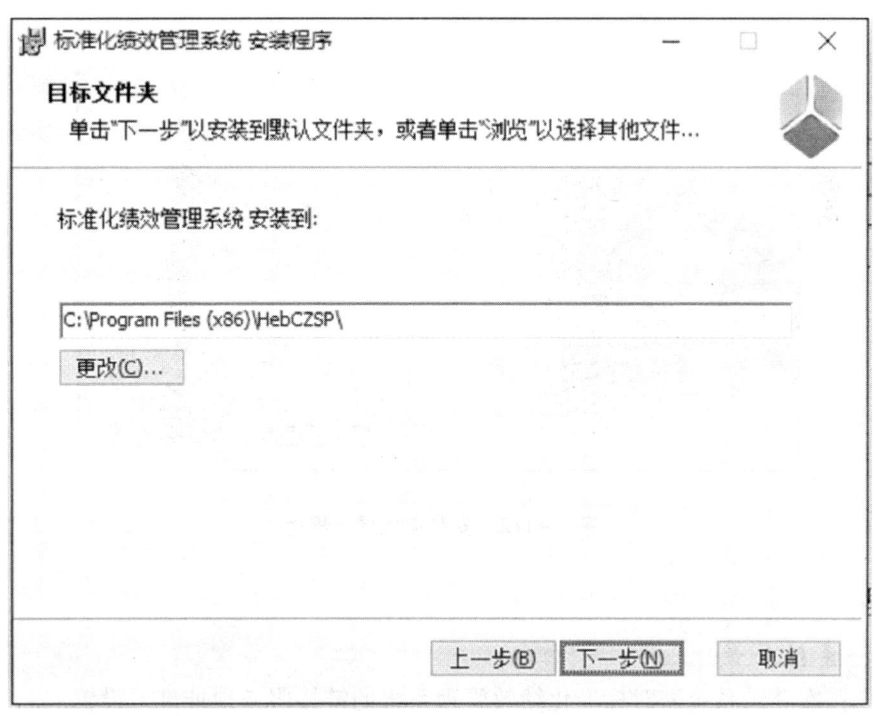

图 5 – 110　安装路径

标准化绩效管理系统 安装程序
已准备好安装 标准化绩效管理系统
单击"安装"以开始安装。单击"上一步"以查看或更改任何安装设置。单击"取消"以退出向导。
上一步(B)
安装(I)
取消

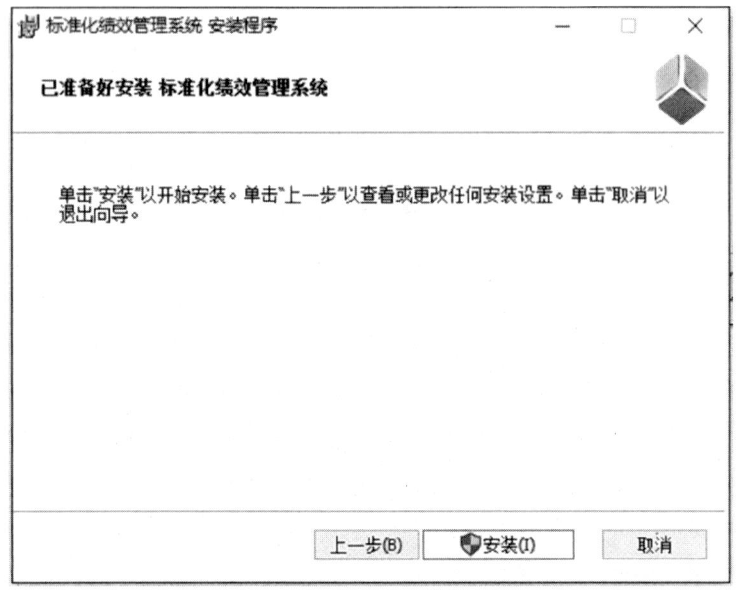

图 5－111　安装界面

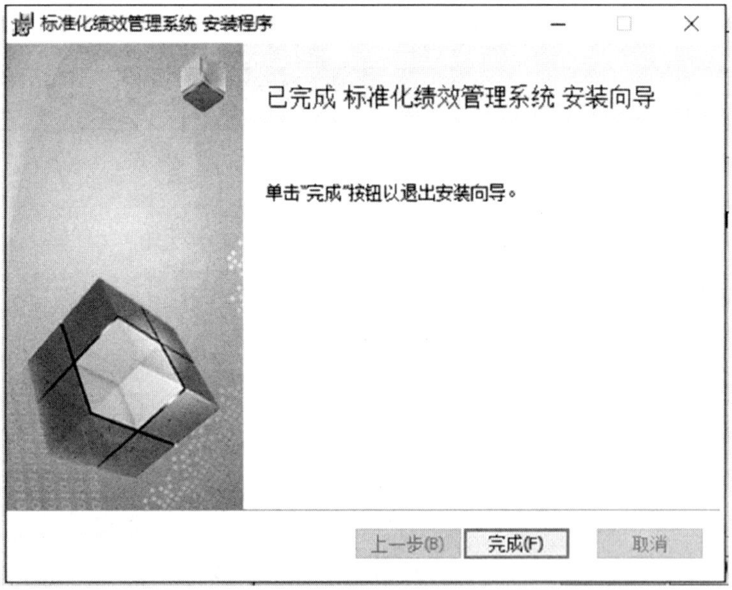

标准化绩效管理系统 安装程序
已完成 标准化绩效管理系统 安装向导
单击"完成"按钮以退出安装向导。
上一步(B)
完成(F)
取消

图 5－112　安装完成提示界面

四、系统登录

用户首次登录系统需对标准化绩效管理系统的链接服务地址进行设置。

用户首次登录系统，在登录界面上选择右上方的“设置”（图 5－113），弹出系统服务器地址设置窗口（图 5－114）。在弹出窗口中修改服务地址（该服务地址由各

图 5－113 主界面——登录设置

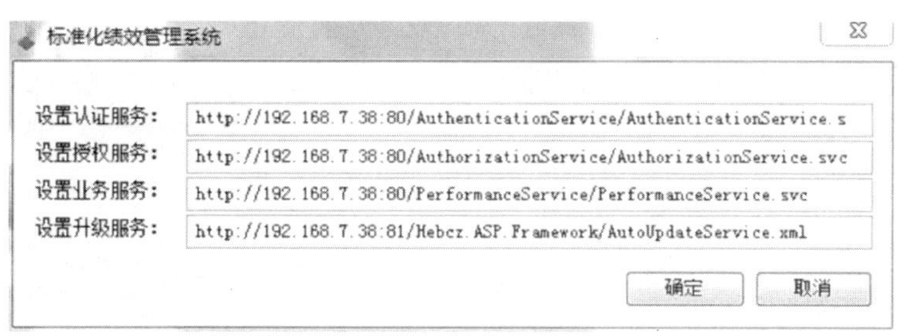

图 5－114 修改系统服务器地址窗口

部门绩效管理员发布）。

在登录系统后，首先需要设置业务年度为当前业务年度（设置成功后下次登录不需再次设置，直到下一个业务年度开始时重新设置）。

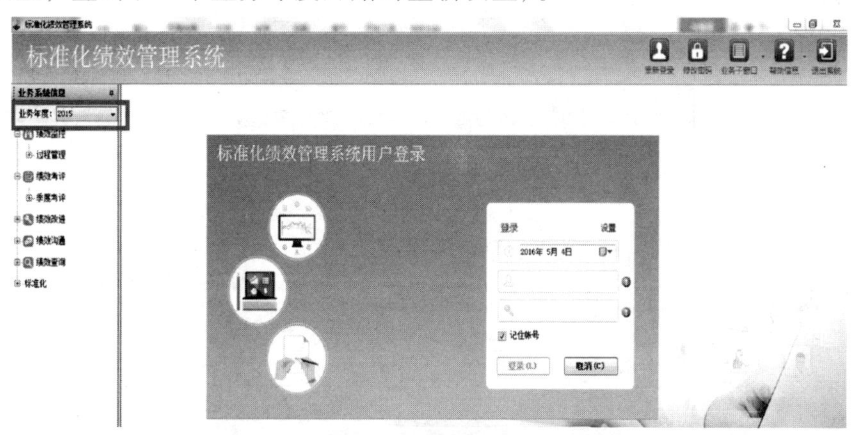

图 5－115 主界面——业务年度设置

用户首次登录绩效管理系统，进入系统后在页面左侧的“业务年度”选择框中，点击下拉菜单（图 5－115），对业务年度进行设置。

五、中层副职操作使用

中层副职角色指的是：部门内各下属单位、处室分管副职（含参与职责分工的调研员）。

参与功能模块包含：

a. 绩效监控：录入自己的周记录、月计划和月小结；审核本处中层其他副职的周记录、月计划、月小结；对工作人员临期指标进行人工提醒、对提醒响应进行审核，对中层负责人提出的临期指标的提醒进行响应。

b. 绩效考评：对本处室人员工作负荷系数进行评定。

c. 绩效沟通：进行绩效咨询以及通知公告查看。

d. 绩效改进：绩效分析报告编写、绩效分析报告审核、绩效诊断报告编写、绩效提升计划编写，以及相应的查询功能。

（一）标准化

1. 文件查询

（1）业务描述

提供相关的标准化文件的查询、下载功能。

（2）业务操作界面及说明

操作步骤：

①用户登录

②进入菜单："标准化"→"标准化文件"→"文件查询"（图5－116）。

图5－116 文件查询

（二）流程图

1. 流程图查看

（1）业务描述

开展工作时可以在线查看流程图，从而依据标准流程开展工作。

（2）业务操作界面及说明

操作步骤：

①用户登录。

②进入菜单："标准化"→"流程图系统"→"流程图查询"（图5－117）。

图5－117 流程图查询

（三）绩效监控

绩效监控模块是根据厅局日常工作的开展情况，通过对绩效计划执行情况进行实时跟踪，及时纠正各种偏差的过程，是对绩效计划执行的指导、管理和监督。

1. 周记录

（1）业务描述

周记录以周为单位，每周末之前记录自己一周的工作。

（2）业务操作界面及说明

操作步骤：

①中层副职登录系统。

②进入主界面后，选择业务年度，依次选择"绩效监控"→"过程管理"菜单，进入"周记录"界面（图5－118）。

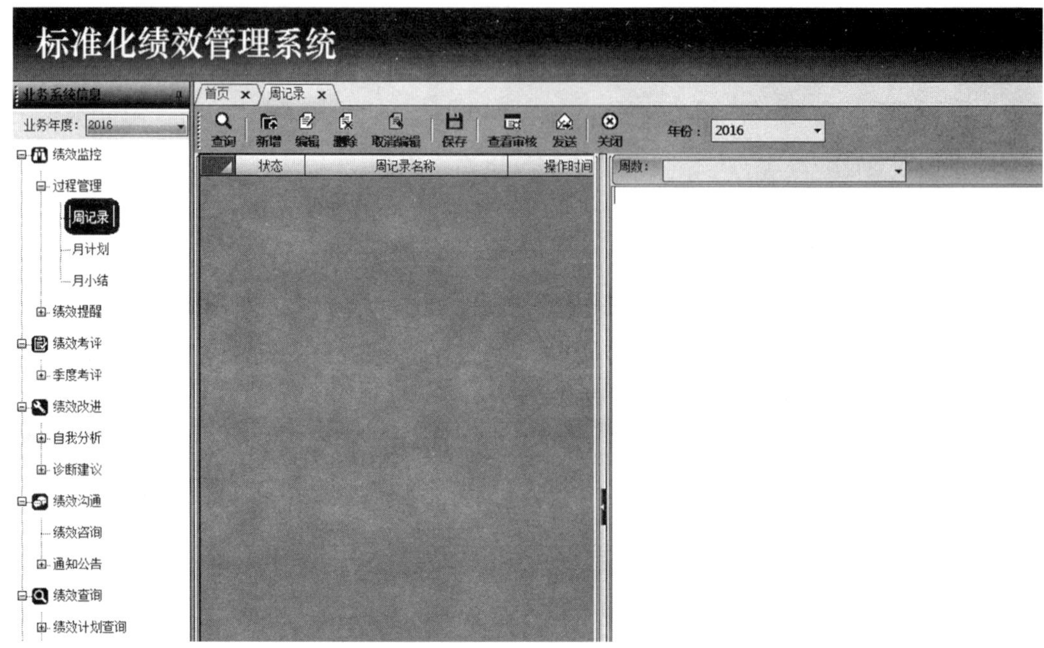

图 5－118　主界面——周记录

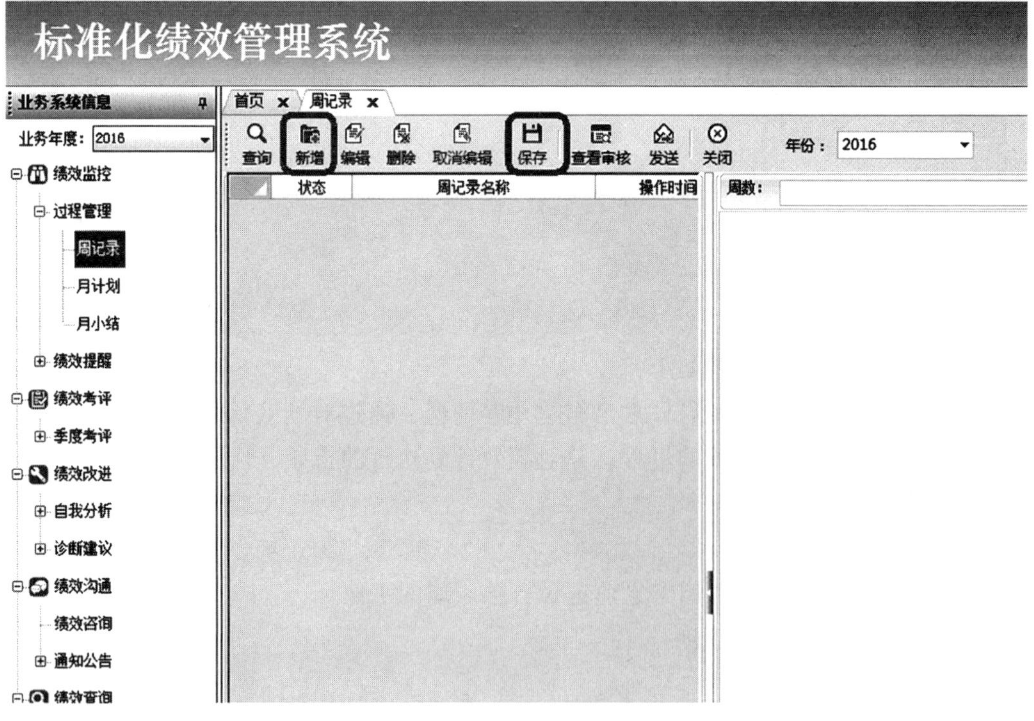

图 5－119　编辑周记录窗口

③点击“新增”按钮，在下方“内容”栏中输入相应内容（最少100字，最多2000字符），点击“保存”按钮，点击“发送”按钮（图5－119）。

④工作人员发送给中层副职审核；中层副职发送给中层负责人审核。

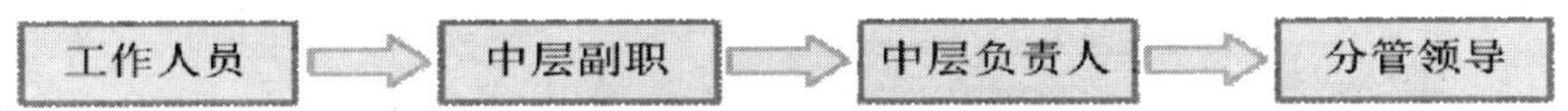

图5－120 周记录审核流程

2. 月计划

（1）业务描述

月计划是以月度为单位，由中层负责人、中层副职、工作人员每月初制定绩效指标月度完成计划，中层负责人的月计划视同为本单位月计划。单位的月计划由分管领导审定，中层副职的月计划由中层负责人审定，工作人员的月计划由中层副职审定。

（2）业务操作界面及说明

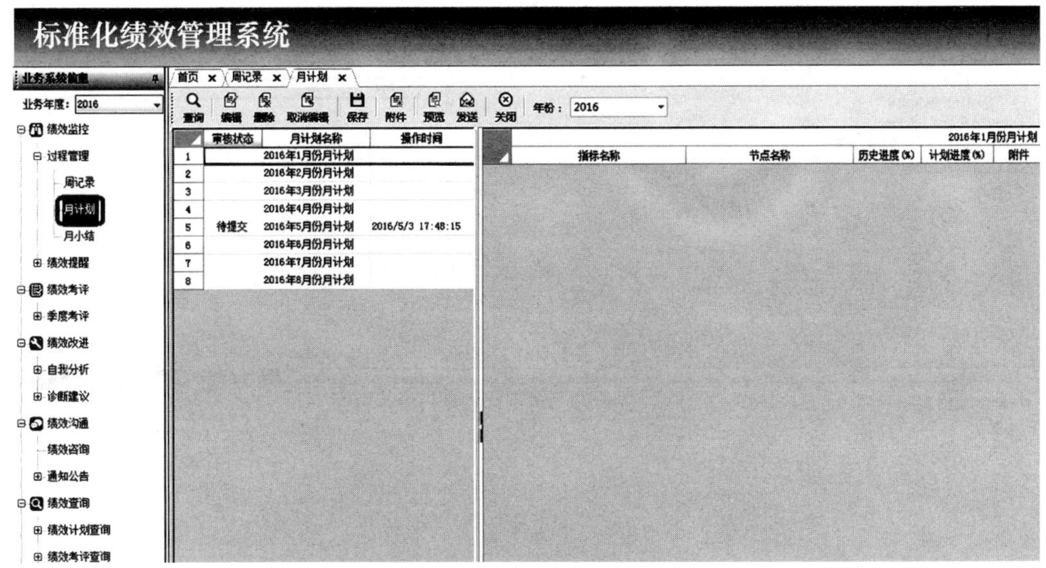

图5－121 主界面——月计划

操作步骤：

①中层副职登录系统。

②进入主界面后，选择业务年度，依次选择“绩效监控”→“过程管理”菜单，进入“月计划”界面（图5－121）。

③选中要录入的月份，点击“编辑”按钮，可录入月计划（图5－122）。

④在弹出的录入窗口，双击“当前进度”按钮可填写指标完成进度；点击“附

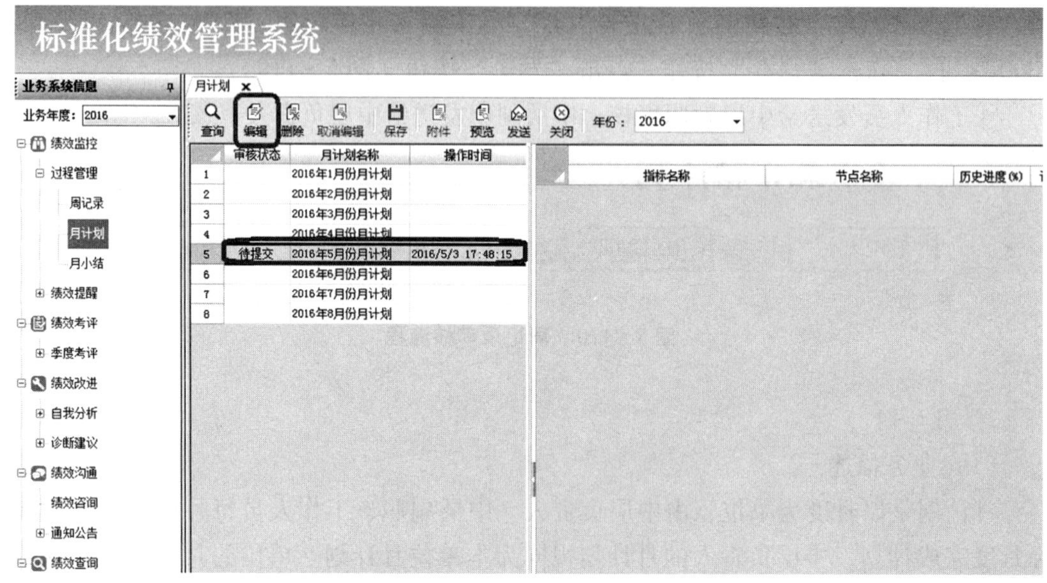

图 5－122 编辑月计划窗口

2016年5月份月计划

	指标名称	节点名称	历史进度(%)	计划进度(%)	附件	内容
1	[10001] 二级指标名称		0	0	1	太投入
2	[10002] 个性二级指标名称	个性节点名称	30	0	0	测试数据
3	[100002] 二级指标名称	111	30	0	0	发个
4	[100003] 演示二级指标1	2222	20	0	0	人体吧
5	[bm-141-01] 开发标准化绩效系统		20	0	0	反光板

月计划内容(您还可以输入996字) 提取上次内容

测试数据

图 5－123 填写月计划窗口

件”按钮可上传相关证明材料；计划内容需在下方文字框中手工输入，也可利用“提取上次内容”提取上月文本（图 5－123）。

⑤中层副职可提取下级发来月计划中的附件，避免重复上传。例如下属工作人员在 5 月份月计划已上传了附件（图 5－124），此时中层副职可在本人的 5 月份月计划录入界面中点击“编辑”按钮后，选中某一条指标，点击“提取附件”按钮，则可提取这条指标下的附件（图 5－125）此时附件数变为了 2 个（图 5－126）。

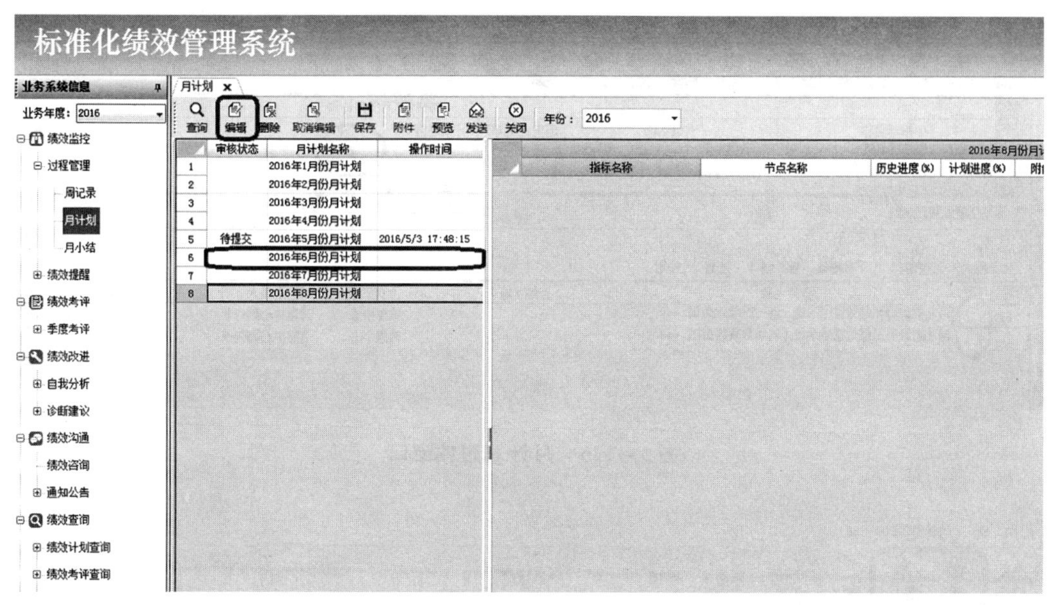

图 5－124　编辑月计划窗口

月计划

查询　编辑　删除　取消编辑　提取附件　保存　附件　预览　发送　关闭　年份：2016

2016年5月份月计划

	指标名称	节点名称	历史进度(%)	计划进度(%)	附件
1	[10001] 二级指标名称	节点名称1	20	0	0
2	[10002] 个性二级指标名称	个性节点名称	30	0	0
3	[100002] 二级指标名称	111	30	0	0
4	[100003] ddddd	2222	20	0	0
5	[bm-141-01] 开发标准化绩效系统		20	0	0

图 5－125　提取月计划附件窗口

⑥录入完成后需点击“发送”按钮，方可将月计划发送至中层副职审核，审核时一定要选择正确的年度和月份。选中已发送人员，点击“通过”或“退回”按钮进行审定，此时可以填写文本，也可查看附件（图 5－127）。

⑦工作人员发送给中层副职审核；中层副职发送给中层负责人审核。

注意事项：

a. 编辑月计划时，应先选择月份，再点击“编辑”按钮，否则易出现编辑错月份的情况。

b. 计划进度栏中，日常发生或无法预测进度的增加 8%，最后一个月增加 12%；未发生的增加 0%。在添加当前进度时，需要填写当前累积的进度，请勿填写本月进度。

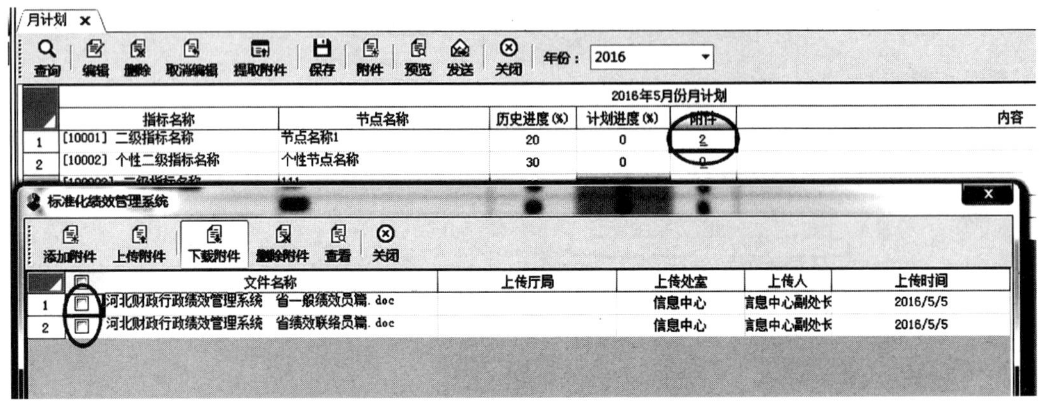

图 5－126　月计划附件窗口

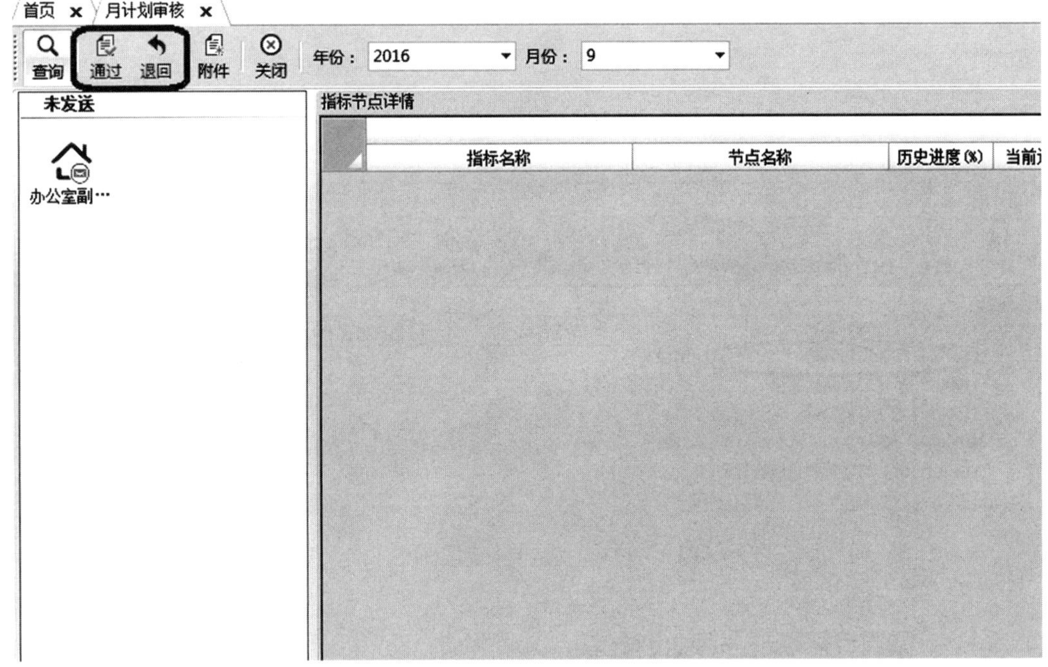

图 5－127　审核月计划窗口

发送和审核序列：

图 5－128　月计划审核流程

c. 某指标工作完结，以后月份都填“已完成”“100%”。

d. 某指标附件材料上传一次即可，不用每个月重复上传；材料较多的也不需全部上传，只要能证明即可。

3. 月小结

（1）业务描述

月小结是以月度为单位，由中层负责人、中层副职、工作人员每月底就绩效指标完成情况进行总结。中层负责人的月小结视同为本单位月小结。单位的月小结由分管领导审定，中层副职的月小结由中层负责人审定，工作人员的月小结由中层副职审定。

（2）业务操作界面及说明

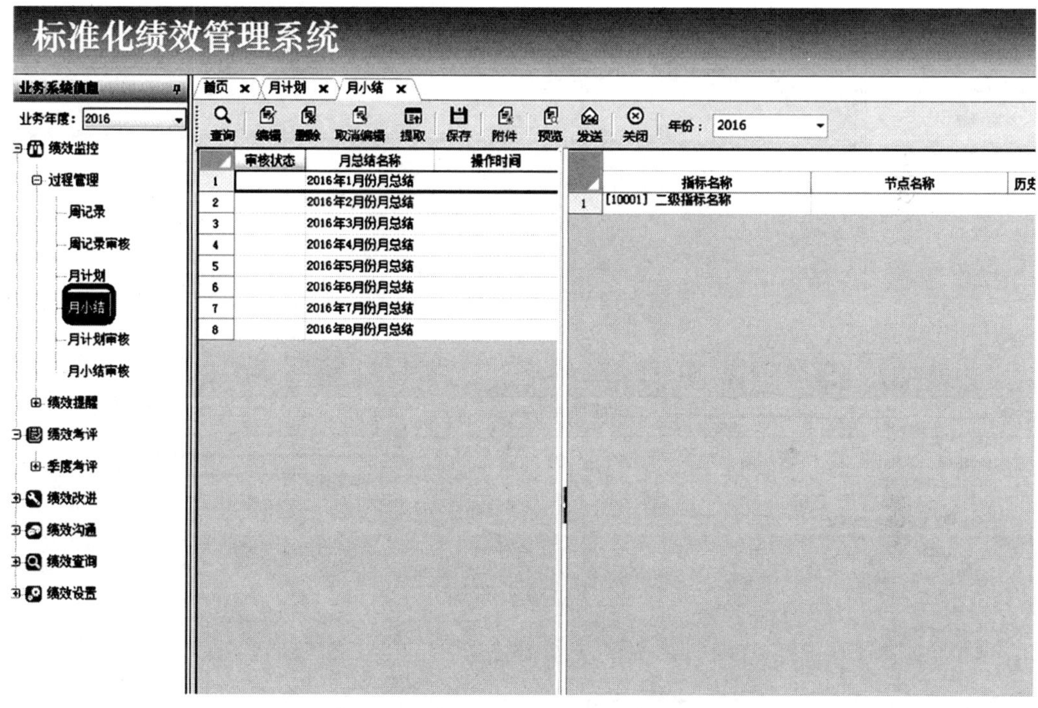

图 5－129　主界面——月小结

操作步骤：

①中层副职登录系统。

②进入主界面后，选择业务年度，依次选择“绩效监控”→“过程管理”菜单，进入“月小结”界面（图 5－129）。

③选中要录入的月份，点击“编辑”按钮，可录入月小结（图 5－130）。

④在弹出的录入窗口，双击“当前进度”按钮可填写指标完成进度；点击“附件”按钮可上传相关证明材料；计划内容需在下方文字框中手工输入，也可利用“提取上次内容”提取上月文本（图 5－131）。

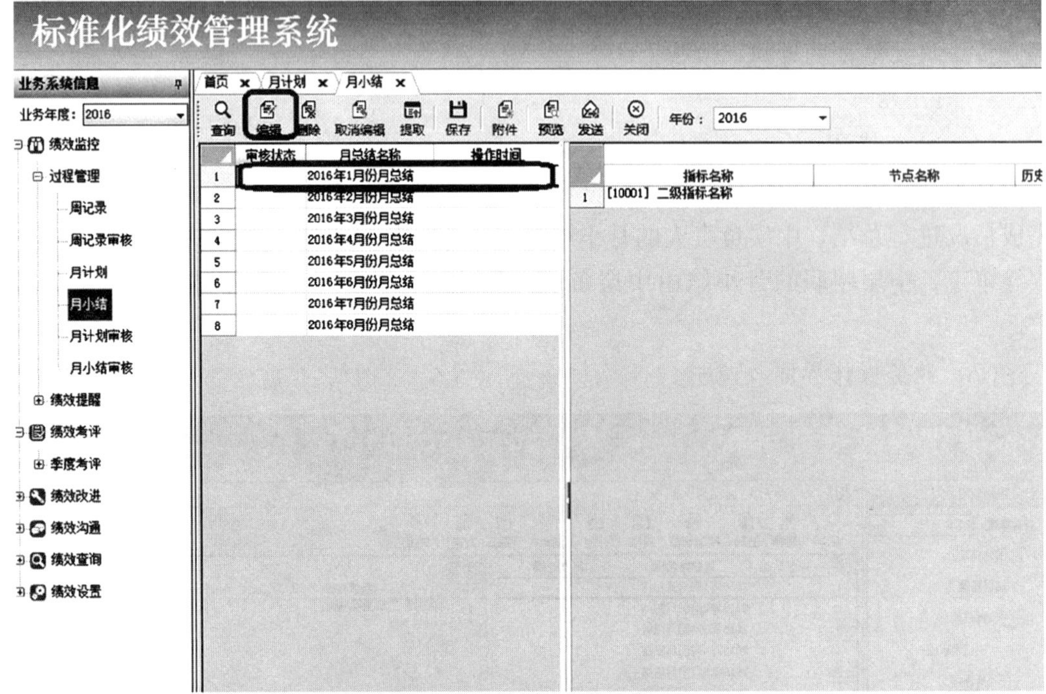

图 5－130　编辑月小结窗口

月小结

查询 编辑 删除 取消编辑 提取附件 保存 附件 预览 发送 关闭 年份: 2016

2016年3月份月总结

	指标名称	节点名称	历史进度(%)	当前进度(%)	附件	内容
1	[10001] 二级指标名称		0	30	2	dfasfafa
2	[10002] 个性二级指标名称	个性节点名称	30	30	0	测试数据
3	[100002] 二级指标名称	111	30	45	0	是个打工的飞洒范德萨发
4	[100003] 演示二级指标1	2222	20	20	0	放到第三
5	[bm-141-01] 开发标准化绩效系统		20	20	0	发送的啊

月总结内容(您还可以输入996字)　提取上次内容

测试数据

图 5－131　填写月小结窗口

⑤中层副职可提取下级发来月小结中的附件，避免重复上传。例如工作人员在 3 月份月小结的“机要文件管理”指标下已上传了 2 个附件（图 5－132），此时中层副职可在本人的 3 月份月小结录入界面中点击“编辑”按钮后，选中某一条指标，点击“提取附件”按钮，则可提取这条指标下的附件（图 5－133）此时附件数变为了 2 个

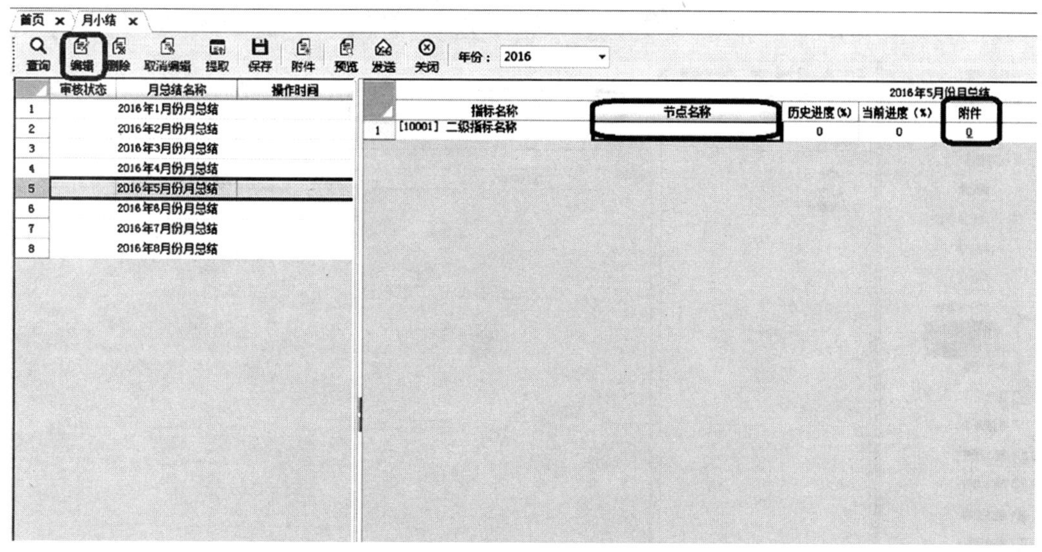

图 5－132　编辑月小结窗口

月小结

查询 编辑 删除 取消编辑 提取附件 保存 附件 预览 发送 关闭 年份： 2016

2016年3月份月总结

	指标名称	节点名称	历史进度(%)	当前进度(%)	附件	内容
1	[10001] 二级指标名称		0	30	2	dfasfafa
2	[10002] 个性二级指标名称	个性节点名称	30	30	0	范德萨发生啊
3	[100002] 二级指标名称	111	30	45	0	是个打工的飞洒范德萨发
4	[100003] 演示二级指标1	2222	20	20	0	放到第三
5	[bm-141-01] 开发标准化绩效系统		20	20	0	发送的啊

图 5－133　填写月小结窗口

月小结

查询 编辑 删除 取消编辑 提取附件 保存 附件 预览 发送 关闭 年份： 2016

2016年3月份月总结

	指标名称	节点名称	历史进度(%)	当前进度(%)	附件	内容
1	[10001] 二级指标名称		0	30	2	fasfafa
2	[10002] 个性二级指标名称	个性节点名称	30	30	0	范德萨发生啊

标准化绩效管理系统

添加附件 上传附件 下载附件 删除附件 查看 关闭

		文件名称	上传厅局	上传处室	上传人	上传时间
1	□	示例图片_03.jpg		信息中心	信息中心副处长	2016/12/5
2	□	4.txt		信息中心	信息中心副处长	2017/2/6

图 5－134　填写月小结窗口

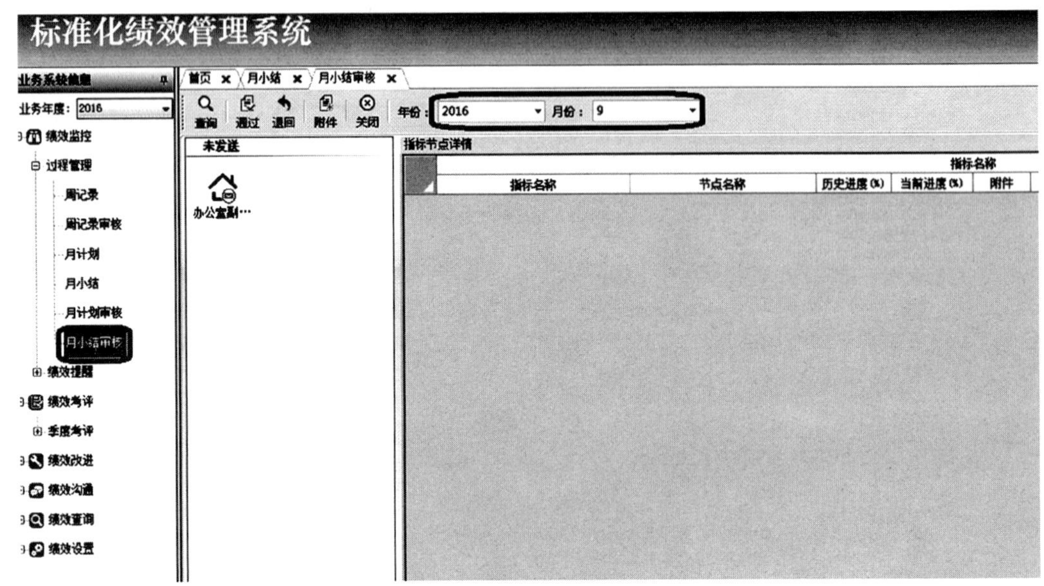

图 5－135　审核月小结窗口

（图 5－134）。

⑥录入完成后需点击“发送”按钮，方可将月小结发送至中层副职审核。审核时一定要选择正确的年度和月份。选中已发送人员，点击“通过”或“退回”按钮进行审定，此时可以填写文本，也可查看附件（图 5－135）。

⑦工作人员发送给中层副职审核；中层副职发送给中层负责人审核。

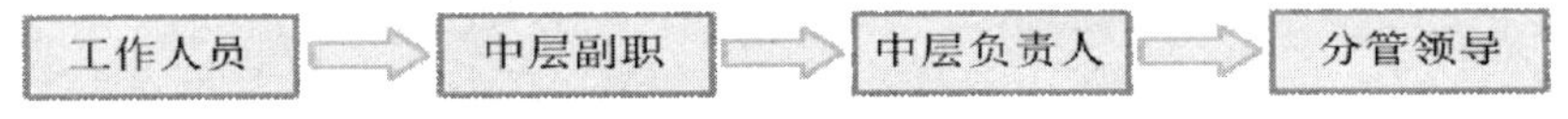

图 5－136　月小结审核流程

注意事项：

a. 编辑月小结时，应先选择月份，再点击“编辑”按钮，否则易出现编辑错月份的情况。

b. 小结进度栏中，日常发生或无法预测进度的增加 8%，最后一个月增加 12%；未发生的增加 0%。在添加当前进度时，需要填写当前累积的进度，请勿填写本月进度。

c. 某指标工作完结，以后月份都填“已完成”“100%”。

d. 某指标附件材料上传一次即可，不用每个月重复上传；材料较多的也不需全部上传，只要能证明即可。

4. 人工提醒

（1）业务描述

人工提醒是对临期指标（即将到期但未完成的指标）向单位发送预警信息，以督促相应的人员尽快完成该项指标的工作。分管领导、绩效管理员负责对厅内各单位进行人工提醒。厅内各单位主要负责人负责对本单位进行人工提醒。其他负责人对分管工作进行人工提醒。

（2）业务操作界面及说明

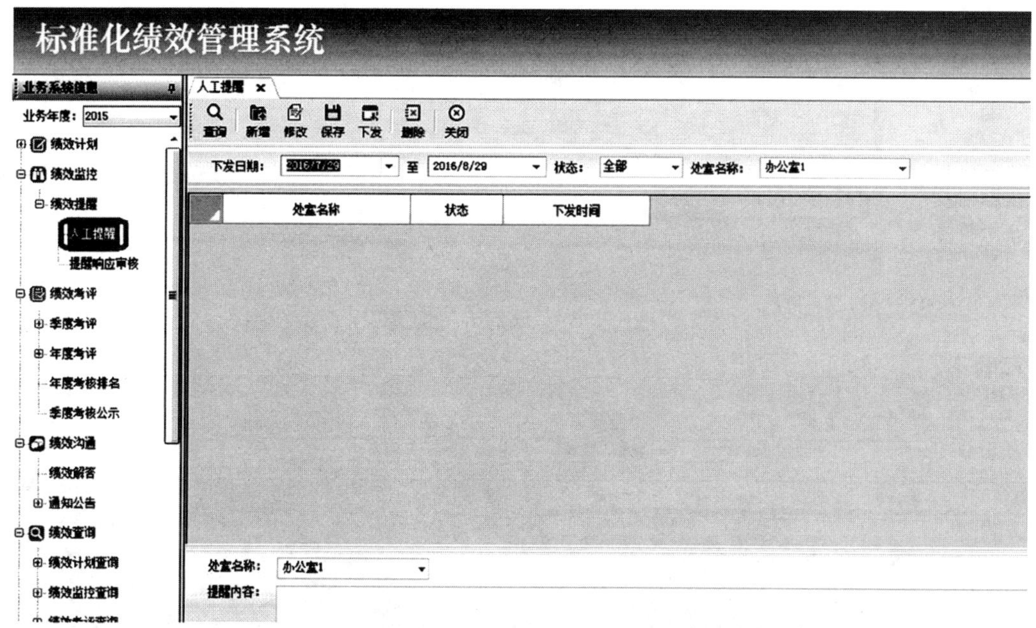

图 5－137　主界面——人工提醒

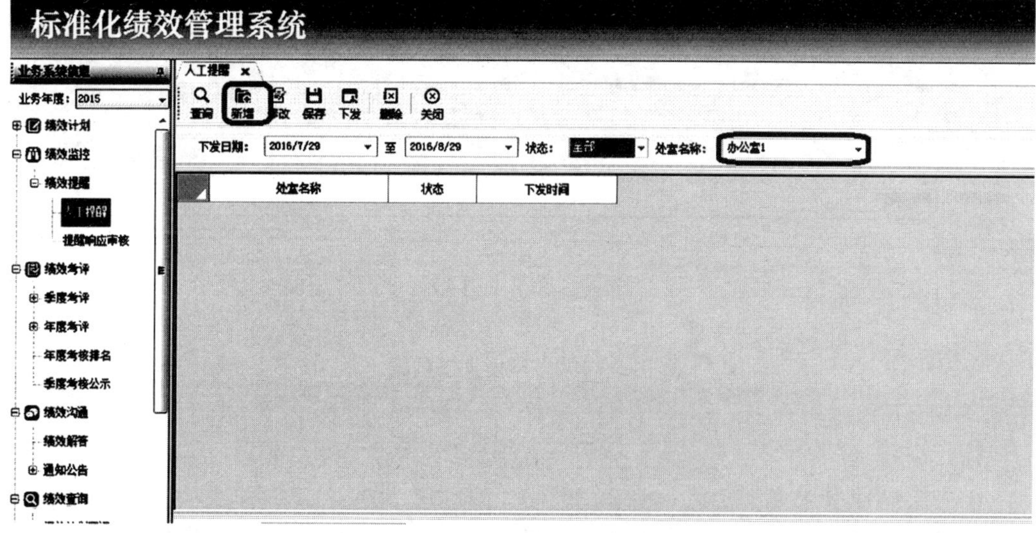

图 5－138　新增人工提醒

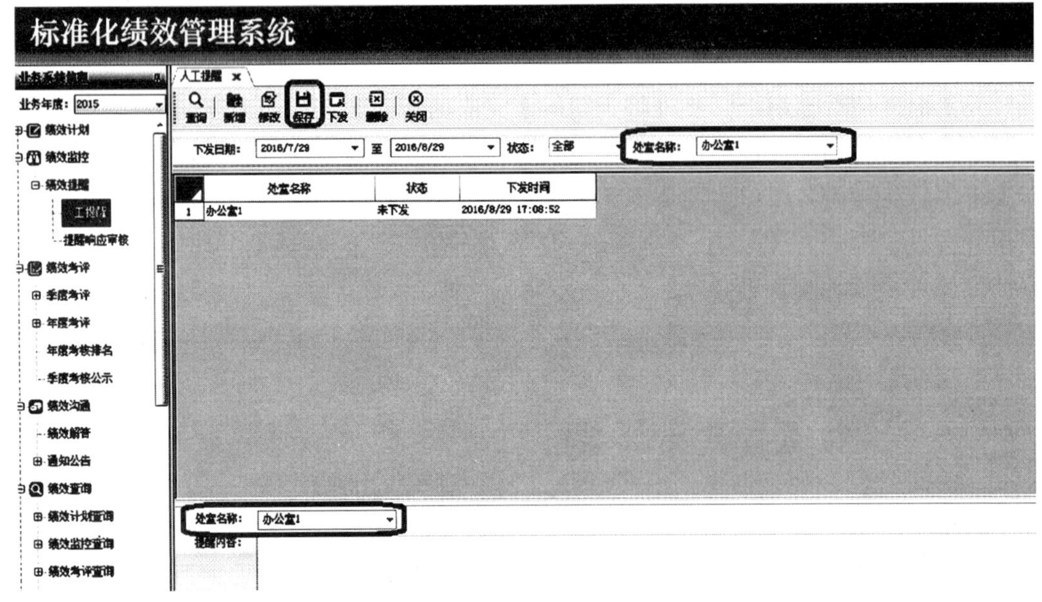

图 5－139　填写人工提醒

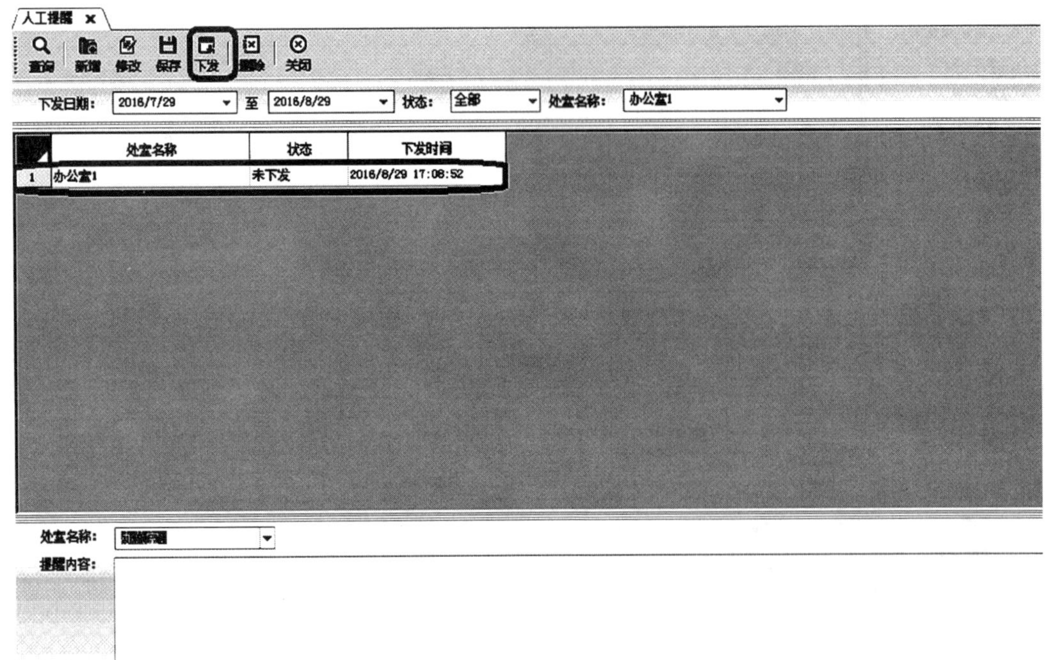

图 5－140　下发人工提醒

操作步骤：

①中层副职登录系统。

②进入主界面后，选择业务年度，依次选择“绩效监控”→“绩效提醒”菜单，

进入“人工提醒”界面（图 5－137）。

③选择要提醒的人员，点击“新增”按钮，可新增人工提醒（图 5－138）。

④点击新增窗口后，在下方“提醒内容”栏中输入相应内容，点击“保存”（图 5－139）按钮后点击“下发”按钮（图 5－140）。

⑤中层副职给工作人员发人工提醒。

5. 人工提醒响应

（1）业务描述

人工提醒响应是对临期指标（即将到期但未完成的指标）向单位发送的预警信息做出的回应。厅内各中层负责人负责回应分管领导或者绩效管理员对本单位的提醒，中层副职和工作人员负责回应本人承担工作的提醒。

（2）业务操作界面及说明

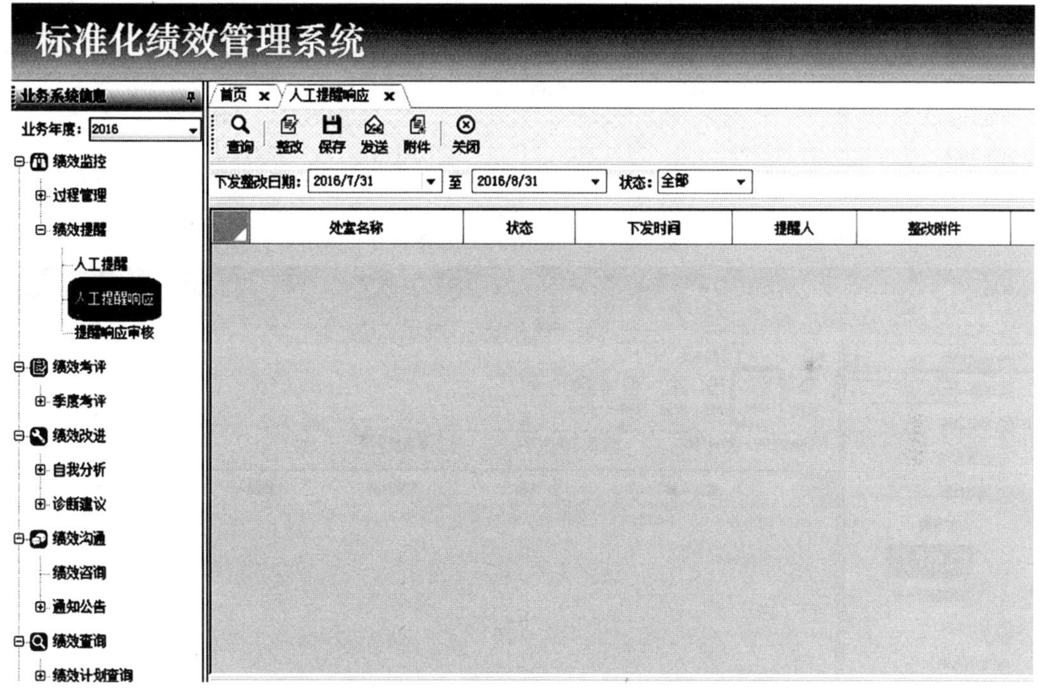

图 5－141 主界面——人工提醒响应

操作步骤：

①中层副职登录系统。

②进入主界面后，选择业务年度，依次选择“绩效监控”→“绩效提醒”菜单，进入“人工提醒响应”界面（图 5－141）。

③点击“查询”按钮，选择已发来的提醒条目（图 5－142）。

④点击“整改”按钮（图 5－143）在下方“整改内容”栏中输入相应内容

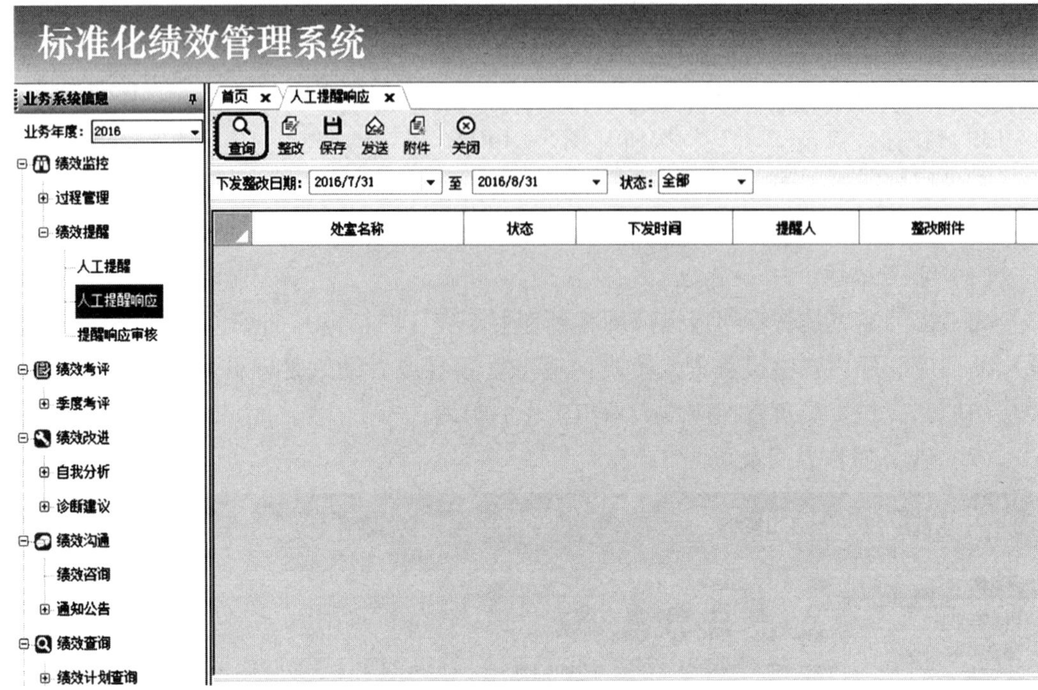

图 5－142　查询人工提醒响应

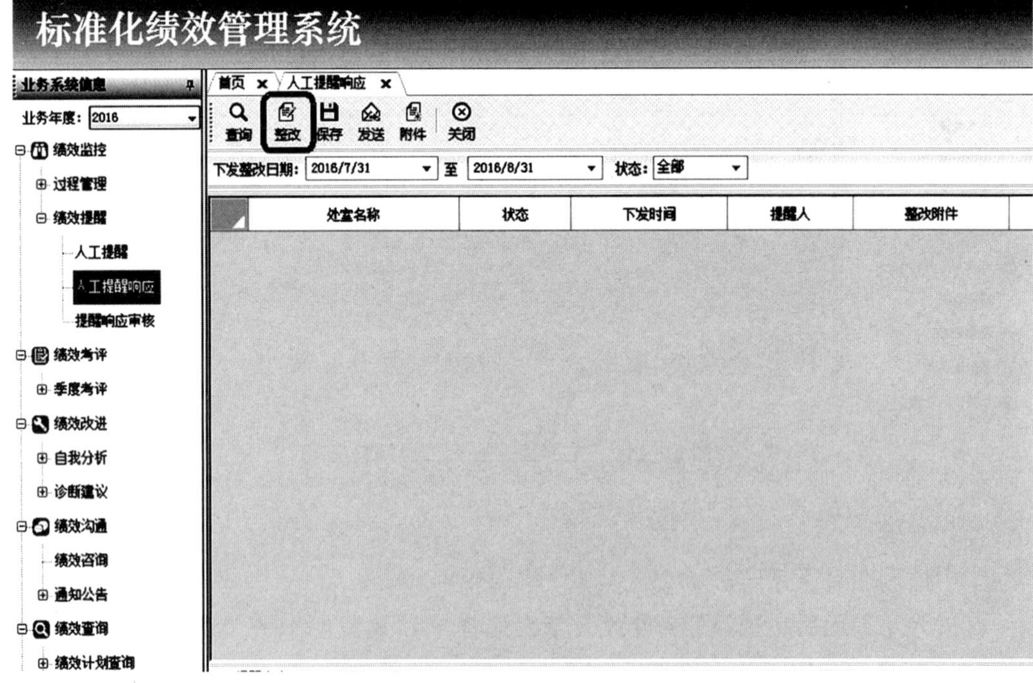

图 5－143　整改人工提醒响应

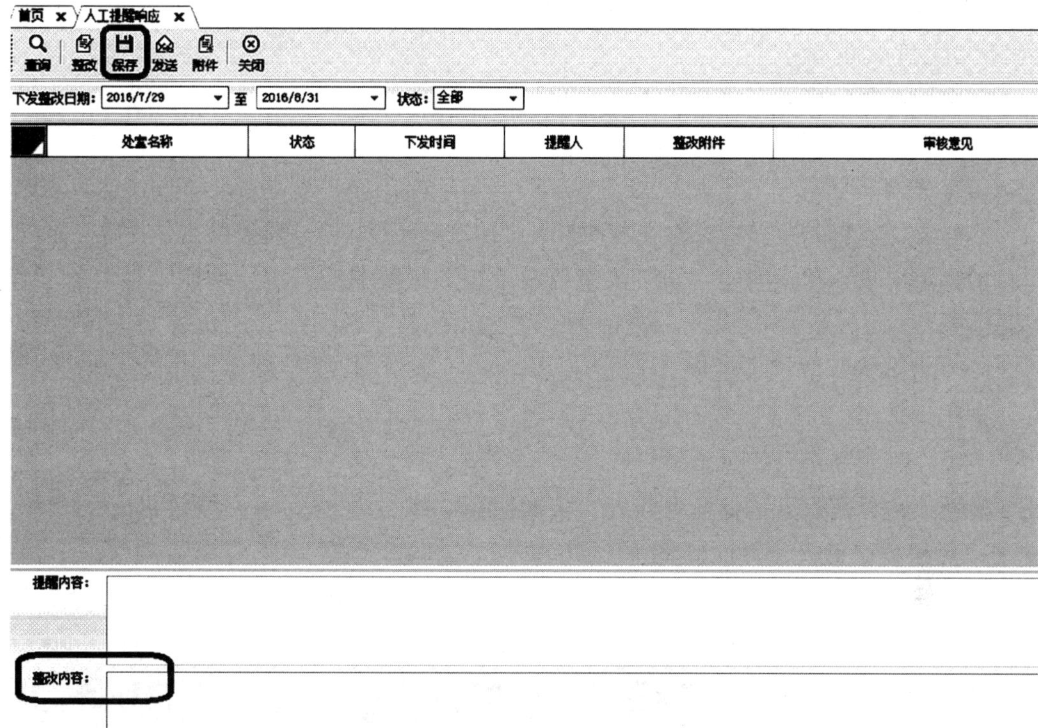

图 5－144　填写整改内容

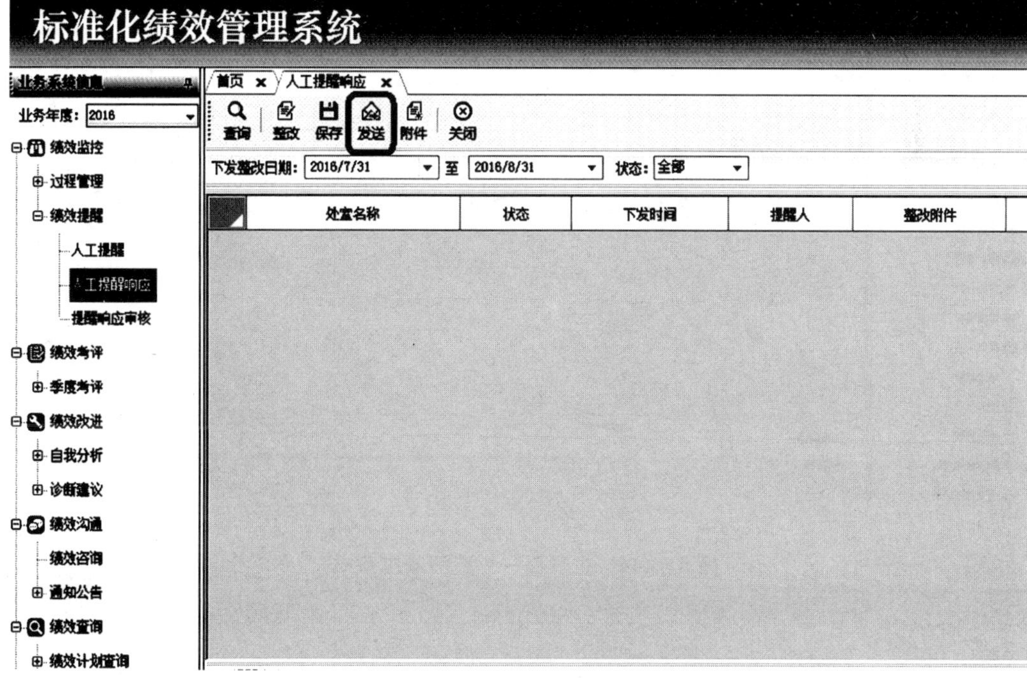

图 5－145　发送人工提醒响应

(图5－144)点击“保存”按钮，选择待整改条目点击“发送”按钮（图5－145）(此处可上传附件)。

⑤中层副职响应中层负责人人工提醒。

6．提醒响应审核

（1）业务描述

提醒响应审核是审核对临期指标做出的回应。分管领导、绩效管理员审核厅内各单位的提醒响应，厅内各中层负责人审核本单位的提醒响应，中层副职审核分管工作的提醒响应。

（2）业务操作界面及说明

操作步骤：

①中层副职登录系统。

②进入主界面后，选择业务年度，依次选择“绩效监控”→“绩效提醒”菜单，进入“提醒响应审核”界面（图5－146）。

③选择已反馈的提醒响应，点击“审核”按钮，填写审核意见，点击“保存”按钮（图5－147）(此处可查看附件，也可点击“退回”按钮将提醒响应发回)。

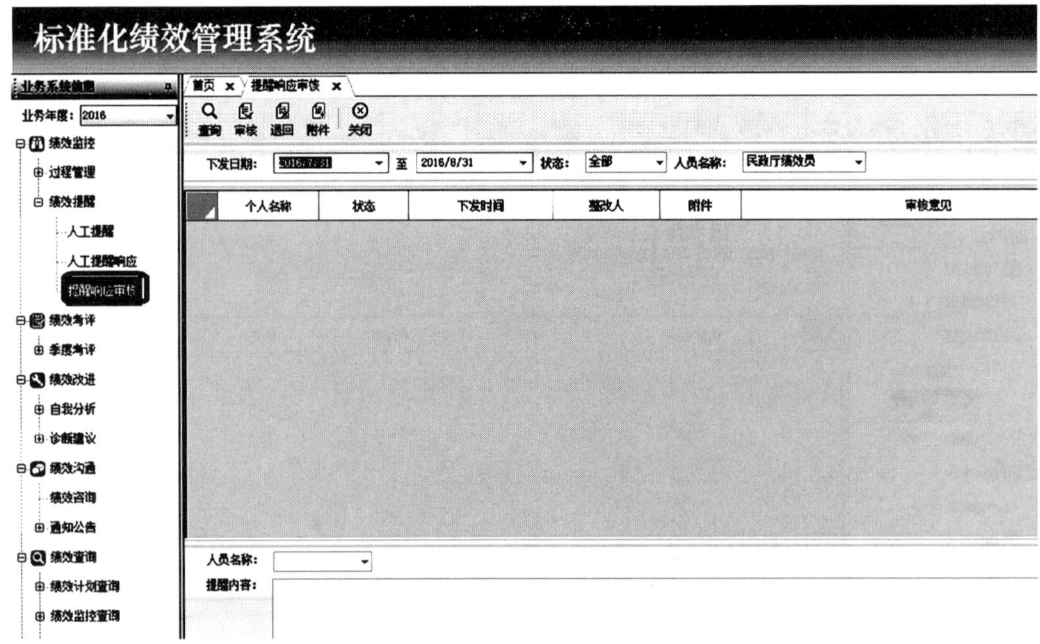

图5－146 主界面——提醒响应审核

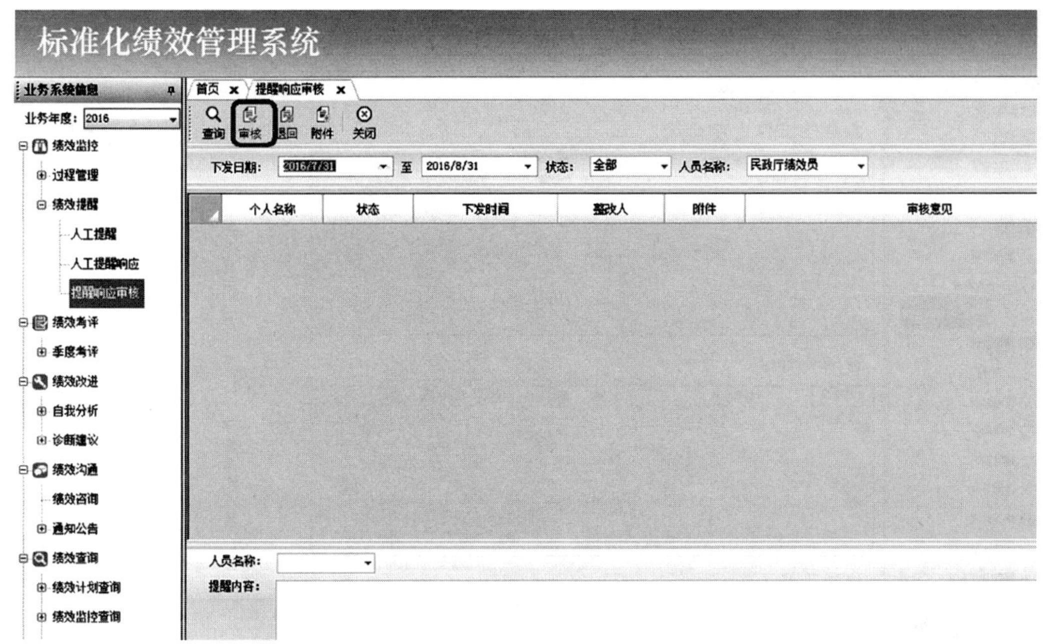

图5－147　审核提醒响应

（四）绩效考评

1．负荷系数设置

（1）业务描述

个人季度考评周期开始后，分管领导、中层负责人、中层副职、工作人员需要设置工作负荷系数。

（2）业务操作界面及说明

操作步骤：

①中层副职分别登录系统。

②进入主界面后，依次选择“绩效考评”→“季度考评”→“个人考评”→“负荷系数设置”菜单，进入“负荷系数设置”界面（图5－148）。

③选择“年度”“季度”参数→点击“新建”按钮→在“工作负荷系数评价”下拉框内单选评价等级→点击“保存”按钮。

注意事项：

评价工作负荷系数须按照设置规则进行（可点击“设置规则表”按钮查看）；不对本人评价；负荷系数设置界面有单独密码，与登录密码不同；每季度设置一次工作负荷系数。

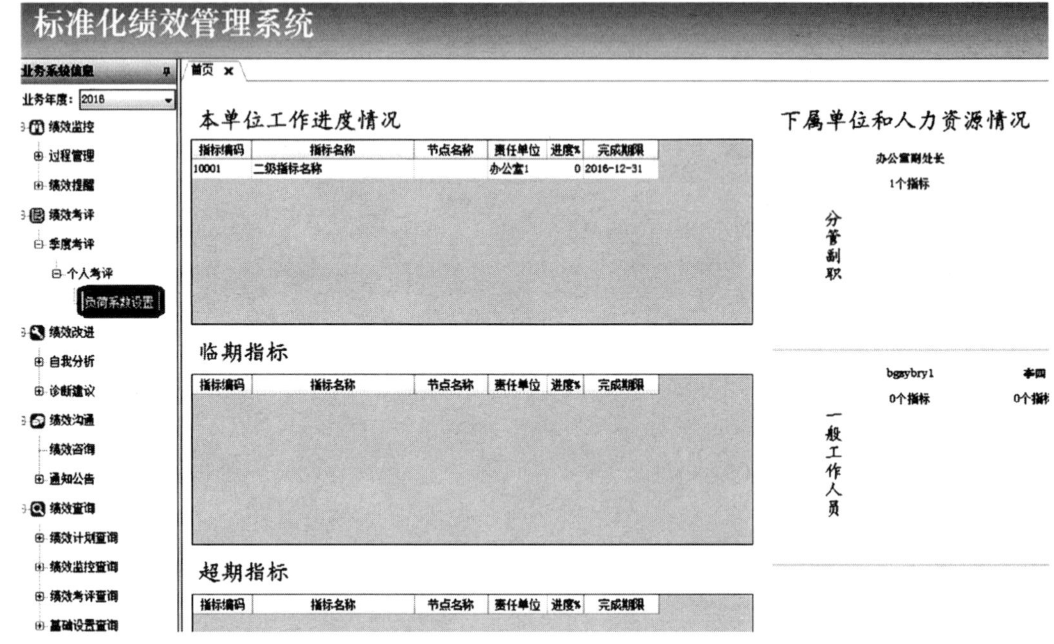

图 5－148 主界面——负荷系数设置

（五）绩效沟通

绩效沟通指上下级之间、考评主体与被考评对象之间在绩效管理过程中就相关事项进行的协商和反馈。在本系统中，主要体现为绩效咨询、绩效解答和通知公告三个模块。

1. 绩效咨询

（1）业务描述

中层负责人、中层副职、工作人员对绩效管理过程中相关事项进行咨询。

（2）业务操作界面及说明

操作步骤：

①中层副职登录，进入主界面后，依次选择“绩效沟通”→“绩效咨询”菜单，进入“绩效咨询”界面（图 5－149）。

②点击“新增”按钮（图 5－150）→在下方“咨询内容”栏中输入相应内容→点击“保存”按钮→点击“发送”按钮，此时右侧状态栏由“待发送”变为“待辅导”。

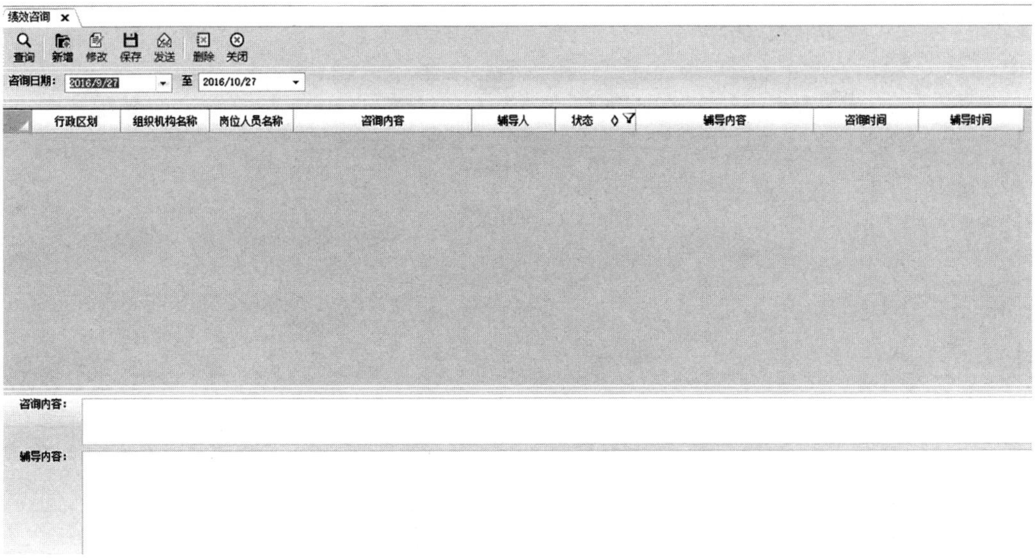

图 5 - 149 主界面——绩效咨询

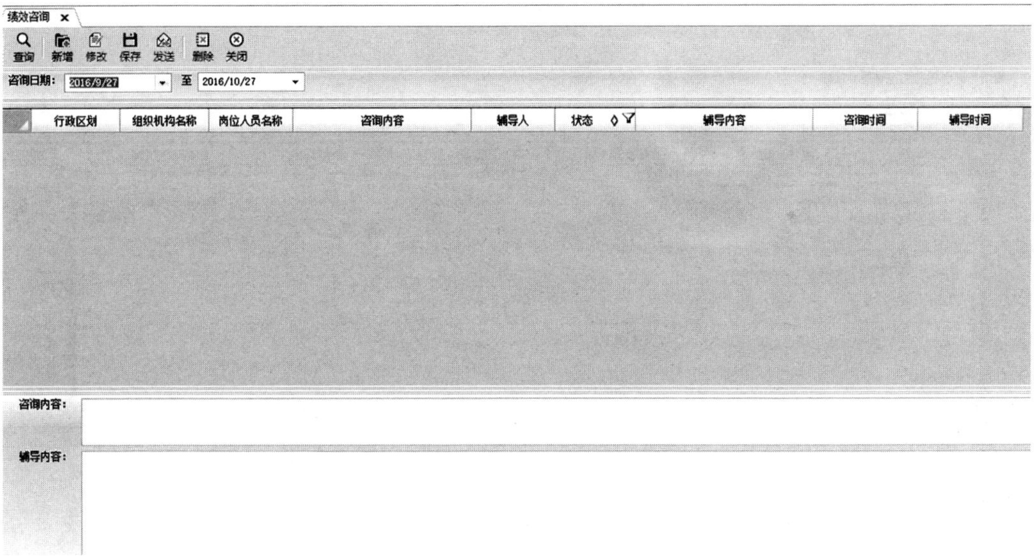

图 5 - 150 主界面——新增咨询内容

2. 通知公告查看

(1) 业务描述

中层负责人、中层副职、工作人员查看绩效管理员发布的通知公告。

(2) 业务操作界面及说明

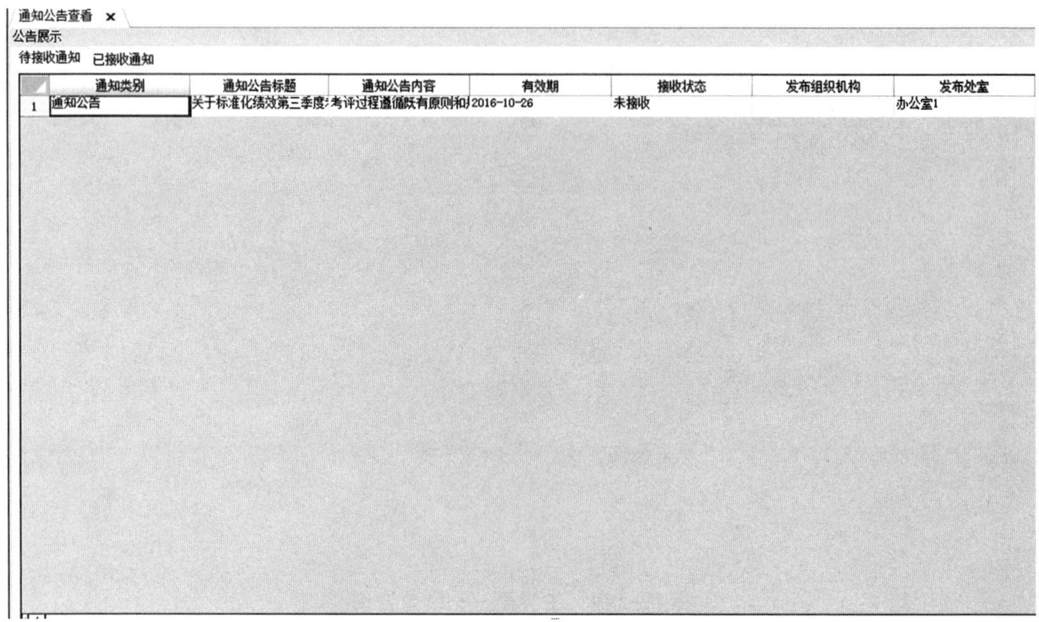

图 5－151 主界面——通知公告查看

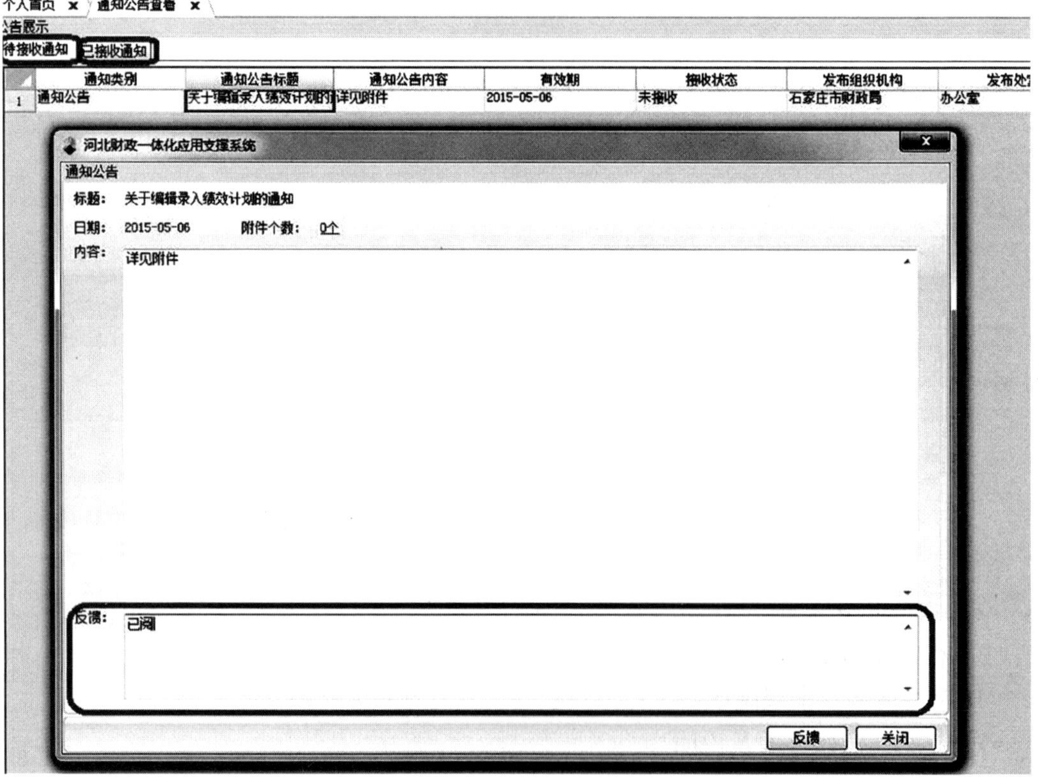

图 5－152 接收通知窗口

操作步骤：

①接收通知公告的人员登录，进入主界面后，依次选择“绩效沟通”→“通知公告”→“通知公告查看”菜单，进入“通知公告查看”界面（图5－151）。

②在公告展示区，切换“待接收通知”和“已接收通知”按钮，可以查看所有已发布的通知公告（图5－152）。双击某条待接收的通知公告，填写反馈后，该通知状态会变为“已接收”。

（六）绩效查询

绩效查询主要实现了对计划指标、工作进展情况、考评过程和结果以及相关的基础设置快速的了解查询。

1. 绩效计划查询

（1）业务描述

绩效计划查询功能可以帮助分管领导、中层负责人和中层副职掌握所属人员工作的进展情况，分管领导还可以实现以人找指标，以指标找人的筛选、统计、汇总等综合查询功能。

（2）业务操作界面及说明

操作步骤：

①进入主界面后，依次选择“绩效查询”→“绩效计划查询”→“本厅局指标查询”菜单，在年度指标中选择查询年份，点击“查询”按钮，显示本局所有目标和一级指标（图5－153）。

②切换到“绩效计划查询”菜单下“本处室指标查询”菜单，在年度指标中选择查询年份，指标分类选择全部，点击“查询”按钮，显示单位所有指标（按照分管副职排序）（图5－154）。

③切换到“绩效计划查询”菜单下“我的指标”菜单，点击“查询”按钮，在年度指标中选择查询年份，指标分类选择全部，显示本人所属指标（图5－155）。

④中层副职登录系统，进入主界面后，依次选择“绩效查询”→“绩效计划查询”→“指标节点查询”菜单，根据需要选择年度、指标级次和分类，点击“查询”按钮并点击＋号展开菜单后，显示本人所属指标的节点（图5－156）。

⑤切换到“绩效计划查询”菜单下“指标维度查询”菜单，点击“查询”按钮并点击＋号展开菜单后，显示本人所属指标的各维度；双击某指标，则显示指标的全部维度信息（图5－157）。

⑥切换到“绩效计划查询”菜单下“指标进度查询”菜单，点击“查询”按钮，显示本人所属指标的进度（图5－158）。

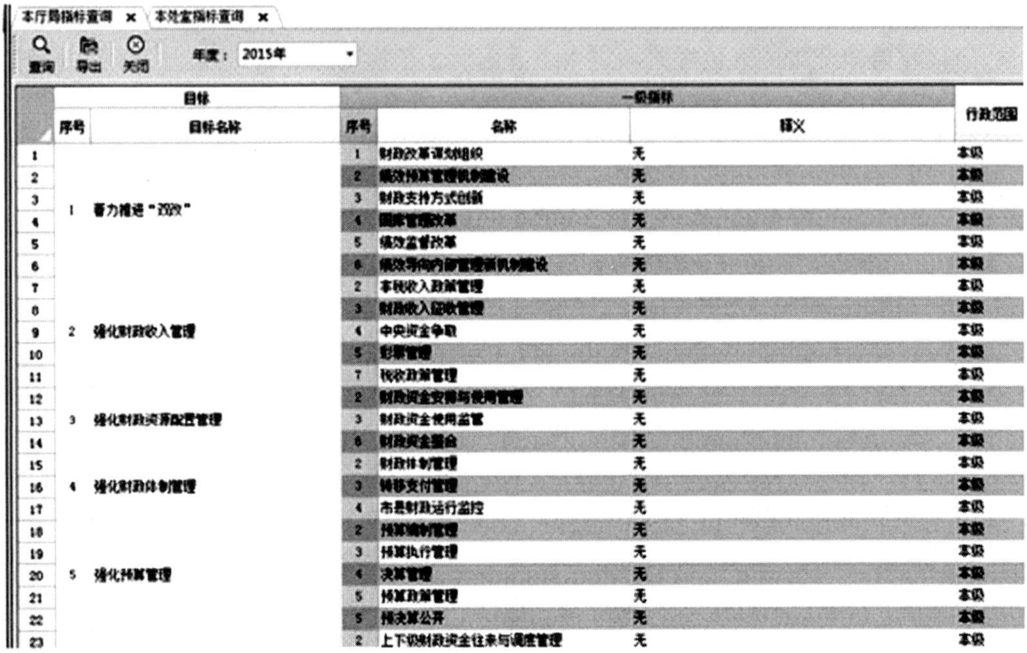

本厅局指标查询 × 本处室指标查询 ×

查询 导出 关闭 年度： 2015年

	目标		一级指标			行政范围
	序号	目标名称	序号	名称	释义	
1			1	财政改革谋划组织	无	本级
2			2	绩效预算管理机制建设	无	本级
3	1	着力推进“[illegible]改”	3	财政支持方式创新	无	本级
4			4	国库管理改革	无	本级
5			5	绩效监督改革	无	本级
6			6	绩效导向内部管理新机制建设	无	本级
7			2	非税收入政策管理	无	本级
8			3	财政收入征收管理	无	本级
9	2	强化财政收入管理	4	中央资金争取	无	本级
10			5	彩票管理	无	本级
11			7	税收政策管理	无	本级
12			2	财政资金安排与使用管理	无	本级
13	3	强化财政资源配置管理	3	财政资金使用监管	无	本级
14			6	财政资金整合	无	本级
15			2	财政体制管理	无	本级
16	4	强化财政体制管理	3	转移支付管理	无	本级
17			4	市县财政运行监控	无	本级
18			2	预算编制管理	无	本级
19			3	预算执行管理	无	本级
20	5	强化预算管理	4	决算管理	无	本级
21			5	预算政策管理	无	本级
22			5	预决算公开	无	本级
23			2	上下级财政资金往来与调度管理	无	本级

图 5－153　本厅局指标查询界面

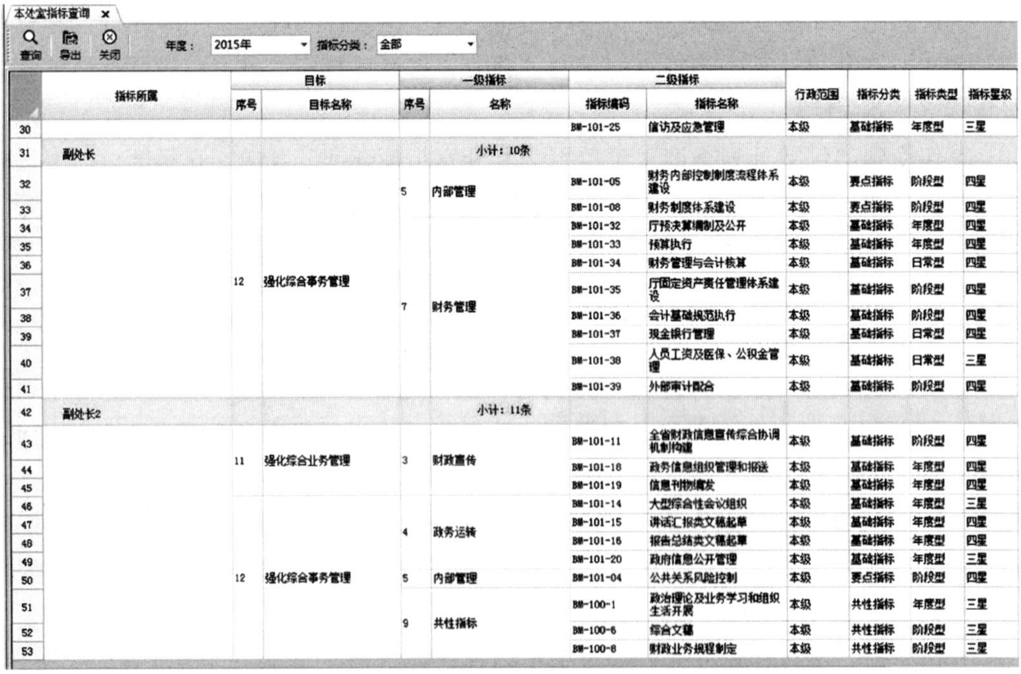

本处室指标查询 ×

查询 导出 关闭 年度： 2015年 指标分类： 全部

	指标所属	目标		一级指标		二级指标		行政范围	指标分类	指标类型	指标星级
		序号	目标名称	序号	名称	指标编码	指标名称				
30						BM-101-25	信访及应急管理	本级	基础指标	年度型	三星
31	副处长			小计：10条							
32				5	内部管理	BM-101-05	财务内部控制制度流程体系建设	本级	要点指标	阶段型	四星
33						BM-101-08	财务制度体系建设	本级	要点指标	阶段型	四星
34						BM-101-32	厅预决算编制及公开	本级	基础指标	年度型	四星
35						BM-101-33	预算执行	本级	基础指标	年度型	四星
36						BM-101-34	财务管理与会计核算	本级	基础指标	日常型	四星
37		12	强化综合事务管理			BM-101-35	厅固定资产责任管理体系建设	本级	基础指标	阶段型	四星
38				7	财务管理	BM-101-36	会计基础规范执行	本级	基础指标	阶段型	四星
39						BM-101-37	现金银行管理	本级	基础指标	日常型	四星
40						BM-101-38	人员工资及医保、公积金管理	本级	基础指标	日常型	三星
41						BM-101-39	外部审计配合	本级	基础指标	阶段型	四星
42	副处长2			小计：11条							
43						BM-101-11	全省财政信息宣传综合协调机制构建	本级	基础指标	阶段型	四星
44		11	强化综合业务管理	3	财政宣传	BM-101-18	政务信息组织管理和报送	本级	基础指标	年度型	四星
45						BM-101-19	信息刊物编发	本级	基础指标	年度型	四星
46						BM-101-14	大型综合性会议组织	本级	基础指标	年度型	三星
47				4	政务运转	BM-101-15	讲话汇报类文稿起草	本级	基础指标	年度型	四星
48						BM-101-16	报告总结类文稿起草	本级	基础指标	年度型	四星
49						BM-101-20	政府信息公开管理	本级	基础指标	年度型	三星
50		12	强化综合事务管理	5	内部管理	BM-101-04	公共关系风险控制	本级	要点指标	阶段型	四星
51						BM-100-1	政治理论及业务学习和组织生活开展	本级	共性指标	年度型	三星
52				9	共性指标	BM-100-6	综合文稿	本级	共性指标	阶段型	三星
53						BM-100-8	财政业务规程制定	本级	共性指标	阶段型	三星

图 5－154　本处室指标查询界面

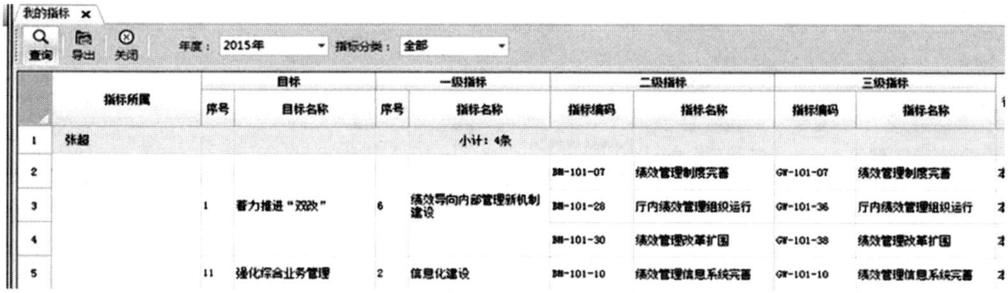

图 5－155　我的指标界面

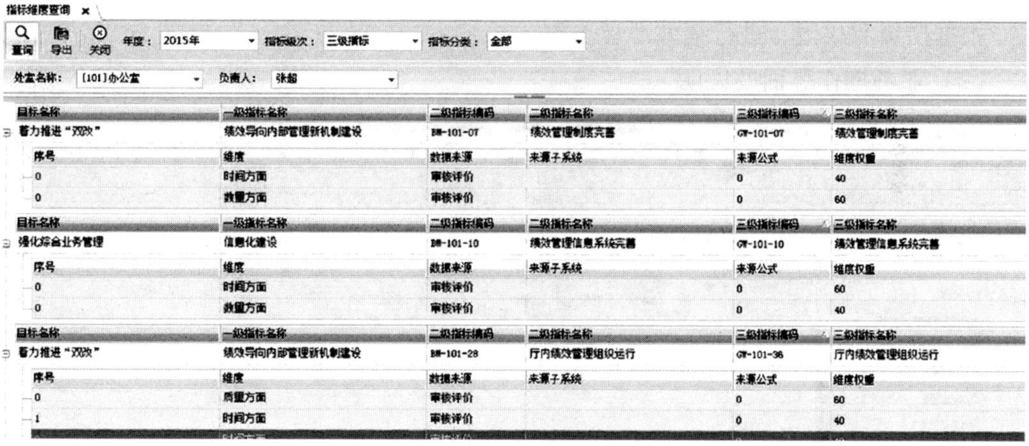

图 5－156　指标节点查询界面

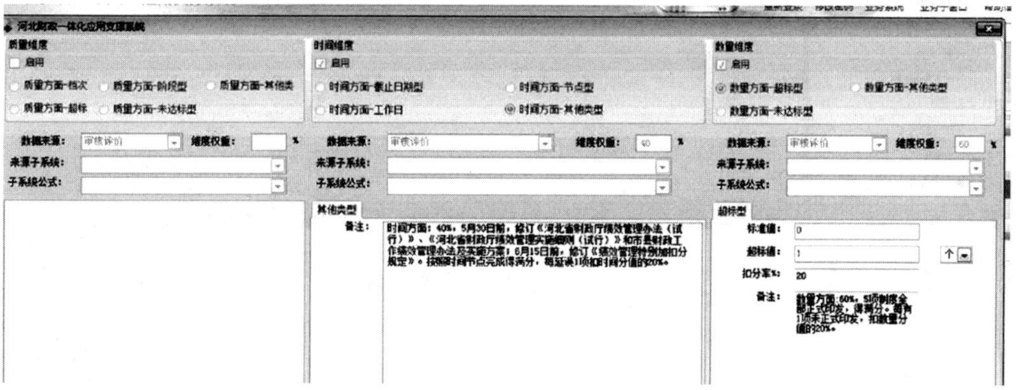

图 5－157　指标维度查询界面

指标进度查询

查询 导出 关闭 年度：2015年 指标级次：三级指标 指标分类：全部

处室名称：[101]办公室 人员：

	二级指标	三级指标			处室	人员	指标进度						
	指标名称	指标编码	指标名称	节点名称			总进度	1月	2月	3月	4月	5月	6月
1	绩效管理制度完善	GF-101-07	绩效管理制度完善		办公室	张超	0%			0%	0%		
2	厅内绩效管理组织运行	GF-101-36	厅内绩效管理组织运行	下发编制2015年绩效计	办公室	张超	100%			100%	100%		
3				下发通知组织厅内各单	办公室	张超	100%			100%	100%		
4	绩效管理改革扩围	GF-101-38	绩效管理改革扩围	下发全系统开展绩效运	办公室	张超	0%			0%	0%		
5				组织开展全系统绩效管	办公室	张超	0%			0%	0%		
6	绩效管理信息系统完善	GF-101-10	绩效管理信息系统完善		办公室	张超	70%			35%	70%		

图 5－158　指标进度查询界面

2. 绩效考评查询

（1）业务描述

根据层级和权限，进行绩效考评查询。

（2）业务操作界面及说明

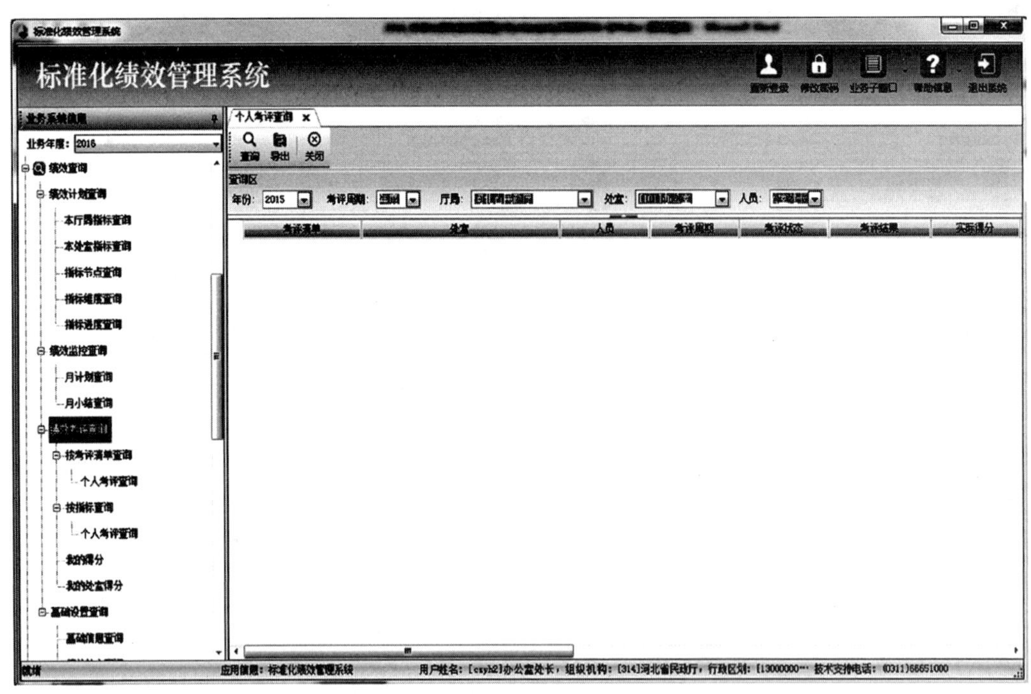

图 5－159　主界面——绩效考评查询

操作步骤：

①中层副职登录。

②进入主界面后，依次选择“绩效查询”→“绩效考评查询”菜单，可以选择按考评清单或按指标进行个人考评查询（图 5－159），点击“查询”按钮，显示个人考评情况。

③中层副职可以利用“我的得分”“我的处室得分”菜单查询自己季度和年度考

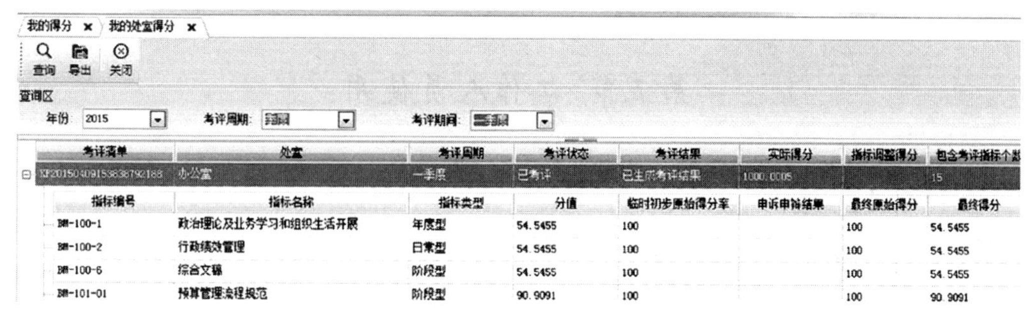

图 5－160 得分界面

评的得分情况及本单位得分情况（图 5－160）。

3．首页

（1）业务描述

每个用户进入标准化绩效管理系统，首先会自动生成一个首页。不同角色的人员首页也不相同。

（2）业务操作界面及说明

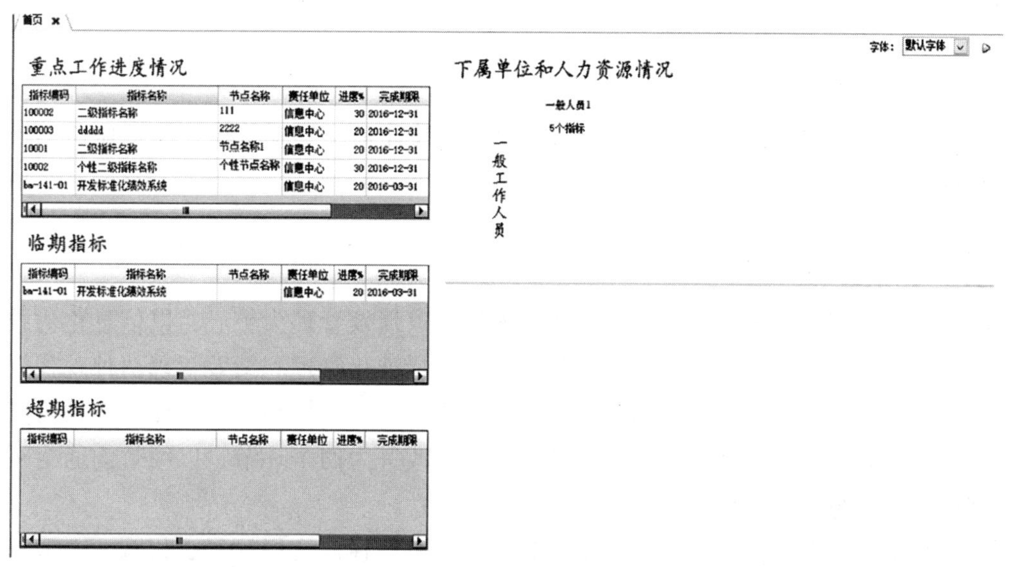

图 5－161 中层副职首页

第五节 工作人员使用

一、引言

（一）项目背景

绩效管理已经成为现代公共管理的一种潮流和趋势，绩效管理是运用现代公共管理理念，紧密结合工作实际，建立目标引导、过程控制、持续改进、整体提升的管理机制，对单位及其工作人员政策执行、岗位履职、目标完成等方面进行全面系统的管理。

（二）编写目的

更好地让各省直部门了解和熟悉绩效管理理念，掌握绩效管理信息化系统，帮助用户更好地使用该软件，熟悉软件操作，掌握安装和部署软件所需的软硬件资源，以及该软件使用过程中应注意的一些问题。

（三）适用范围

该软件手册适用工作人员角色的人员，以便其快速地了解和掌握该角色所应当掌握的软件功能。

二、系统概述

标准化绩效管理系统是以标准化管理为依托、以绩效管理为核心、以信息化为技术支撑的一体化行政管理运行平台。该系统承载了标准化管理和绩效管理两种现代管理科学体系，贯通了一个基础、四个环节、一条主线，即以标准化管理体系文件为制度基础，以绩效计划、绩效监控、绩效考评、绩效改进为四个环节，以绩效沟通为一条主线的核心业务流程（图 5－162）。

该系统是全员参与的系统，纵向支撑省、市、县，横向支撑厅局、机构、个人的立体绩效指标运行，有效贯彻了“人人头上有指标，千斤重担大家挑”的绩效管理理念。依据标准化文件要求制定绩效目标、绩效指标以及相应指标考核标准，通过持续进行系统跟踪监控，确保组织和个人的绩效目标得以实现，持续提升组织和个人的绩效成果，不断提高组织和个人的工作效率。

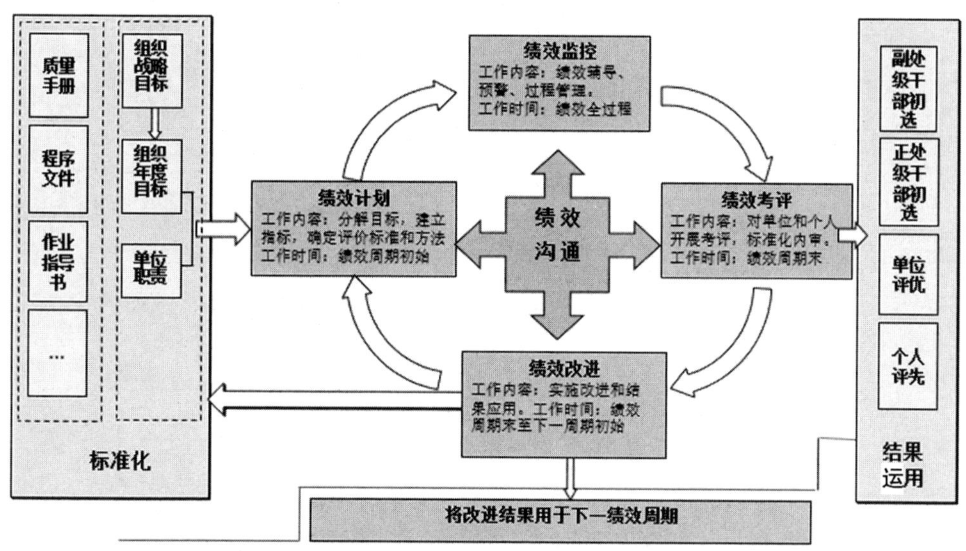

图 5－162　标准化绩效管理体系框架图

三、系统安装

根据各厅局单位指定的下载地址下载该软件安装包。下载后双击安装包，选择合适的安装路径，根据提示点击下一步：

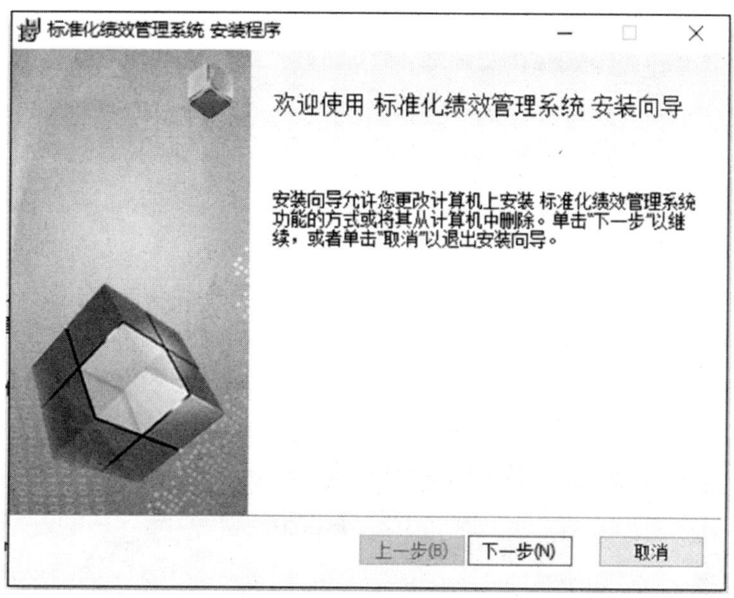

图 5－163　安装向导

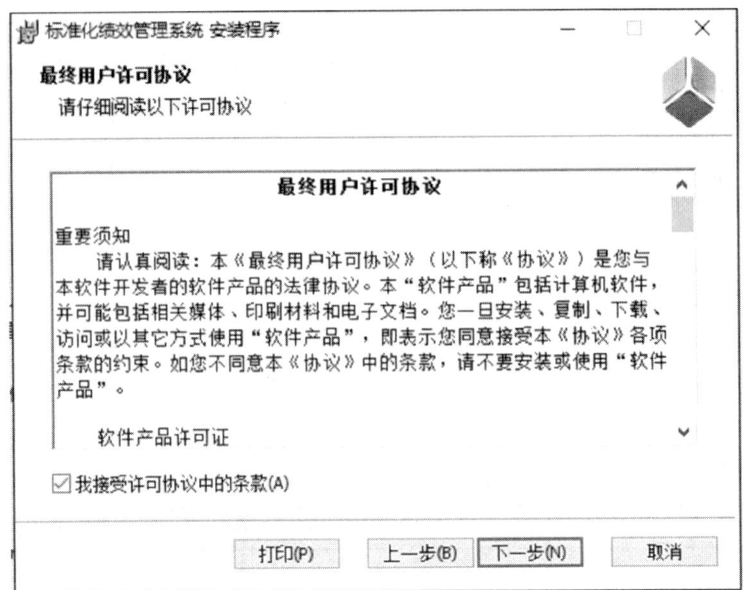

图 5 - 164 用户协议页面

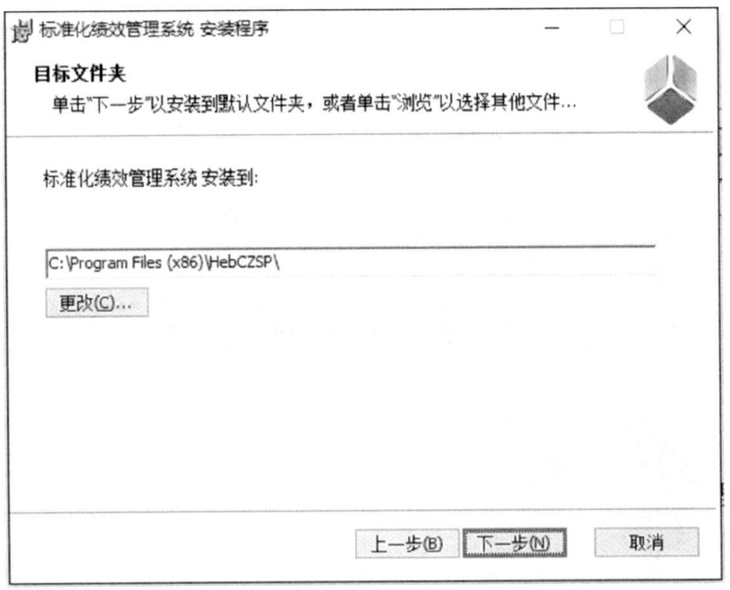

图 5 - 165 安装路径

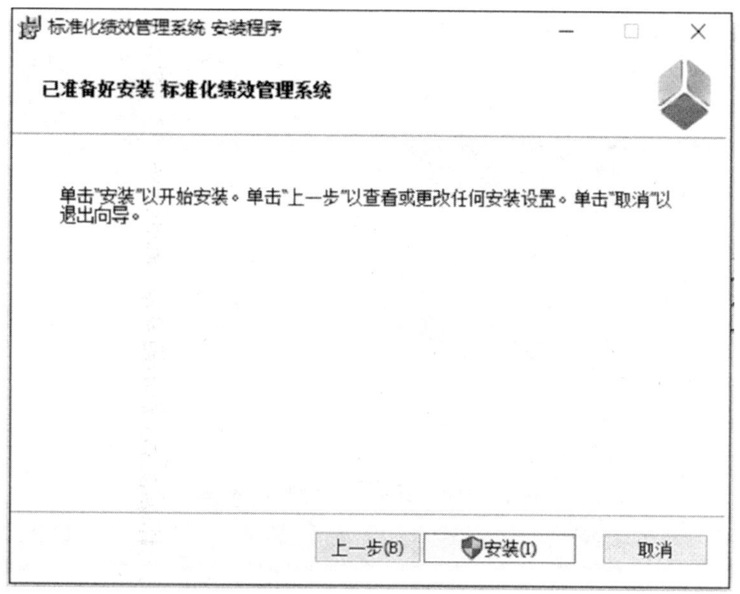

图 5－166　安装界面

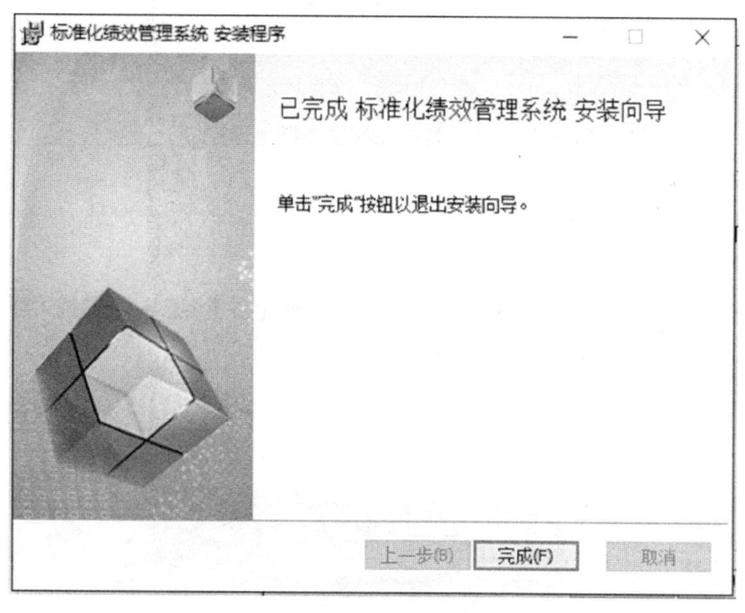

图 5－167　安装完成提示界面

四、系统登录

用户首次登录系统需对标准化绩效管理系统的链接服务地址进行设置。

用户首次登录系统，在登录界面上选择右上方的“设置”（图 5－168），弹出系

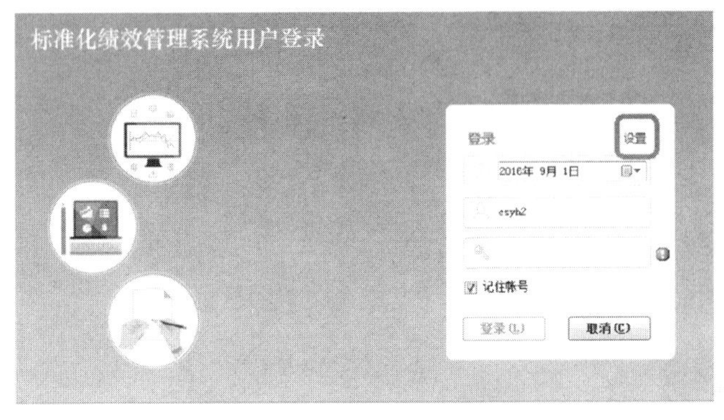

图 5－168　主界面——登录设置

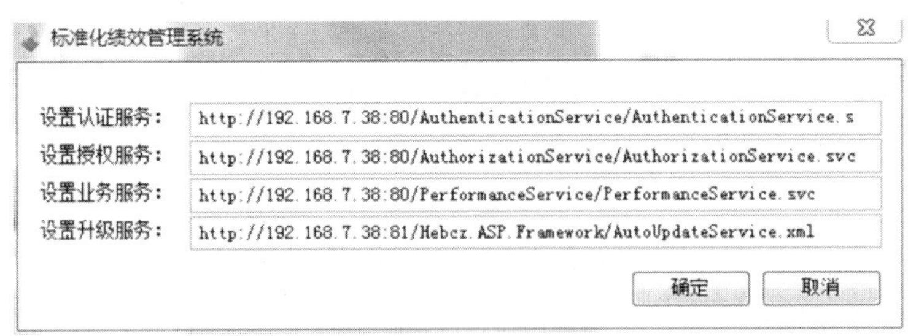

图 5－169　修改系统服务器地址窗口

统服务器地址设置窗口（图 5－169）。在弹出窗口中修改服务地址（该服务地址由各部门绩效管理员发布）。

在登录系统后，首先需要设置业务年度为当前业务年度（设置成功后下次登录不需再次设置，直到下一个业务年度开始时重新设置）。

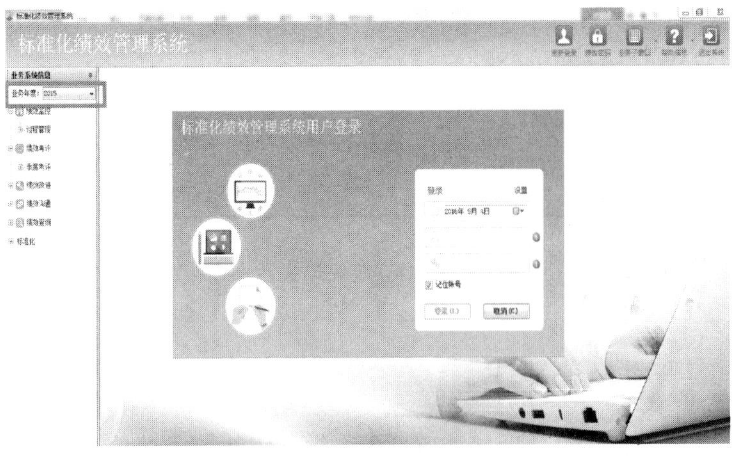

图 5－170　主界面——业务年度设置

用户首次登录绩效管理系统，进入系统后在页面左侧的“业务年度”选择框中（图5－170），点击下拉菜单，对业务年度进行设置。

五、工作人员操作使用

工作人员角色指的是：副调研员及其他工作人员。

参与功能模块包含：

a. 绩效监控：周记录、月计划、月小结。

b. 绩效考评：负荷系数设置。

c. 绩效沟通：绩效咨询、通知公告查看。

d. 绩效改进：绩效分析报告编写、绩效提升计划编写以及查看功能。

（一）标准化

1. 文件查询

（1）业务描述

提供相关的标准化文件的查询、下载功能。

（2）业务操作界面及说明

操作步骤：

①用户登录

②进入菜单：“标准化”→“标准化文件”→“文件查询”（图5－171）。

图5－171 文件查询

（二）流程图

1. 流程图查看

（1）业务描述

开展工作时可以在线查看流程图，从而依据标准流程开展工作。

（2）业务操作界面及说明

操作步骤：

①用户登录。

②进入菜单："标准化"→"流程图系统"→"流程图查询"（图5－172）。

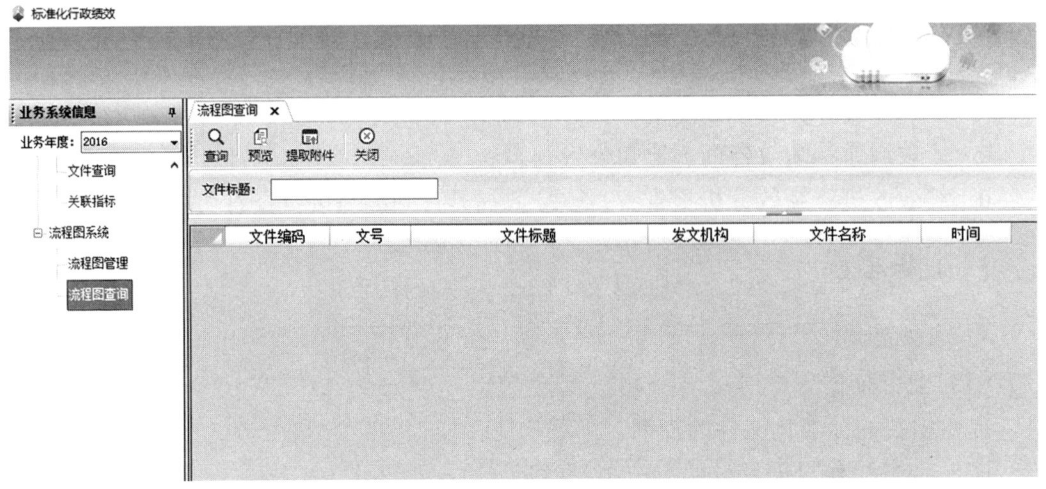

图5－172 流程图查询

（三）绩效监控

绩效监控模块是根据厅局日常工作的开展情况，通过对绩效计划执行情况进行实时跟踪，及时纠正各种偏差的过程，是对绩效计划执行的指导、管理和监督。

1. 周记录

（1）业务描述

周记录以周为单位，每周末之前记录自己一周的工作。

（2）业务操作界面及说明

操作步骤：

①工作人员登录系统。

②进入主界面后，选择业务年度，依次选择"绩效监控"→"过程管理"菜单，进入"周记录"界面（图5－173）。

③点击"新增"按钮，在下方"内容"栏中输入相应内容（最少100字，最多2000字符），点击"保存"按钮，点击"发送"按钮（图5－174）。

④工作人员发送给中层副职审核。

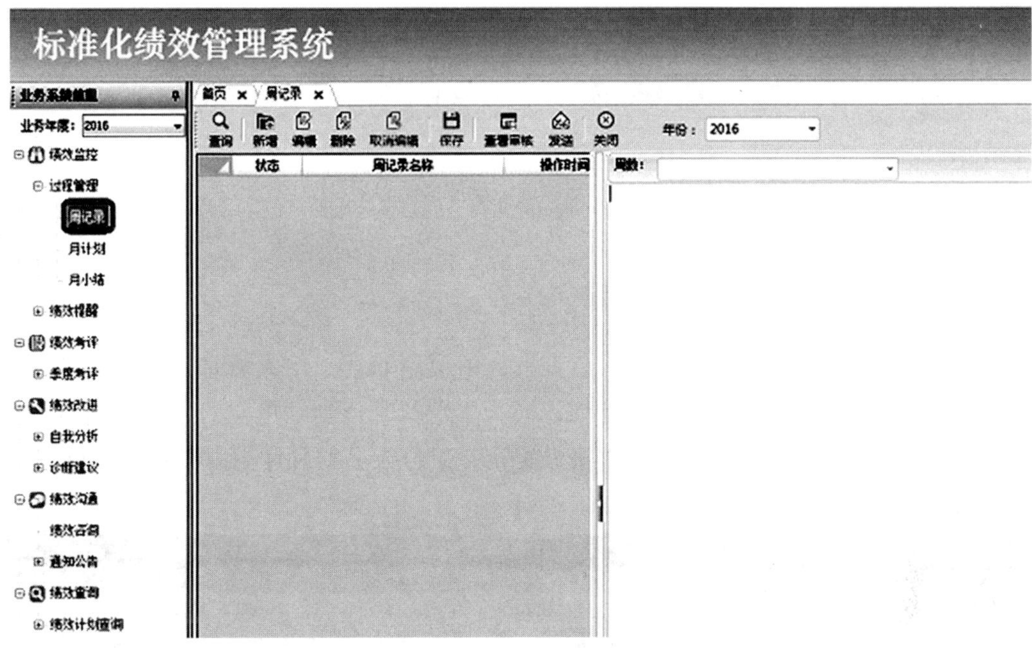

图 5－173　主界面——周记录

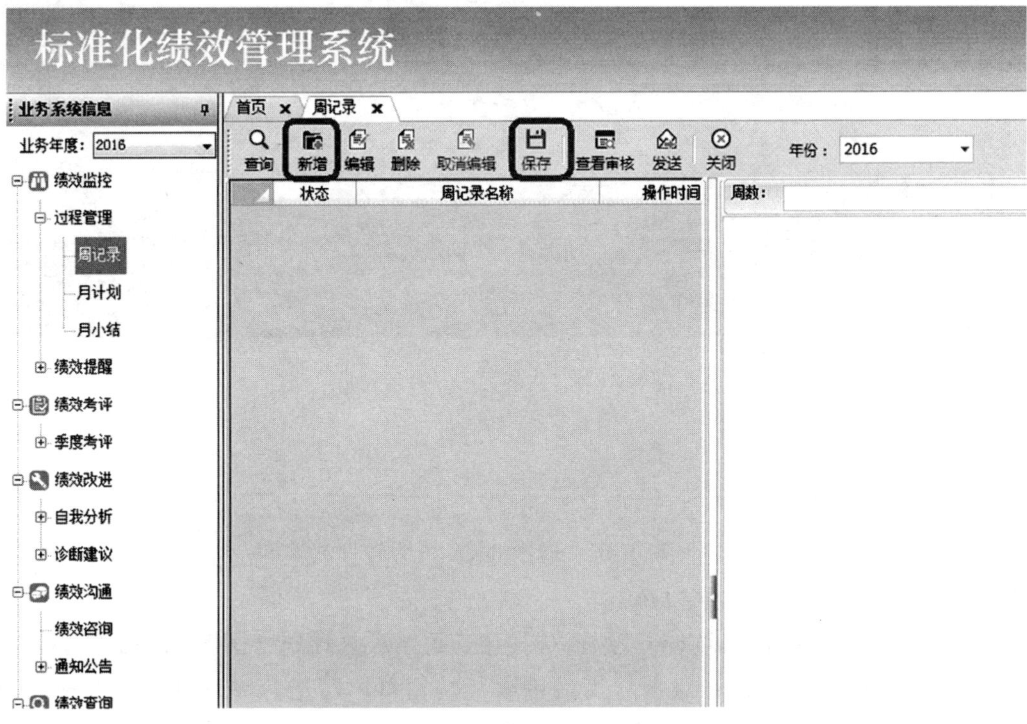

图 5－174　编辑周记录窗口

发送和审核序列：

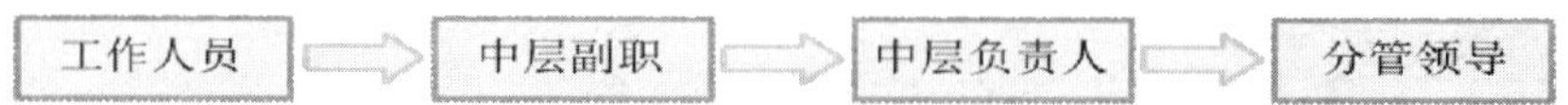

图 5－175 周记录审核流程

2. 月计划

（1）业务描述

月计划是以月度为单位，由中层负责人、中层副职、工作人员每月初制定绩效指标月度完成计划，中层负责人的月计划视同为本单位月计划。单位的月计划由分管领导审定，中层副职的月计划由中层负责人审定，工作人员的月计划由中层副职审定。

（2）业务操作界面及说明

图 5－176 主界面——月计划

操作步骤：

①工作人员登录系统。

②进入主界面后，选择业务年度，依次选择“绩效监控”→“过程管理”菜单，进入“月计划”界面（图 5－176）。

③选中要录入的月份，点击“编辑”按钮，可录入月计划（图 5－177）。

④在弹出的录入窗口，双击“当前进度”按钮可填写指标完成进度；点击“附件”按钮可上传相关证明材料；计划内容需在下方文字框中手工输入，也可利用“提取上次内容”提取上月文本（图 5－178）。

⑤录入完成后需点击“发送”按钮，方可将月计划发送至中层副职审核，审核时

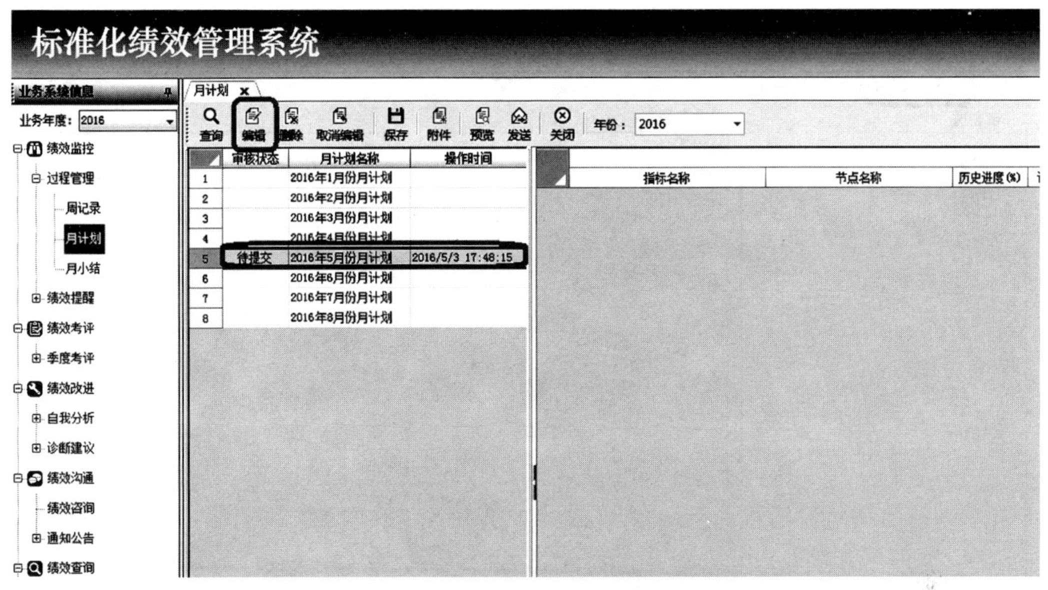

图 5－177　编辑月计划窗口

2016年5月份月计划

	指标名称	节点名称	历史进度(%)	计划进度(%)	附件	内容
1	[10001] 二级指标名称		0	0	1	太投入
2	[10002] 个性二级指标名称	个性节点名称	30	0	0	测试数据
3	[100002] 二级指标名称	111	30	0	0	发个
4	[100003] 演示二级指标1	2222	20	0	0	人体吧
5	[bm-141-01] 开发标准化绩效系统		20	0	0	反光板

月计划内容(您还可以输入996字)　提取上次内容

测试数据

图 5－178　填写月计划窗口

一定要选择正确的年度和月份。选中已发送人员，点击“通过”或“退回”按钮进行审定，此时可以填写文本，也可查看附件（图 5－179）。

⑥工作人员发送给中层副职审核。

注意事项：

a．编辑月计划时，应先选择月份，再点击“编辑”按钮，否则易出现编辑错月份的情况。

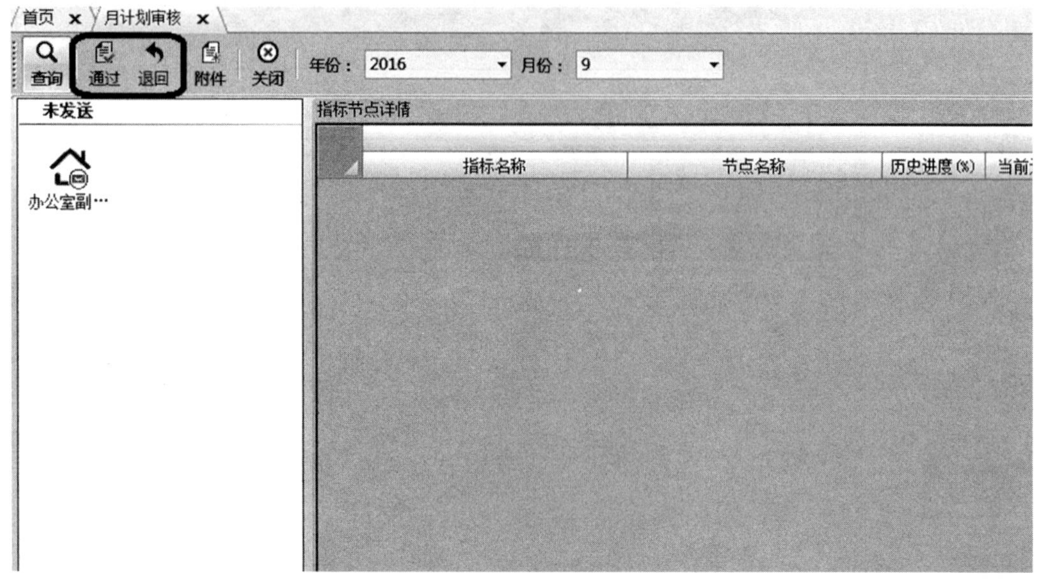

图 5－179　审核月计划窗口

图 5－180　月计划审核流程

b. 计划进度栏中，日常发生或无法预测进度的增加 8%，最后一个月增加 12%；未发生的增加 0%。在添加当前进度时，需要填写当前累积的进度，请勿填写本月进度。

c. 某指标工作完结，以后月份都填“已完成”“100%”。

d. 某指标附件材料上传一次即可，不用每个月重复上传；材料较多的也不需全部上传，只要能证明即可。

3. 月小结

(1) 业务描述

月小结是以月度为单位，由中层负责人、中层副职、工作人员每月底就绩效指标完成情况进行总结。中层负责人的月小结视同为本单位月小结。单位的月小结由分管领导审定，中层副职的月小结由中层负责人审定，工作人员的月小结由中层副职审定。

(2) 业务操作界面及说明

操作步骤：

①工作人员登录系统。

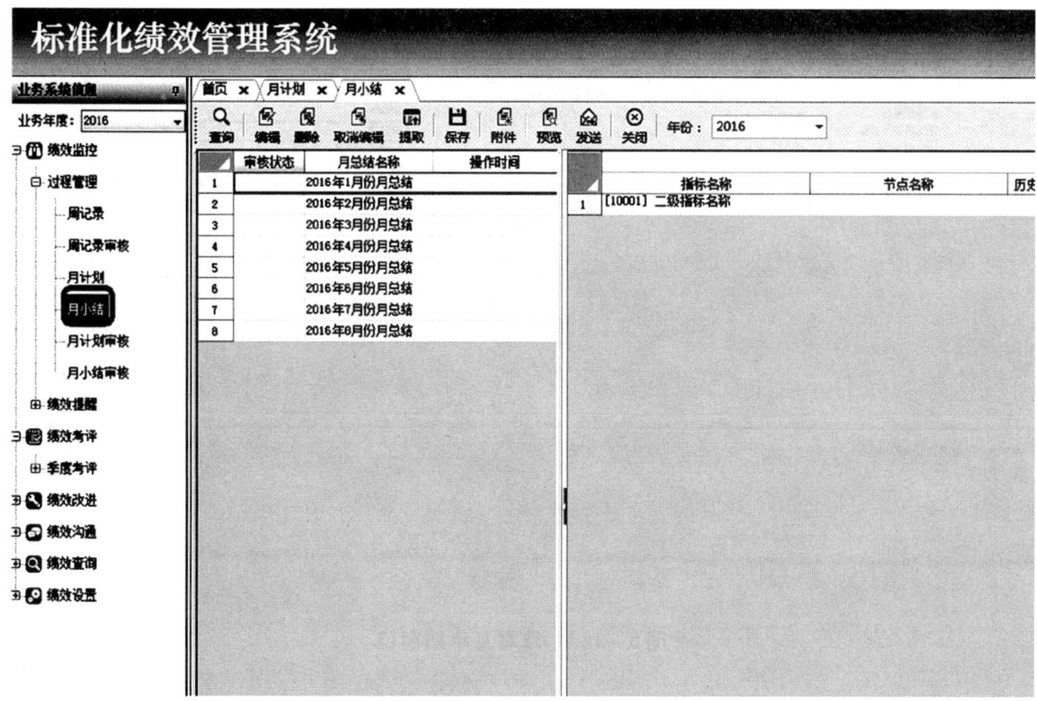

图 5－181　主界面——月小结

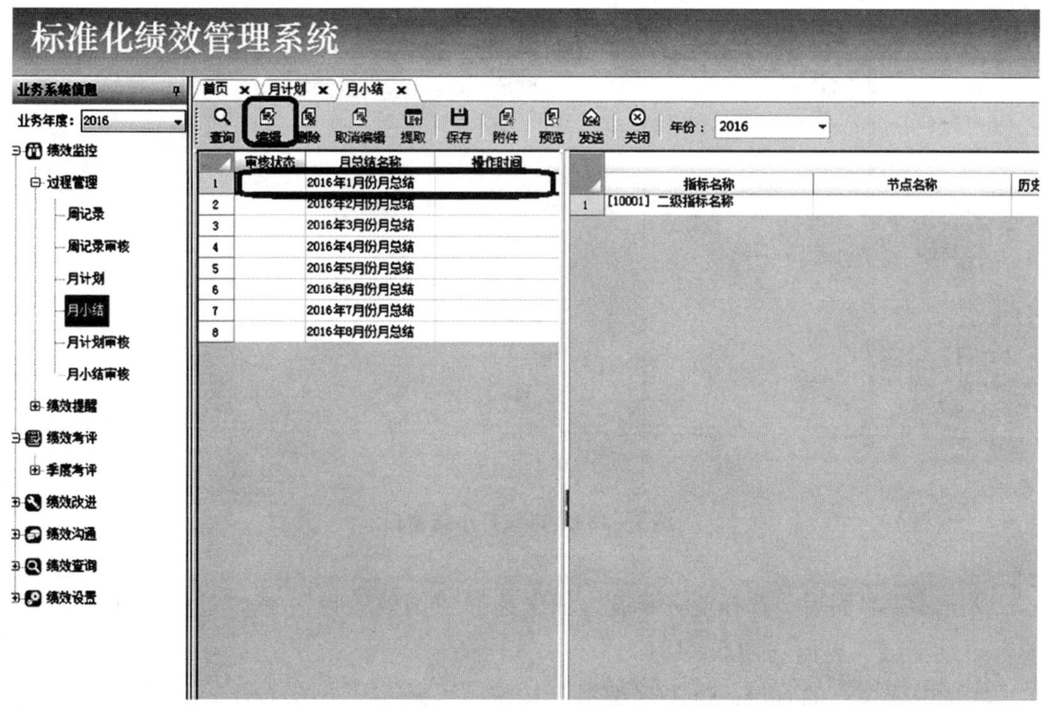

图 5－182　编辑月小结窗口

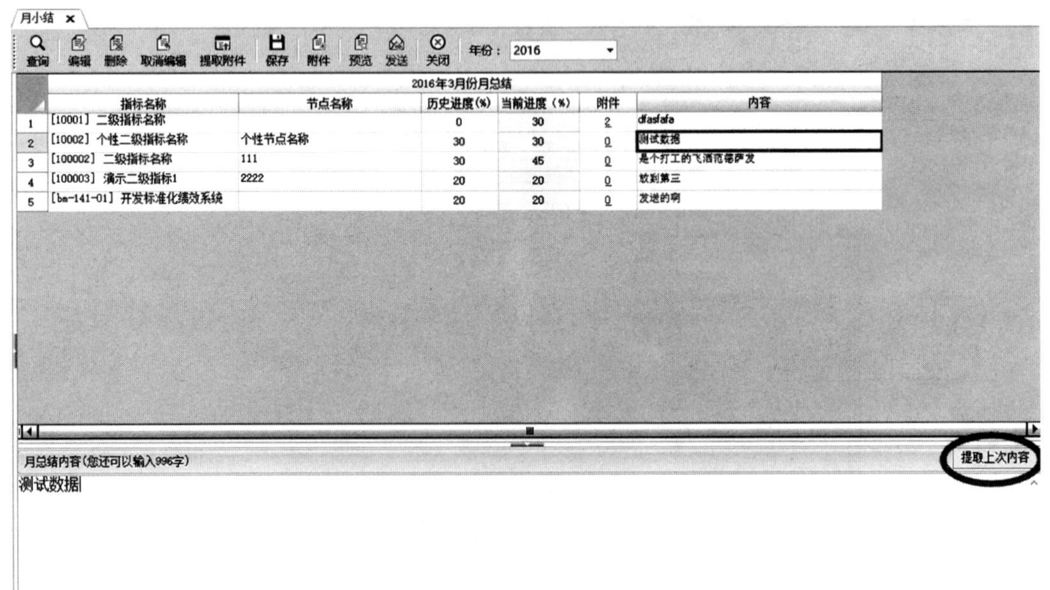

图 5-183　填写月小结窗口

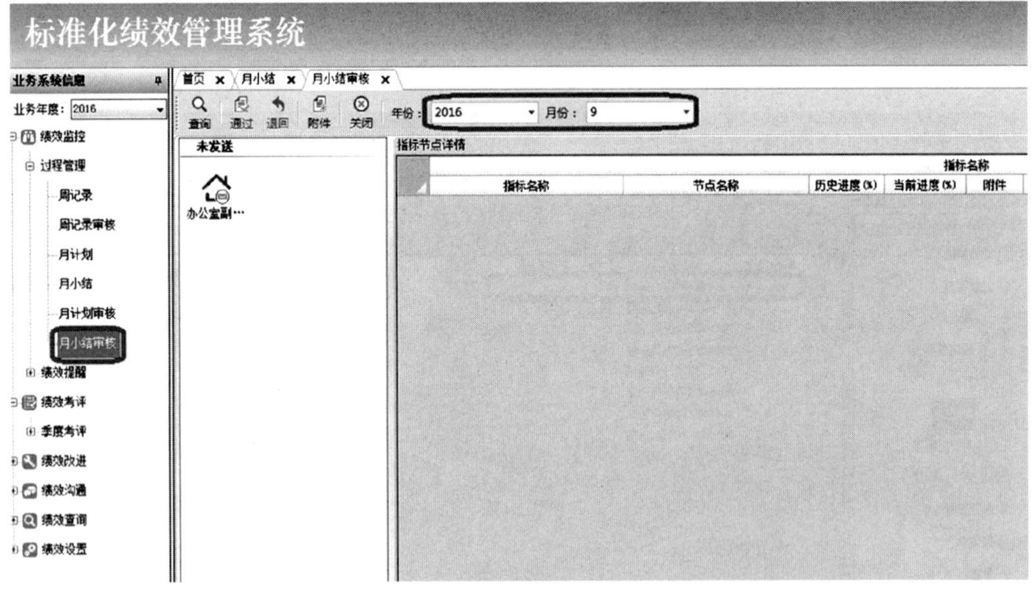

图 5-184　审核月小结窗口

②进入主界面后，选择业务年度，依次选择“绩效监控”→“过程管理”菜单，进入“月小结”界面（图 5-181）。

③选中要录入的月份，点击“编辑”按钮，可录入月小结（图 5-182）。

④在弹出的录入窗口，双击“当前进度”按钮可填写指标完成进度；点击“附

件”按钮可上传相关证明材料；计划内容需在下方文字框中手工输入，也可利用“提取上次内容”提取上月文本（图5－183）。

⑤录入完成后需点击“发送”按钮，方可将月小结发送至中层副职审核。审核时一定要选择正确的年度和月份。选中已发送人员，点击“通过”或“退回”按钮进行审定，此时可以填写文本，也可查看附件（图5－184）。

⑥工作人员发送给中层副职审核。

图5－185 月小结审核流程

注意事项：

a. 编辑月小结时，应先选择月份，再点击“编辑”按钮，否则易出现编辑错月份的情况。

b. 小结进度栏中，日常发生或无法预测进度的增加8%，最后一个月增加12%；未发生的增加0%。在添加当前进度时，需要填写当前累积的进度，请勿填写本月进度。

c. 某指标工作完结，以后月份都填“已完成”“100%”。

d. 某指标附件材料上传一次即可，不用每个月重复上传；材料较多的也不需全部上传，只要能证明即可。

4. 人工提醒响应

（1）业务描述

人工提醒响应是对临期指标（即将到期但未完成的指标）向单位发送的预警信息做出的回应。厅内各中层负责人负责回应分管领导或者绩效管理员对本单位的提醒，中层副职和工作人员负责回应本人承担工作的提醒。

（2）业务操作界面及说明

操作步骤：

①工作人员登录。

②进入主界面后，选择业务年度，依次选择“绩效监控”→“绩效提醒”菜单，进入“人工提醒响应”界面（图5－186）。

③点击“查询”按钮，选择已发来的提醒条目（图5－187）。

④点击“整改”按钮（图5－188）在下方“整改内容”栏中输入相应内容（图5－189）点击“保存”按钮，选择待整改条目点击“发送”按钮（图5－190）（此处可上传附件）。

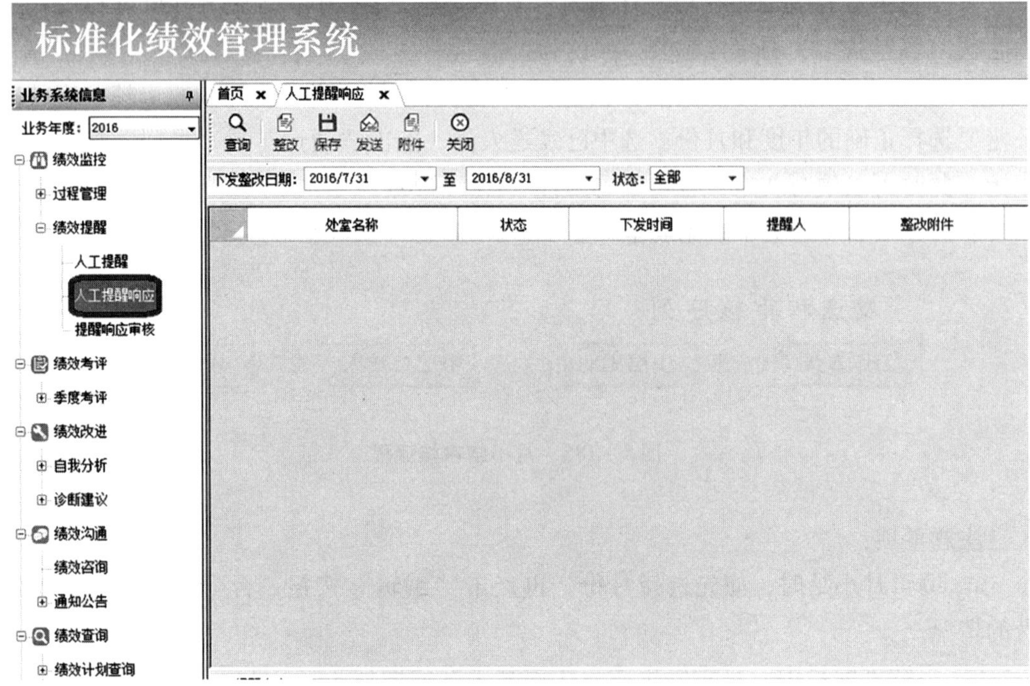

图 5－186　主界面——人工提醒响应

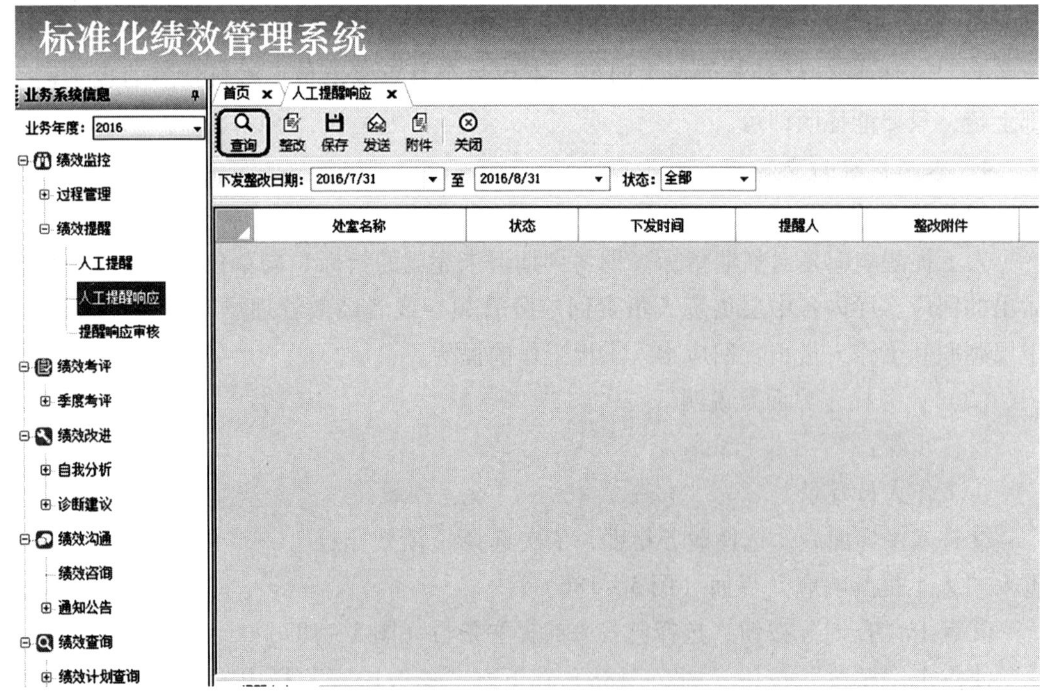

图 5－187　查询人工提醒响应

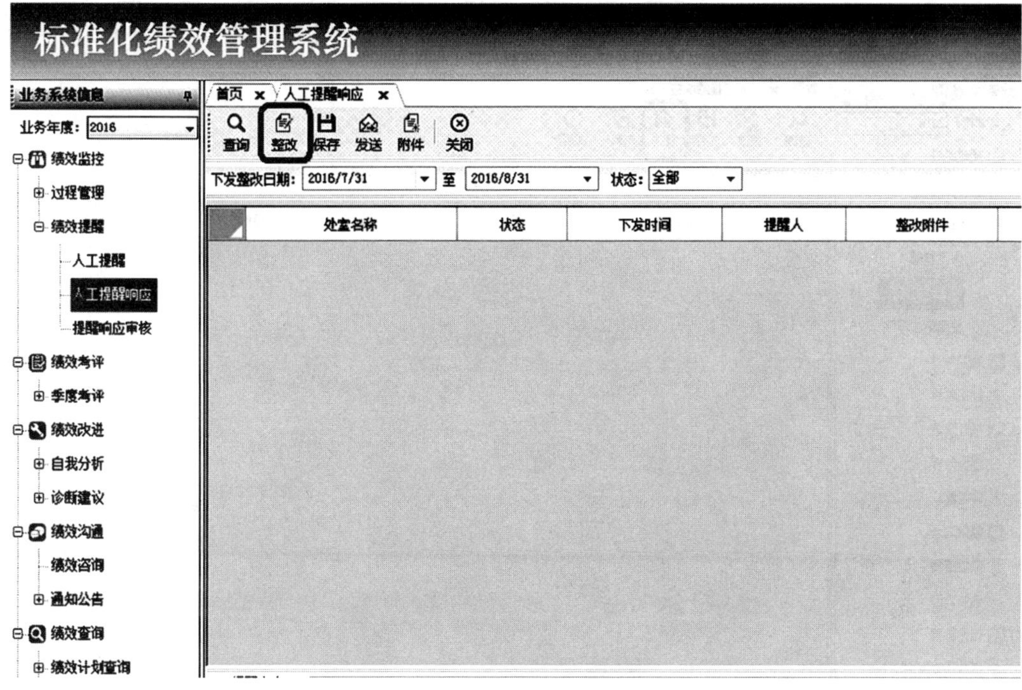

图 5－188　整改人工提醒响应

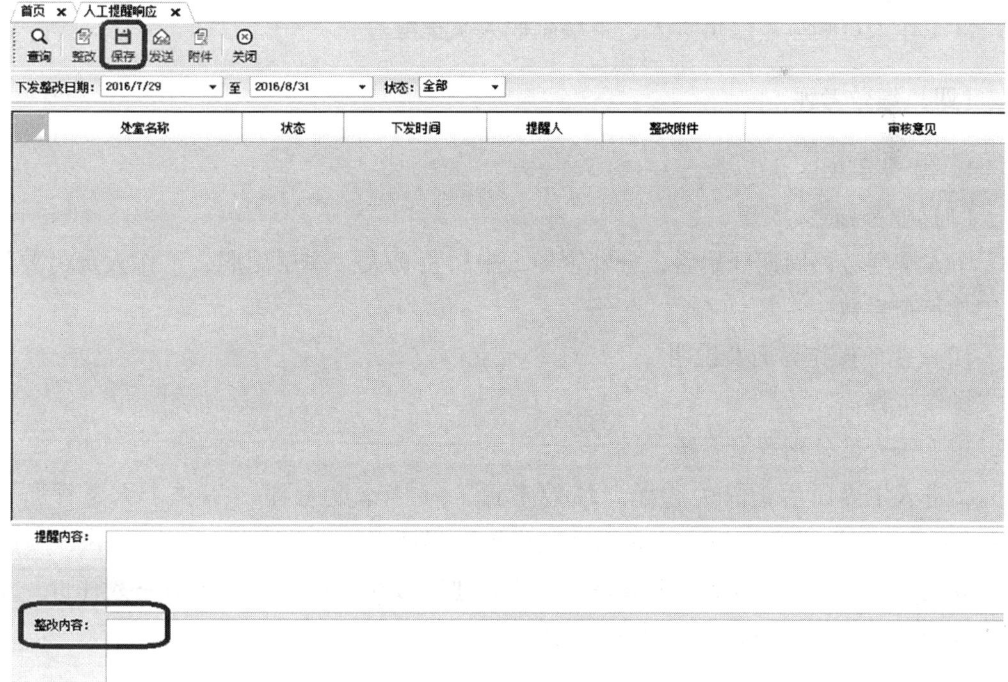

图 5－189　填写整改内容

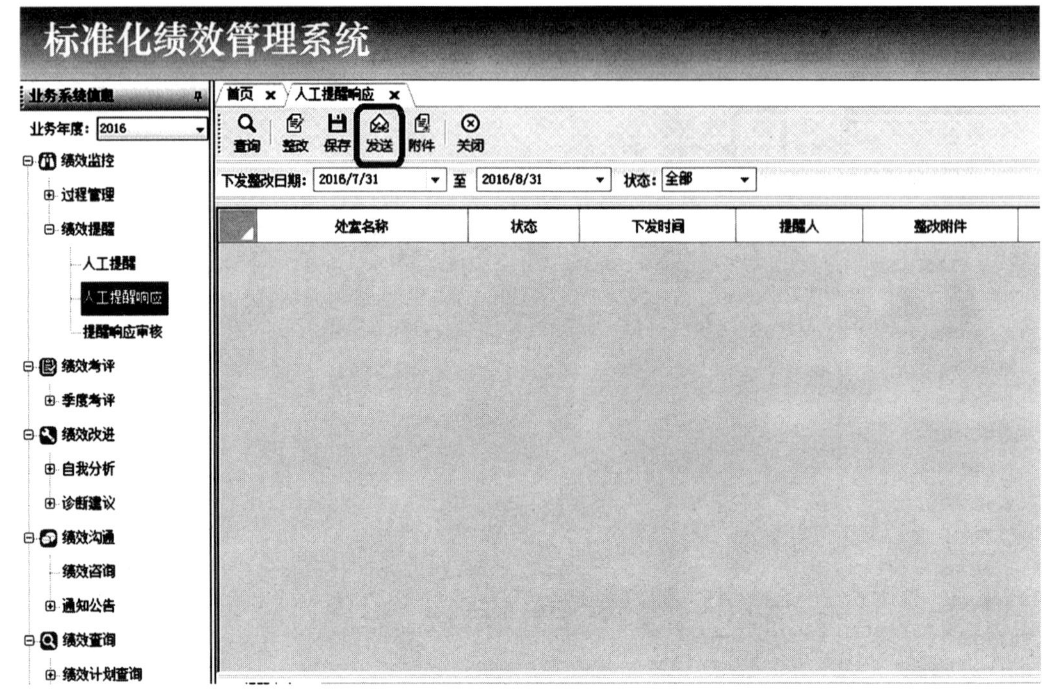

图 5－190　发送人工提醒响应

⑤工作人员响应中层负责人、中层副职人工提醒。

（四）绩效考评

1. 负荷系数设置

（1）业务描述

个人季度考评周期开始后，分管领导、中层负责人、中层副职、工作人员需要设置工作负荷系数。

（2）业务操作界面及说明

操作步骤：

①工作人员分别登录系统。

②进入主界面后，依次选择“绩效考评”→“季度考评”→“个人考评”→“负荷系数设置”菜单，进入“负荷系数设置”界面（图 5－191）。

③选择“年度”“季度”参数→点击“新建”按钮→在“工作负荷系数评价”下拉框内单选评价等级→点击“保存”按钮。

注意事项：

评价工作负荷系数须按照设置规则进行（可点击“设置规则表”按钮查看）；中层负责人、工作人员还需勾选“是否为其他负责人”，对中层副职进行评价（副职不

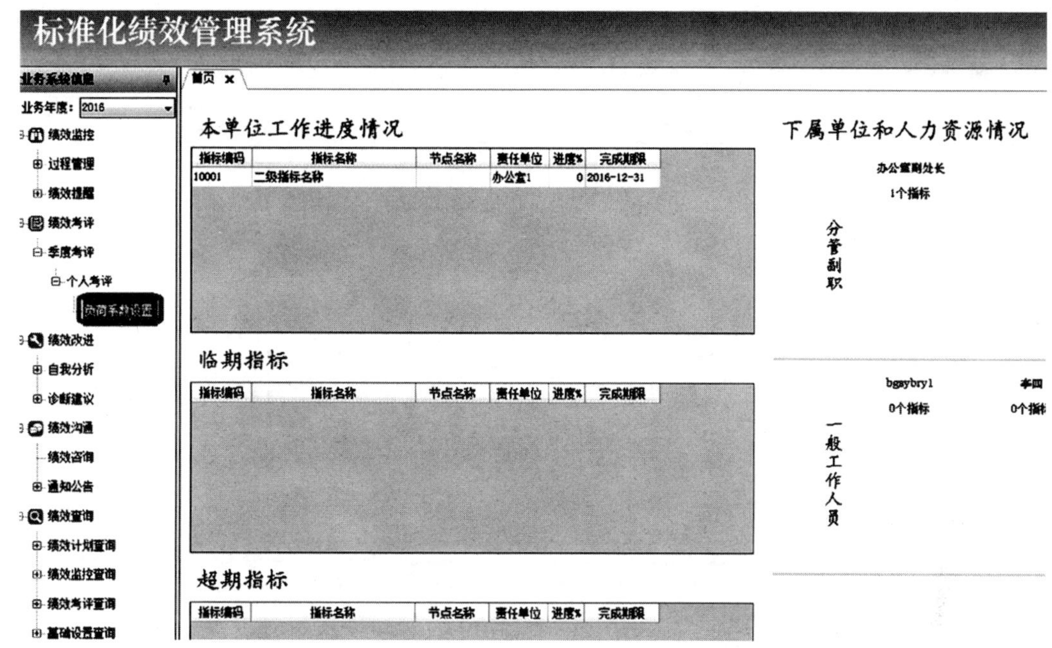

图 5 - 191 主界面——负荷系数设置

互评)；不对本人评价；负荷系数设置界面有单独密码，与登录密码不同；每季度设置一次工作负荷系数。

(五) 绩效改进

绩效改进指针对绩效考评结果反映的情况，就未达到绩效目标的工作，分析原因、查找问题、进行整改。包括职责工作方面的改进和绩效管理体系的改进。在本系统中，主要体现为绩效分析报告的编写与审核、绩效提升计划的编写与审核。

1. 自我分析

(1) 业务描述

针对本人绩效指标的完成情况进行分析并编写报告发送给中层负责人。

(2) 业务操作界面及说明

操作步骤：

①工作人员登录，进入主界面后，依次选择“绩效改进”→“自我分析”→“绩效分析报告编写”菜单，进入“绩效分析报告编写”界面，在中间区域，单击“新增”，在右侧“分析报告”编辑区填写相应内容并“保存”，如发现错误可以点击“修改”，完善后选中需要发送的报告，点击“发送”按钮即可（图 5 - 192）。

②中层负责人对工作人员“绩效分析报告”进行审核，如果通过审核，单击“审核”→填写审核意见→“保存”→“发送”；如果报告没有通过审核，负责人可直接

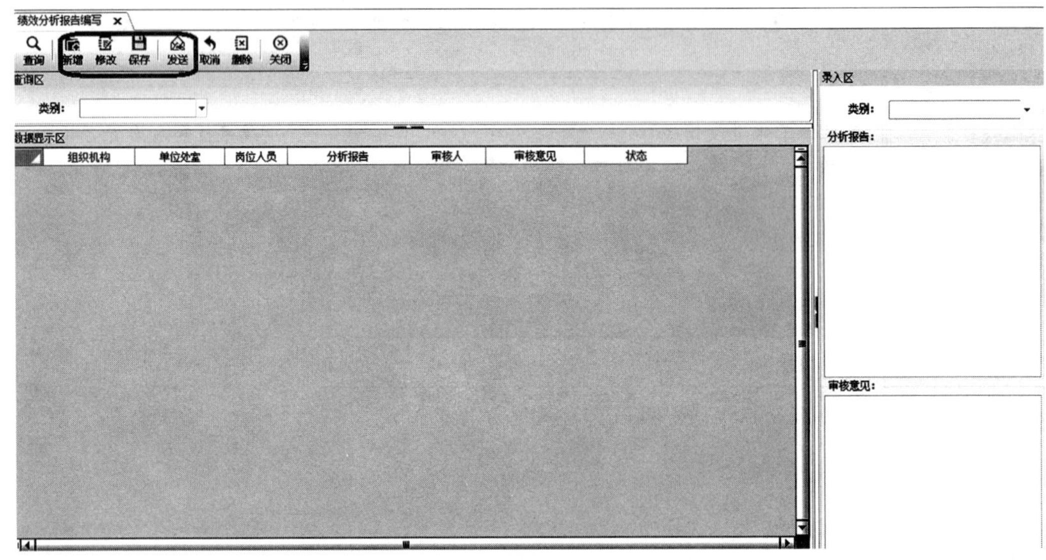

图 5－192 工作人员绩效分析报告编写界面

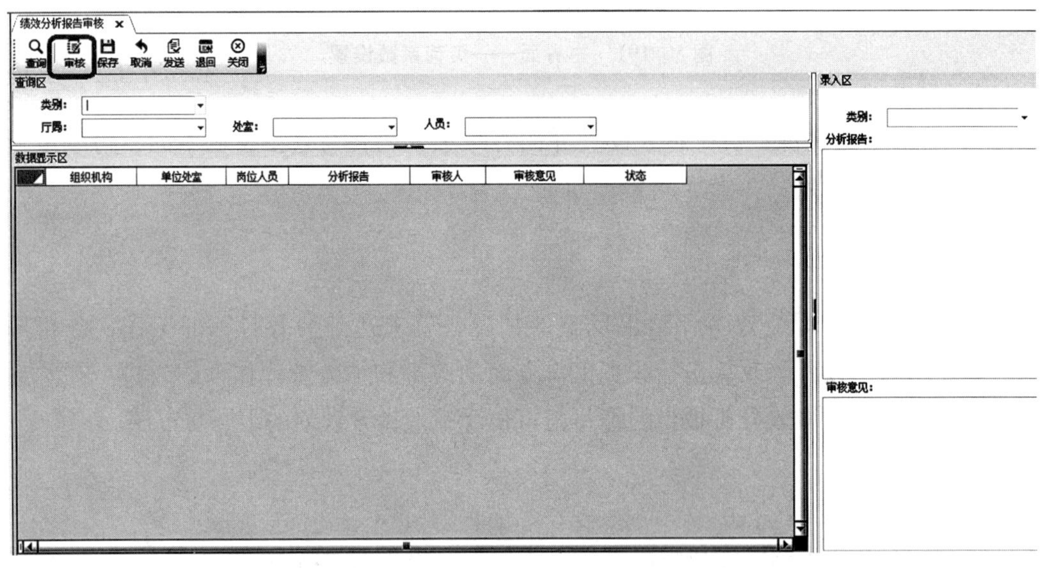

图 5－193 绩效报告分析审核界面

“退回”工作人员发送的绩效分析报告即可（图 5－193）。

③中层负责人针对本单位绩效指标的完成程度情况，进行分析并编写报告，发送给绩效管理员并由其审核（图 5－194），其操作同工作人员操作。

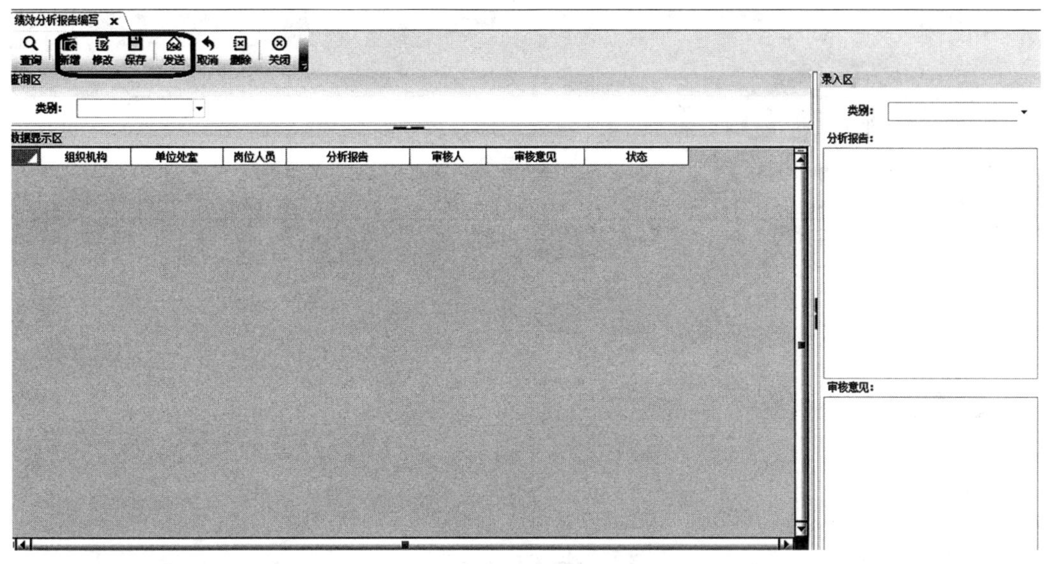

图 5－194 中层负责人绩效分析报告编写界面

2. 诊断建议

(1) 业务描述

中层负责人可以给本工作人员编写绩效诊断报告，并将诊断建议下发给相应人员。

(2) 业务操作界面及说明

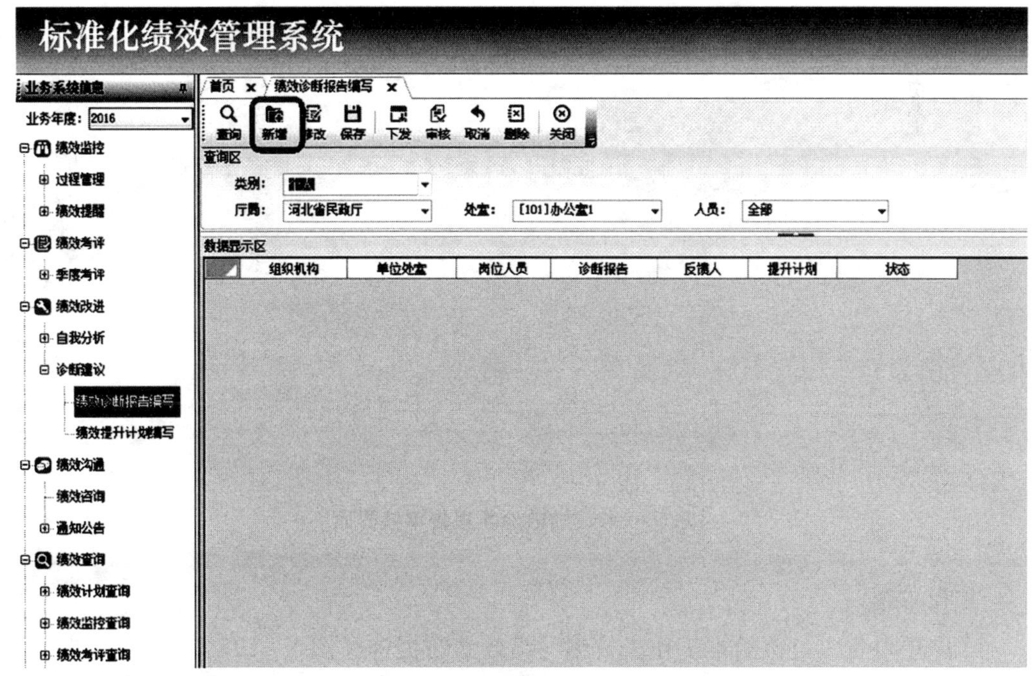

图 5－195 绩效诊断报告编写界面

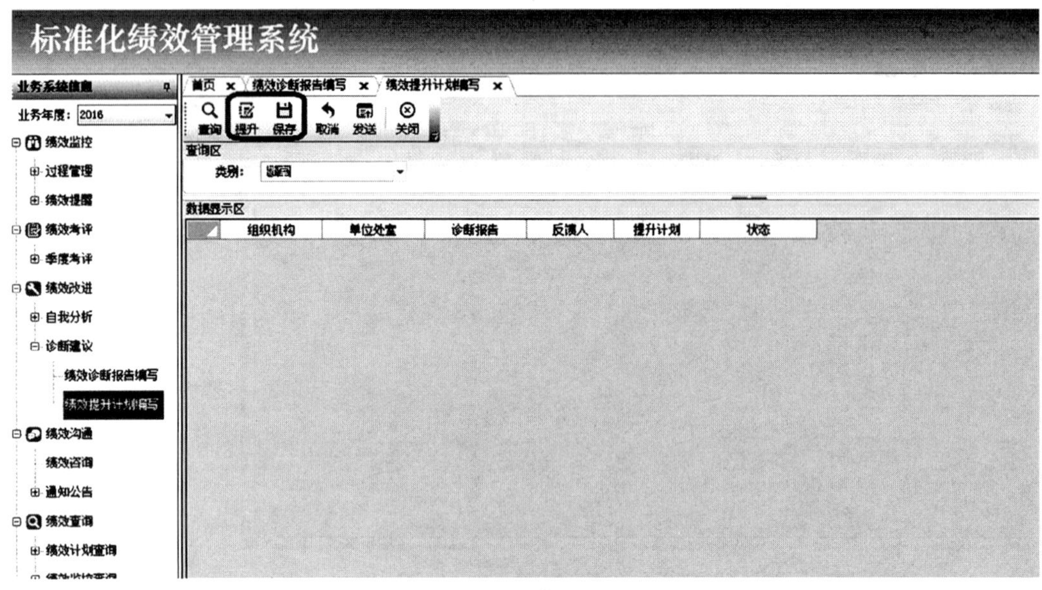

图 5－196　绩效提升计划编写界面

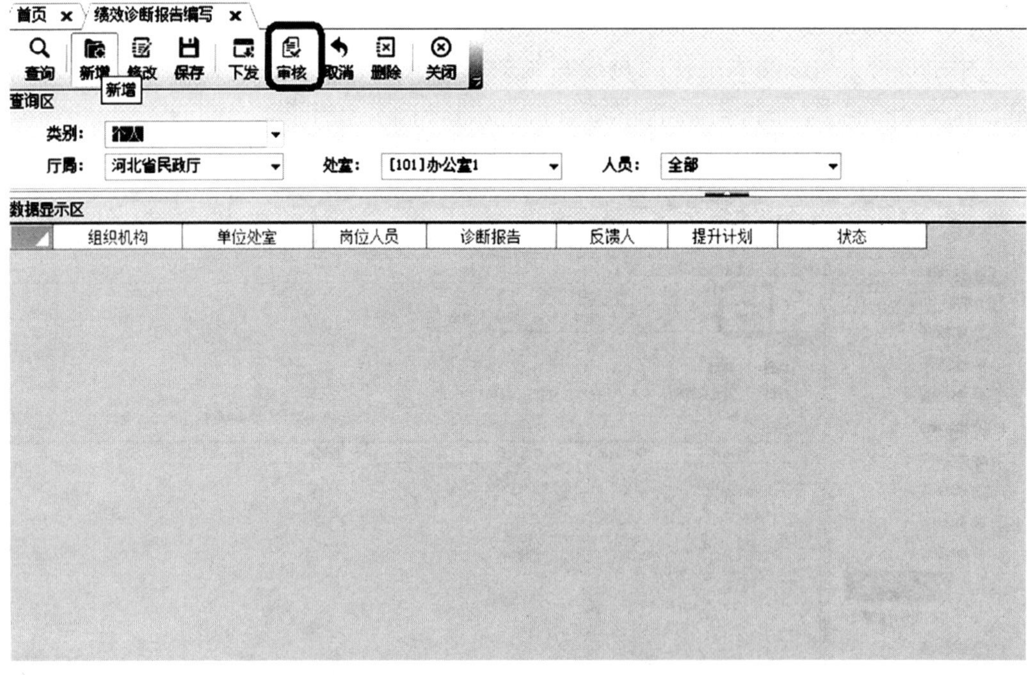

图 5－197　绩效诊断报告审核界面

操作步骤：

①中层负责人可以给本工作人员编写绩效诊断报告（图 5－195）。

②绩效诊断报告下发后，工作人员填写提升计划发送给中层负责人（图 5－196）。

③中层负责人需要对提升计划进行审核（图 5－197）。

注意事项：

针对绩效管理过程中的工作情况，绩效管理员也会向相关单位发送诊断建议，中层负责人需要针对诊断建议填写绩效提升计划。具体操作方法与工作人员相同。

（六）绩效沟通

绩效沟通指上下级之间、考评主体与被考评对象之间在绩效管理过程中就相关事项进行的协商和反馈。在本系统中，主要体现为绩效咨询、绩效解答和通知公告三个模块。

1. 绩效咨询

（1）业务描述

中层负责人、中层副职、工作人员对绩效管理过程中相关事项进行咨询。

（2）业务操作界面及说明

操作步骤：

①工作人员登录，进入主界面后，依次选择“绩效沟通”→“绩效咨询”菜单，进入“绩效咨询”界面（图 5－198）。

②点击“新增”按钮（图 5－199）→在下方“咨询内容”栏中输入相应内容→点击“保存”按钮→点击“发送”按钮，此时右侧状态栏由“待发送”变为“待辅导”。

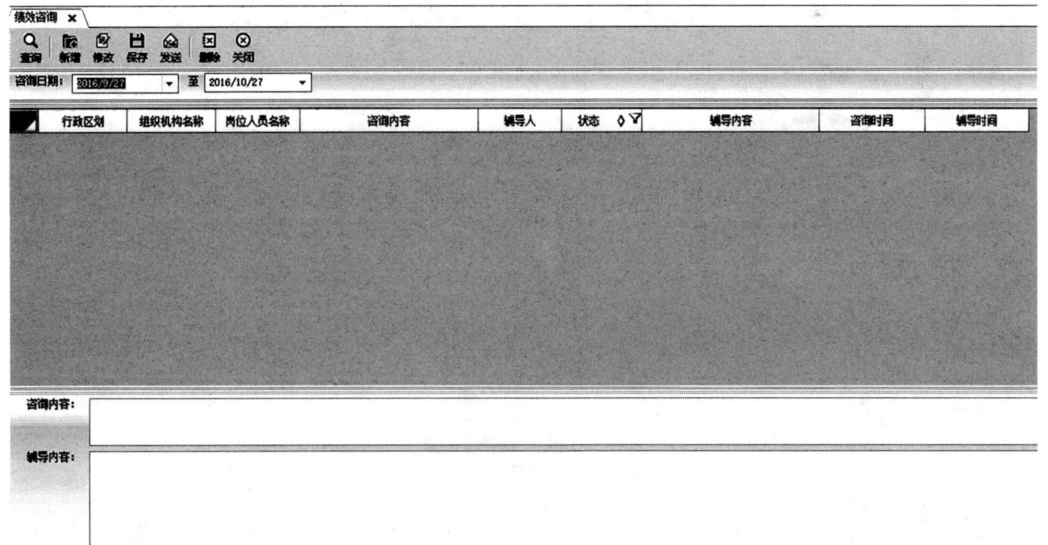

图 5－198 主界面——绩效咨询

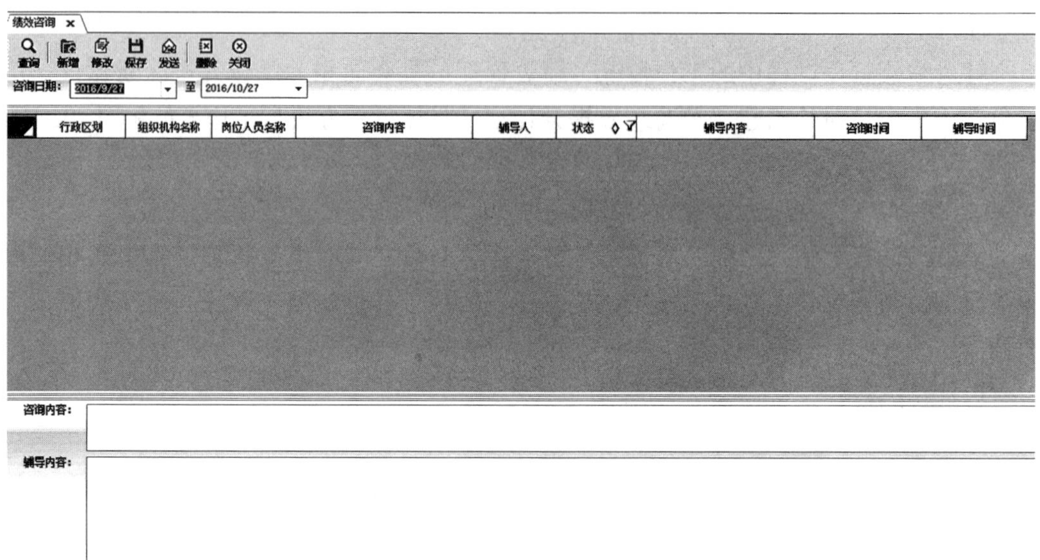

图 5－199　主界面——新增咨询内容

2．通知公告查看

（1）业务描述

中层负责人、中层副职、工作人员查看绩效管理员发布的通知公告。

（2）业务操作界面及说明

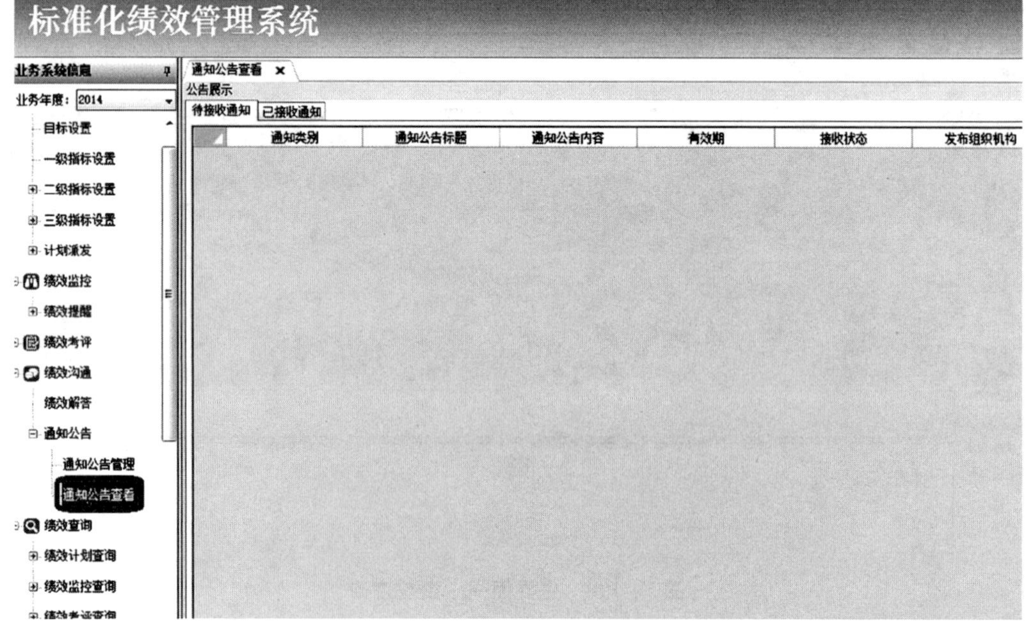

图 5－200　主界面——通知公告查看

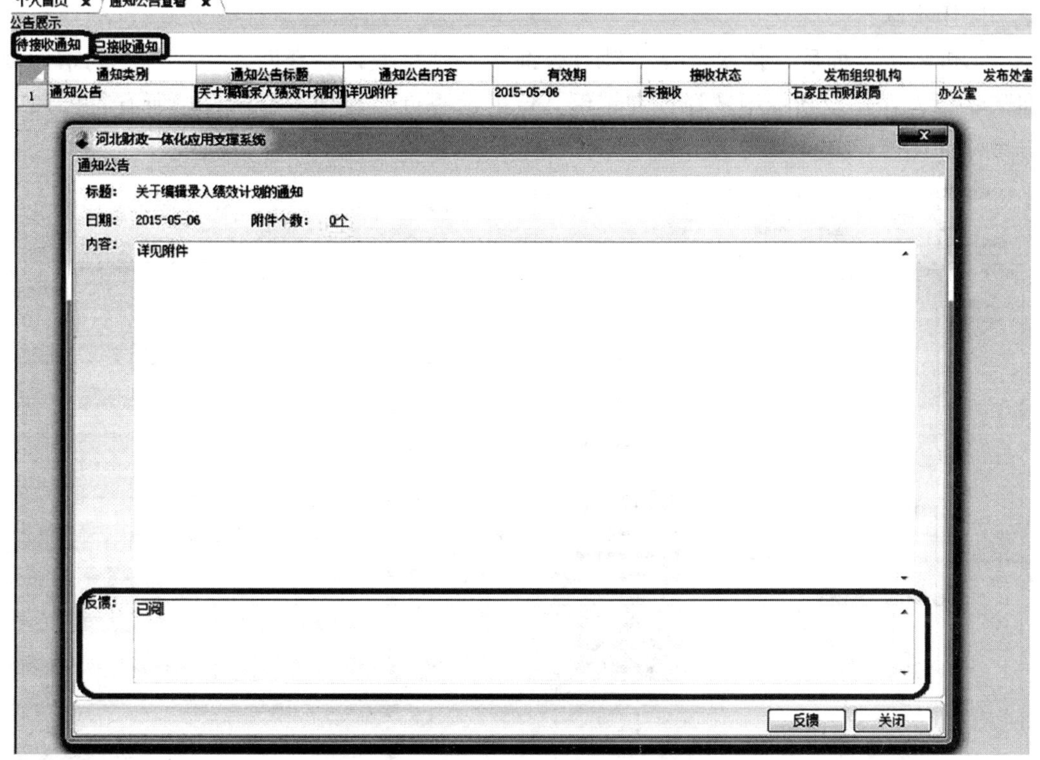

图 5－201 接收通知窗口

操作步骤：

①接收通知公告的人员登录，进入主界面后，依次选择“绩效沟通”→“通知公告”→“通知公告查看”菜单，进入“通知公告查看”界面（图 5－200）。

②在公告展示区，切换“待接收通知”和“已接收通知”按钮，可以查看所有已发布的通知公告（图 5－201）。双击某条待接收的通知公告，填写反馈后，该通知状态会变为“已接收”。

（七）绩效查询

绩效查询主要实现了对计划指标、工作进展情况、考评过程和结果以及相关的基础设置快速的了解查询。

1. 绩效计划查询

（1）业务描述

绩效计划查询功能可以帮助分管领导和中层负责人掌握所属人员工作的进展情况，分管领导还可以实现以人找指标，以指标找人的筛选、统计、汇总等综合查询功能。

（2）业务操作界面及说明

操作步骤：

①进入主界面后，依次选择“绩效查询”→“绩效计划查询”→“本厅局指标查询”菜单，在年度指标中选择查询年份，点击“查询”按钮，显示本局所有目标和一级指标（图 5－202）。

本厅局指标查询 × 本处室指标查询 ×

查询 导出 关闭 年度：2015年

	目标		一级指标			行政范围
	序号	目标名称	序号	名称	释义	
1	1	着力推进“双改”	1	财政改革谋划组织	无	本级
2			2	绩效预算管理机制建设	无	本级
3			3	财政支持方式创新	无	本级
4			4	国库管理改革	无	本级
5			5	绩效监督改革	无	本级
6			6	绩效导向内部管理新机制建设	无	本级
7	2	强化财政收入管理	2	非税收入政策管理	无	本级
8			3	财政收入征收管理	无	本级
9			4	中央资金争取	无	本级
10			5	彩票管理	无	本级
11			7	税收政策管理	无	本级
12	3	强化财政资源配置管理	2	财政资金安排与使用管理	无	本级
13			3	财政资金使用监管	无	本级
14			6	财政资金整合	无	本级
15	4	强化财政体制管理	2	财政体制管理	无	本级
16			3	转移支付管理	无	本级
17			4	市县财政运行监控	无	本级
18	5	强化预算管理	2	预算编制管理	无	本级
19			3	预算执行管理	无	本级
20			4	决算管理	无	本级
21			5	预算政策管理	无	本级
22			5	预决算公开	无	本级
23			2	上下级财政资金往来与调度管理	无	本级

图 5－202　本厅局指标查询界面

②切换到“绩效计划查询”菜单下“本处室指标查询”菜单，在年度指标中选择查询年份，指标分类选择全部，点击“查询”按钮，显示单位所有指标（按照分管副职排序）（图 5－203）。

③切换到“绩效计划查询”菜单下“我的指标”菜单，点击“查询”按钮，在年度指标中选择查询年份，指标分类选择全部，显示本人所属指标（图 5－204）。

④工作人员登录系统，进入主界面后，依次选择“绩效查询”→“绩效计划查询”→“指标节点查询”菜单，根据需要选择年度、指标级次和分类，点击“查询”按钮并点击＋号展开菜单后，显示本人所属指标的节点（图 5－205）。

⑤切换到“绩效计划查询”菜单下“指标维度查询”菜单，点击“查询”按钮并点击＋号展开菜单后，显示本人所属指标的各维度；双击某指标，则显示指标的全部维度信息（图 5－206）。

⑥切换到“绩效计划查询”菜单下“指标进度查询”菜单，点击“查询”按钮，显示本人所属指标的进度（图 5－207）。

注意事项：

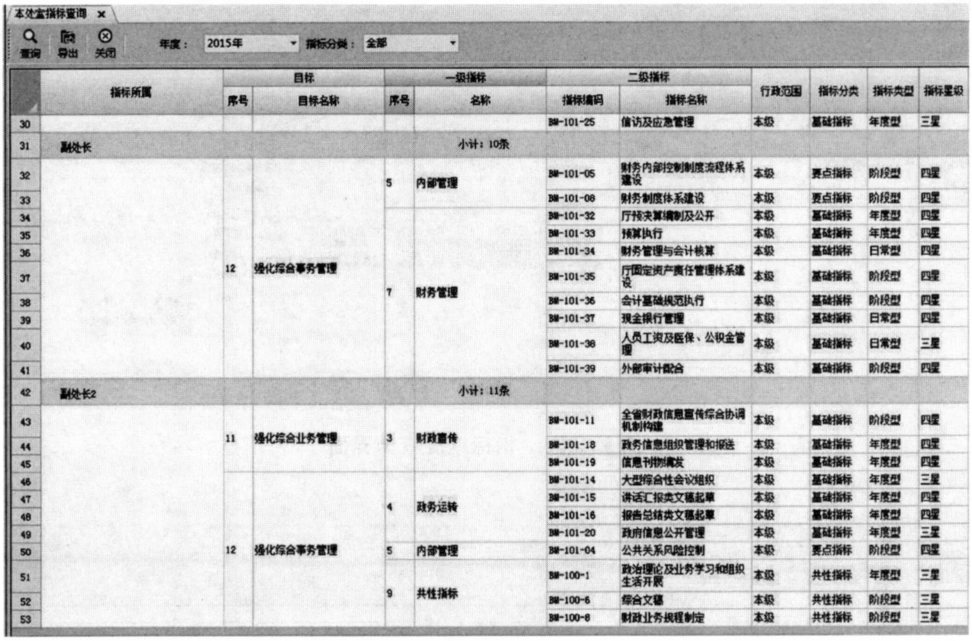

本处室指标查询 ×

查询 导出 关闭 年度：2015年 指标分类：全部

	指标所属	目标		一级指标		二级指标		行政范围	指标分类	指标类型	指标星级
		序号	目标名称	序号	名称	指标编码	指标名称				
30						BM-101-25	信访及应急管理	本级	基础指标	年度型	三星
31	副处长				小计：10条						
32		12	强化综合事务管理	5	内部管理	BM-101-05	财务内部控制制度流程体系建设	本级	要点指标	阶段型	四星
33						BM-101-08	财务制度体系建设	本级	要点指标	阶段型	四星
34				7	财务管理	BM-101-32	厅预决算编制及公开	本级	基础指标	年度型	四星
35						BM-101-33	预算执行	本级	基础指标	年度型	四星
36						BM-101-34	财务管理与会计核算	本级	基础指标	日常型	四星
37						BM-101-35	厅固定资产责任管理体系建设	本级	基础指标	阶段型	四星
38						BM-101-36	会计基础规范执行	本级	基础指标	阶段型	四星
39						BM-101-37	现金银行管理	本级	基础指标	日常型	四星
40						BM-101-38	人员工资及医保、公积金管理	本级	基础指标	日常型	三星
41						BM-101-39	外部审计配合	本级	基础指标	阶段型	四星
42	副处长2				小计：11条						
43		11	强化综合业务管理	3	财政宣传	BM-101-11	全省财政信息宣传综合协调机制构建	本级	基础指标	阶段型	四星
44						BM-101-18	政务信息组织管理和报送	本级	基础指标	年度型	四星
45						BM-101-19	信息刊物编发	本级	基础指标	年度型	四星
46		12	强化综合事务管理	4	政务运转	BM-101-14	大型综合性会议组织	本级	基础指标	年度型	三星
47						BM-101-15	讲话汇报类文稿起草	本级	基础指标	年度型	四星
48						BM-101-16	报告总结类文稿起草	本级	基础指标	年度型	四星
49						BM-101-20	政府信息公开管理	本级	基础指标	年度型	三星
50				5	内部管理	BM-101-04	公共关系风险控制	本级	要点指标	阶段型	四星
51				9	共性指标	BM-100-1	政治理论及业务学习和组织生活开展	本级	共性指标	年度型	三星
52						BM-100-6	综合文稿	本级	共性指标	阶段型	三星
53						BM-100-8	财政业务规程制定	本级	共性指标	阶段型	三星

图 5－203　本处室指标查询界面

我的指标 ×

查询 导出 关闭 年度：2015年 指标分类：全部

	指标所属	目标		一级指标		二级指标		三级指标	
		序号	目标名称	序号	指标名称	指标编码	指标名称	指标编码	指标名称
1	张超				小计：4条				
2		1	着力推进“双改”	6	绩效导向内部管理新机制建设	BM-101-07	绩效管理制度完善	GW-101-07	绩效管理制度完善
3						BM-101-28	厅内绩效管理组织运行	GW-101-36	厅内绩效管理组织运行
4						BM-101-30	绩效管理改革扩围	GW-101-38	绩效管理改革扩围
5		11	强化综合业务管理	2	信息化建设	BM-101-10	绩效管理信息系统完善	GW-101-10	绩效管理信息系统完善

图 5－204　我的指标界面

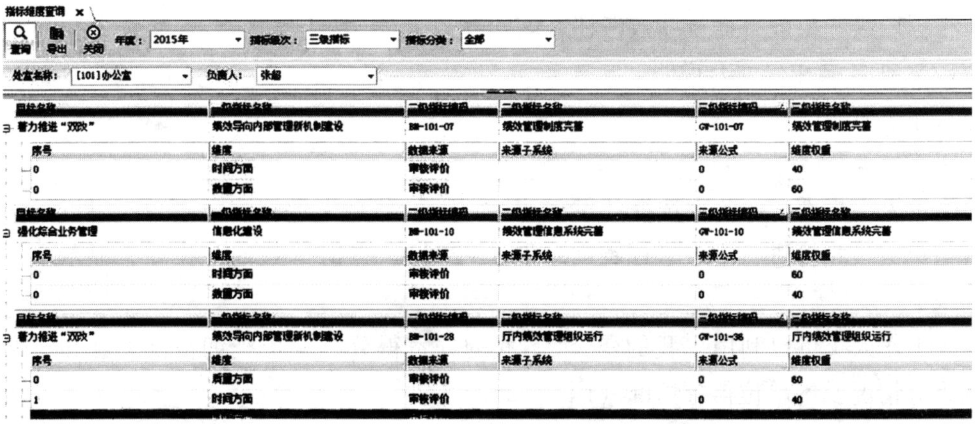

指标维度查询 ×

查询 导出 关闭 年度：2015年 指标级次：三级指标 指标分类：全部

处室名称：[101]办公室 负责人：张超

目标名称	一级指标名称	二级指标编码	二级指标名称	三级指标编码	三级指标名称
着力推进“双改”	绩效导向内部管理新机制建设	BM-101-07	绩效管理制度完善	GW-101-07	绩效管理制度完善
序号	维度	数据来源	来源子系统	来源公式	维度权重
0	时间方面	审核评价		0	40
0	数量方面	审核评价		0	60
目标名称	一级指标名称	二级指标编码	二级指标名称	三级指标编码	三级指标名称
强化综合业务管理	信息化建设	BM-101-10	绩效管理信息系统完善	GW-101-10	绩效管理信息系统完善
序号	维度	数据来源	来源子系统	来源公式	维度权重
0	时间方面	审核评价		0	60
0	数量方面	审核评价		0	40
目标名称	一级指标名称	二级指标编码	二级指标名称	三级指标编码	三级指标名称
着力推进“双改”	绩效导向内部管理新机制建设	BM-101-28	厅内绩效管理组织运行	GW-101-36	厅内绩效管理组织运行
序号	维度	数据来源	来源子系统	来源公式	维度权重
0	质量方面	审核评价		0	60
1	时间方面	审核评价		0	40

图 5－205　指标节点查询界面

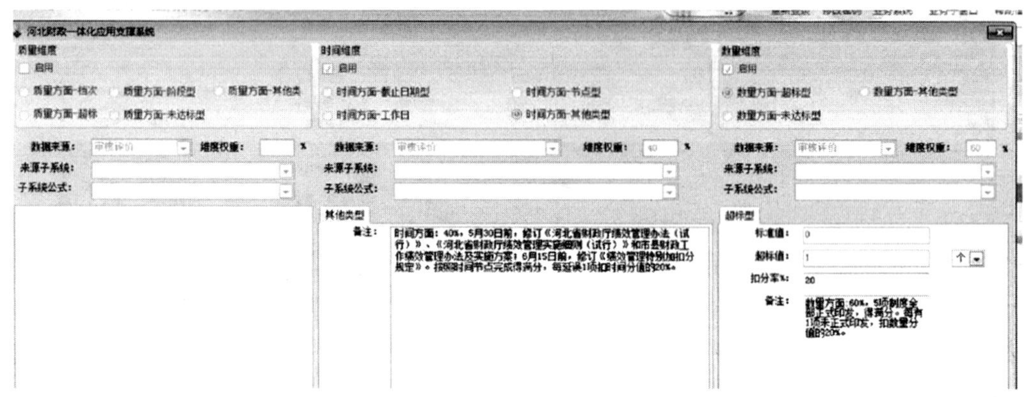

图 5－206 指标维度查询界面

指标进度查询

年度：2015年 指标级次：三级指标 指标分类：全部

处室名称：【101】办公室 人员：[illegible]

	二级指标	三级指标			处室	人员	指标进度						
	指标名称	指标编码	指标名称	节点名称			总进度	1月	2月	3月	4月	5月	6月
1	绩效管理制度完善	GY-101-07	绩效管理制度完善		办公室	张超	0%			0%	0%		
2	厅内绩效管理组织运行	GY-101-36	厅内绩效管理组织运行	下发编制2015年绩效计	办公室	张超	100%			100%	100%		
3				下发通知组织厅内各单	办公室	张超	100%			100%	100%		
4	绩效管理改革扩围	GY-101-38	绩效管理改革扩围	下发全系统开展绩效运	办公室	张超	0%			0%	0%		
5				组织开展全系统绩效管	办公室	张超	0%			0%	0%		
6	绩效管理信息系统完善	GY-101-10	绩效管理信息系统完善		办公室	张超	70%			35%	70%		

图 5－207 指标进度查询界面

绩效管理员除以上功能外，在绩效计划查询部分拥有更多功能，如一级指标查询、二级指标查询、三级指标查询、人员指标查询等功能。不同的查询功能原于不同的角色权限，其具体操作方法和工作人员一致。

2．绩效考评查询

（1）业务描述

根据层级和权限，进行绩效考评查询。

（2）业务操作界面及说明

操作步骤：

①工作人员登录。

②进入主界面后，依次选择“绩效查询”→“绩效考评查询”菜单，可以选择按考评清单或按指标进行个人考评查询（图 5－208），点击“查询”按钮，显示个人考评情况。

③工作人员可以利用“我的得分”“我的处室得分”菜单查询自己季度和年度考评的得分情况及本单位得分情况（图 5－209）。

图 5－208 主界面——绩效考评查询

我的得分 × 我的处室得分 ×

查询 导出 关闭

查询区

年份：2015 考评周期： 考评期间：

考评清单	处室	考评周期	考评状态	考评结果	实际得分	指标调整得分	包含考评指标个数
KP20150409153838792188	办公室	一季度	已考评	已生成考评结果	1000.0005		15

指标编号	指标名称	指标类型	分值	临时初步原始得分率	申诉申辩结果	最终原始得分	最终得分
BM-100-1	政治理论及业务学习和组织生活开展	年度型	54.5455	100		100	54.5455
BM-100-2	行政绩效管理	日常型	54.5455	100		100	54.5455
BM-100-6	综合文稿	阶段型	54.5455	100		100	54.5455
BM-101-01	预算管理流程规范	阶段型	90.9091	100		100	90.9091

图 5－209 得分界面

3. 基础设置查询

（1）业务描述

查询基础信息、绩效处室、绩效人员的相关信息。

（2）业务操作界面及说明

操作步骤：

①工作人员登录。

②进入主界面后，依次选择“绩效查询”→“基础设置查询”→“绩效人员查询”菜单，进入厅局人员查询界面（图 5－210），进行人员信息的查询工作。

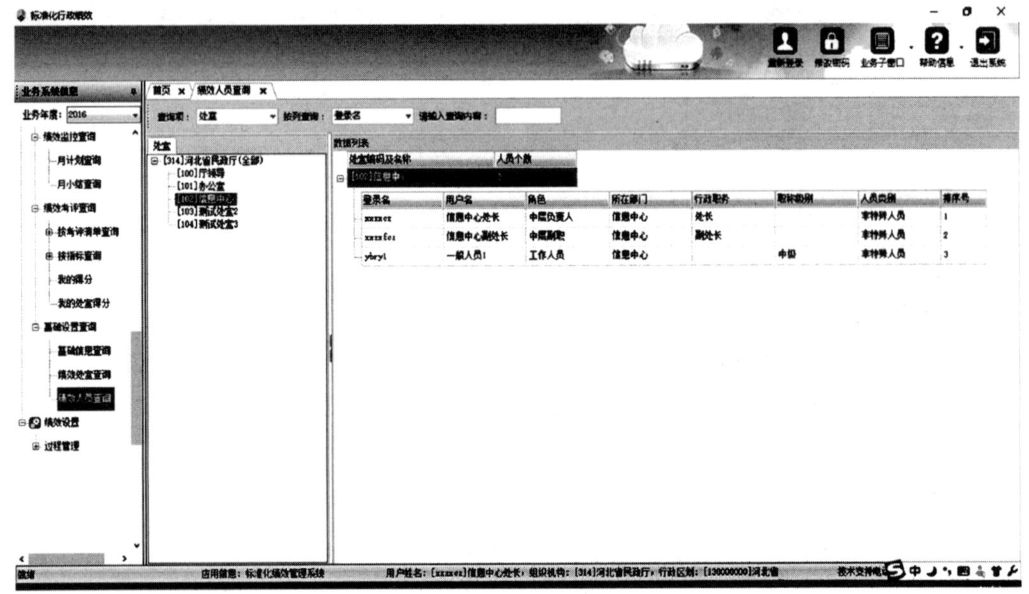

图 5－210 绩效人员查询界面

4. 首页

(1) 业务描述

每个用户进入标准化绩效管理系统，首先会自动生成一个首页。不同角色的人员首页也不相同。

(2) 业务操作界面及说明

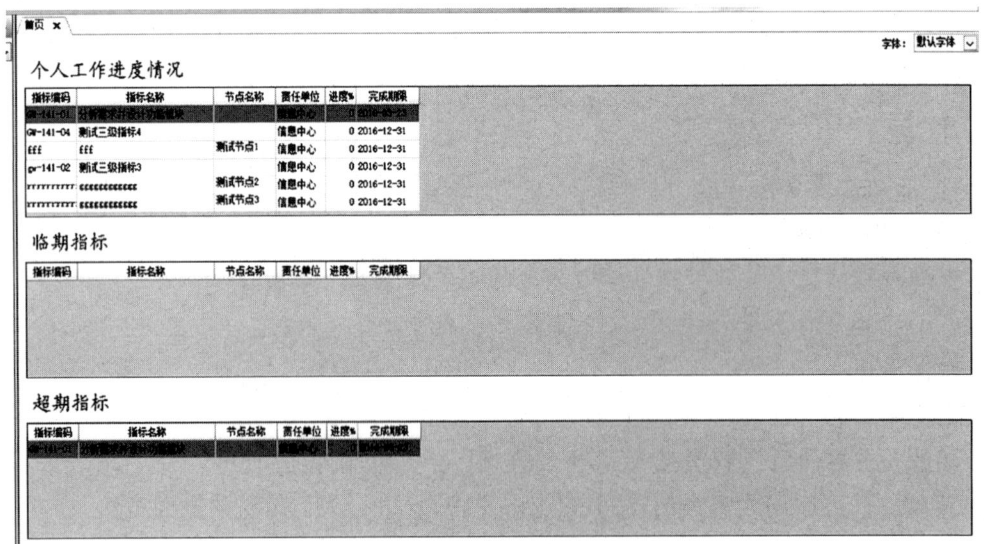

图 5－211 工作人员首页

第六节 绩效管理员使用

一、引言

（一）项目背景

绩效管理已经成为现代公共管理的一种潮流和趋势，绩效管理是运用现代公共管理理念，紧密结合工作实际，建立目标引导、过程控制、持续改进、整体提升的管理机制，对单位及其工作人员政策执行、岗位履职、目标完成等方面进行全面系统的管理。

（二）编写目的

更好地让各省直部门了解和熟悉绩效管理理念，掌握绩效管理信息化系统，帮助用户更好地使用该软件，熟悉软件操作，掌握安装和部署软件所需的软硬件资源，以及该软件使用过程中应注意的一些问题。

（三）适用范围

该软件手册适用绩效管理员角色人员，以便其快速地了解和掌握该角色所应当掌握的软件功能。

二、系统概述

标准化绩效管理系统是以标准化管理为依托、以绩效管理为核心、以信息化为技术支撑的一体化行政管理运行平台。该系统承载了标准化管理和绩效管理两种现代管理科学体系，贯通了一个基础、四个环节、一条主线，即以标准化管理体系文件为制度基础，以绩效计划、绩效监控、绩效考评、绩效改进为四个环节，以绩效沟通为一条主线的核心业务流程（图5－212）。

该系统是全员参与的系统，纵向支撑省、市、县，横向支撑厅局、机构、个人的立体绩效指标运行，有效贯彻了“人人头上有指标，千斤重担大家挑”的绩效管理理念。依据标准化文件要求制定绩效目标、绩效指标以及相应指标考核标准，通过持续进行系统跟踪监控，确保组织和个人的绩效目标得以实现，持续提升组织和个人的绩效成果，不断提高组织和个人的工作效率。

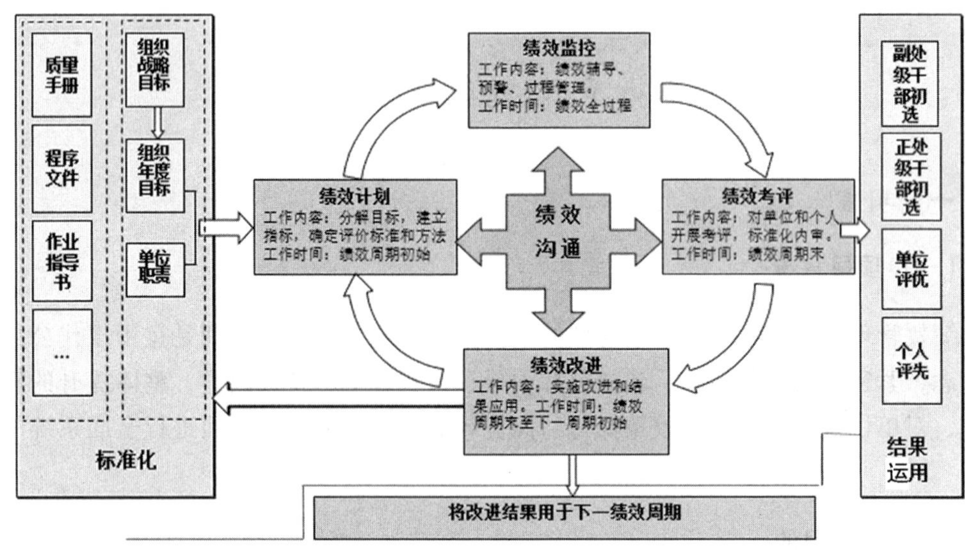

图 5－212　标准化绩效管理体系框架图

三、系统安装

根据各厅局单位指定的下载地址下载该软件安装包。下载后双击安装包，选择合适的安装路径，根据提示点击下一步：

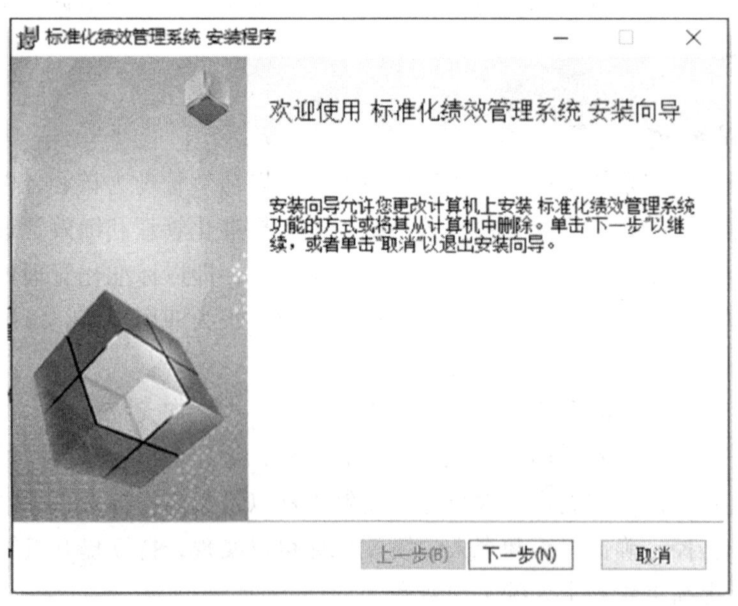

图 5－213　安装向导

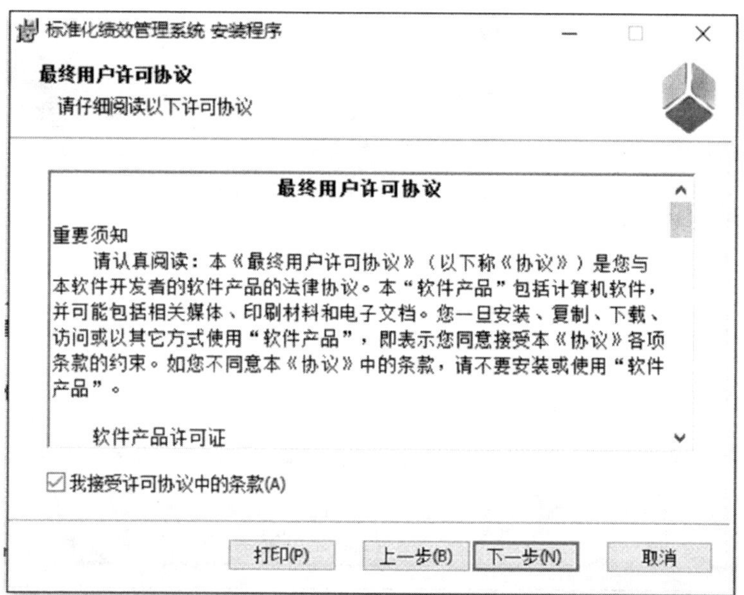

图 5－214　用户协议页面

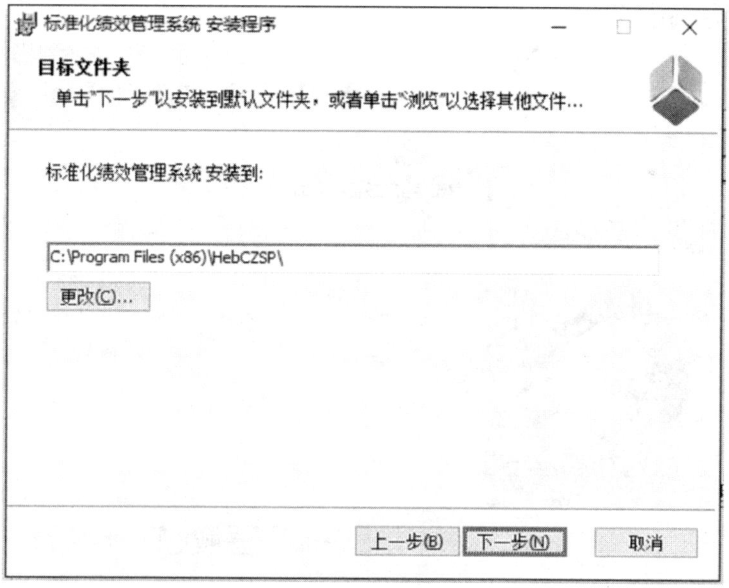

标准化绩效管理系统 安装程序

目标文件夹

单击"下一步"以安装到默认文件夹，或者单击"浏览"以选择其他文件...

标准化绩效管理系统 安装到:

C:\Program Files (x86)\HebCZSP\

更改(C)...

上一步(B)　下一步(N)　取消

图 5－215　安装路径

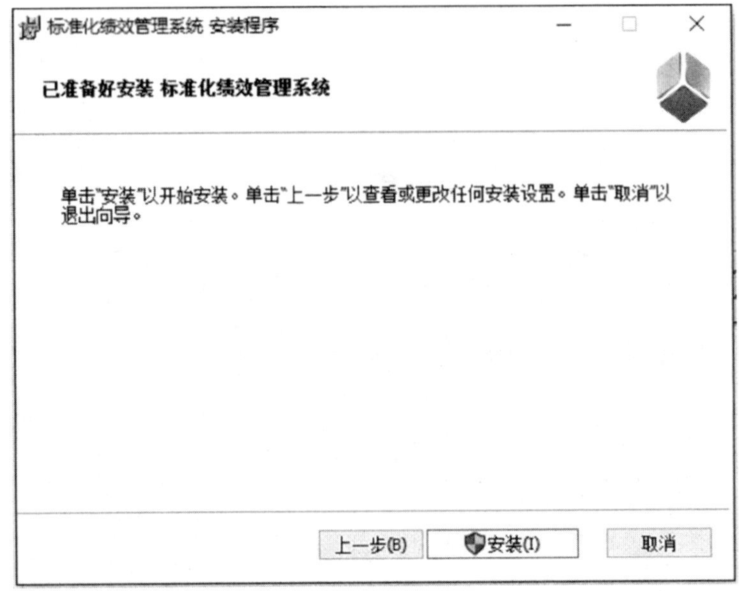

图 5－216　安装界面

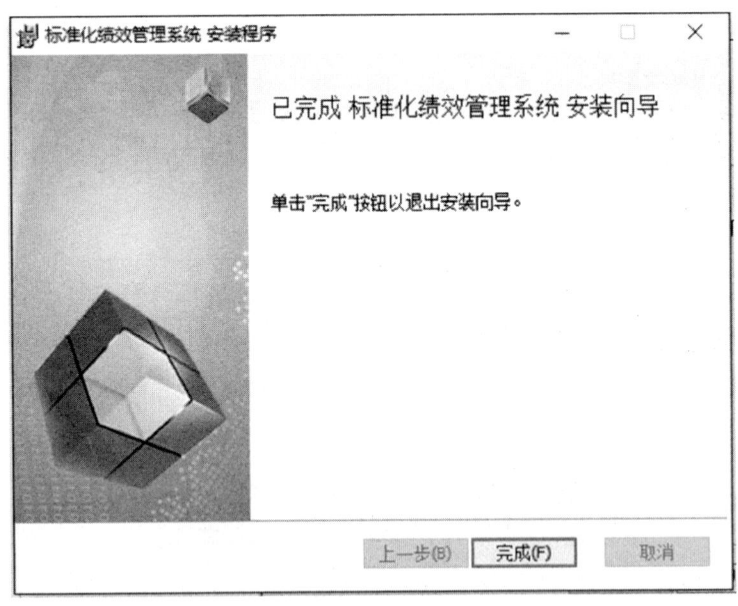

图 5－217　安装完成提示界面

四、系统登录

用户首次登录系统需对标准化绩效管理系统的链接服务地址进行设置。

用户首次登录系统，在登录界面上选择右上方的“设置”（图 5－218），弹出系统服务器地址设置窗口（图 5－219）。在弹出窗口中修改服务地址（该服务地址由各

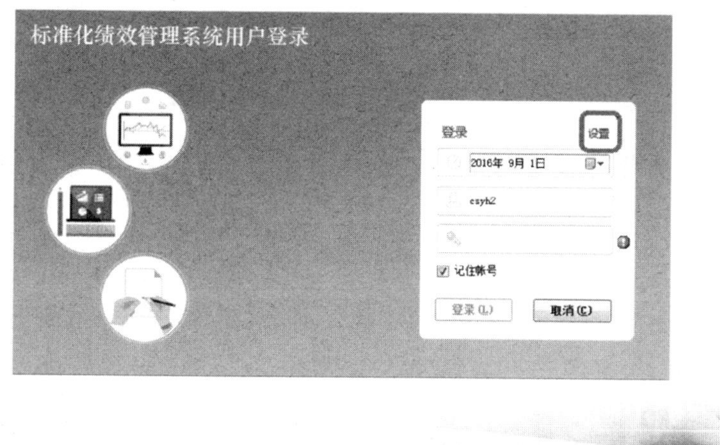

图 5－218 主界面——登录设置

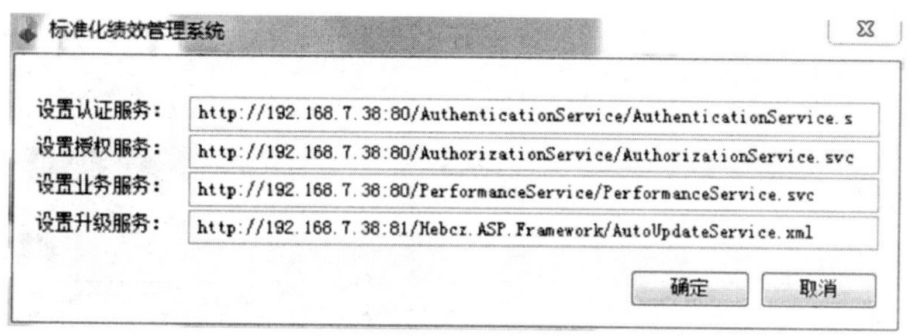

图 5－219 修改系统服务器地址窗口

部门绩效管理员发布）。

在登录系统后，首先需要设置业务年度为当前业务年度（设置成功后下次登录不需再次设置，直到下一个业务年度开始时重新设置）。

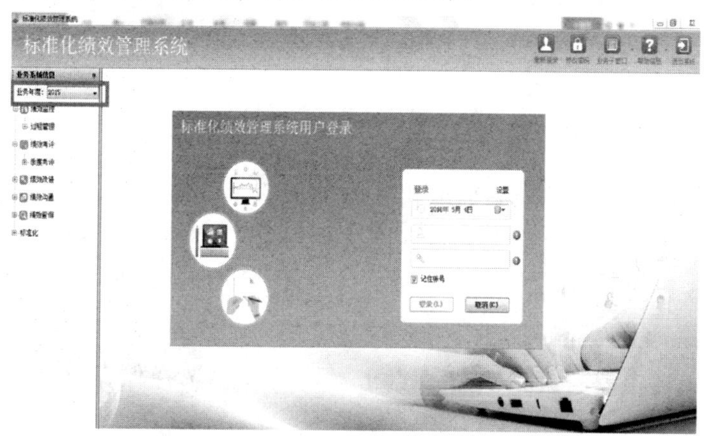

图 5－220 主界面——业务年度设置

用户首次登录绩效管理系统，进入系统后在页面左侧的“业务年度”选择框中（图5－220），点击下拉菜单，对业务年度进行设置。

五、绩效管理员操作使用

（一）标准化

1. 标准化文件

文件管理

（1）业务描述

标准化文件管理包含了文件的上传、版本的更替以及与绩效指标的关联。

（2）业务操作界面及说明

操作步骤：

①绩效管理员登录系统。

②进入主界面后，依次选择“标准化”→“标准化文件”→“文件管理”菜单，进入“文件管理”界面（图5－221）。

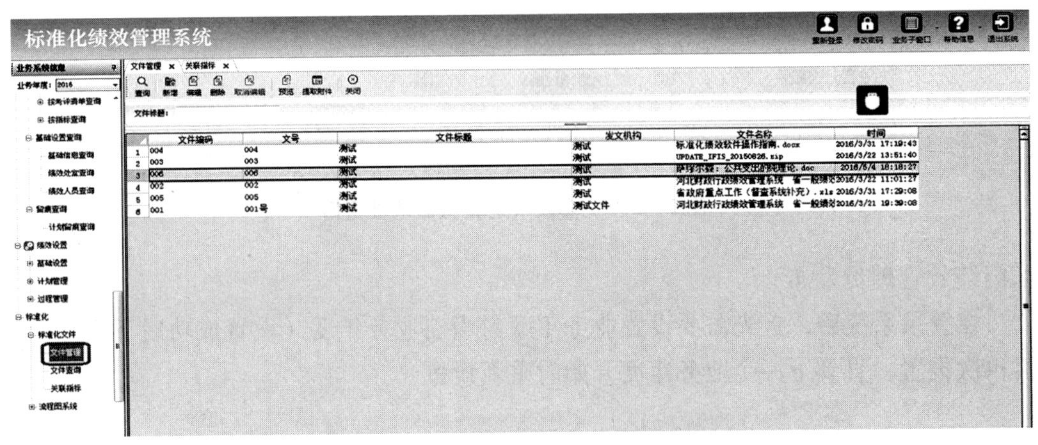

图5－221 文件管理界面

③点击新增按钮，依次填写标准化文件的编码（必填）、文号、发文机构、文件标题、序号，以及该文件（以附件形式上传）（图5－222）。

④另外系统还提供编辑、删除（如果该标准化文件已经做了同绩效指标的关联，系统不允许删除）、预览、提取附件的功能。

提取附件：选中要打开的文件→点击提取附件→选择保存路径，下载相应附件（图5－223）。

编码:

文号:

发文机构:

文件标题:

序号:

附件: 选择

确定（S） 取消（C）

图 5－222 填写标准化文件信息

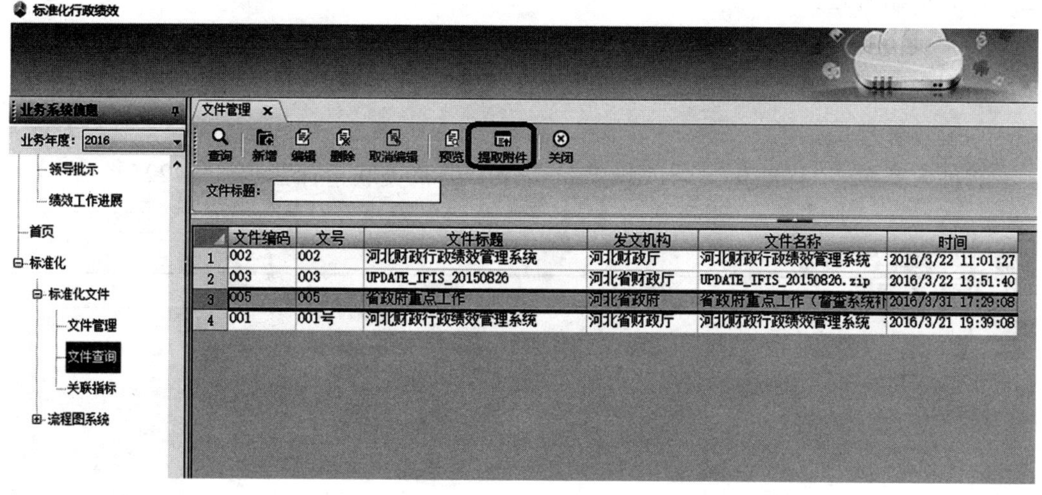

	文件编码	文号	文件标题	发文机构	文件名称	时间
1	002	002	河北财政行政绩效管理系统	河北财政厅	河北财政行政绩效管理系统	2016/3/22 11:01:27
2	003	003	UPDATE_IFIS_20150826	河北省财政厅	UPDATE_IFIS_20150826.zip	2016/3/22 13:51:40
3	005	005	省政府重点工作	河北省政府	省政府重点工作（督查系统补	2016/3/31 17:29:08
4	001	001号	河北财政行政绩效管理系统	河北省财政厅	河北财政行政绩效管理系统	2016/3/21 19:39:08

图 5－223 提取附件

文件查询

（1）业务描述

提供相关的标准化文件的查询、下载功能。

（2）业务操作界面及说明

操作步骤：

①用户登录

②进入菜单："标准化" → "标准化文件" → "文件查询"（图 5－224）。

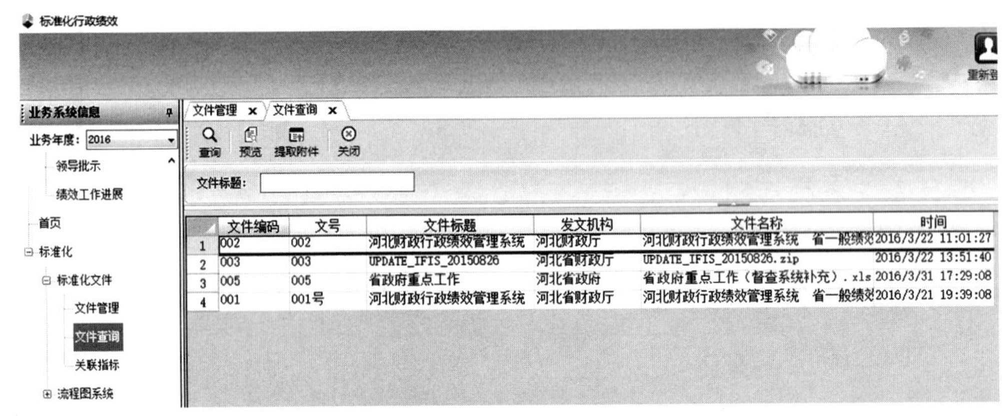

图 5－224 文件查询

关联指标

（1）业务描述

关联指标是指标准化文件同绩效指标关联起来，实现每个指标的完成过程及考评过程都有依据可查。

（2）业务操作界面及说明

操作步骤：

①绩效管理员登录。

②进入菜单："标准化"→"标准化文件"→"关联指标"（图 5－225）。

关联指标 ×

查询 设置 折叠 展开 导出 关闭 年份 2016

	文件编码	文件文号	文件名称	指标编码	指标名称
1	⊟ 测试				
2	003	003	测试	10002	个性二级指标名称
3	001	001号	测试	100003	ddddd
4	002	002	测试	10002	个性二级指标名称
5	002	002	测试	10001	二级指标名称

图 5－225 建立标准化文件和指标的对应关系

③点击"设置"按钮，进入文件同绩效指标建立关系的界面。

④选择指标年度。

⑤左边选择一个文件，右边勾选该文件支撑的指标，勾选完成后点击"保存"按钮，建立文件和指标之间的关系（图 5－226）。

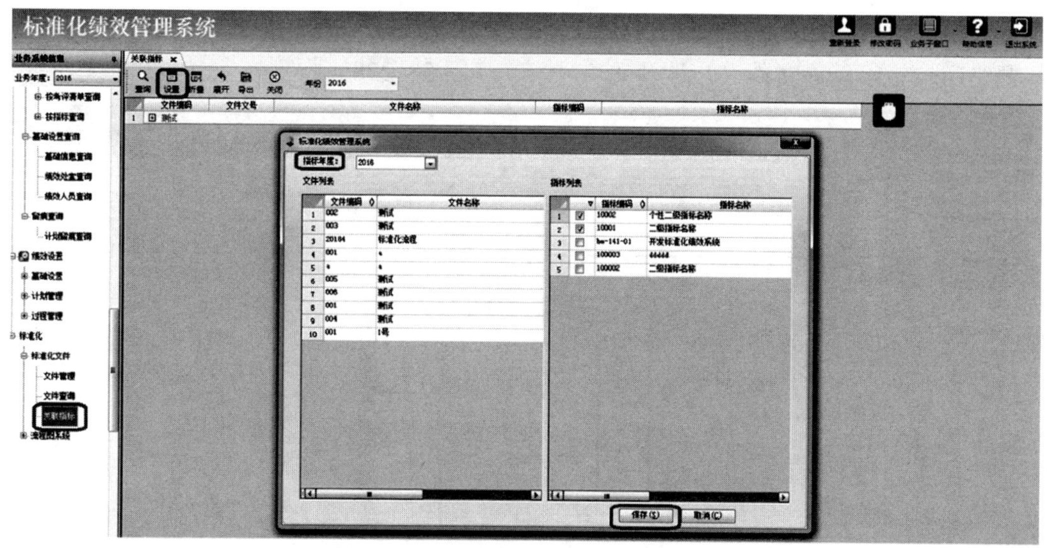

图 5－226 关联指标

2. 流程图系统

流程图管理

(1) 业务描述

当部门有新增职能或业务流程发生变化时，需要新增或修改相应的流程图。

(2) 业务操作界面及说明

操作步骤：

①绩效管理员登录。

②进入菜单：“标准化”→“流程图系统”→“流程图管理”（图 5－227）。

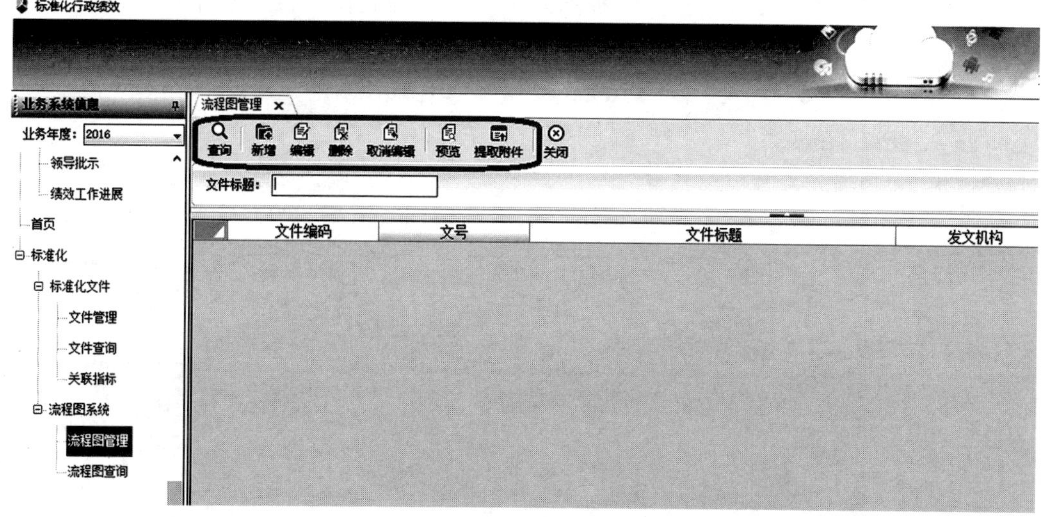

图 5－227 流程图管理

③点击新增按钮，依次填写标准化文件的编码（必填）、文号、发文机构、文件标题、序号，以及该文件（以附件形式上传）（图5-228）。

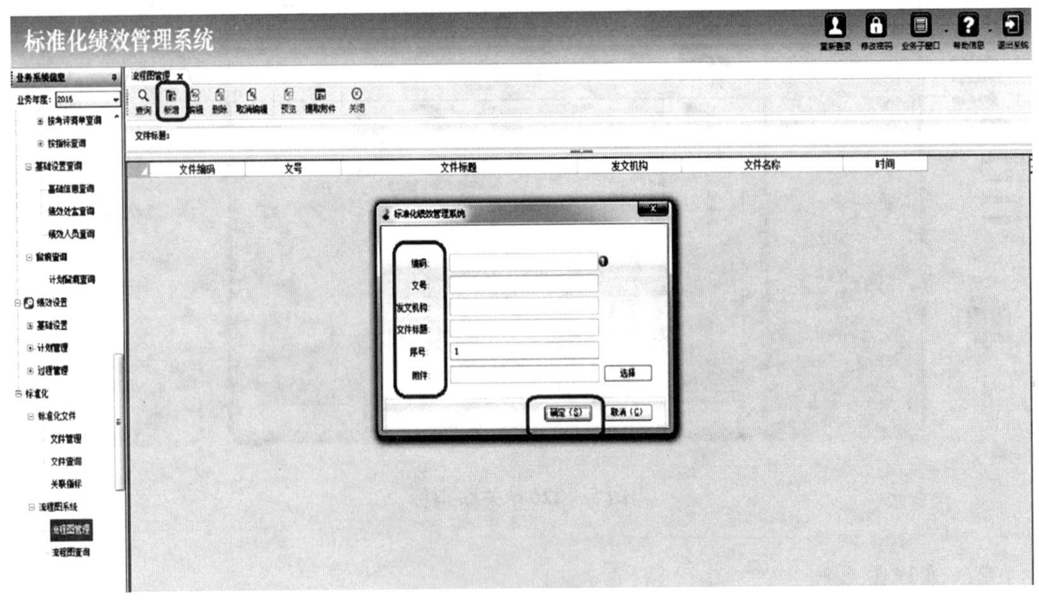

图5-228 新增信息

流程图查看

（1）业务描述

开展工作时可以在线查看流程图，从而依据标准流程开展工作。

（2）业务操作界面及说明

操作步骤：

①用户登录。

②进入菜单："标准化"→"流程图系统"→"流程图查询"（图5-229）。

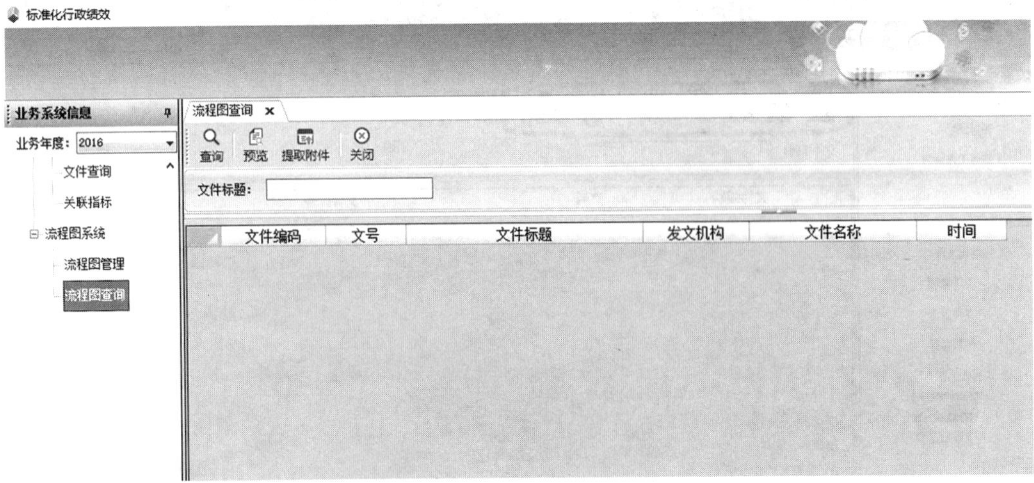

图5-229 流程图查询

（二）绩效计划

1. 设置绩效目标

（1）业务描述

年度绩效管理周期开始后（一般为年初），将厅局制定的绩效目标录入到标准化绩效系统中。

（2）业务操作界面及说明

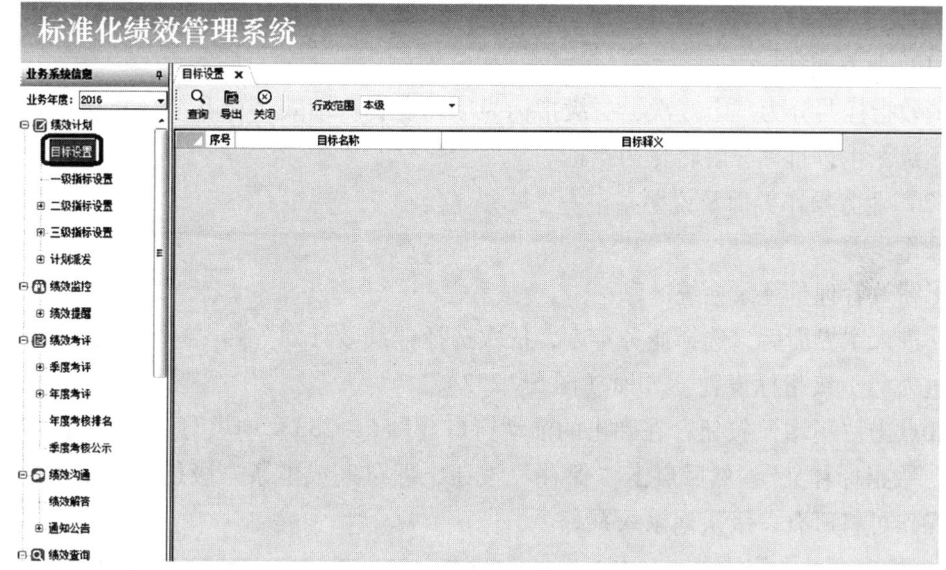

图 5－230 主界面——目标设置

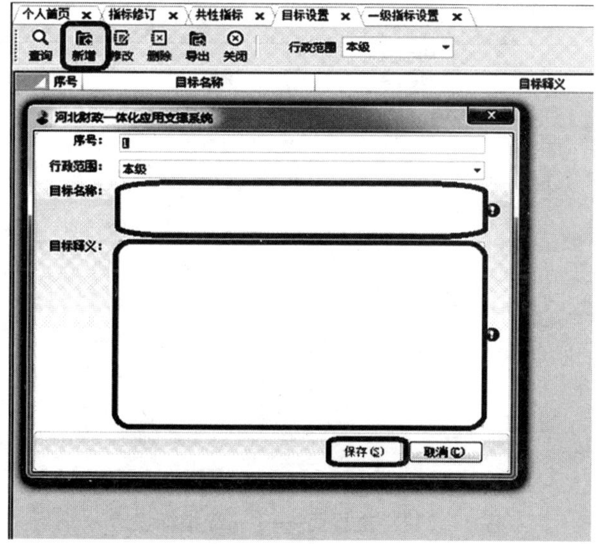

图 5－231 新增目标窗口

操作步骤：

①绩效管理员登录系统。

②进入主界面后，选择业务年度，依次选择“绩效计划”→“目标设置”菜单，进入“目标设置”界面（图5－230）。

③点击“新增”按钮，在弹出的活动窗口（图5－231）中填写“目标名称”和“目标释义”，然后点击“保存”按钮，即可完成本条目标录入。重复以上操作可将所有目标录入系统。

2. 设置一级指标

（1）业务描述

绩效指标共分为三个级次，一级指标为厅局设置。绩效目标和绩效指标的逻辑关系是逐级派生，目标分解转化为指标。

（2）业务操作界面及说明

操作步骤：

①绩效管理员登录系统。

②进入主界面后，选择业务年度，依次选择“绩效计划”→“一级指标设置”菜单，进入“一级指标设置”界面（图5－232）。

③点击“新增”按钮，在弹出的活动窗口（图5－233）中填写“一级指标名称”和“一级指标释义”，然后点击“保存”按钮，即可完成本条一级指标的录入。重复以上操作可将所有一级指标录入系统。

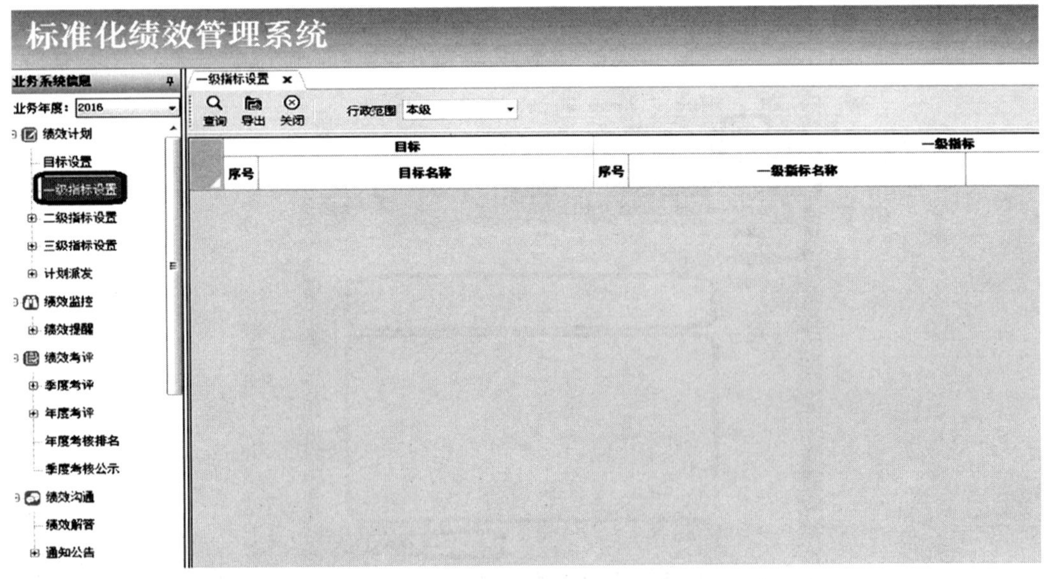

图5－232 主界面—— 一级指标设置

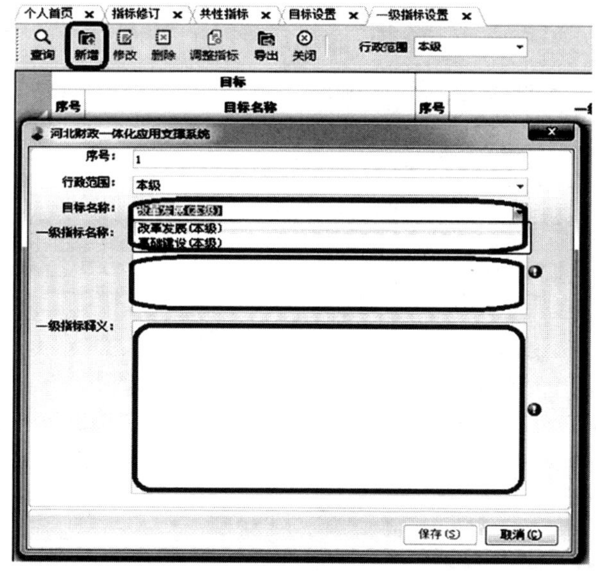

图 5－233　新增一级指标窗口

3. 设置共性指标

(1) 业务描述

厅局各处室单位共同承担的共性工作，量化为单位的共性指标，共性指标分为二级指标和三级指标。二级指标为处室单位设置，由中层负责人或者中层副职承担，三级指标为个人设置，由一般工作人员承担，也可以由中层副职承担。

(2) 业务操作界面及说明

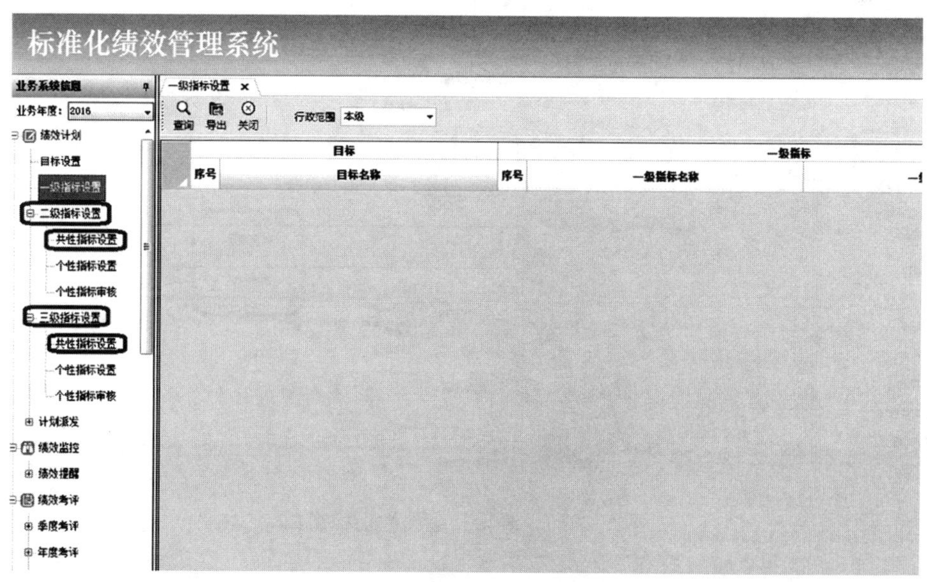

图 5－234　主界面——共性指标设置

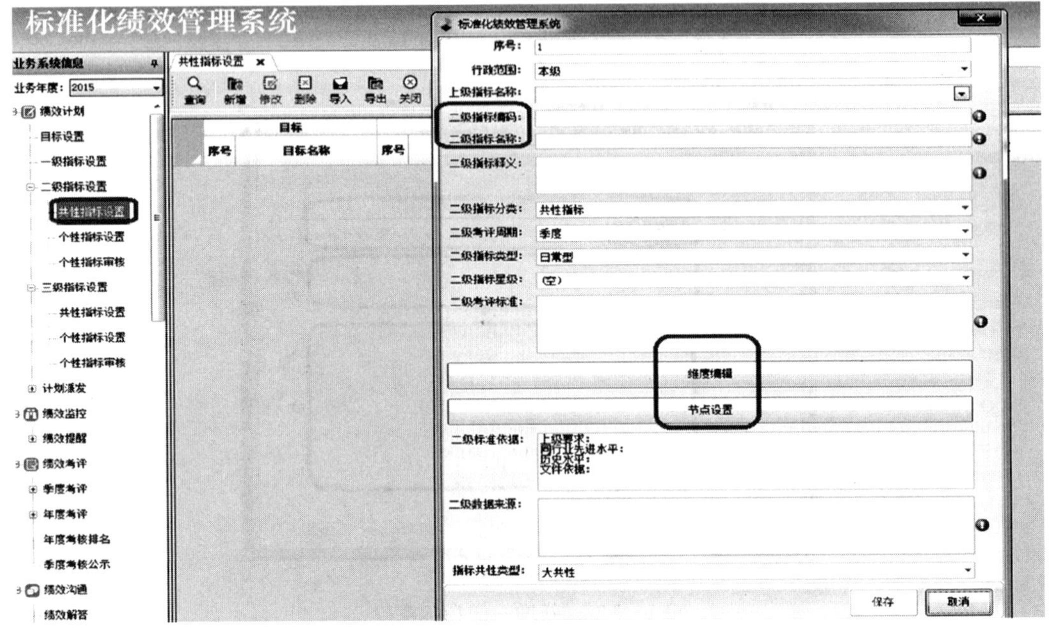

图 5－235　编辑二级共性指标窗口

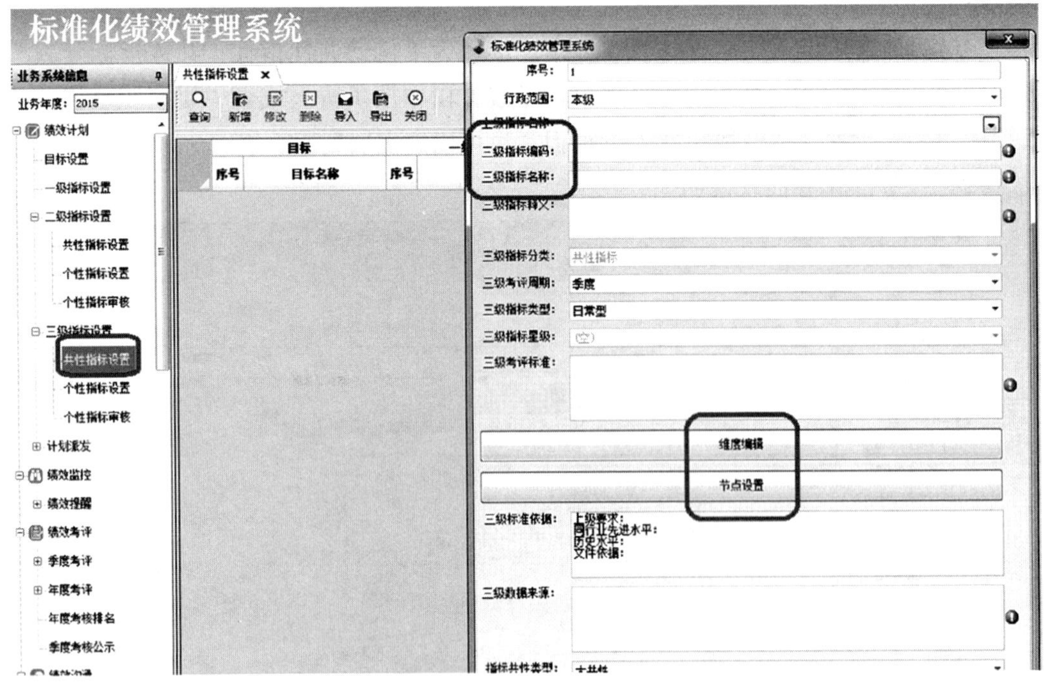

图 5－236　编辑三级共性指标窗口

操作步骤：

①绩效管理员登录系统。

②进入主界面后，选择业务年度，依次选择“绩效计划”→“二（三）级指标设置”→“共性指标设置”菜单，进入“设置”界面（图5－234）。

③点击“新增”按钮，在弹出的活动窗口（图5－235和图5－236）中选择“上级指标名称”填写“二（三）级指标编码”“二（三）级指标名称”“二（三）级指标释义”“二（三）级考评标准”“二（三）级数据来源”，编辑指标的“维度”和“节点”，然后点击“保存”按钮，即可完成本条二（三）级共性指标的录入。重复以上操作可将所有二（三）级共性指标录入系统。

4．设置个性指标

（1）业务描述

厅局各处室单位需独自承担的工作，量化为单位的个性指标，个性指标分为二级指标和三级指标，二级指标为单位设置，由中层负责人或者中层副职承担，三级指标为个人设置，由一般工作人员承担，也可以由中层副职承担。

（2）业务操作界面及说明

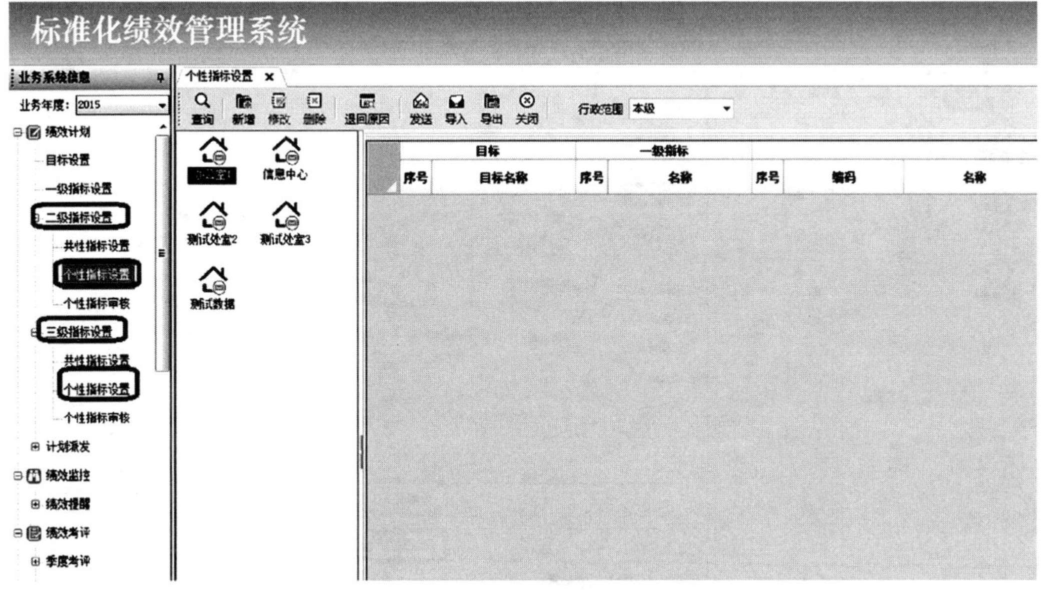

图5－237 主界面——个性指标设置

操作步骤：

①绩效管理员登录系统。

②进入主界面后，选择业务年度，依次选择“绩效计划”→“二（三）级指标设置”→“个性指标设置”菜单，进入“设置”界面（图5－237）。

③点击“导入”按钮，在弹出的活动窗口（图5－238）选择定稿的excel表，系

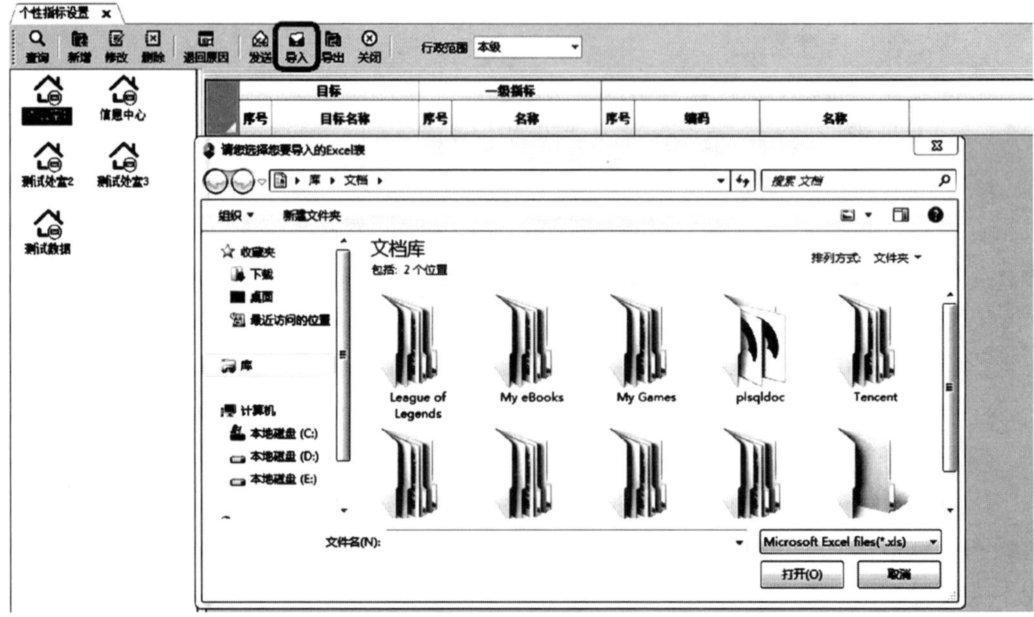

图 5－238　导入个性指标窗口

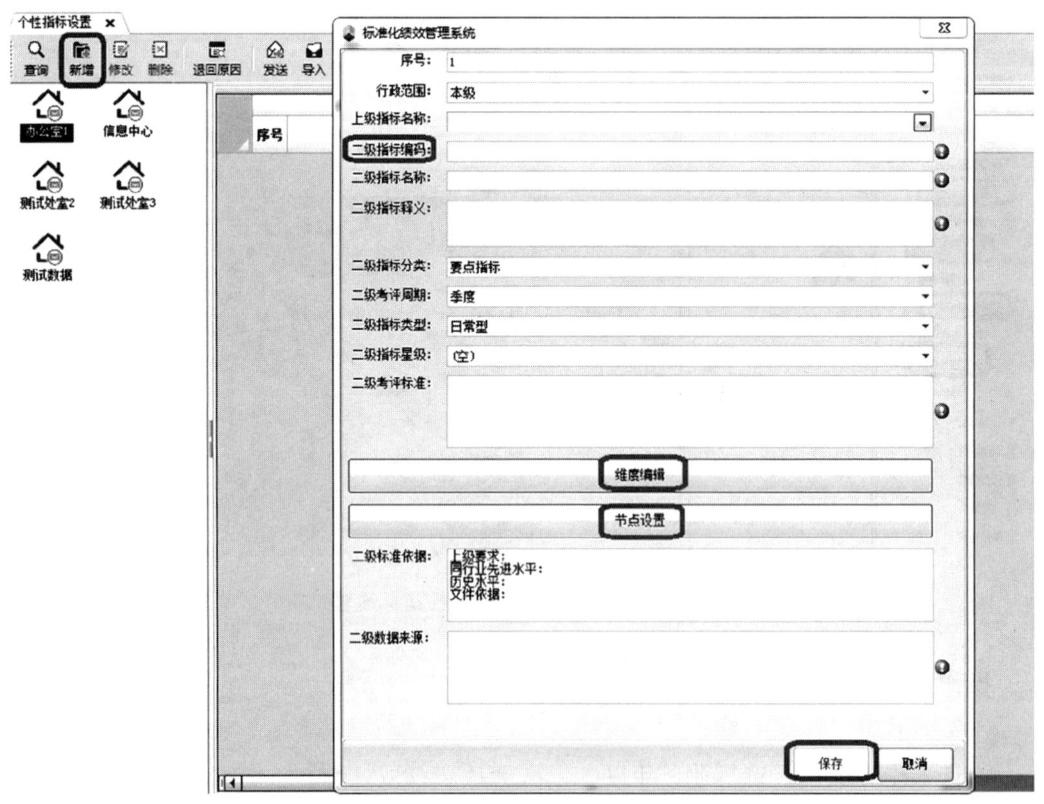

图 5－239　编辑二级个性指标窗口

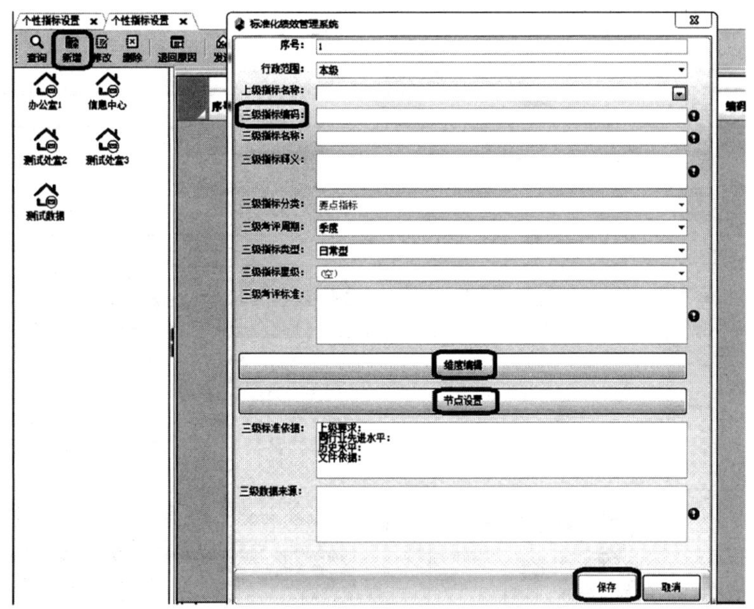

图 5-240 编辑三级个性指标窗口

统将自动导入；也可以点击“新增”按钮，直接在录入界面（图 5-239 和图 5-240）录入指标信息。

注意事项：

a. 表格格式。导入表格格式要与通用模板的格式相同，格式不可改动；如果有变动，点击“导入”按钮后会出现提醒活动窗口。导入不成功通常是由于 excel 表固定格式被更改引起的（图 5-241），此时需核实 excel 表格式是否与模板格式一致。

b. 导入方式（图 5-242）。一是采用在原指标后面追加的方式（系统默认），适用于首次录入或批量增加新指标；二是采用删除全部原指标导入的方式（覆盖），适用于对原指标的整体删除替换。导入成功后，系统会提示输入指标的维度信息和时间节点。

c. 二级指标导入完成后，按此方法再导入三级指标。

d. 出现提示“指标编码重复”时，说明系统中已存在该编码的指标，此时需检查是否重复录入并删除重复指标。

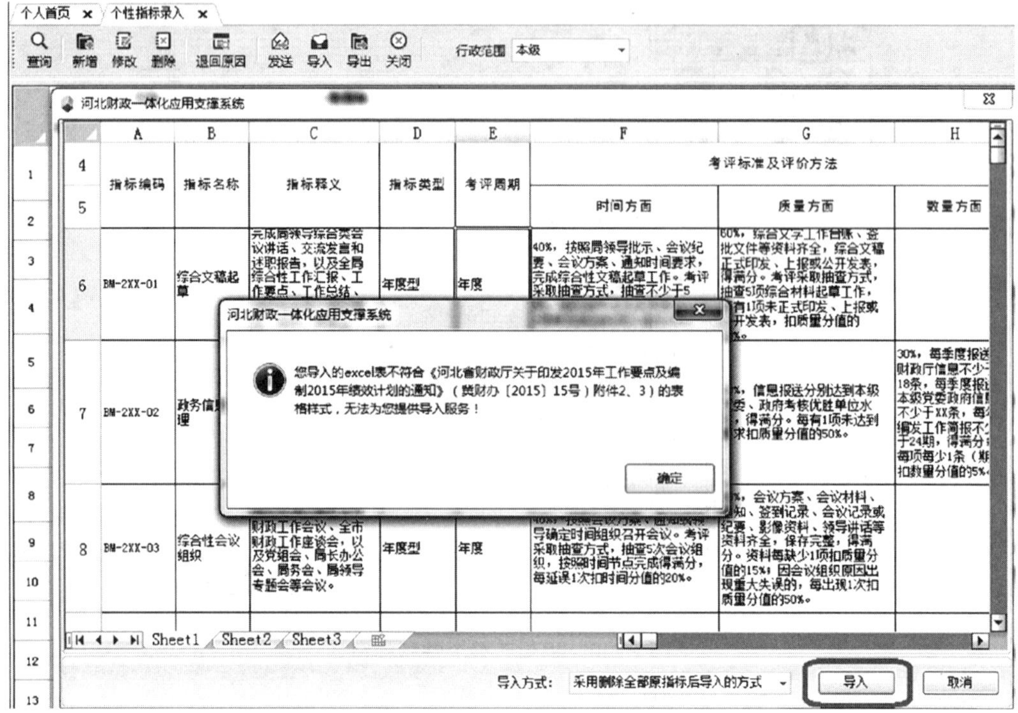

图 5－241　导入表格窗口

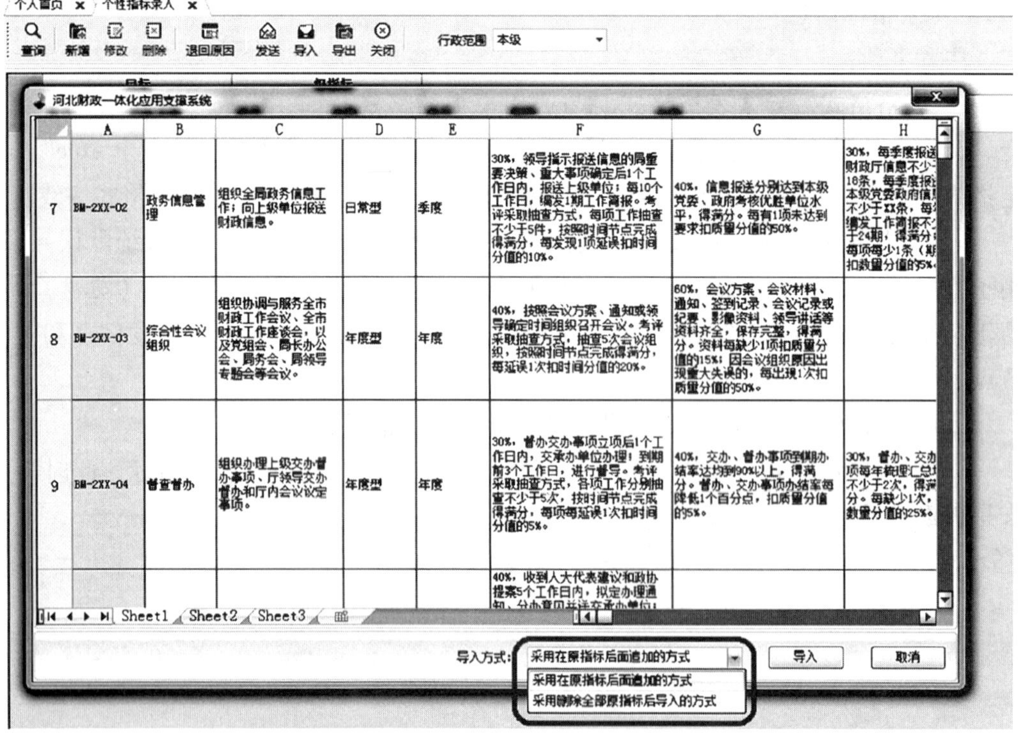

图 5－242　导入方式说明

完善指标和维度编辑

导入 excel 表后，指标并未完善，需要进行进一步修订和编辑。

单位绩效管理员登录，进入主界面后，选择业务年度，依次选择“绩效计划”→“二（或三）级指标设置”→“个性指标设置”菜单，进入“个性指标设置”界面。该界面与导入时进入的界面相同。

操作步骤：

点击“查询”按钮后，显示之前导入系统的单位个性指标（图 5－243）。

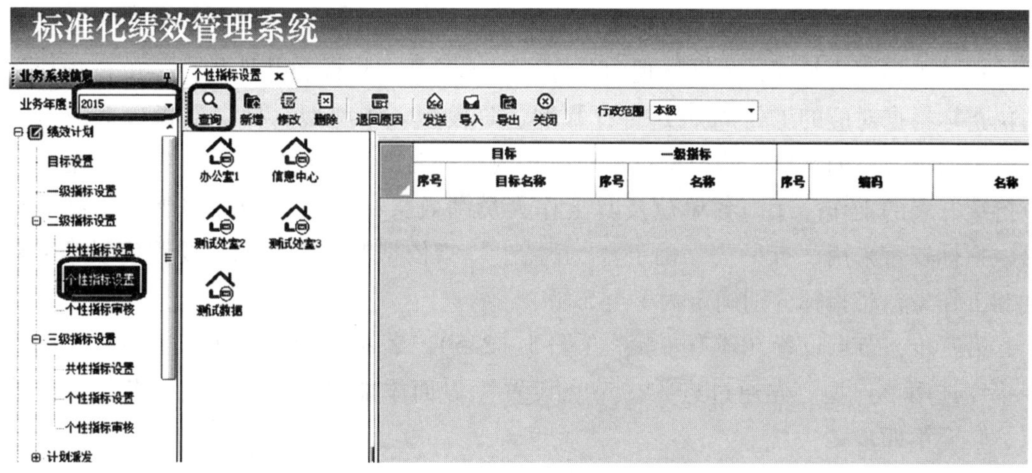

图 5－243　查询个性指标窗口

选中要编辑节点的指标，点击“修改”按钮（图 5－244），逐条对指标进行补充完善。具体步骤如下：

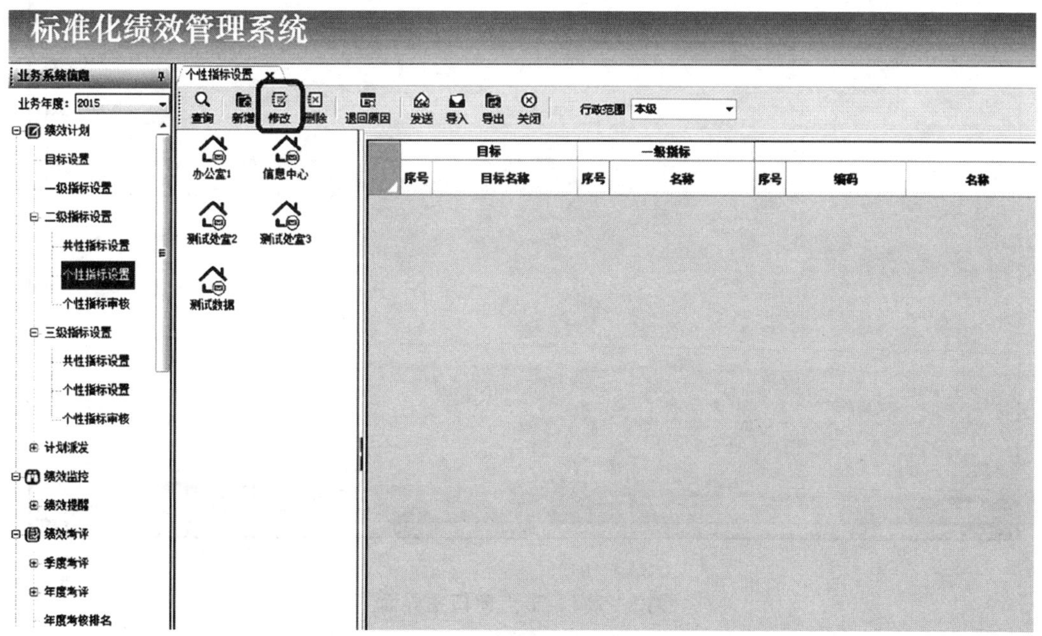

图 5－244　修改指标窗口

第一步，确定从属。选择“上级指标名称”栏，按照工作内容和属性，选择目标和一级指标，确定该二级指标的从属关系。三级指标只需要确定其隶属的二级指标即可。

第二步，补充完善。根据指标要素表，依次点击“指标分类”“考评周期”“指标类型”和“指标星级”栏目并选择下拉选项。根据工作实际，指标分类选择“要点”或者“基础”（不选创新），根据指标性质选择周期和类型，并选择指标星级。

关于分类、周期和星级：厅内各单位要点工作由厅年度工作要点分解形成，体现为单位指标中的要点指标；厅内各单位基本职责由本单位固有的工作职责和各单位共同承担的工作职责组成，分别体现为单位指标中的基础指标和共性指标。单位指标和岗位指标根据对应的工作周期分为日常型、阶段型、年度型。日常型指标对应重复性、短期可考量的工作，阶段型指标对应年内某一时间段开展的工作，年度型指标对应持续开展的工作。厅内各单位及其工作人员绩效指标分值由指标权重乘基础分得出，指标权重采用“五星法”确定。“五星法”指依据对应工作的重要程度、难易程度和工作量，将指标分别确定为1至5星。

第三步，节点设置（或有步骤）（图5－245）。若指标含有多个时间节点，则时间维度选用节点型。先通过进入“节点设置”界面添加时间节点信息。若无时间节点，转至第四步。

图5－245　节点窗口主界面

点击“新增”按钮，在右侧“节点名称”“完成时间”和“备注”栏中依次填入相应信息，然后点击“保存”按钮（图 5－246）。

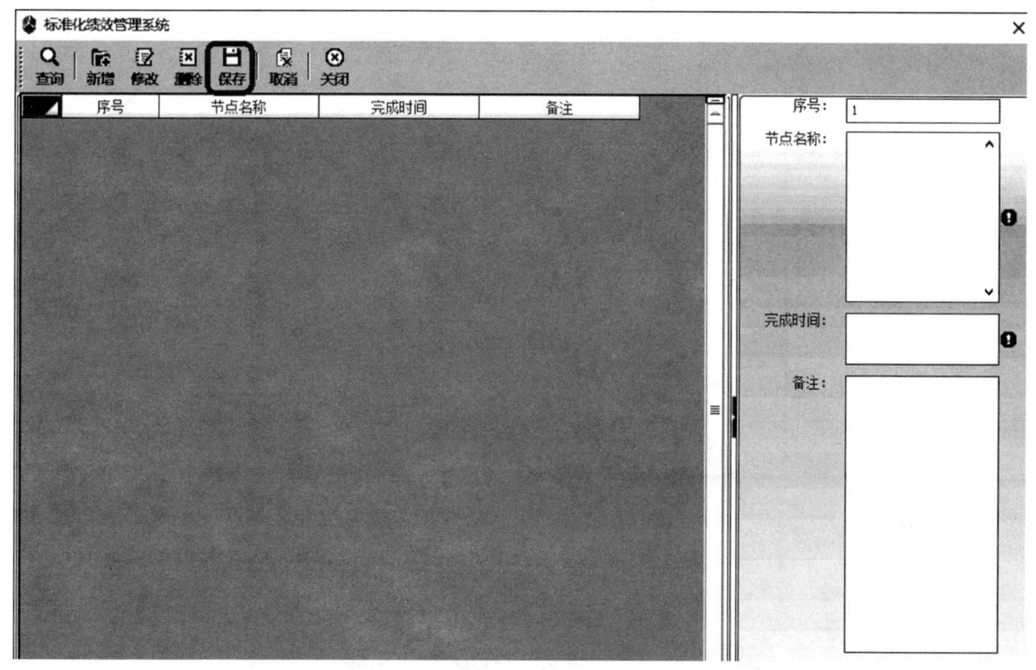

图 5－246 编辑节点窗口

第四步，维度编辑。维度编辑是指标设置的关键步骤，其目的在于将绩效指标文本转化为计算机语言，使软件识别指标的考评标准及评价方法。

点击“维度编辑”按钮，可以对选中的指标进行质量维度、时间维度、数量维度三个方面的编辑操作。

a. 根据三个维度的使用情况选择“启用”与否。

b. “数据来源”项选择“审核评价”或“系统获取”。

c. 填入“维度权重”比例。

d. 选择维度属性。其中：

质量方面——阶段型（图 5－247）。适用于指标质量要求在某几个特定区间的情况。可对质量范围起始值、截止值、得/扣分、扣分率进行设置。如指标要求：“某率在 100%—80% 的，得 100 分；在 80%—60% 的，得 60 分；在 60% 以下的，得 0 分。”通过“添加行”来增加区间。

质量方面——未达标型（图 5－248）。如某指标要求“××请示、培训审批单、培训通知、学员手册、培训讲义、现场照片、培训报导资料齐全，得满分；每缺少 1 项扣质量分值的 15%。”此时指标录入效果应为：标准值“7”、未达标值“1”，扣分率“15”。

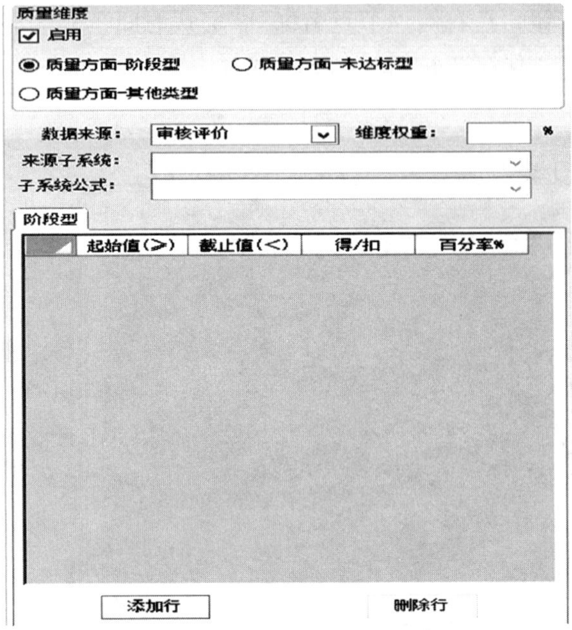

图 5－247 质量维度阶段型窗口

图 5－248 质量维度未达标型窗口

质量方面——其他类。不能选用以上类型设置时，如有多重扣分方式的，“质量方面，××工作通知、工作指导记录资料齐全，××管理办法、××方案正式印发，得满分。资料每缺少 1 项，扣质量分值的 10%；××管理办法、××方案每有 1 项未正式印发扣质量分值的 40%。”此时选择“其他类”并直接录入文本即可。

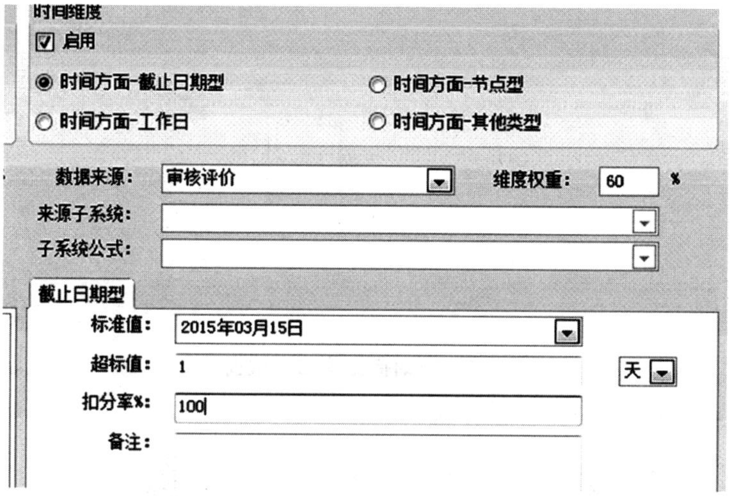

图 5－249 时间维度截止日期型窗口

时间方面——截止日期型（图 5－249）。适用于只有 1 个明确时间节点的情况。如：“3 月 15 日前完成《河北省××厅××××方案起草》，按照时间节点完成得满分，未按时完成扣时间分值的 100%。”此时指标录入效果应为：标准值“2015 年 3 月 15 日”、超标值“1”，扣分率“100”。

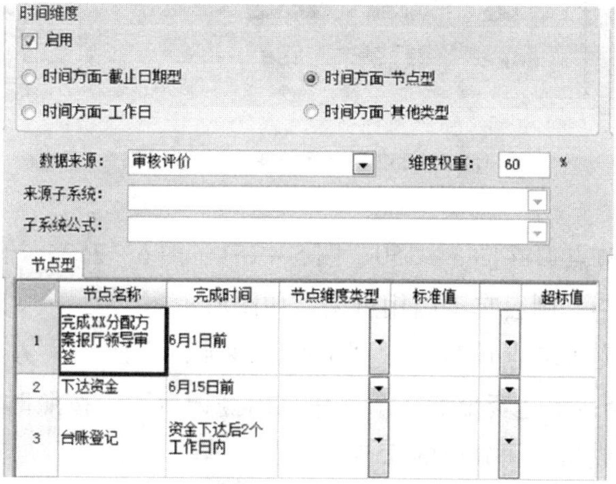

图 5－250 时间维度节点型窗口

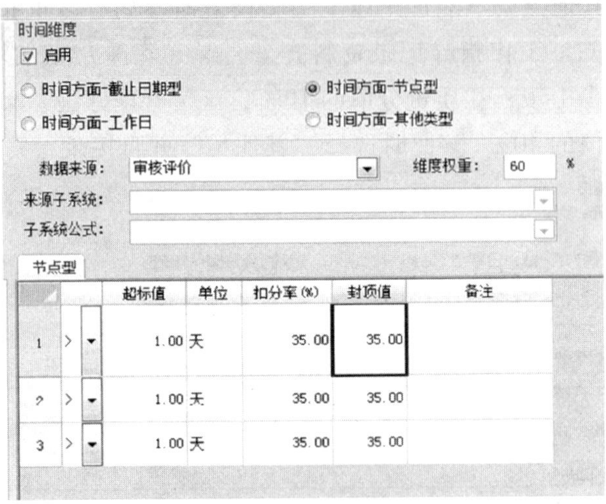

时间维度
☑ 启用
○ 时间方面-截止日期型　◉ 时间方面-节点型
○ 时间方面-工作日　○ 时间方面-其他类型
数据来源：审核评价　维度权重：60 %
来源子系统：
子系统公式：
节点型

			超标值	单位	扣分率(%)	封顶值	备注
1	>		1.00	天	35.00	35.00	
2	>		1.00	天	35.00	35.00	
3	>		1.00	天	35.00	35.00	

图 5－251　**时间维度节点型窗口**

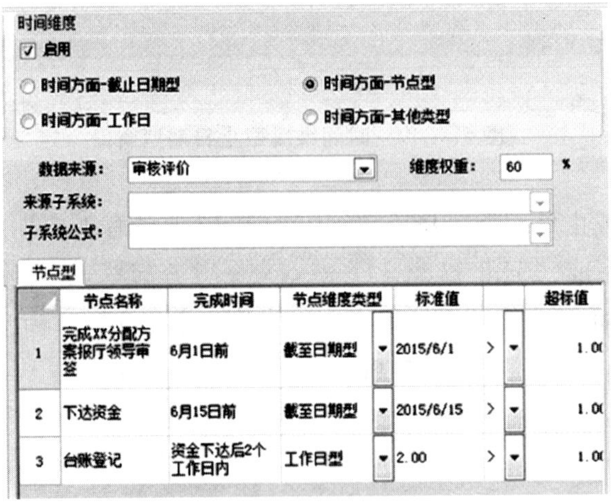

时间维度
☑ 启用
○ 时间方面-截止日期型　◉ 时间方面-节点型
○ 时间方面-工作日　○ 时间方面-其他类型
数据来源：审核评价　维度权重：60 %
来源子系统：
子系统公式：
节点型

	节点名称	完成时间	节点维度类型	标准值		超标值
1	完成XX分配方案报厅领导审签	6月1日前	截至日期型	2015/6/1	>	1.0
2	下达资金	6月15日前	截至日期型	2015/6/15	>	1.0
3	台账登记	资金下达后2个工作日内	工作日型	2.00	>	1.0

图 5－252　**时间维度节点型窗口**

时间方面——节点型（图 5－250、图 5－251、图 5－252）。此维度需要事先设置节点，若已设置完毕，则会自动引用过来。如图所示：

在此界面继续完善节点信息。如“6 月 1 日前，完成××方案报厅领导审签；6 月 15 日前下达资金；下达资金后 2 个工作日内登记台账。按照时间节点完成得满分，每有 1 项未按时完成扣时间分值的 35%。”

时间方面——工作日型、数量方面——未达标型，编辑方法同“质量方面未达标型”。

数量方面——未达标型。如“完成资金整合下达 8000 万元以上，得满分，每减低400万元扣数量分值的5%”，此时指标录入效果应为：标准值“20”、未达标值“1”，扣分率“5”。

时间方面——其他类型、数量方面——其他型和“其他维度”勾选框，编辑方法同“质量方面——其他类”，直接录入文本即可。

注意事项：

a. 任意字符框出现闪烁光标时，双击可出现数字输入器和计算器；时间字符框双击可出现日期选择器。

b. 在完成二级指标设置后，请不要忘记设置三级指标。

(3) 调整个别指标

若需要调整个别指标，单位绩效管理员登录进入主界面后，依次选择“绩效计划”→“二（或三）级指标设置”→“个性指标设置”菜单，进入“个性指标设置”界面（图5-253）。

操作步骤：选中某行指标，点击“新增”“修改”或“删除”按钮，可逐条手工调整或删除二（或三）级指标。

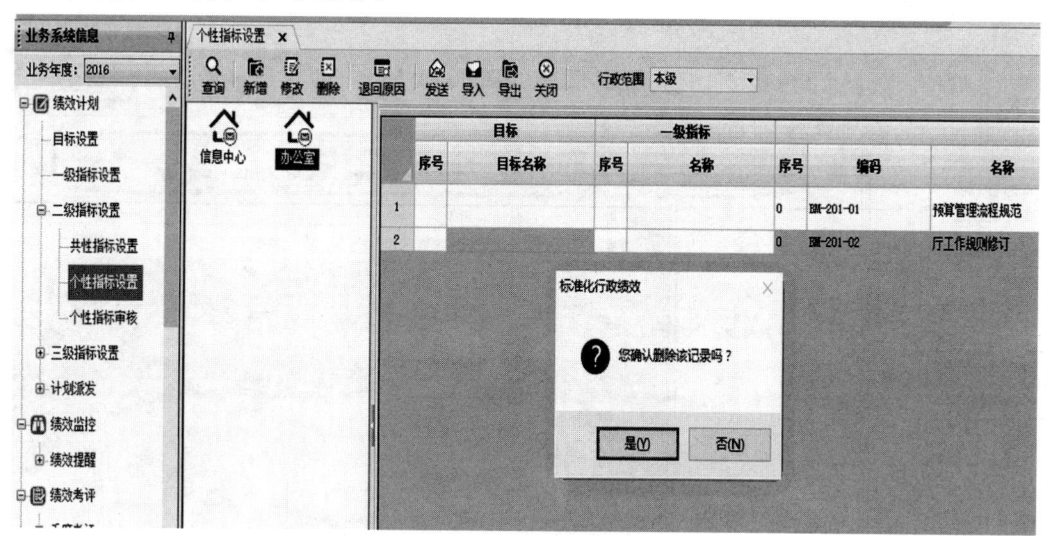

图5-253 调整个别指标窗口

5. 发送及审核个性指标

(1) 业务描述

由于个性指标录入工作比较繁重，在指标录入过程中往往出现各种错误，录入完成后需要由绩效管理的负责人进行再次确认审核，确保指标信息准确无误。

(2) 业务操作界面及说明

操作步骤：

①绩效管理员登录系统。

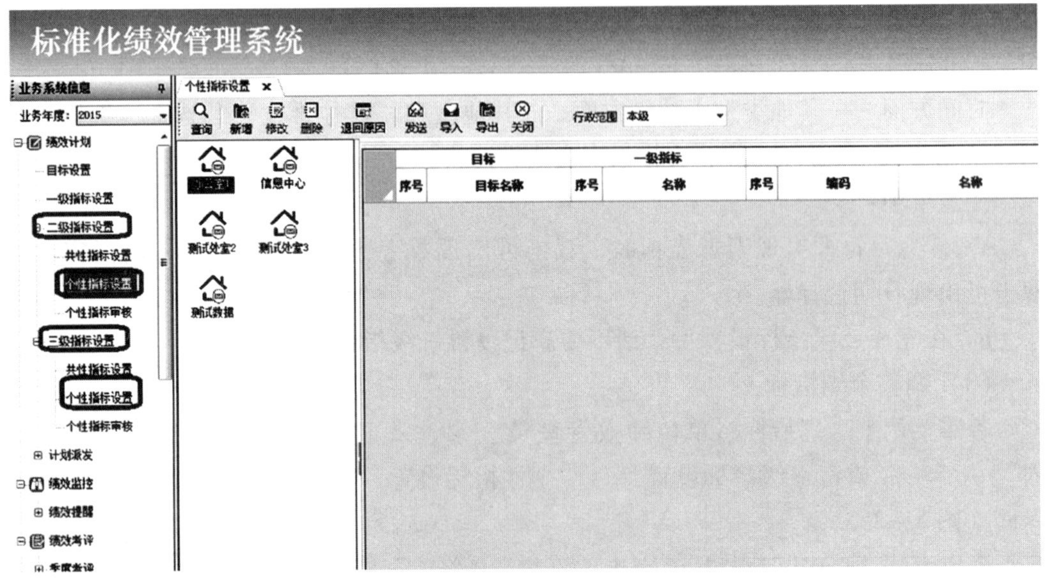

图 5－254 主界面——个性指标发送

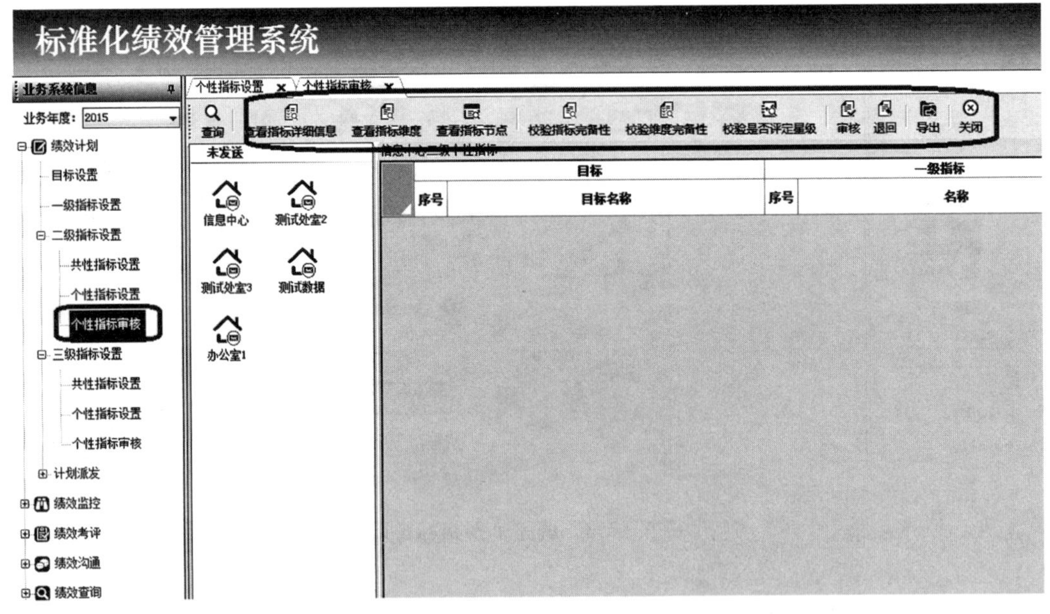

图 5－255 主界面——个性指标审核

②进入主界面后，选择业务年度，依次选择“绩效计划”→“二（三）级指标设置”→“个性指标设置”菜单，进入“设置”界面。

③若指标审核无误，单位绩效管理员在“个性指标设置”窗口，点击“发送”按钮，将二（或三）级个性指标发送给绩效管理员审核（图 5－254）。

注意事项：

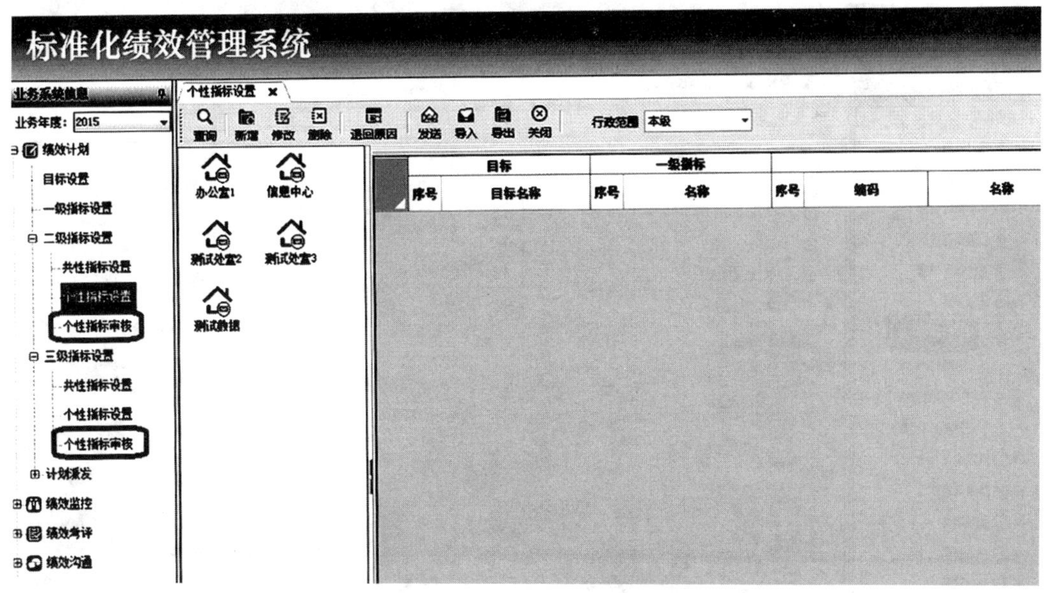

图 5-256 查看并校验指标信息

a. 发送后将不能进行新增、修改、删除等操作（按钮消失）。

b. 需分别发送二、三级指标。

c. 进入主界面，选择“绩效计划”→“二（三）级指标设置”→“个性指标审核”菜单，进入“审核”界面（图 5-255）。

d. 指标发送后，在“个性指标审核”窗口可显示相应信息（分别显示未发送、已发送、已审核等）。逐个点击已发送单位，逐条查看已发送的指标，点击“查看指标详细信息”“查看指标维度”“查看指标节点”“校验指标完备性”等按钮，可详细审核指标的合理度和完整度。对于合格的单位可点击“审核”按钮审核通过；不合格的可点击“退回”按钮，让相应单位完善指标后再上报（图 5-256）。

6. 分派共性指标

（1）业务描述

共性指标确定后，按照岗责要求将共性指标分派到承担处室单位。

（2）业务操作界面及说明

操作步骤：

①绩效管理员登录系统。

②进入主界面后，选择业务年度，依次选择“绩效计划”→“计划派发”→“共性指标分发”菜单，进入“设置”界面（图 5-257）。

③点击“分发”按钮，然后勾选该单位应承担的共性指标，点击“保存”按钮即可（图 5-258）。

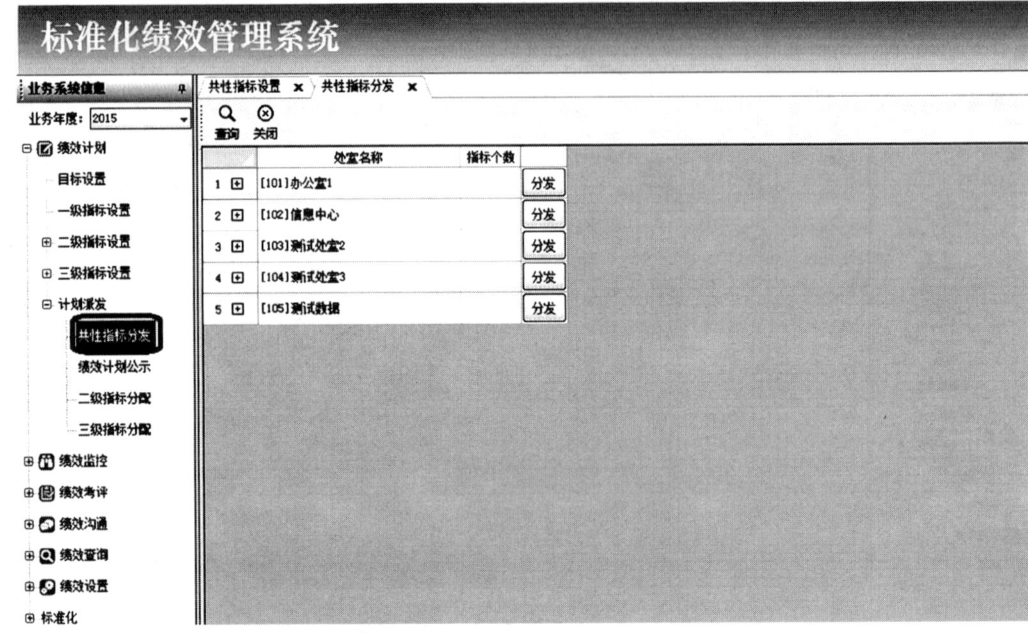

图 5－257 主界面——共性指标分发

个人首页 共性指标分发
查询 关闭

	处室名称	指标个数	
1	[201]办公室		分发
2	[202]预算科		分发
3	[203]税政科		分发
4	[204]人事教育科		分发
5	[205]农业科		分发
6	[206]行政政法科		分发
7	[207]教科文科		分发
8	[208]会计科		分发

图 5－258 分发共性指标窗口

7．公示绩效计划

（1）业务描述

各个单位都确定承担了自己所有的指标后，由绩效管理员将所有指标以及承担单位进行公示。

（2）业务操作界面及说明

操作步骤：

①绩效管理员登录系统。

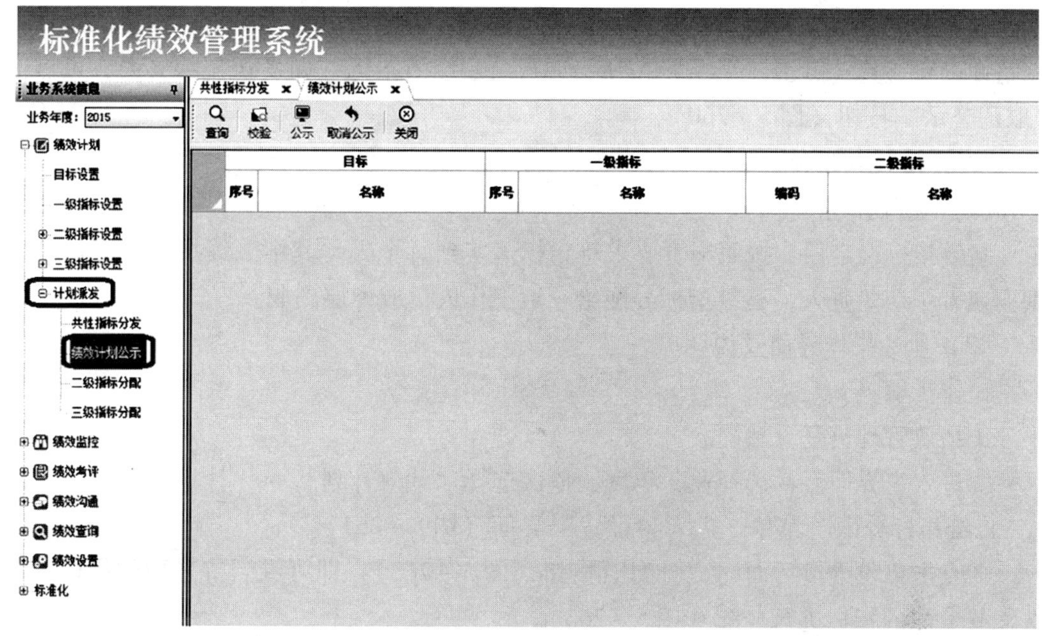

图 5－259　主界面——绩效计划公示

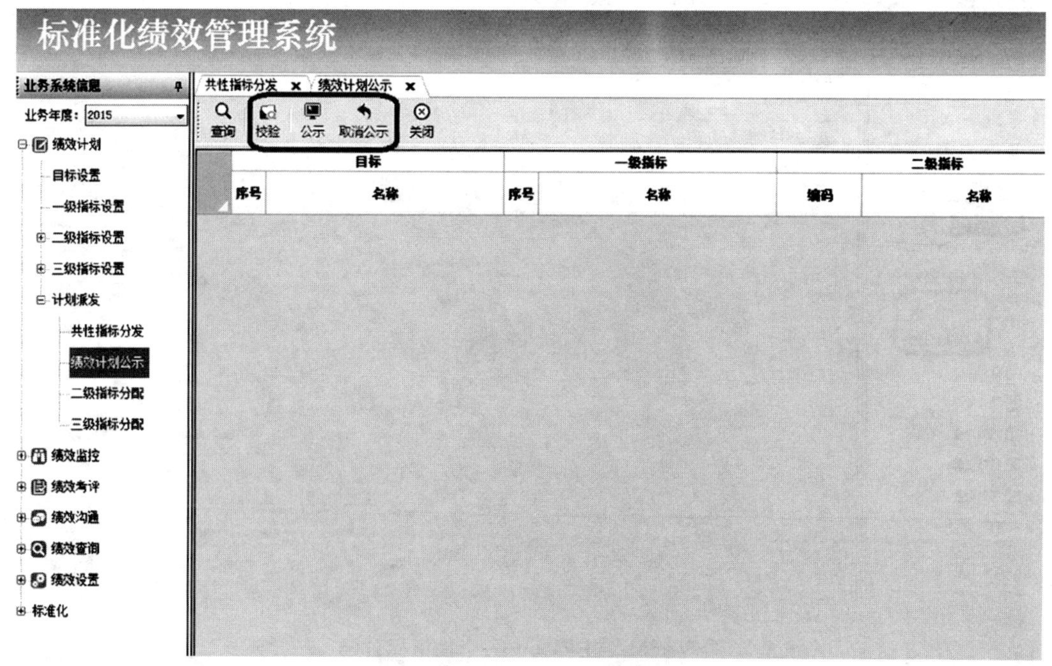

图 5－260　校验、公示指标窗口

②进入主界面后，选择业务年度，依次选择“绩效计划”→“计划派发”→“绩效计划公示”菜单，进入“设置”界面（图 5－259）。

③点击“查询”按钮，可查看所要公示的绩效指标；点击“校验”按钮，对计划完整性进行检查；点击“公示”按钮，即可公示绩效指标。如发现公示失误，可点击“取消公示”按钮（图5－260）。

8. 分配绩效指标

(1) 业务描述

绩效指标确定后，按照岗责要求将指标落实到每个人。其中二级指标分配给中层副职或者中层负责人，三级指标分配给一般工作人员或中层副职。

(2) 业务操作界面及说明

操作步骤：

①绩效管理员登录系统。

②进入主界面后，选择业务年度，依次选择“绩效计划”→“计划派发”→“二（三）级指标分配”菜单，进入“设置”界面（图5－261）。

③点击单位人员后面的“分配”按钮（图5－262），即可看到待分配的指标，勾选需要分配的指标进行分配（图5－263）。

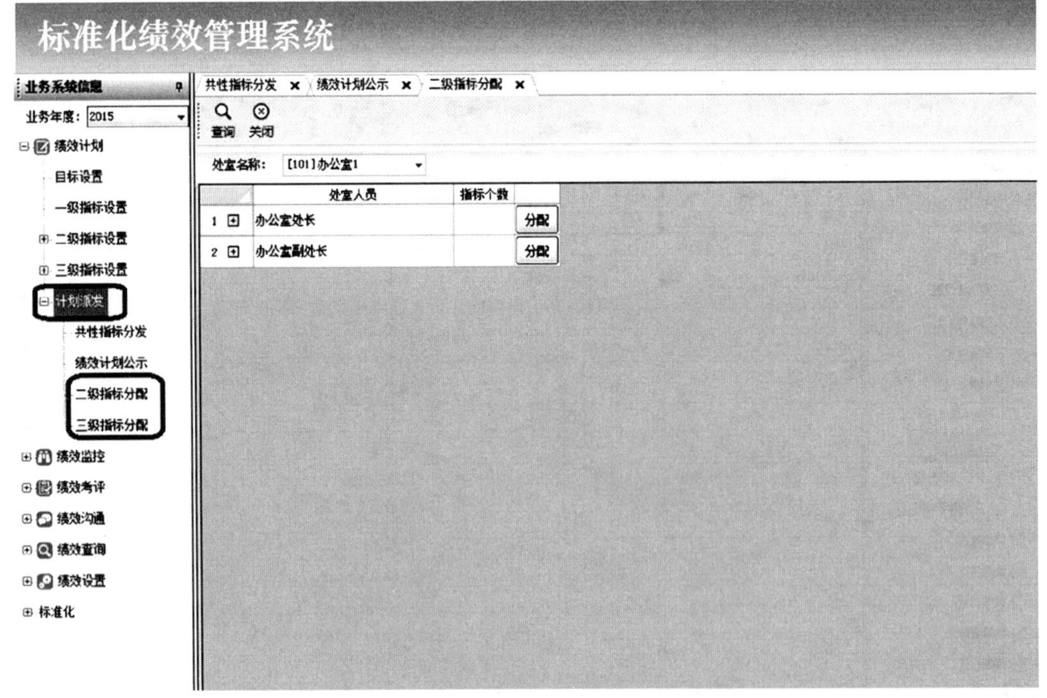

图5－261 主界面——个性指标分配

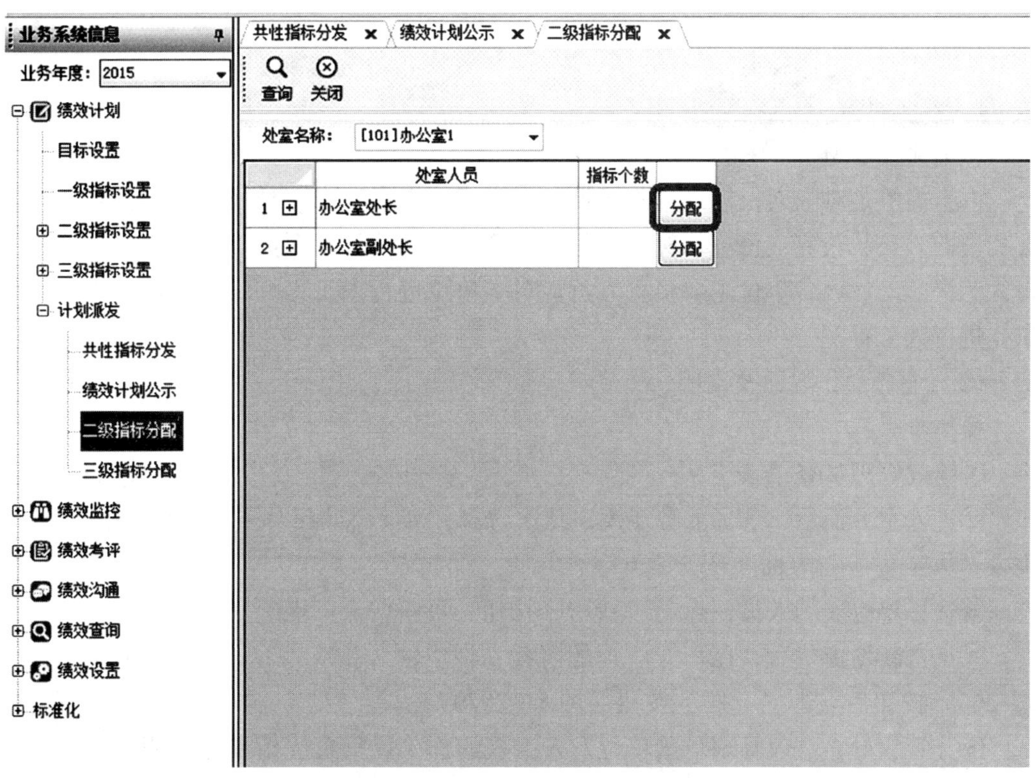

图 5－262　分配个性指标窗口

图 5－263　分配个性指标窗口

（三）绩效监控

1. 人工提醒

（1）业务描述

人工提醒是对临期指标（即将到期但未完成的指标）向单位发送预警信息，以督促相应的人员尽快完成该项指标的工作。分管领导、绩效管理员负责对厅内各单位进行人工提醒。厅内各单位主要负责人负责对本单位进行人工提醒。其他负责人对分管工作进行人工提醒。

（2）业务操作界面及说明

操作步骤：

①绩效管理员登录系统。

②进入主界面后，选择业务年度，依次选择“绩效监控”→“绩效提醒”菜单，进入“人工提醒”界面（图5－264）。

③选择要提醒的人员，点击“新增”按钮，可新增人工提醒（图5－265）。

④点击新增窗口后，在下方“提醒内容”栏中输入相应内容，点击“保存”（图5－266）按钮后点击“下发”按钮（图5－267）。

⑤分管领导、绩效管理员给单位发人工提醒，单位负责人给单位副职、工作人员发人工提醒，单位副职给工作人员发人工提醒（操作步骤同上）。

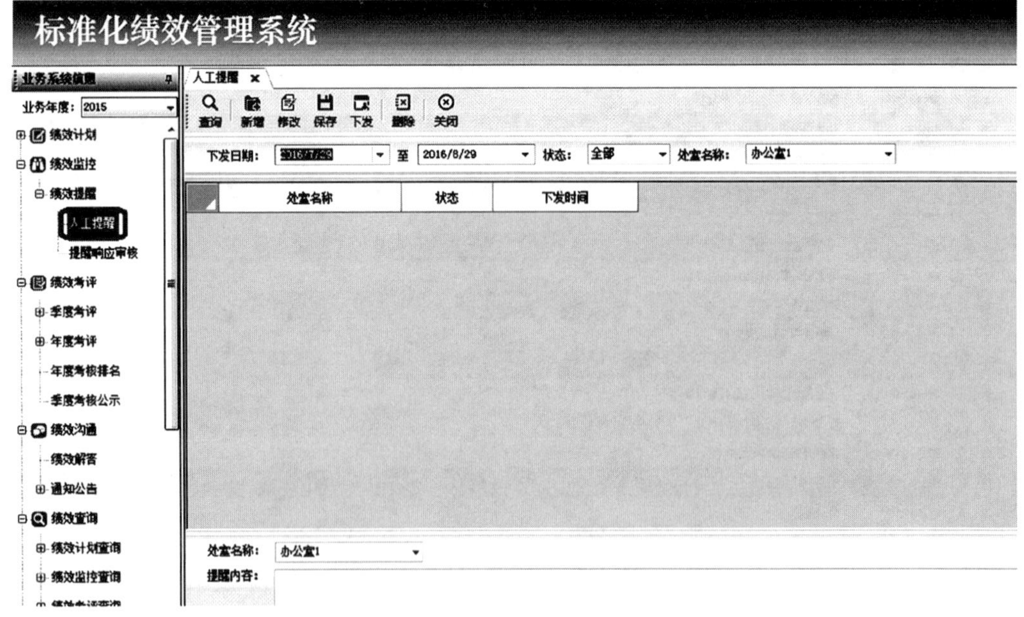

图5－264 主界面——人工提醒

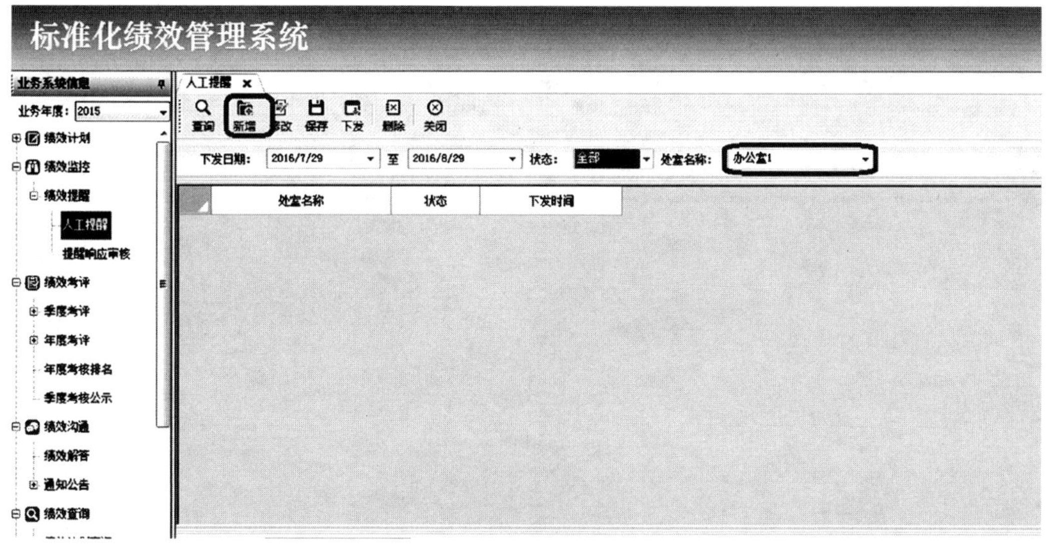

图 5－265 新增人工提醒

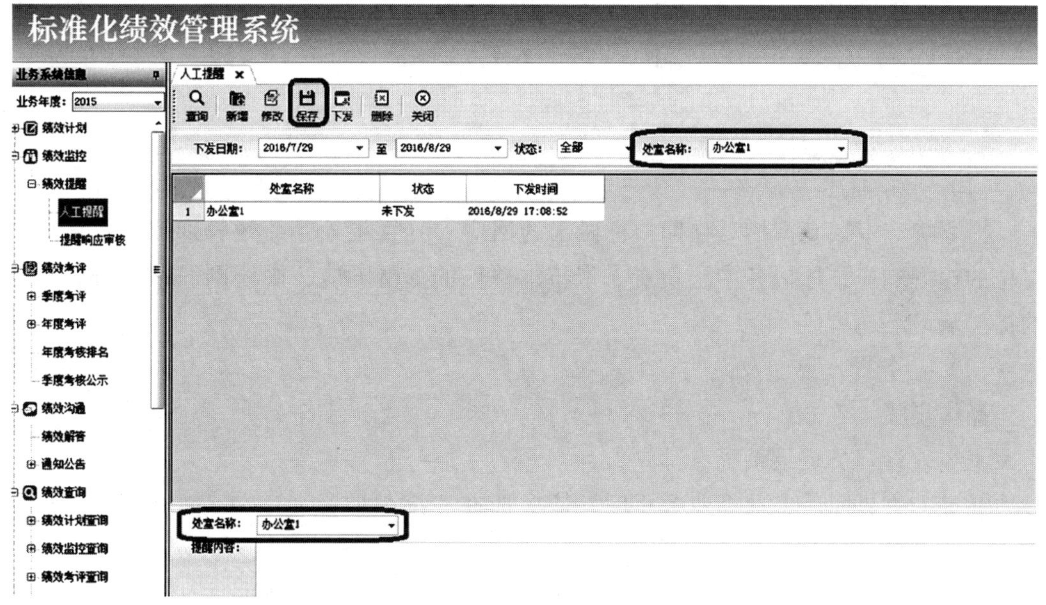

图 5－266 填写人工提醒

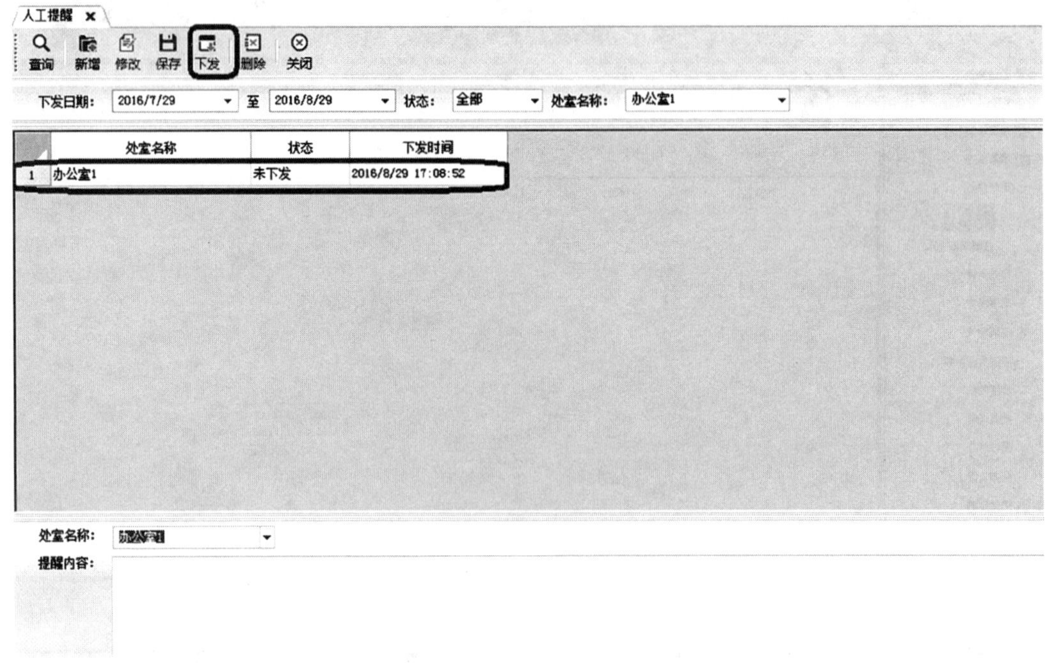

图 5－267　下发人工提醒

2．提醒响应审核

（1）业务描述

提醒响应审核是审核对临期指标做出的回应。分管领导、绩效管理员审核厅内各单位的提醒响应，厅内各中层负责人审核本单位的提醒响应，中层副职审核分管工作的提醒响应。

（2）业务操作界面及说明

操作步骤：

①绩效管理员登录系统。

②进入主界面后，选择业务年度，依次选择“绩效监控”→“绩效提醒”菜单，进入“提醒响应审核”界面（图 5－268）。

③选择已反馈的提醒响应，点击“审核”按钮，填写审核意见，点击“保存”按钮（图 5－269）（此处可查看附件，也可点击“退回”按钮将提醒响应发回）。

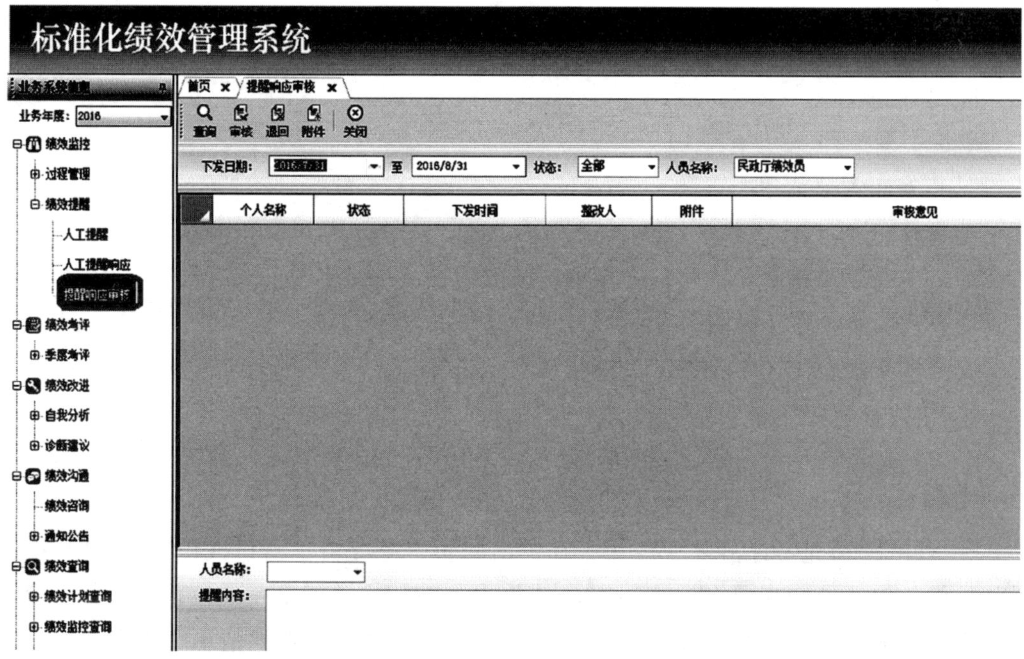

图 5－268　主界面——提醒响应审核

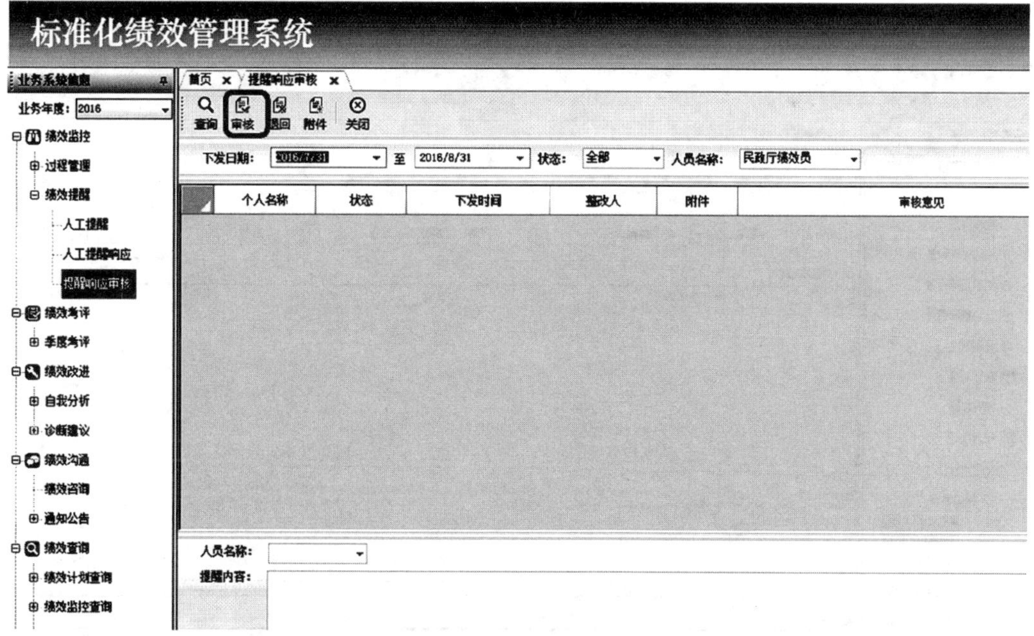

图 5－269　审核提醒响应

(四) 绩效考评

1. 季度考评

单位季度考评

(1) 发布考评清单

①业务描述

单位季度考评周期开始后，发布单位绩效考评清单。

②业务操作界面及说明

操作步骤：

a. 绩效管理员登录系统。

b. 进入主界面后，依次选择“绩效考评”→“季度考评”→“单位考评”→“考评清单发布”菜单，进入“考评清单发布”界面（图5-270）。

c. 点击“新建考评清单”按钮，在弹出的新建考评清单窗口（图5-271）中选择某单位→勾选指标（可全选）→点击“生成”按钮。选择下一单位重复操作→全部单位操作完成后，选择某考评清单（可全选）→点击“下发考评清单”按钮。

注意事项：

考评前，绩效管理员一定要在“绩效设置”界面中，点击“考评小组分管单位设置”按钮为各考评小组设置其分管单位。

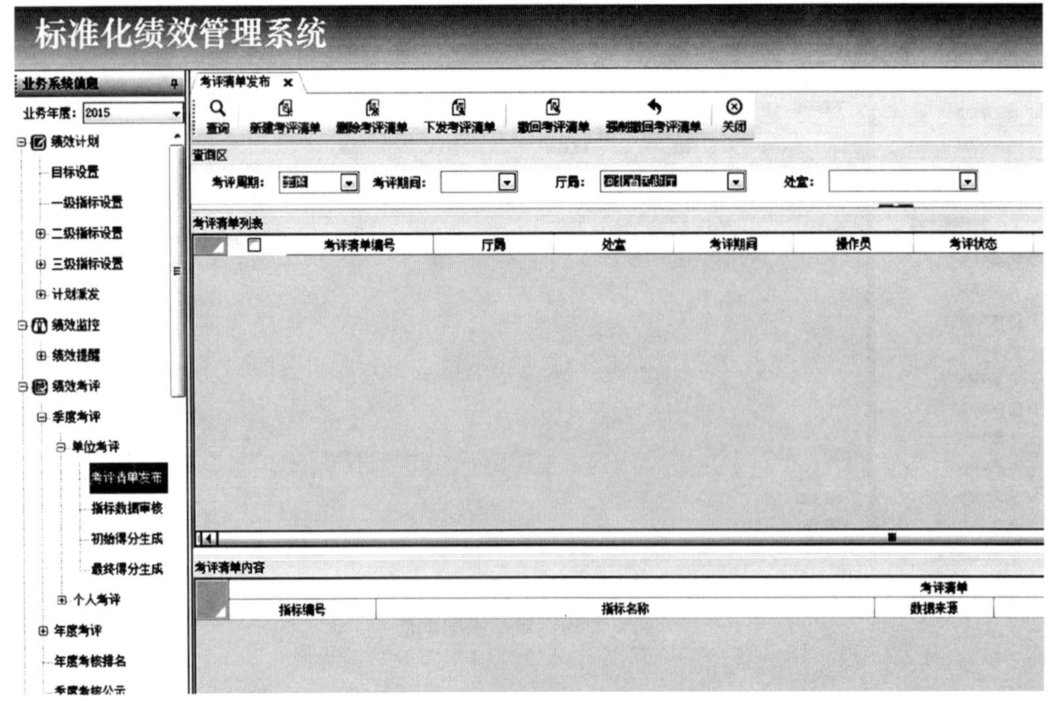

图5-270 主界面——考评清单发布

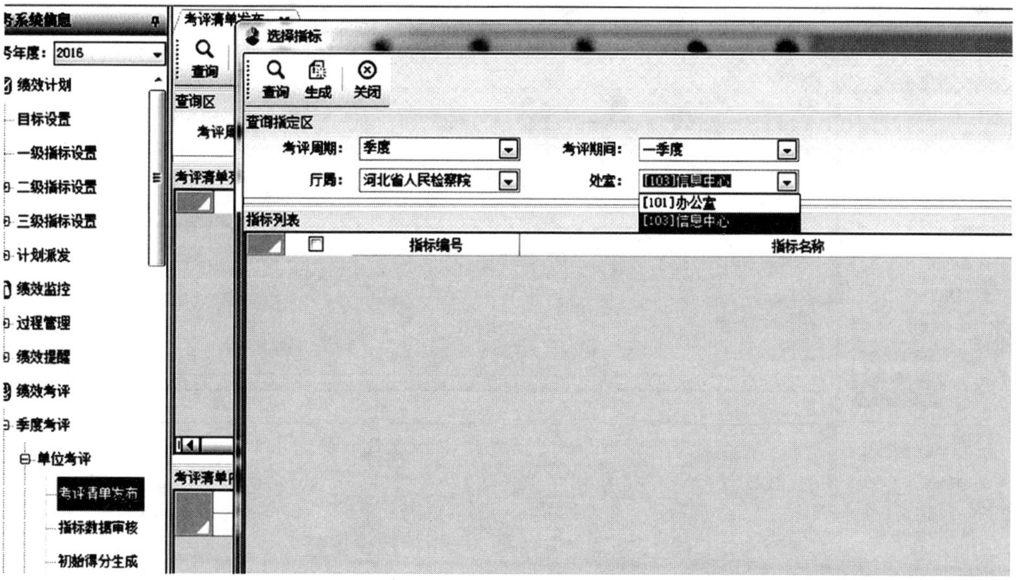

图 5－271 新建考评清单窗口

（2）审核指标数据

①业务描述

指标数据录入完成后，对录入的指标维度分值和指标证明材料等相关内容进行审核。

②业务操作界面及说明

操作步骤：

a. 绩效管理员登录系统。

b. 进入主界面后，依次选择“绩效考评”→“季度考评”→“单位考评”→“指标数据审核”菜单，进入“指标数据审核”界面（图 5－272）。

c. 点击“查询”按钮→选择考评清单→双击指标或点击“审核指标执行数据”按钮→审核指标维度数据及材料依据（图 5－273）（如需修改，在方框中填写）→点击“保存”按钮保存成功。

d. 审核各单位各指标考评数据及得分依据→选中清单（可全选）→点击“审核考评清单”按钮→弹出文本框，填写审核意见→点击“保存”按钮保存成功。

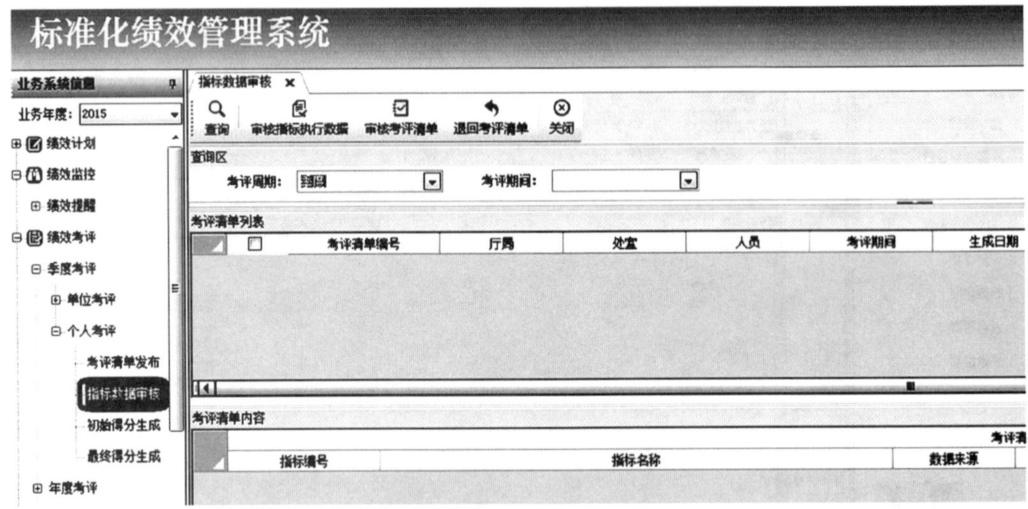

图 5－272　主界面——指标数据审核

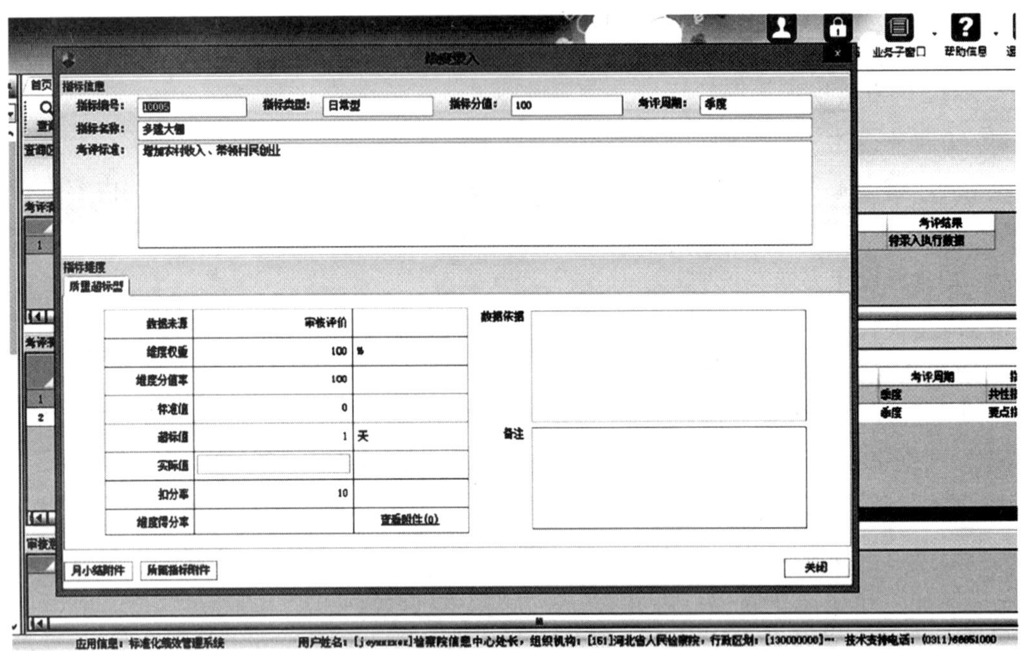

图 5－273　审核指标执行数据窗口

（3）生成初始得分

①业务描述

对单位季度考评指标数据审核完成后，生成单位季度考评初始得分。

②业务操作界面及说明

操作步骤：

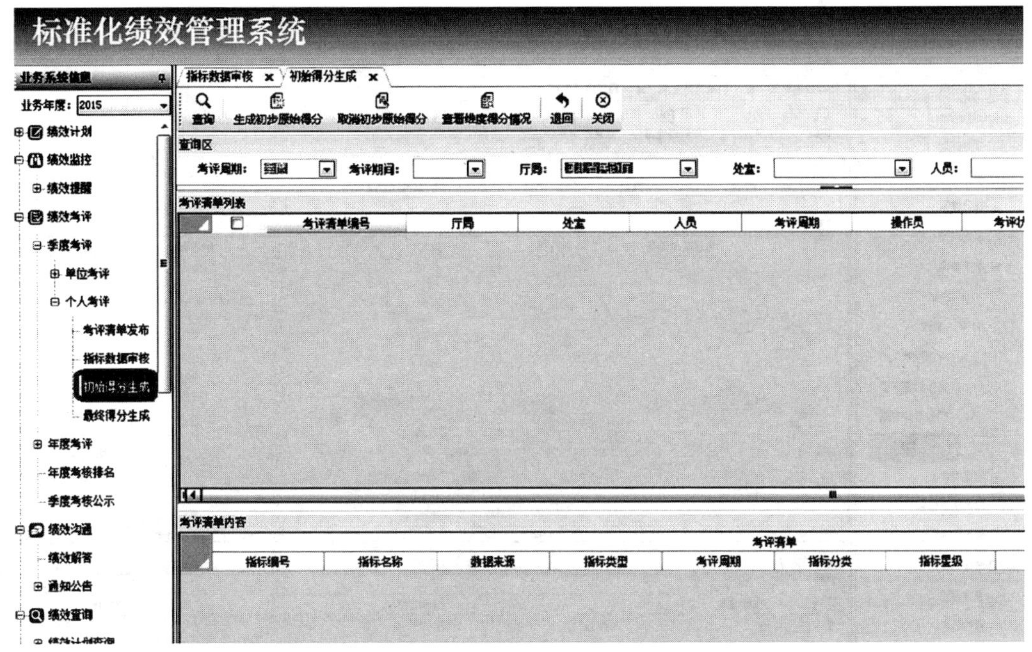

图 5－274 主界面——初始得分生成

a. 绩效管理员登录系统。

b. 进入主界面后，依次选择“绩效考评”→“季度考评”→“单位考评”→“初始得分生成”菜单，进入“初始得分生成”界面（图 5－274）。

c. 点击“查询”按钮→选择清单→点击“生成初步原始得分”按钮，系统将自动生成该清单的初步原始得分。

（4）生成最终得分并发布

①业务描述

单位季度考评初始得分生成后，生成单位最终得分，并发布单位季度考评得分，对考评成绩进行公示。

②业务操作界面及说明

操作步骤：

a. 绩效管理员登录系统。

b. 进入主界面后，依次选择“绩效考评”→“季度考评”→“单位考评”→“最终得分生成”菜单，进入“最终得分生成”界面（图 5－275）。

c. 点击“查询”按钮→选择考评周期、期间和单位→选择清单→点击“生成最终得分”按钮，系统将自动生成单位的最终原始得分。

d. 生成最终得分后，点击界面上“发布”按钮后，各单位即可以选择“绩效查询”→“考评查询”→“我的单位得分”菜单，查看到单位季度得分情况。

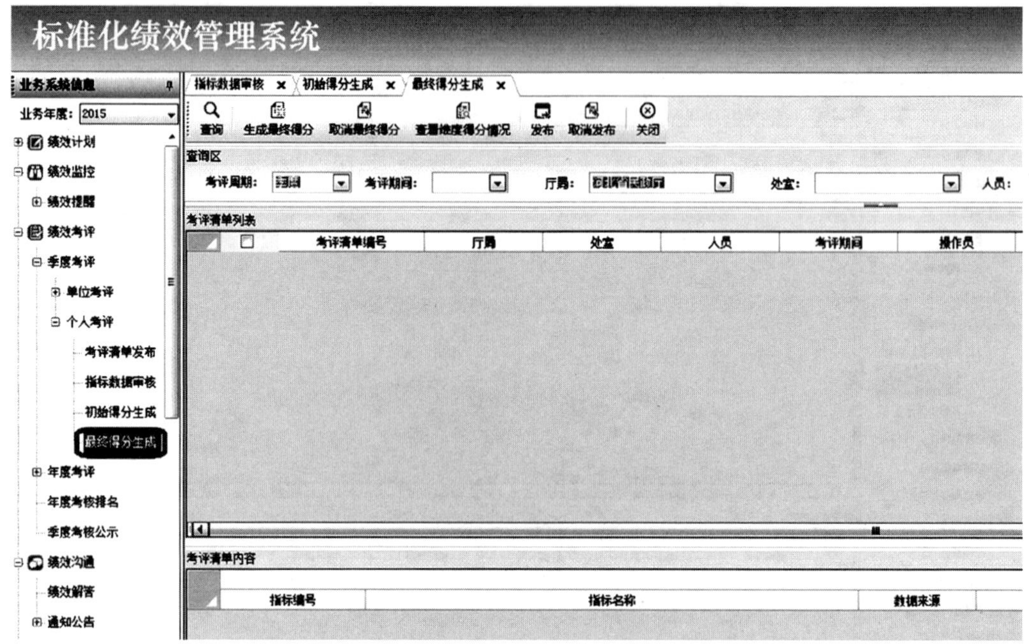

图 5－275 主界面——最终得分生成

个人季度考评

（1）发布考评清单

①业务描述

个人季度考评周期开始后，发布个人绩效考评清单。

②业务操作界面及说明

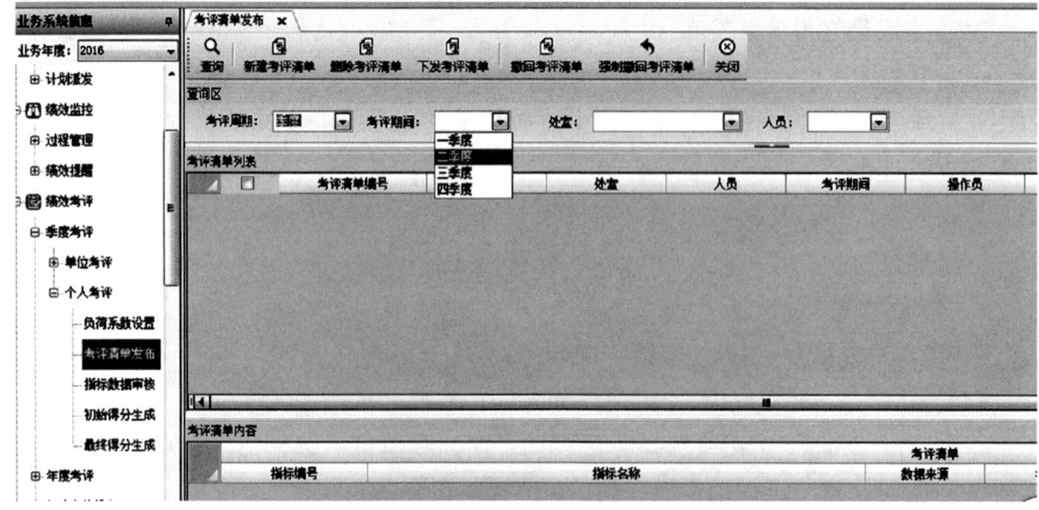

图 5－276 主界面——考评清单发布

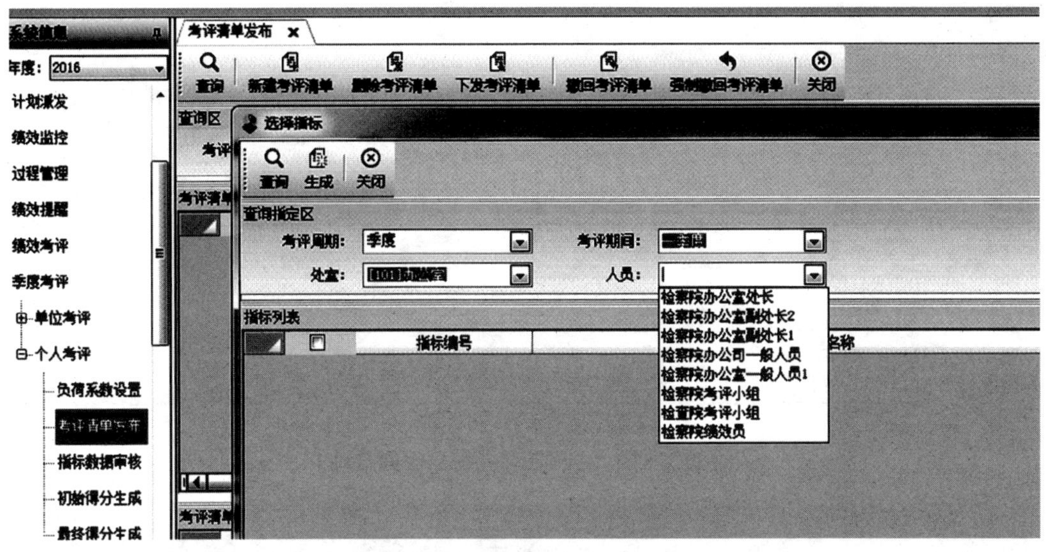

图 5－277 新建考评清单窗口

操作步骤：

a. 绩效管理员登录系统。

b. 进入主界面后，依次选择“绩效考评”→“季度考评”→“个人考评”→“考评清单发布”菜单，进入“考评清单发布”界面（图 5－276）。

c. 点击“新建考评清单”按钮，进入到新建考评清单窗口（图 5－277），选择被考评单位→选择某工作人员→勾选指标（可全选）→点击“生成”按钮。选择下一个工作人员重复操作→全部工作人员操作完成后，勾选考评清单（可全选）→点击“下发考评清单”按钮。

（2）审核指标数据

①业务描述

指标数据录入完成后，对录入的指标维度和指标证明材料等相关内容进行审核。

②业务操作界面及说明

操作步骤：

a. 绩效管理员登录系统。

b. 进入主界面后，依次选择“绩效考评”→“季度考评”→“个人考评”→“指标数据审核”菜单，进入“指标数据审核”界面（图 5－278）。

c. 点击“查询”按钮→选择考评清单→选择指标→双击指标或点击“审核指标执行数据”按钮→审核指标维度数据及得分依据（图 5－279）（如需修改，在方框中填写）→点击“保存”按钮保存成功。

d. 审核工作人员各指标考评数据及得分依据→点击“审核考评清单”按钮→弹出文本框，填写审核意见→点击“保存”按钮。

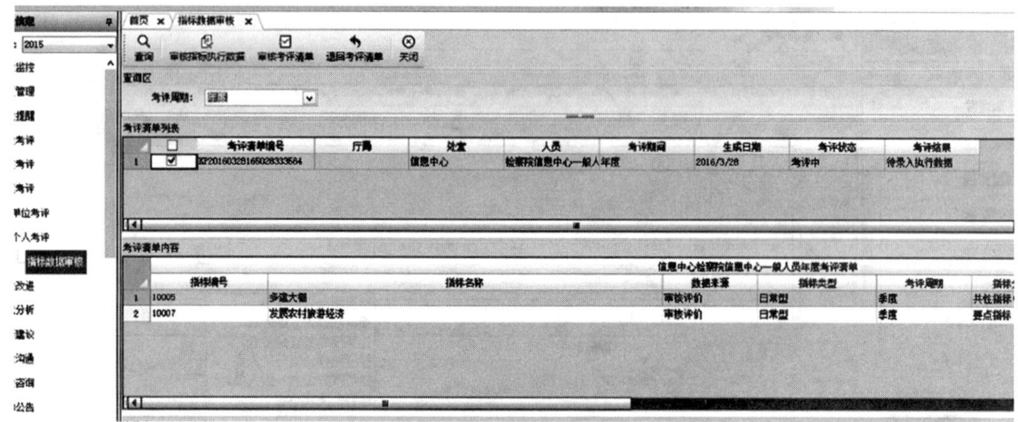

图 5 - 278 主界面——指标数据审核

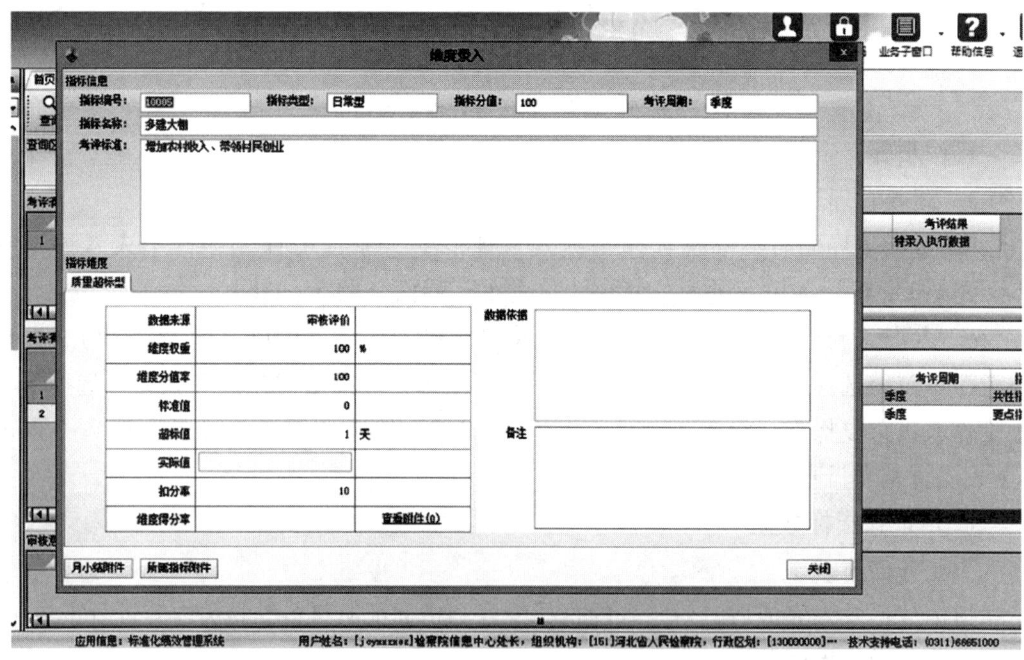

图 5 - 279 审核指标执行数据窗口

(3) 生成初始得分

①业务描述

对个人季度考评指标数据审核完成后，生成个人季度考评初始得分。

②业务操作界面及说明

操作步骤：

a. 绩效管理员登录系统。

b. 进入主界面后，依次选择“绩效考评”→“季度考评”→“个人考评”→

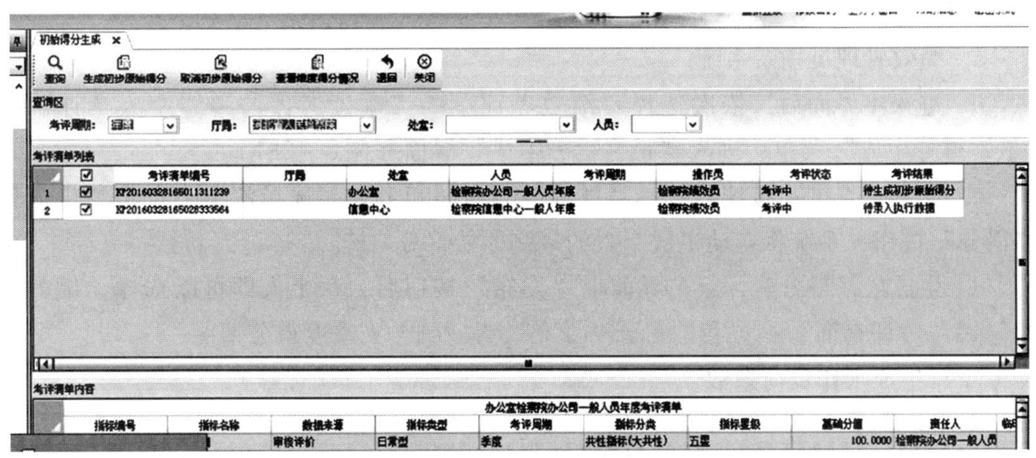

图 5－280　主界面——初始得分生成

“初始得分生成”菜单，进入“初始得分生成”界面（图 5－280）。

c. 点击“查询”按钮→选择清单→点击“生成初步原始得分”按钮，系统将自动生成该清单的初步原始得分。

（4）生成最终得分并发布

①业务描述

个人季度考评初始得分生成后，生成个人最终得分，并发布个人季度考评得分，对考评成绩进行公示。

②业务操作界面及说明

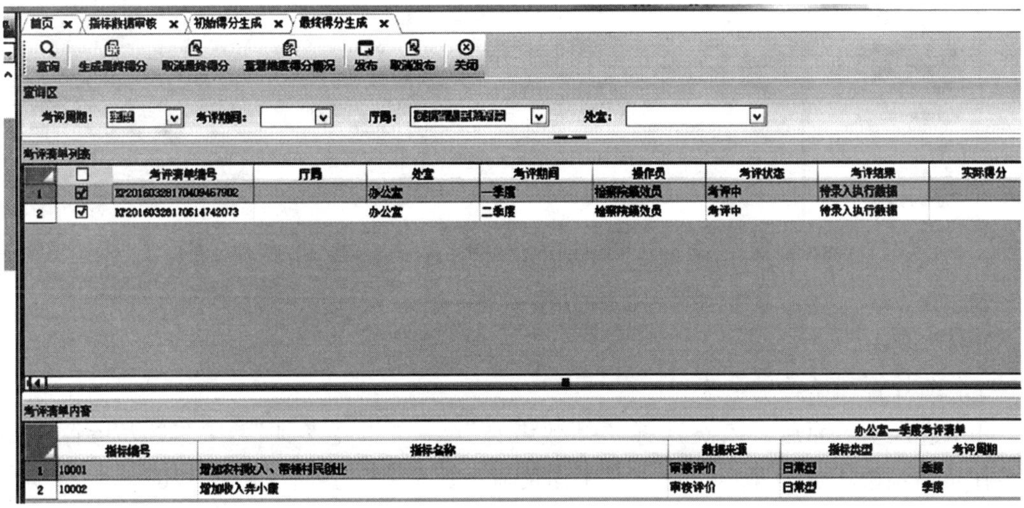

图 5－281　主界面——最终得分生成

操作步骤：

a．绩效管理员登录系统。

b．进入主界面后，依次选择“绩效考评”→“季度考评”→“个人考评”→“最终得分生成”菜单，进入“最终得分生成”界面（图5－281）。

c．点击“查询”按钮→选择考评周期、期间和个人→选择清单→点击“生成最终得分”按钮，系统将自动生成个人的最终原始得分。

d．生成最终得分后，点击界面上“发布”按钮后，每个人即可以选择“绩效查询”→“考评查询”→“我的得分”菜单，查看到个人季度得分情况。

（5）生成工作负荷系数

①业务描述

分管领导、中层负责人、中层副职、工作人员设置完工作负荷系数后，绩效管理员生成所有人的工作负荷系数。

②业务操作界面及说明

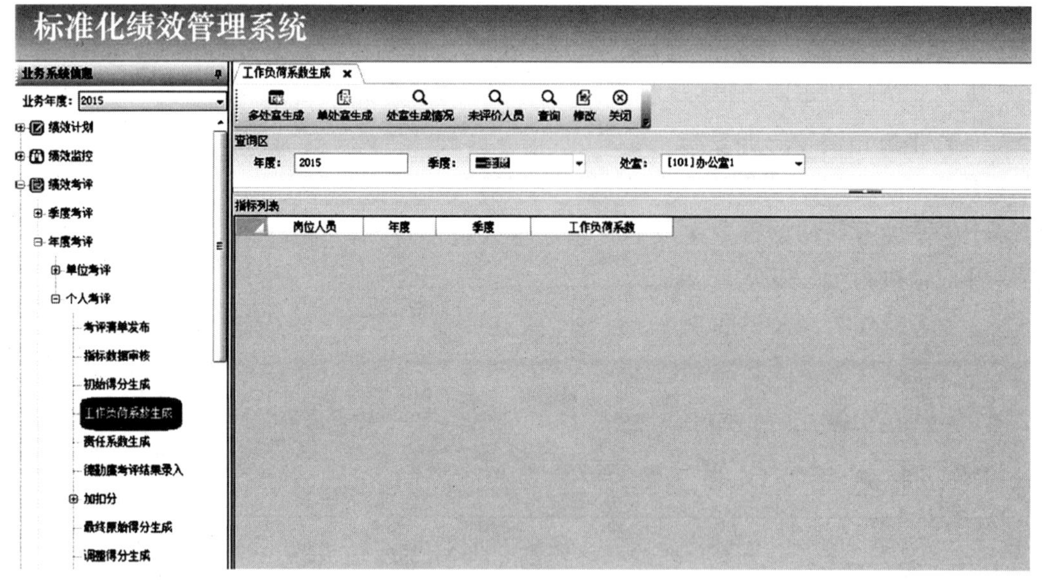

图5－282　主界面——工作负荷系数生成

操作步骤：

a．绩效管理员登录系统。

b．进入主界面后，依次选择“绩效考评”→“年度考评”→“个人考评”→“工作负荷系数生成”菜单，进入“工作负荷系数生成”界面（图5－282）。

c．选择要生成工作负荷系数的季度，点击“多单位生成”按钮即可生成该季度所有人员的工作负荷系数。

2. 年度考评

单位年度考评

(1) 发布考评清单

单位年度考评周期开始后，发布年度考评清单，同单位季度考评。

(2) 审核指标数据

录入单位指标数据后，审核指标数据和相关证明材料，同单位季度考评。

(3) 生成初始得分

单位年度考评周期开始后，发布年度考评清单，同单位季度考评。

(4) 录入党风廉政建设结果

①业务描述

单位年度考评中，包括对单位党风廉政建设的考评，录入党风廉政建设结果。

②业务操作界面及说明

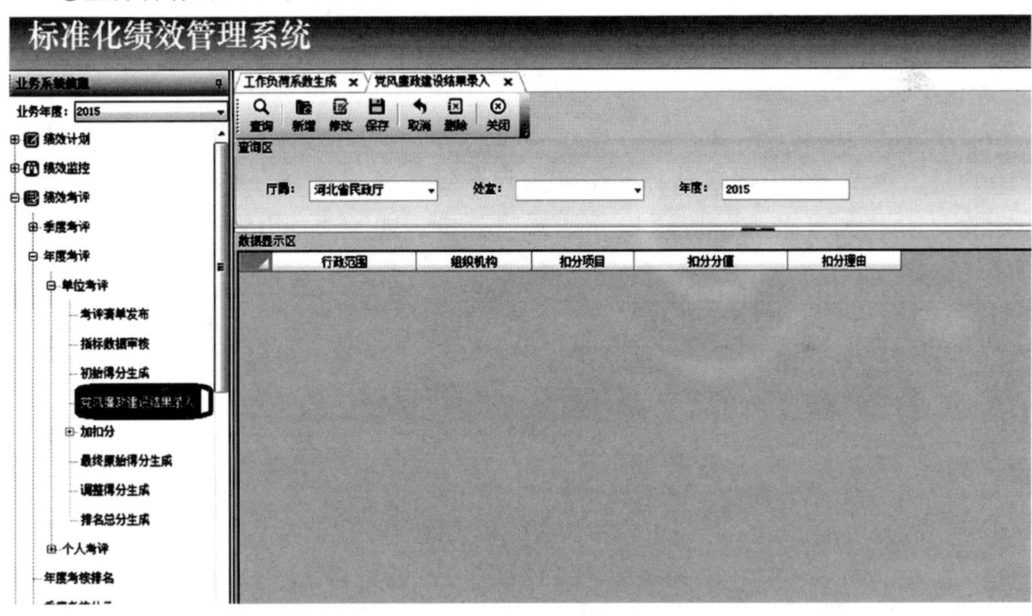

图 5－283 主界面——党风廉政建设结果录入

操作步骤：

a. 绩效管理员登录系统。

b. 进入主界面后，依次选择“绩效考评”→“年度考评”→“单位考评”→“党风廉政建设结果录入”菜单，进入“党风廉政建设结果录入”界面（图 5－283）。

c. 点击“新增”按钮，在右侧录入区录入相应分值和理由→点击“保存”按钮。逐个录入各相关单位党风廉政建设结果。

(5) 加（扣）分录入

①业务描述

年度考评中，录入各单位加扣分结果。

②业务操作界面及说明

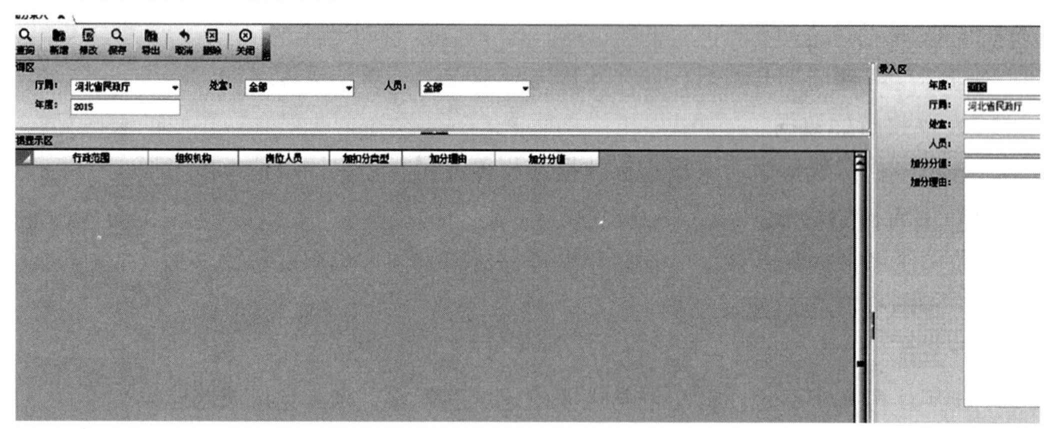

图 5－284　主界面——加（扣）分录入

操作步骤：

a. 绩效管理员登录系统。

b. 进入主界面后，依次选择“绩效考评”→“年度考评”→“单位考评”→“加扣分”→“加分录入”或“扣分录入”菜单，进入“加（扣）分录入”界面（图 5－284）。

c. 点击“新增”按钮，在右侧录入区录入相应分值和理由→点击“保存”按钮。逐个录入各相关单位加（扣）分情况。

（6）查看单位初步原始得分

①业务描述

中层负责人、绩效管理员可以查看单位初步原始得分。

②业务操作界面及说明

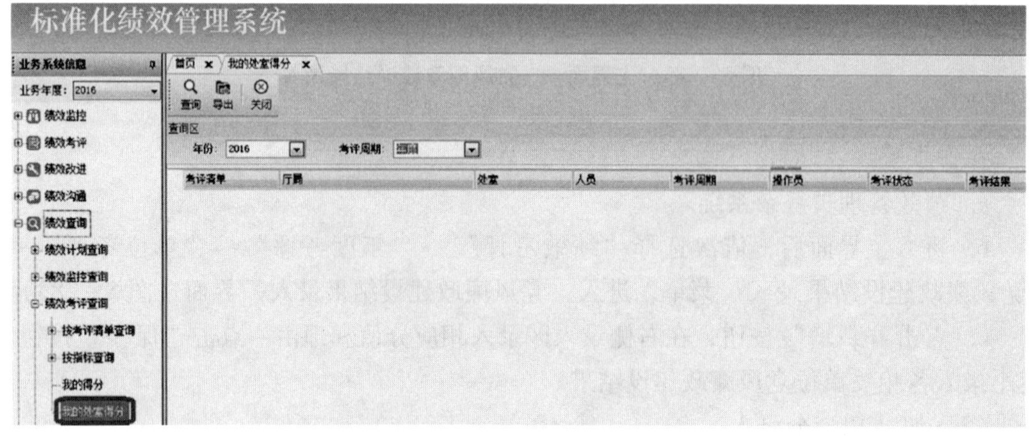

图 5－285　主界面——我的处室得分

操作步骤：

a. 绩效管理员登录系统。

b. 进入主界面后，依次选择“绩效查询”→“绩效考评查询”→“我的处室得分”菜单，进入“我的处室得分”界面（图5－285）。

c. 点击“查询”按钮，查看我的单位得分情况。

(7) 生成最终原始得分

①业务描述

单位初步原始得分没问题后，生成最终原始得分。

②业务操作界面及说明

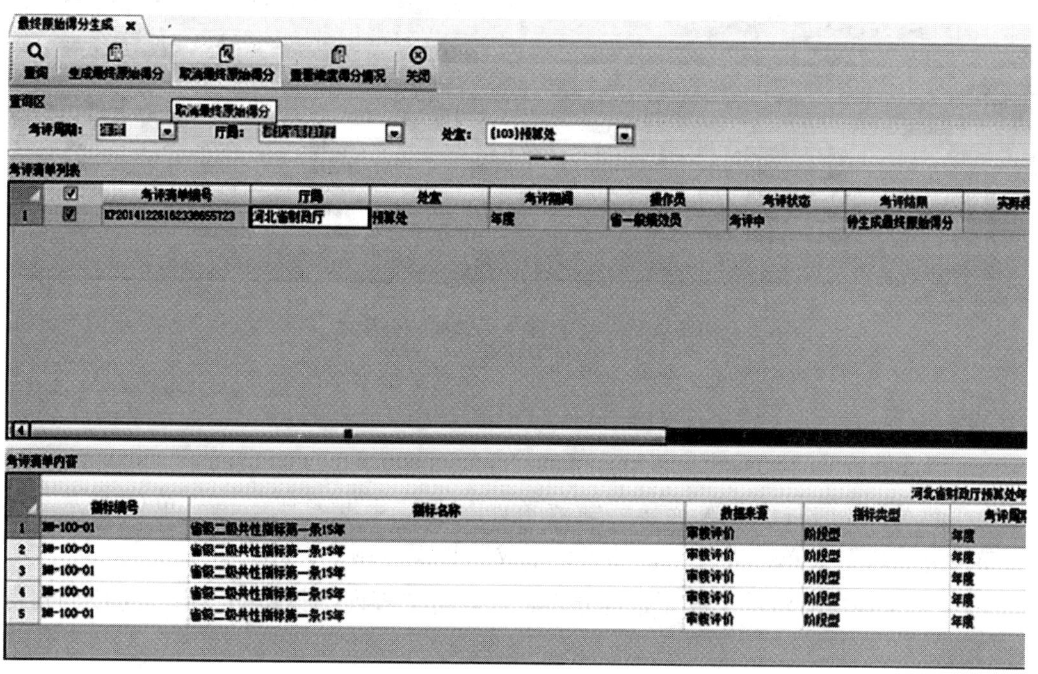

图5－286 主界面——最终原始得分生成

操作步骤：

a. 绩效管理员登录系统。

b. 进入主界面后，依次选择“绩效考评”→“年度考评”→“单位考评”→“最终原始得分生成”菜单，进入“最终原始得分生成”界面（图5－286）。

c. 点击“查询”按钮→选择清单→点击“生成最终原始得分”按钮。

(8) 生成调整得分

①业务描述

生成最终原始得分后，生成调整得分（必须等到个人考评和处室考评都到待生成调整得分状态，生成一遍调整得分即可）。

②业务操作界面及说明

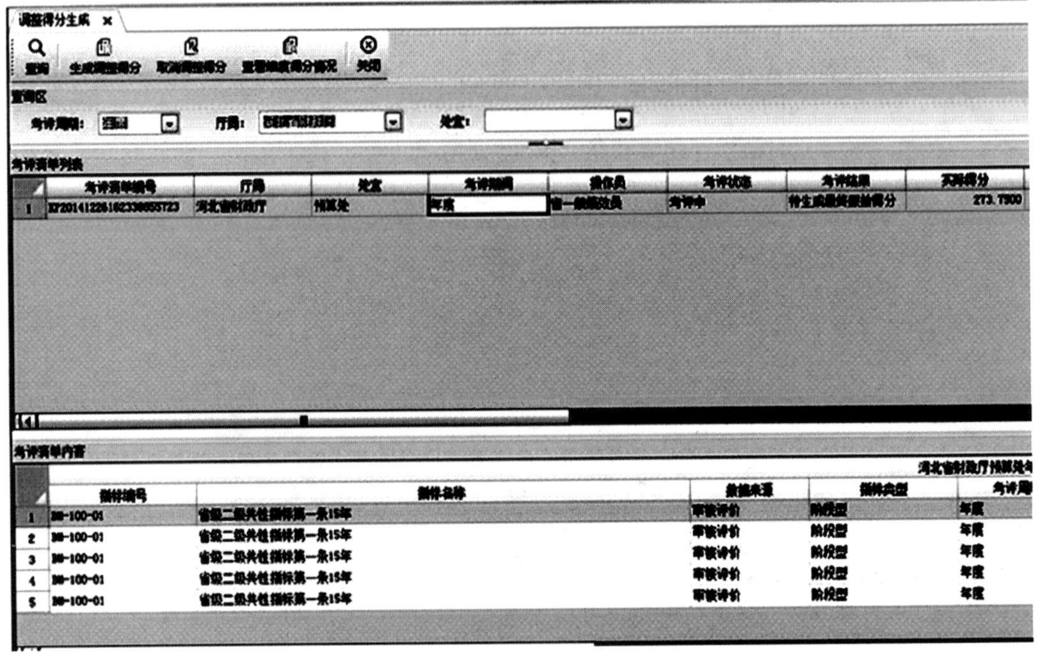

图 5－287 主界面——调整得分生成

操作步骤：

a. 绩效管理员登录系统。

b. 进入主界面后，依次选择“绩效考评”→“年度考评”→“单位考评”→“调整得分生成”菜单，进入“调整得分生成”界面（图 5－287）。

c.（必须在所有清单生成原始得分之后）点击“查询”按钮→点击“生成调整得分”按钮。

（9）生成排名总分

①业务描述

年度考评中，调整得分生成后，生成单位排名总分。

②业务操作界面及说明

操作步骤：

a. 绩效管理员登录系统。

b. 进入主界面后，依次选择“绩效考评”→“年度考评”→“单位考评”→“排名总分生成”菜单，进入“排名总分生成”界面（图 5－288）。

c. 点击“查询”按钮→选择清单→点击“生成考评结果”按钮。

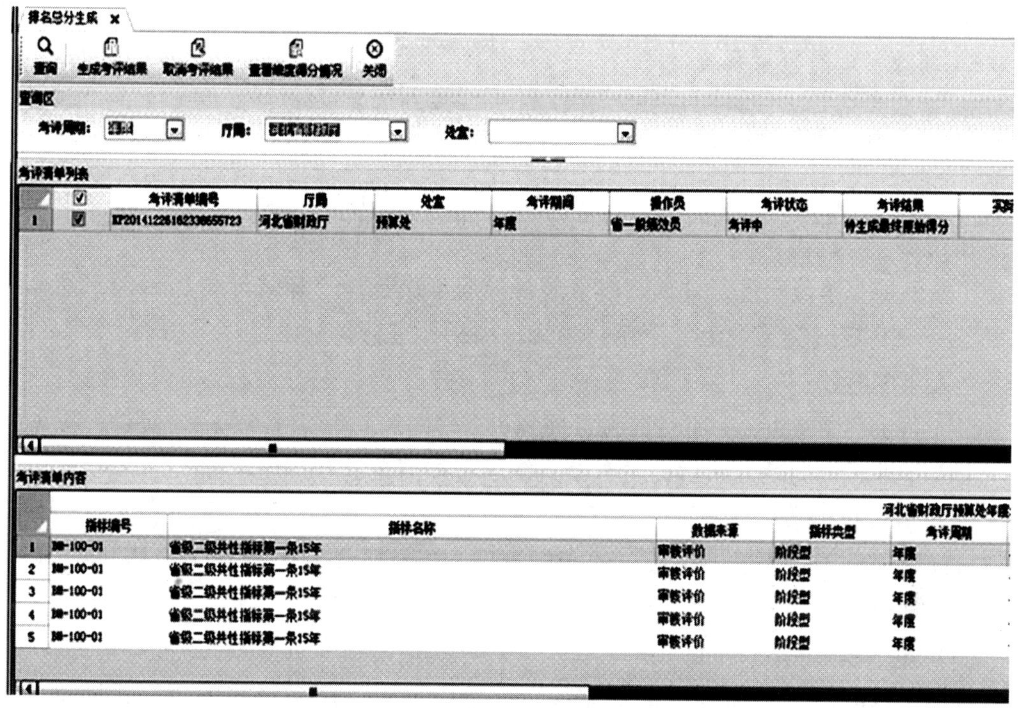

图 5－288 主界面——排名总分生成

（10）绩效展示

①业务描述

单位年度考评中，排名总分生成后，对单位年度考评结果进行展示。

②业务操作界面及说明

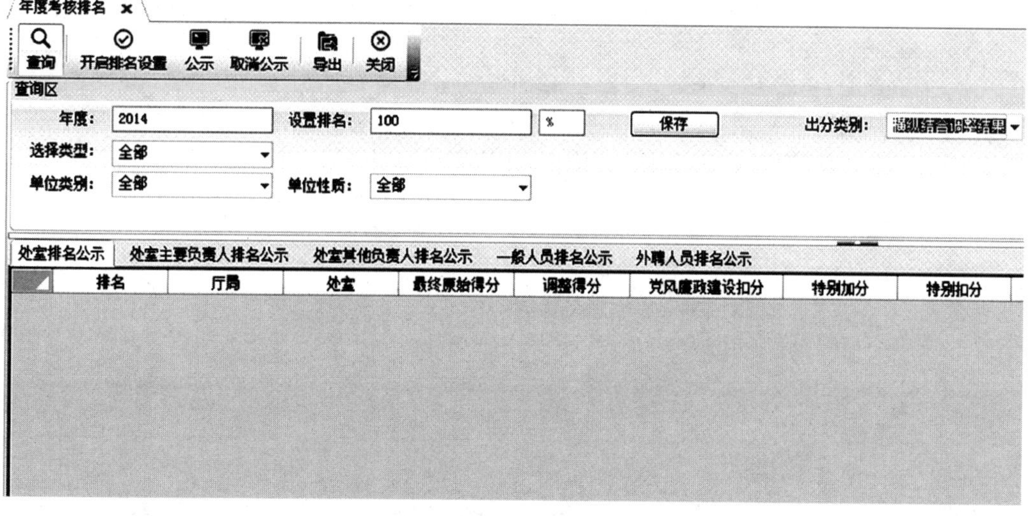

图 5－289 主界面——绩效展示

操作步骤：

a. 绩效管理员登录系统。

b. 进入主界面后，依次选择“绩效考评”→“绩效展示”菜单，进入“绩效展示”界面（图5－289）。

c. 点击“查询”按钮→点击“开启排名设置”按钮→设定相应参数→点击“公示”按钮。

注意事项：单位年度考评前，绩效管理员应依次选择“绩效计划”→“二级指标设置”→“自定义类型设定”菜单，为每一项指标进行类别设定。

个人年度考评

（1）发布考评清单

个人年度考评周期开始后，发布个人绩效考评清单，同季度考评。

（2）审核指标数据

指标数据录入完成后，对录入的指标维度和指标证明材料等相关内容进行审核，同季度考评。

（3）生成初始得分

对个人季度考评指标数据审核完成后，生成个人季度考评初始得分，同季度考评。

（4）生成责任系数

①业务描述

责任系数是根据单位内各副职间承担单位指标分值的相对分差而计算出的调整参数，在个人年度考评中，生成责任系数是年度考评的必要过程。

②业务操作界面及说明

图5－290 主界面——责任系数生成

操作步骤：

a. 绩效管理员登录系统。

b. 进入主界面后，依次选择“绩效考评”→“年度考评”→“个人考评”→“责任系数生成”菜单，进入“责任系数生成”界面（图5－290）。

c. 点击“生成责任系数”按钮，弹出窗口，选择是否确定生成责任系数，点击“确定”，即可完成责任系数生成工作。

（5）录入德勤廉结果

①业务描述

对个人德、勤、廉进行考评，将考评结果记录下来。

②业务操作界面及说明

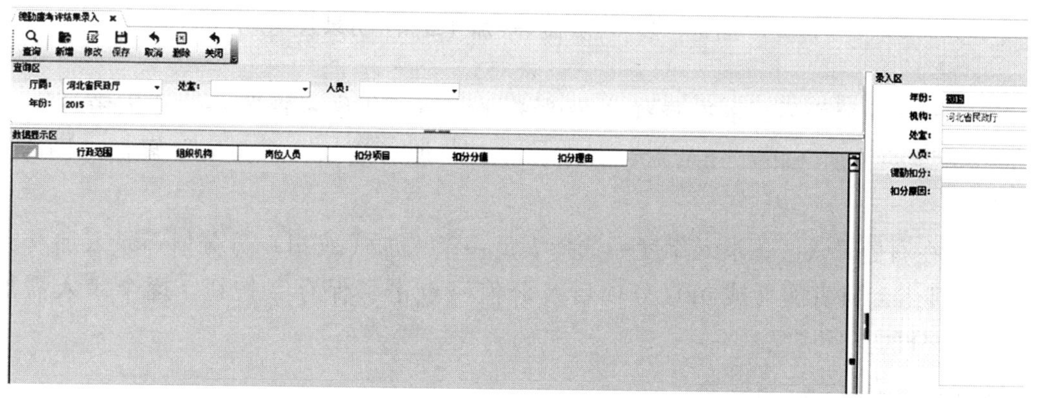

图5－291 主界面——德勤（或廉）考评结果录入

操作步骤：

a. 绩效管理员登录系统。

b. 进入主界面后，依次选择“绩效考评”→“年度考评”→“个人考评”→“德勤（或廉）考评结果录入”菜单，进入“德勤（或廉）考评结果录入”界面（图5－291）。

c. 点击“新增”按钮→在右侧录入区录入扣分分值和理由→点击“保存”按钮。

（6）加扣分录入

①业务描述

特别加分项目包括创新工作、突破性工作、其他加分三类。特别扣分项目包括行政行为有过错、行政权力运行有过错、行政违法行为、其他工作失误四类，由厅领导或相关职能部门在年度绩效考评环节提出扣分意见。

②业务操作界面及说明

操作步骤：

a. 绩效管理员登录系统。

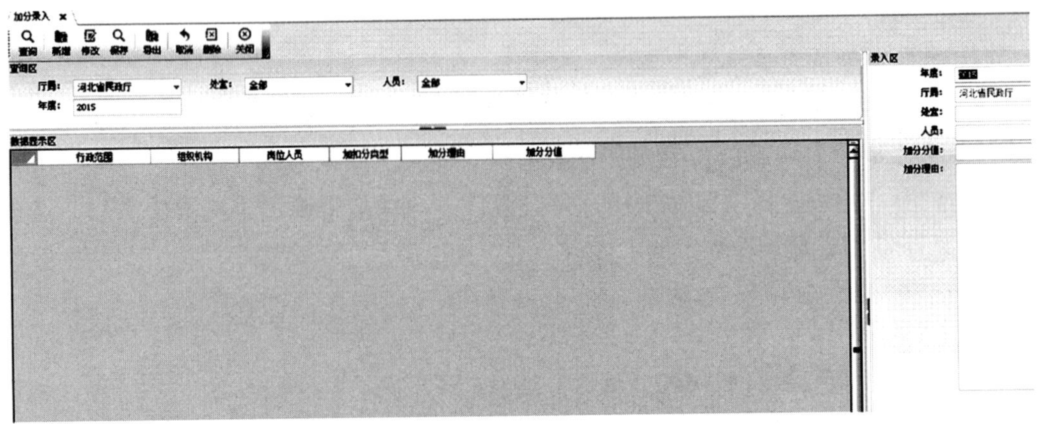

图 5－292　主界面——加（或扣）分录入

b. 进入主界面后，依次选择“绩效考评”→“年度考评”→“个人考评”→“加扣分”→“加（扣）分录入”菜单，进入“加（或扣）分录入”界面（图 5－292）。

c. 在右侧录入区，录入年度→选择人员→录入加（或扣）分分值→录入加（或扣）分理由，列明加（或扣）分项目及分值→点击“保存”按钮。逐个录入需加（或扣）分的人员情况。

（7）生成最终原始得分

①业务描述

个人年度考评阶段，对初步原始得分无异议后，生成个人最终原始得分。

②业务操作界面及说明

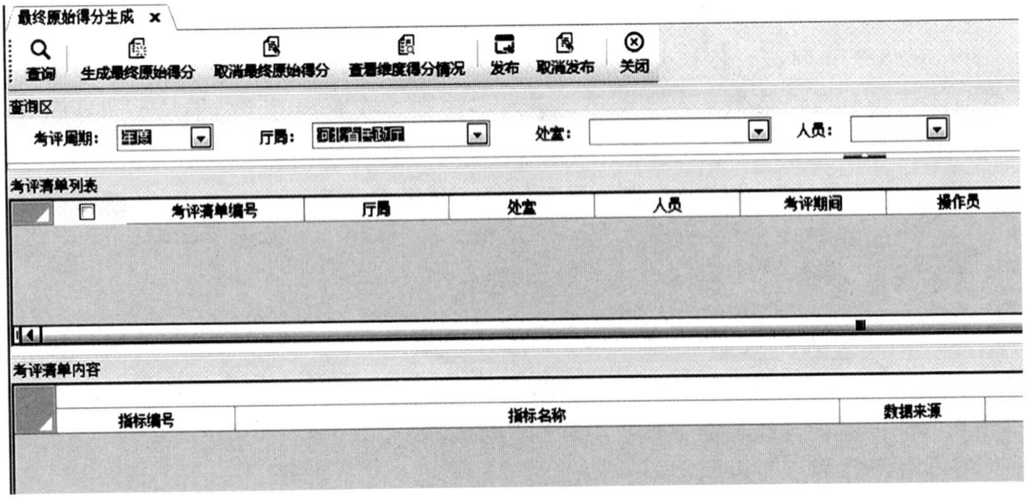

图 5－293　主界面——最终原始得分生成

操作步骤：

a. 绩效管理员登录系统。

b. 进入主界面后，依次选择“绩效考评”→“年度考评”→“个人考评”→“最终原始得分生成”菜单，进入“最终原始得分生成”界面（图5-293）。

c. 点击“查询”按钮→选择清单→点击“生成最终原始得分”按钮。

（8）生成调整得分

①业务描述

个人年度考评阶段中，生成最终原始得分后，生成个人调整得分（必须等到个人考评和处室考评都到待生成调整得分状态，生成一遍调整得分即可）。

②业务操作界面及说明

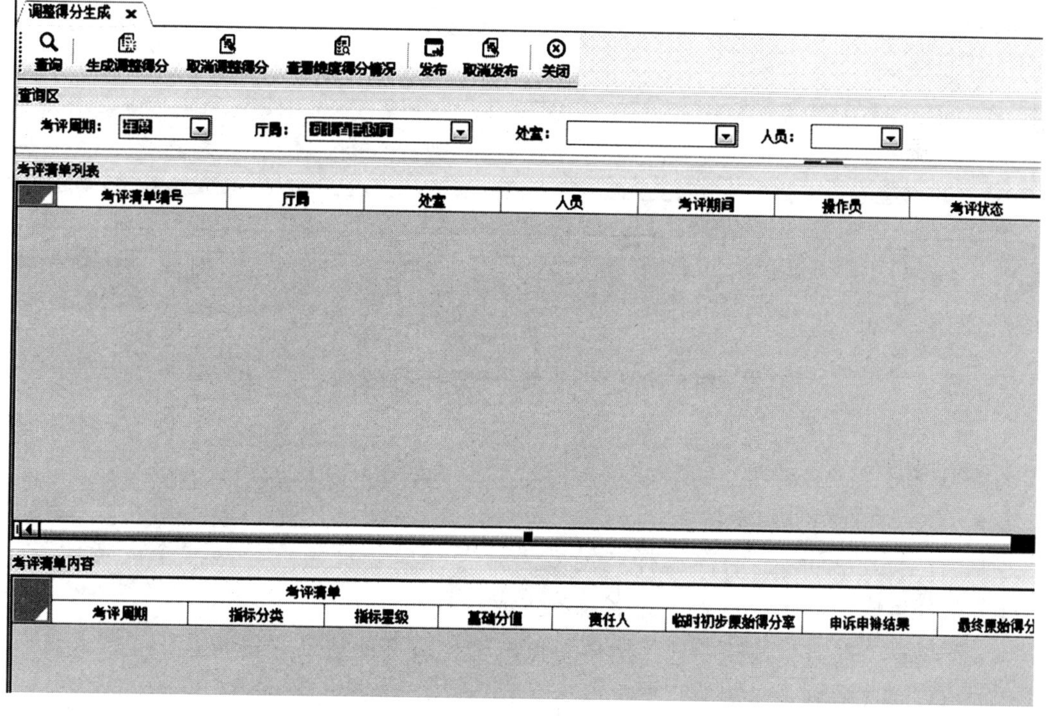

图5-294 主界面——调整得分生成

操作步骤：

a. 绩效管理员登录系统。

b. 进入主界面后，依次选择“绩效考评”→“年度考评”→“个人考评”→“调整得分生成”菜单，进入“调整得分生成”界面（图5-294）。

c. 必须在所有清单生成最终原始得分之后，点击“查询”按钮→点击“生成调整得分”按钮。

（9）生成排名总分

①业务描述

调整得分生成后，生成排名总分。

②业务操作界面及说明

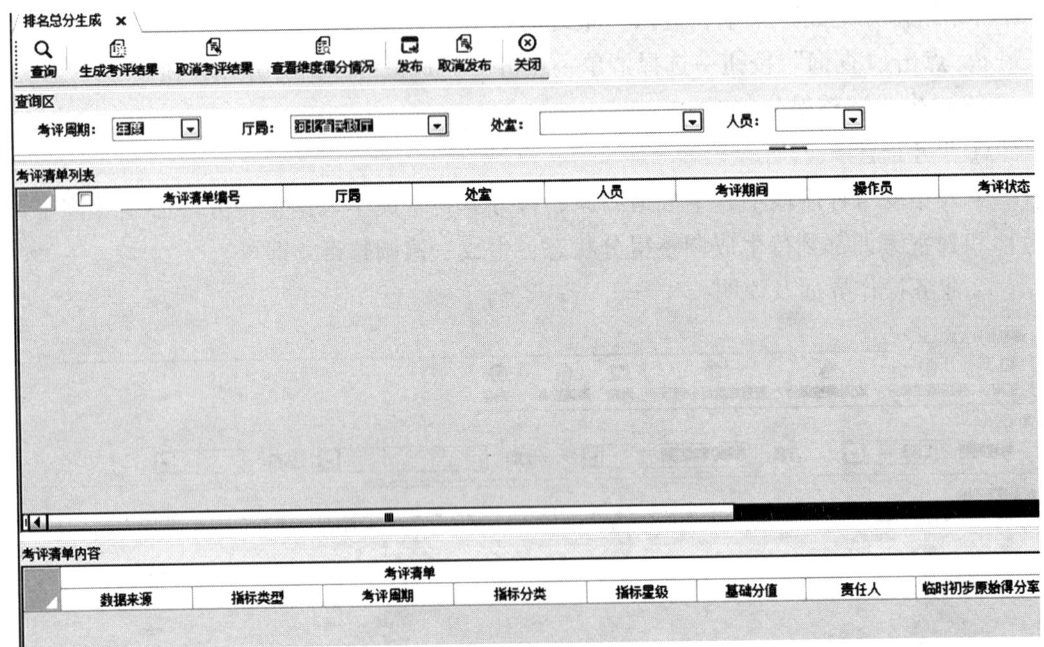

图 5－295 主界面——排名总分生成

操作步骤：

a. 绩效管理员登录系统。

b. 进入主界面后，依次选择“绩效考评”→“年度考评”→“个人考评”→“排名总分生成”菜单，进入“排名总分生成”界面（图 5－295）。

c. 点击“查询”按钮→选择清单→点击“生成考评结果”按钮。

(10) 录入特别人员得分

①业务描述

单位年度考评中，排名总分生成后，录入特别人员得分。

②业务操作界面及说明

操作步骤：

a. 绩效管理员登录系统。

b. 进入主界面后，依次选择“绩效考评”→“年度考评”→“个人考评”→“特别人员得分录入”菜单，进入“特别人员得分录入”界面（图 5－296）。

c. 选择有“特殊人员个数”的单位→点击折叠按钮展开→选中某特殊人员，在右侧录入区录入→点击“保存”按钮。重复录入全部特别人员得分。

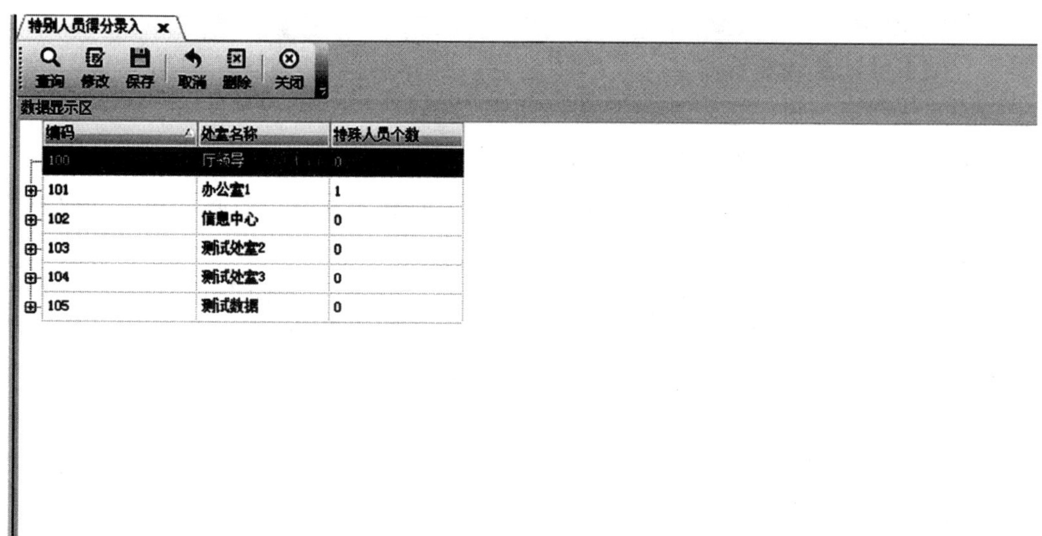

图 5－296　主界面——特别人员得分录入

(11) 绩效展示

①业务描述

个人年度考评中，录入特别人员得分后，对个人年度考评结果进行展示。

②业务操作界面及说明

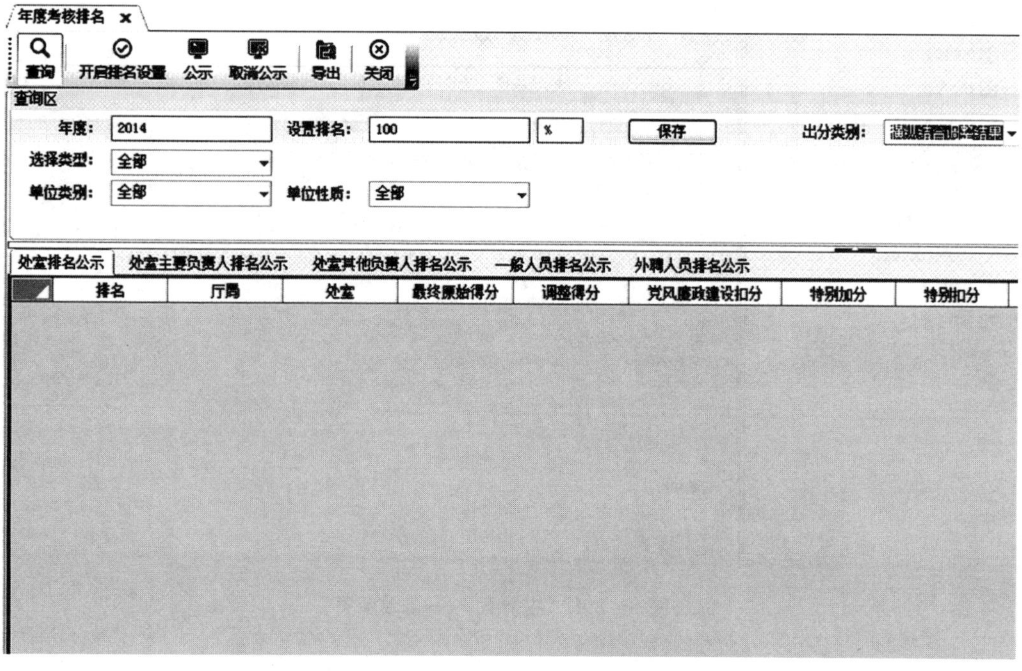

图 5－297　主界面——绩效展示

操作步骤：

a. 绩效管理员登录系统。

b. 进入主界面后，依次选择“绩效考评”→“年度考评”→“绩效展示”菜单，进入“绩效展示”界面（图5－297）。

c. 操作步骤：点击“查询”按钮→点击“开启排名设置”按钮→设定相应参数→点击“公示”按钮。也可根据实际情况，进行线下展示。

注意事项：个人年度考评前，绩效管理员应依次选择“绩效计划”→“三级指标设置”→“自定义类型设定”菜单，为每一项指标进行类别设定。

（五）绩效沟通

1. 绩效咨询与解答

绩效解答

（1）业务描述

绩效管理员对绩效管理过程中就相关事项进行的解答。

（2）业务操作界面及说明

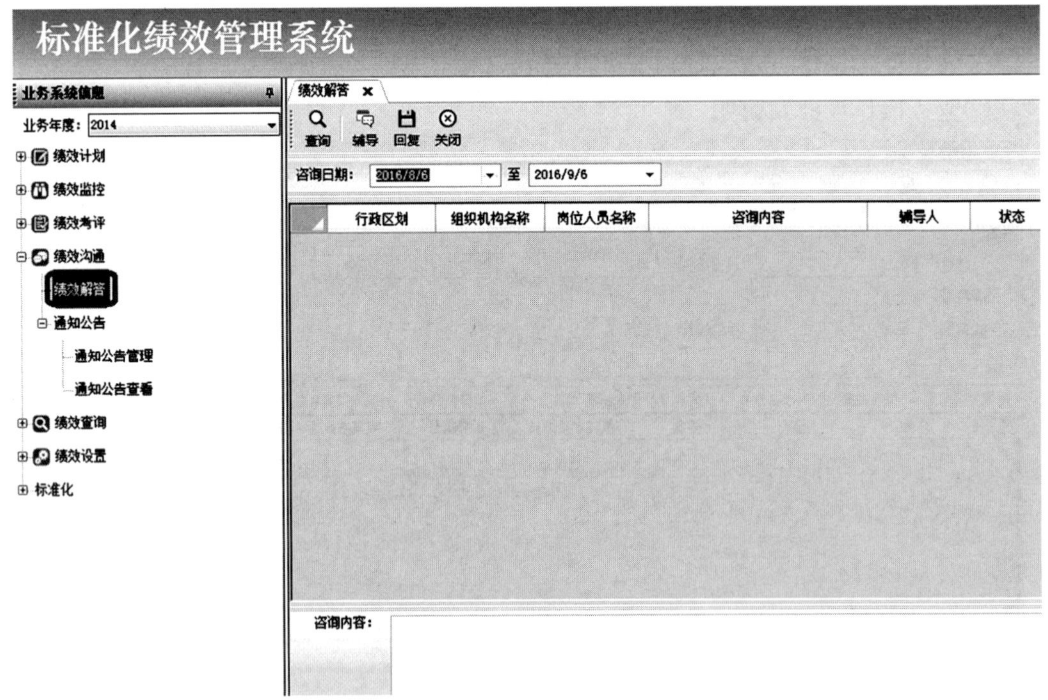

图5－298 主界面——绩效解答

操作步骤：

①绩效管理员登录，进入主界面后，依次选择“绩效沟通”→“绩效解答”菜

单，进入“绩效解答”界面（图5－298）。

②点击“查询”按钮，查看绩效咨询。选中某条咨询，点击“辅导”按钮并在下方“辅导内容”栏中输入相应内容，点击“回复”按钮。此时咨询者会收到该条回复，右侧状态栏变为“已辅导”。

2. 通知公告

通知公告管理

（1）业务描述

绩效管理员发布标准化绩效管理相关通知公告。

（2）业务操作界面及说明

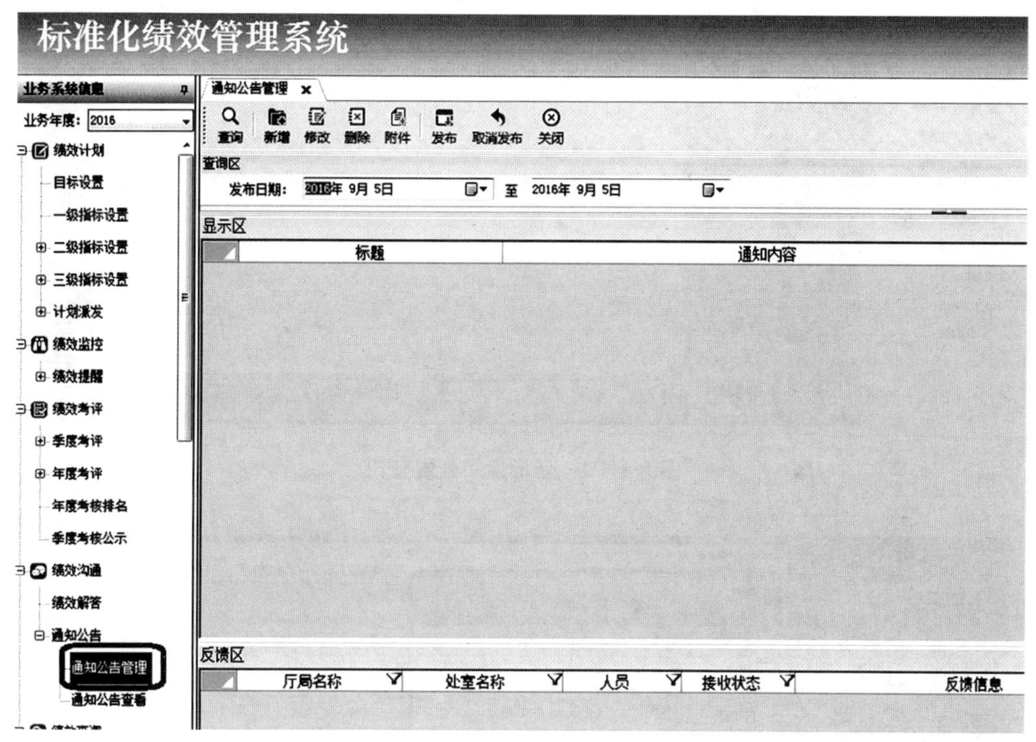

图5－299 主界面——通知公告管理

操作步骤：

①绩效管理员可发布绩效管理相关通知公告。绩效管理员登录，进入主界面后，依次选择“绩效沟通”→“通知公告”→“通知公告管理”菜单，进入“通知公告管理”界面（图5－299）。

②点击“新增”按钮（图5－300），即可录入通知公告，标题和通知内容为必填项，可上传附件，录入完毕后点击“保存”按钮；

③点击菜单栏中的“发布”按钮（图5－301），此时会弹出对话框，确定发布范围。

④此处要依次选择“通知要发往的单位”“接收通知的角色”和“具体人员”，确认无误后，点击“确定”按钮将保存好的通知公告进行发布；此时下方的“反馈区”会提示接收状态，可以查看某条通知的阅知情况。并有“取消发布”和“删除”功能（图 5－302）。

图 5－300　新增通知公告窗口

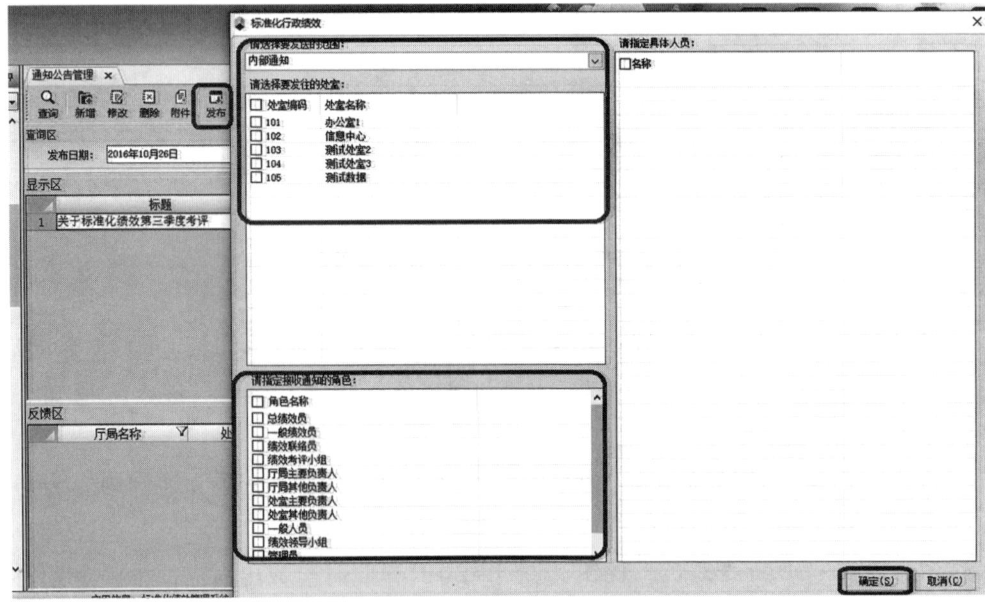

图 5－301　通知公告发布窗口

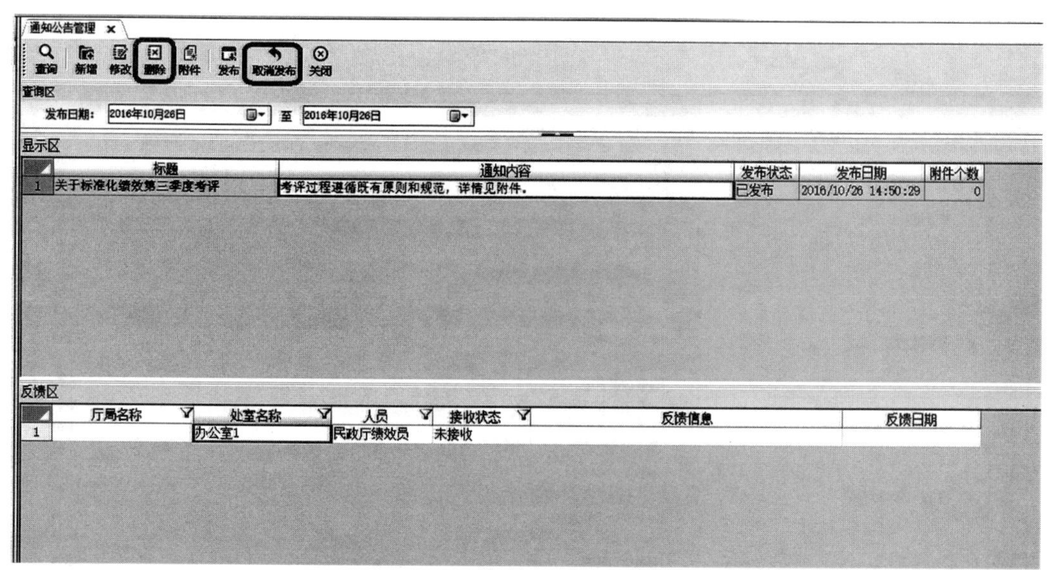

图 5－302 通知公告取消删除窗口

（六）绩效查询

1．绩效计划查询

（1）业务描述

绩效计划查询功能可以帮助分管领导和中层负责人掌握所属人员工作的进展情况，分管领导还可以实现以人找指标，以指标找人的筛选、统计、汇总等综合查询功能。

（2）业务操作界面及说明

操作步骤：

①进入主界面后，依次选择“绩效查询”→“绩效计划查询”→“本厅局指标查询”菜单，在年度指标中选择查询年份，点击“查询”按钮，显示本局所有目标和一级指标（图 5－303）。

②中层负责人登录系统，进入主界面后，依次选择“绩效查询”→“绩效计划查询”→“指标节点查询”菜单，根据需要选择年度、指标级次和分类，点击“查询”按钮并点击＋号展开菜单后，显示本人所属指标的节点（图 5－304）。

③切换到“绩效计划查询”菜单下“指标维度查询”菜单，点击“查询”按钮并点击＋号展开菜单后，显示本人所属指标的各维度；双击某指标，则显示指标的全部维度信息（图 5－305）。

④切换到“绩效计划查询”菜单下“指标进度查询”菜单，点击“查询”按钮，显示本人所属指标的进度（图 5－306）。

本厅局指标查询 × 本处室指标查询 ×

查询　导出　关闭　年度：2015年

	目标		一级指标			
	序号	目标名称	序号	名称	释义	行政范围
1			1	财政改革谋划组织	无	本级
2			2	绩效预算管理机制建设	无	本级
3	1	着力推进“双改”	3	财政支持方式创新	无	本级
4			4	国库管理改革	无	本级
5			5	绩效监督改革	无	本级
6			6	绩效导向内部管理新机制建设	无	本级
7			2	非税收入政策管理	无	本级
8			3	财政收入征收管理	无	本级
9	2	强化财政收入管理	4	中央资金争取	无	本级
10			5	彩票管理	无	本级
11			7	税收政策管理	无	本级
12			2	财政资金安排与使用管理	无	本级
13	3	强化财政资源配置管理	3	财政资金使用监管	无	本级
14			6	财政资金整合	无	本级
15			2	财政体制管理	无	本级
16	4	强化财政体制管理	3	转移支付管理	无	本级
17			4	市县财政运行监控	无	本级
18			2	预算编制管理	无	本级
19			3	预算执行管理	无	本级
20	5	强化预算管理	4	决算管理	无	本级
21			5	预算政策管理	无	本级

图 5－303　本厅局指标查询界面

查询　导出　关闭　年度：2015年　指标级次：三级指标　指标分类：全部

处室名称：[101]办公室　负责人：张超

目标名称	一级指标名称	二级指标编码	二级指标名称	三级指标编码	三级指标名称
着力推进“双改”	绩效导向内部管理新机制建设	BM-101-07	绩效管理制度完善	GW-101-07	绩效管理制度完善
序号	维度	数据来源	来源子系统	来源公式	维度权重
0	时间方面	审核评价		0	40
0	数量方面	审核评价		0	60
目标名称	一级指标名称	二级指标编码	二级指标名称	三级指标编码	三级指标名称
强化综合业务管理	信息化建设	BM-101-10	绩效管理信息系统完善	GW-101-10	绩效管理信息系统完善
序号	维度	数据来源	来源子系统	来源公式	维度权重
0	时间方面	审核评价		0	60
0	数量方面	审核评价		0	40
目标名称	一级指标名称	二级指标编码	二级指标名称	三级指标编码	三级指标名称
着力推进“双改”	绩效导向内部管理新机制建设	BM-101-28	厅内绩效管理组织运行	GW-101-36	厅内绩效管理组织运行
序号	维度	数据来源	来源子系统	来源公式	维度权重
0	质量方面	审核评价		0	60
1	时间方面	审核评价		0	40

图 5－304　指标节点查询界面

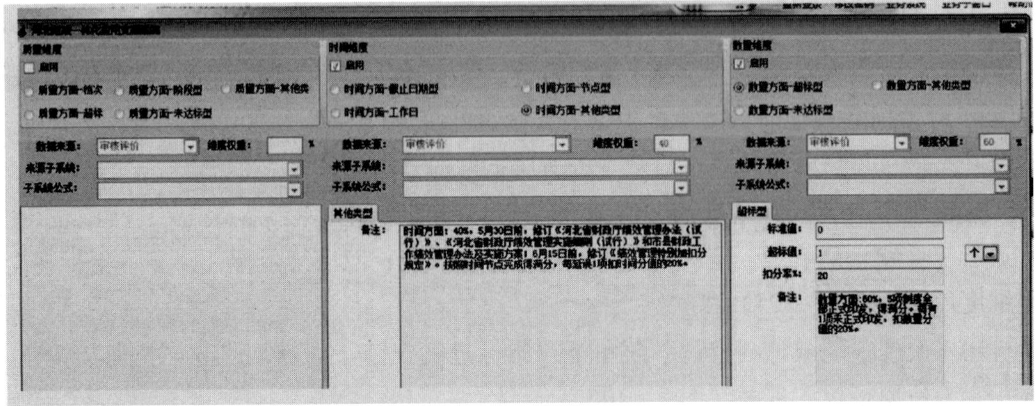

图 5－305　指标维度查询界面

指标进度查询 ×

查询 导出 关闭 年度：2015年 指标级次：三级指标 指标分类：全部

处室名称：【101】办公室 人员：[illegible]

	二级指标	三级指标			处室	人员	指标进度						
	指标名称	指标编码	指标名称	节点名称			总进度	1月	2月	3月	4月	5月	6月
1	绩效管理制度完善	GW-101-07	绩效管理制度完善		办公室	张超	0%			0%	0%		
2	厅内绩效管理组织运行	GW-101-36	厅内绩效管理组织运行	下发编制2015年绩效计	办公室	张超	100%			100%	100%		
3				下发通知组织厅内各单	办公室	张超	100%			100%	100%		
4	绩效管理改革扩围	GW-101-38	绩效管理改革扩围	下发全系统开展绩效运	办公室	张超	0%			0%	0%		
5				组织开展全系统绩效管	办公室	张超	0%			0%	0%		
6	绩效管理信息系统完善	GW-101-10	绩效管理信息系统完善		办公室	张超	70%			35%	70%		

图 5-306 指标进度查询界面

注意事项：绩效管理员除以上功能外，在绩效计划查询部分拥有更多功能，如一级指标查询、二级指标查询、三级指标查询、人员指标查询等功能。不同的查询功能原于不同的角色权限，其具体操作方法和工作人员一致。

2. 绩效监控查询

(1) 业务描述

根据不同角色权限设置要求，绩效管理员、中层负责人和中层副职拥有绩效监控查询菜单，对所属人员的月计划和月小结进行查询。

(2) 业务操作界面及说明

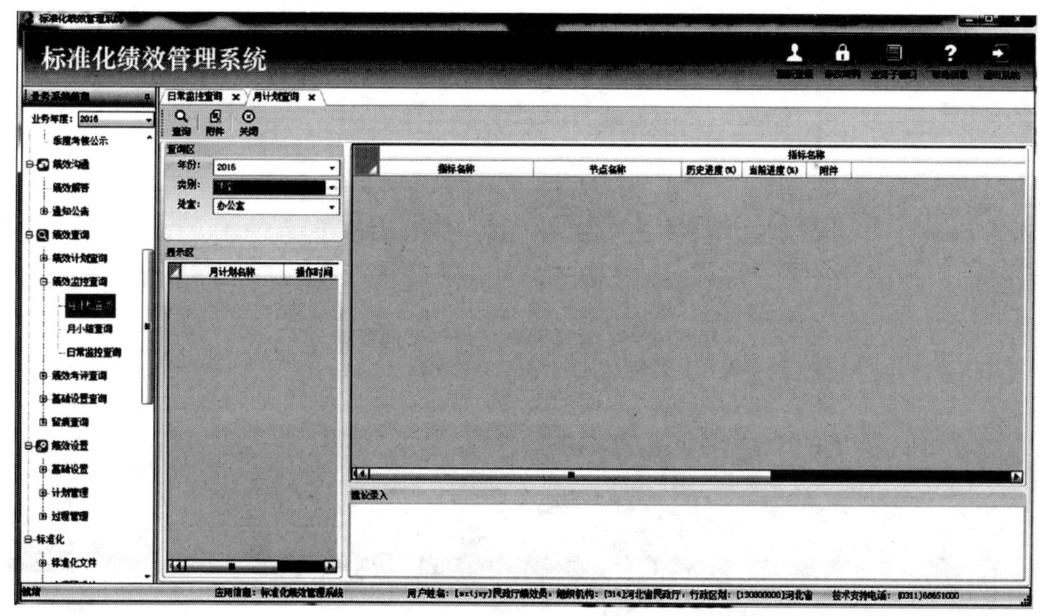

图 5-307 月计划查询界面

操作步骤：

①绩效管理员登录。

②进入主界面后，依次选择“绩效查询”→“绩效监控查询”→“月计划查询”

菜单，进入月计划查询界面（图 5 - 307）。选择要查询的内容，点击“查询”按钮，显示月计划录入情况。

③用同样的步骤进行月小结和日常监控的查询。

3. 绩效考评查询

(1) 业务描述

根据层级和权限，进行绩效考评查询。

(2) 业务操作界面及说明

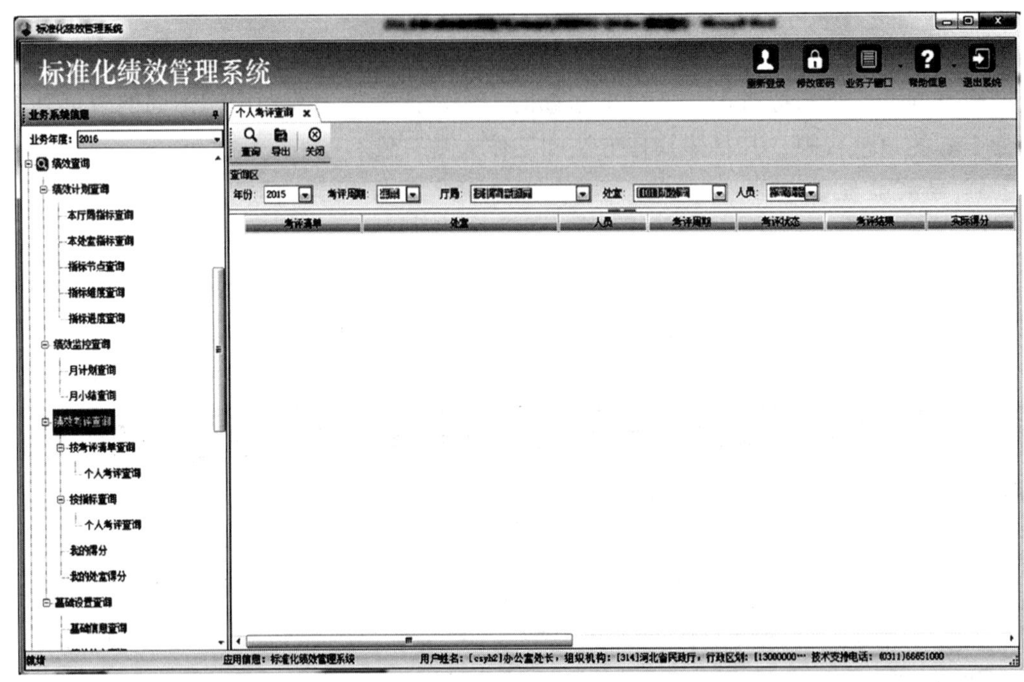

图 5 - 308 主界面——绩效考评查询

我的得分 × 我的处室得分 ×

查询 导出 关闭

查询区

年份：2015 考评周期： 考评期间：

考评清单	处室	考评周期	考评状态	考评结果	实际得分	指标调整得分	包含考评指标个数
KP20150008153036750183	办公室	一季度	已考评	已生成考评结果	1000.0005		15

指标编号	指标名称	指标类型	分值	临时初步原始得分率	申诉申辩结果	最终原始得分	最终得分
BM-100-1	政治理论及业务学习和组织生活开展	年度型	54.5455	100		100	54.5455
BM-100-2	行政绩效管理	日常型	54.5455	100		100	54.5455
BM-100-6	综合文稿	阶段型	54.5455	100		100	54.5455
BM-101-01	预算管理流程规范	阶段型	90.9091	100		100	90.9091

图 5 - 309 得分界面

操作步骤：

①绩效管理员登录。

②进入主界面后，依次选择“绩效查询”→“绩效考评查询”菜单，可以选择按考评清单或按指标进行个人考评查询（图5-308），点击“查询”按钮，显示个人考评情况。

③工作人员可以利用“我的得分”“我的处室得分”菜单查询自己季度和年度考评的得分情况及本单位得分情况（图5-309）。

4. 基础设置查询

（1）业务描述

查询基础信息、绩效处室、绩效管理员的相关信息。

（2）业务操作界面及说明

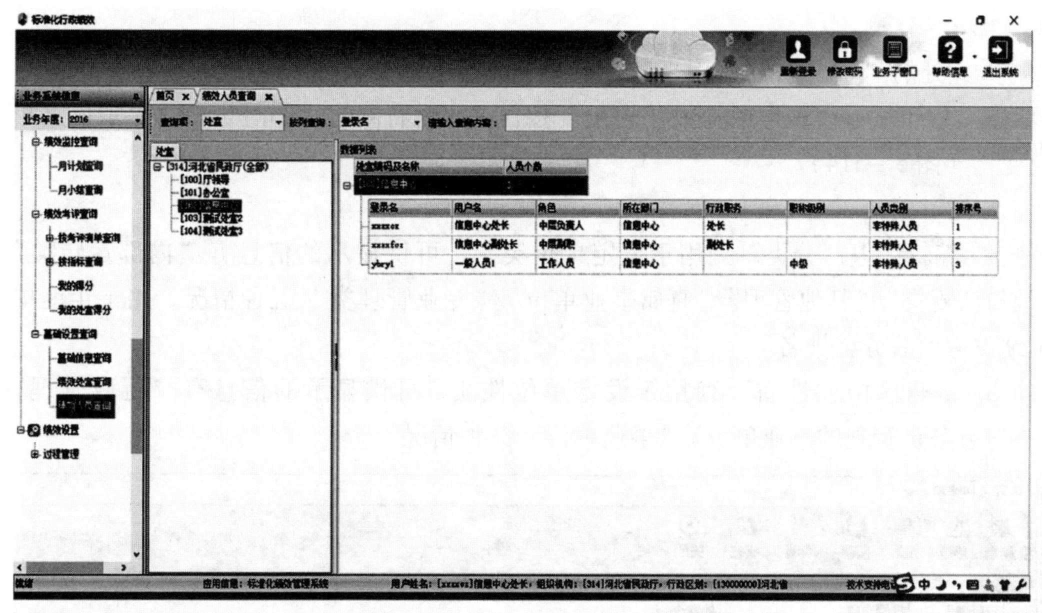

图5-310 绩效人员查询界面

操作步骤：

①绩效管理员登录。

②进入主界面后，依次选择“绩效查询”→“基础设置查询”→“绩效人员查询”菜单，进入厅局人员查询界面（图5-310），进行人员信息的查询工作。

（七）系统管理

1. 基础设置

由绩效管理员对系统基础信息进行设置、维护、修改。

内部机构维护

（1）业务描述

用于增加和修改各部门的内部机构。

（2）业务操作界面及说明

操作步骤：

①点击“新增”或“修改”按钮后，在右侧会弹出“编辑区”活动窗口，填写相应内容。选择不同的“上级”框，以建立树形结构。如“上级”选择“无”，则表示在厅本级下设立机构；如选择某单位，则在该单位下设立机构（建议“上级”框中选择“无”）（图 5－312）。

②此处的“设置”按钮用于调整某单位是否参与本年度的考评。在开始录入指标计划之前，必须设置参与考评单位，此时右侧的“是否参加考评”列显示信息相应变化（图 5－313）。

③此处的“状态”按钮用于调整某单位是否在绩效系统中出现，选择某单位后“状态”按钮显示为“停用”或“启用”按钮，此时右侧的“部门状态”显示信息相应变化（图 5－314）。

注意事项：

a. 编辑区中“分类”列用于设定单位类别，可供显示的信息有“内部运转类”“政策法规类”“其他管理”“直属事业单位”“专业管理类”五种情况，用于年度单位绩效考评后分类排名。

b. 编辑区中“性质”列用于设定单位性质，可供显示的信息有“行政管理”“参照公务员管理的事业单位”“事业单位”三种情况。

内部机构维护 ×

新增 修改 设置 保存 取消 状态 关闭

数据列表

厅局编码	厅局名称	处室个
318	河北省财政厅	62

排序	编码	名称	类别	性质	部门状态	是否参与考评
0	001	厅领导		行政单位	已启用	否
1	101	办公室	其他管理	行政单位	已启用	是
2	102	人事教育处（财政干部教育中心）	其他管理	行政单位	已启用	是
3	103	预算处（预算编审中心）	预算管理	行政单位	已启用	是
4	104	市县财政处	预算管理	行政单位	已启用	是
5	105	预算绩效管理处	预算管理	行政单位	已启用	是
6	106	政府性债务管理处	预算管理	行政单位	已启用	是

图 5－311　主界面——内部机构维护

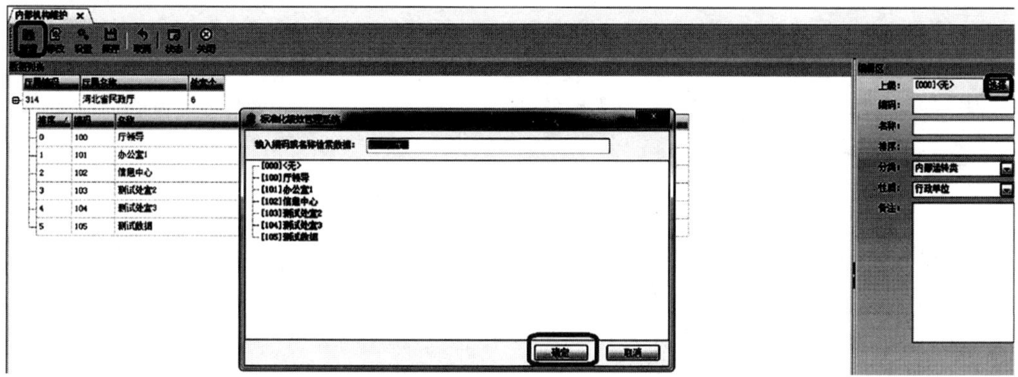

图 5－312　新增内部机构窗口

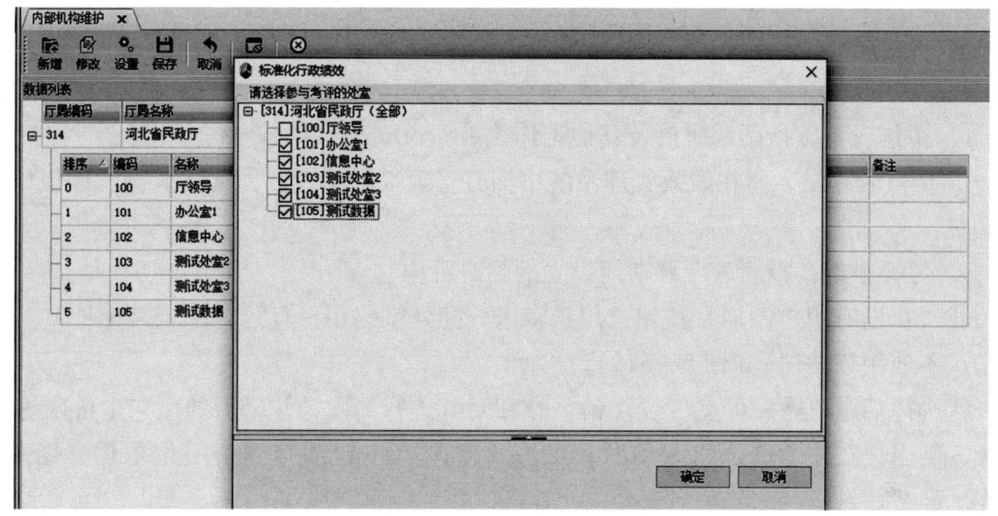

图 5－313　设置参与考评单位窗口

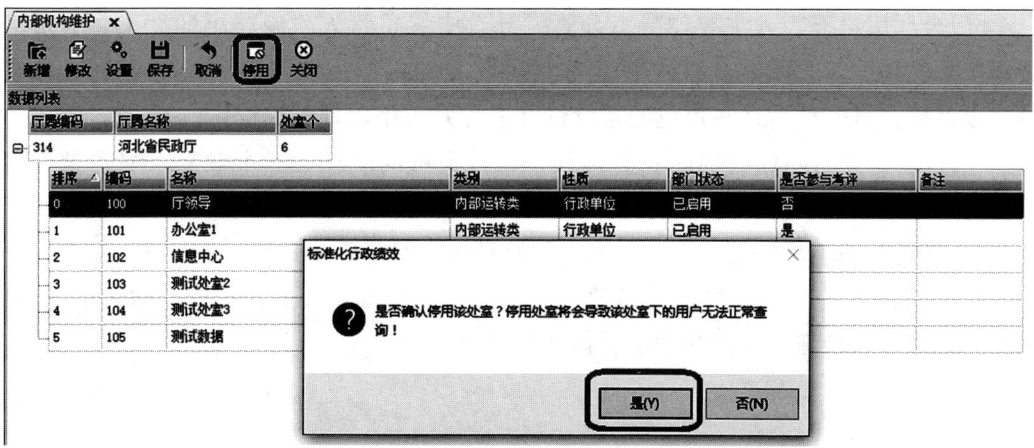

图 5－314　设置启用停用状态窗口

厅局人员维护

（1）业务描述

用于绩效系统中各处室单位人员的管理。

（2）业务操作界面及说明

操作步骤：

①（图5－315）点击“新增”或“修改”按钮后，在右侧会弹出“编辑区”活动窗口（图5－316），填写相应内容。

②绩效系统中各角色的定义为：

a．主要领导，指部门的一把手领导。

b．分管领导，指部门的分管副职、巡视员、副巡视员、调研员、副调研员等。

c．中层负责人，指部门内各下属单位、处室正职。

c．中层副职，指部门内各下属单位、处室分管副职（含参与职责分工的调研员）。

e．工作人员，指副调研员及其他工作人员。

f．绩效管理员，指在绩效管理系统中拥有管理权限的人员，具体执行软件操作的管理员。

g．考评小组，指绩效考评期间设立的临时机构。

③“从已有用户添加”按钮，用于将未分配处室的用户直接分配到某个处室（一般情况不使用该按钮）（图5－318）。

④选择某用户后，可点击“注销”按钮对其进行删除；注销后的用户也可恢复。

⑤某用户在厅内单位间调动时，点击“修改”按钮调整到新工作单位（图5－317）。

注意事项：

a．排序号用于显示该用户在“数据列表”中的位置。

b．全部用户都归入主要领导、分管领导、中层负责人、中层副职、工作人员五类用户角色；绩效管理员、考评小组为专门设立的虚拟用户角色，不固定到具体人员，以保持人员变动后这些角色的延续性并避免系统中出现菜单混淆。

c．行政职务与职称级别两者必选其一，且不可同时选，一个输入条显示被选定的内容，另一个显示为“空”。

d．是否在编表示的是该用户的人事编制身份，与是否参加绩效考评无关。

e．“特殊人员”项，根据《绩效管理办法》相关规定，选择相应特殊人员类别，其考评成绩在非特殊人员成绩确定后再计算得出。

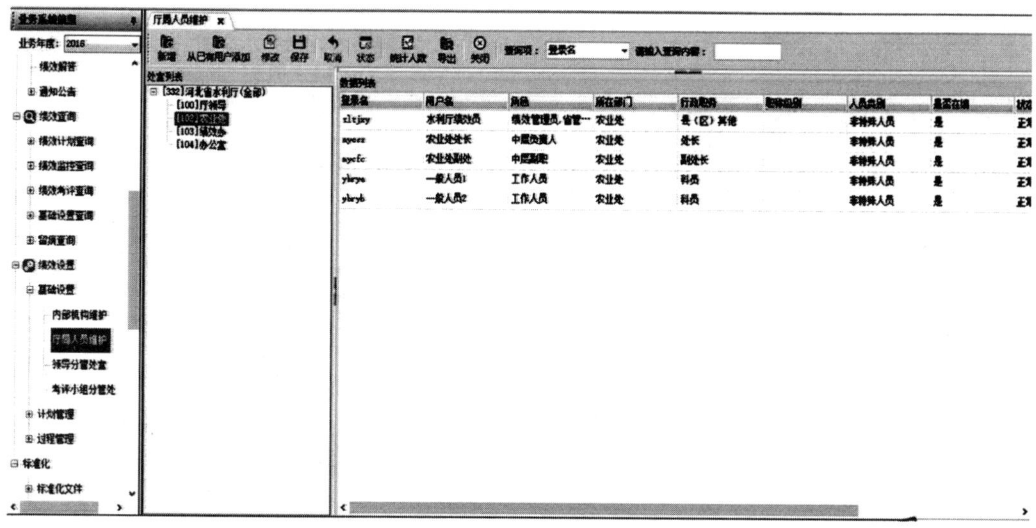

图 5－315 主界面——厅局人员维护

编辑区

登录名： csyh2

用户姓名： 协公室处长

登录密码： ****** 重置

确认密码： ******

工作密码： ****** 重置

确认密码： ******

排序号： 1

所处处室： [101]办公室 选择

用户角色： 中层负责人

行政职务： 处长

职称级别： <空>

是否在编： 是

特殊人员： 非特殊人员

☐ 是否合署办公领导

图 5－316 厅局人员信息编辑窗口

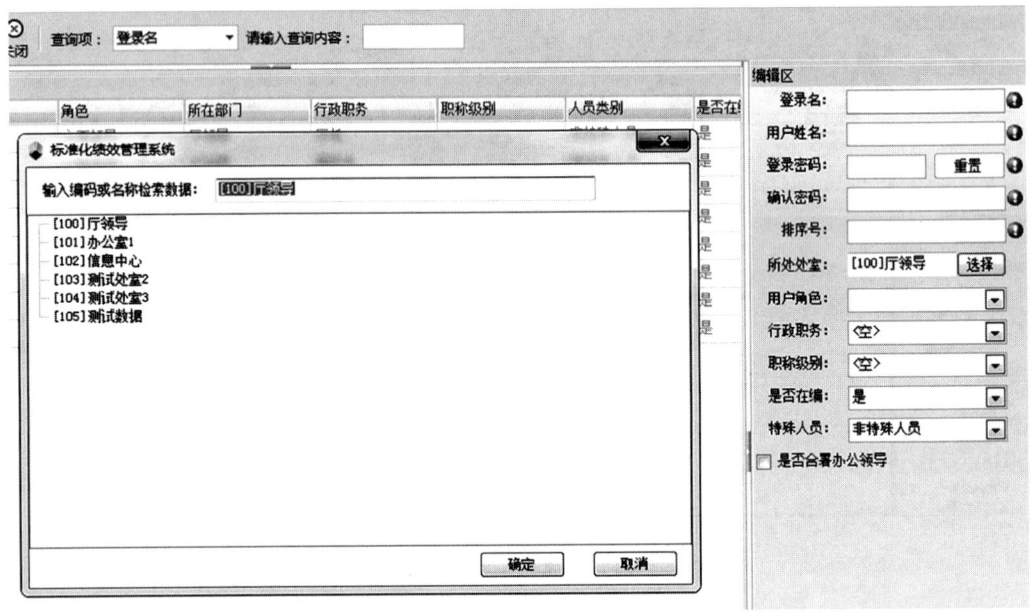

图 5－317　所处处室选择窗口

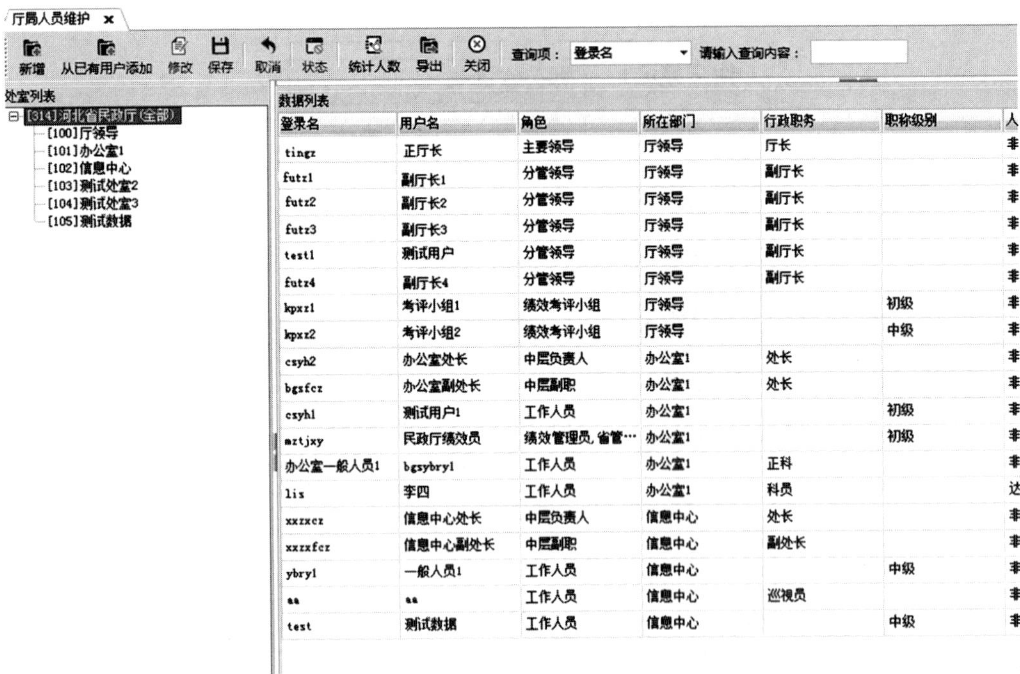

图 5－318　从已有用户添加窗口

领导分管单位

（1）业务描述

用于设置分管领导的分管单位。

（2）业务操作界面及说明

领导分管处室

数据列表

	用户名	当前状态	分管处室个数	设置
1	副厅长1	正常	0	设置
2	副厅长2	正常	0	设置
3	副厅长3	正常	3	设置
4	测试用户	正常	0	设置
5	副厅长4	正常	2	设置

图 5－319 设置分管单位窗口

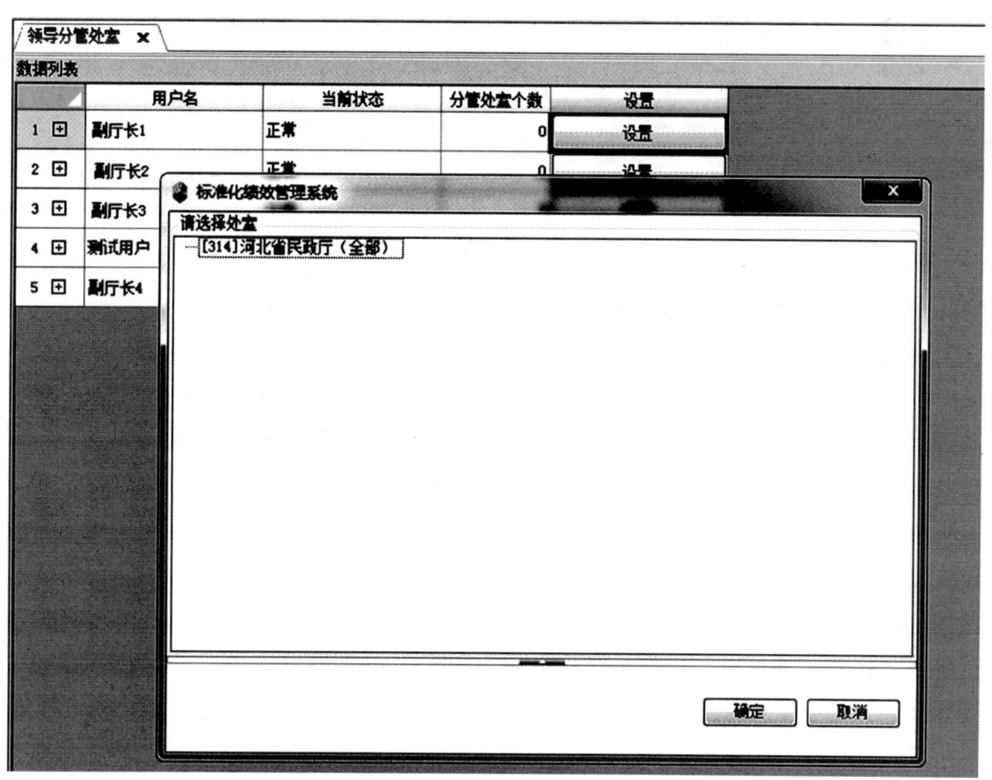

图 5－320 设置分管单位窗口

操作步骤：

点击“设置”按钮并勾选负责人对应的分管单位，点击“确定”按钮（图 5－319）。

注意事项：若出现主要领导直接分管某单位的情况，可进入“厅局人员维护”界面，点击“修改”按钮，在“用户角色”栏为其添加一个“分管领导”角色（图5－320）。

考评小组设置

（1）业务描述

用于绩效管理员设置考评小组。

（2）业务操作界面及说明

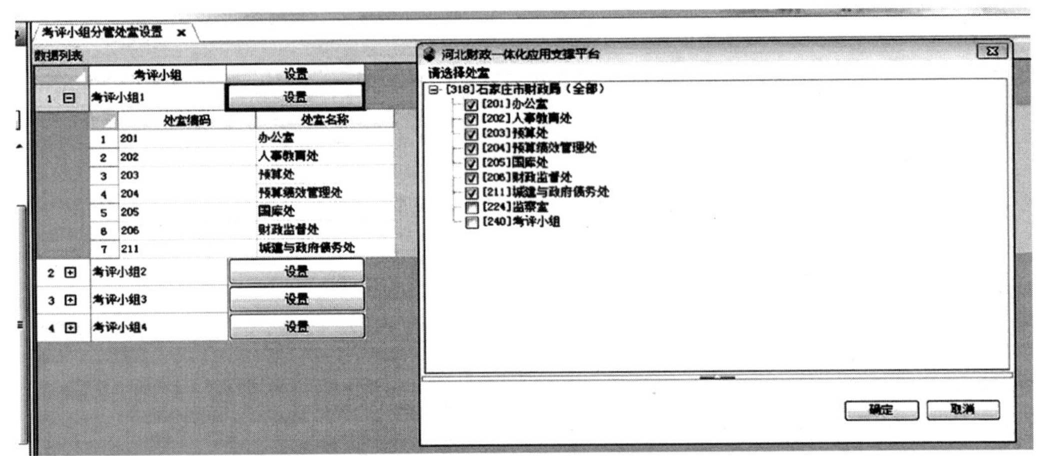

图5－321　主界面——考评小组设置

操作步骤：

①登录“考评小组设置”界面，设置一个或多个考评小组用户。

②进入“考评小组分管单位设置”界面，选定各考评小组所负责的单位（图5－321）。

注意事项：在绩效考评（包括季度考评和年度考评）前，一定要事先完成考评小组设置及修改工作。

2．过程管理

用于月计划、月小结、周记录的补录的设置。

月计划、月小结补录设置

（1）业务描述

用于月计划、月小结的补录的设置。允许某用户在规定时限之外对月计划、月小结进行操作。

（2）业务操作界面及说明

操作步骤：

①在月计划补录页面（图5－322），在“处室名称”选择框，点击“选择”按

钮。

②在弹出的窗口上选择需要补录的处室名称，点击“确定”(图5－323)。

③勾选需要开启补录的人员，点击“开始补录”按钮，开启补录成功。同理，点击“关闭补录”按钮，则关闭补录状态（图5－324)。

图5－322 主界面——月计划补录

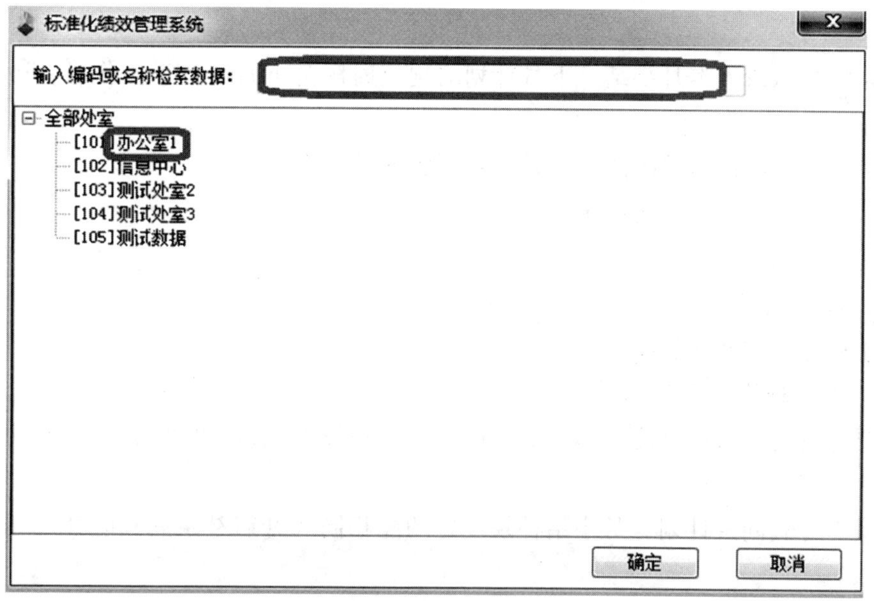

图5－323 选择处室窗口

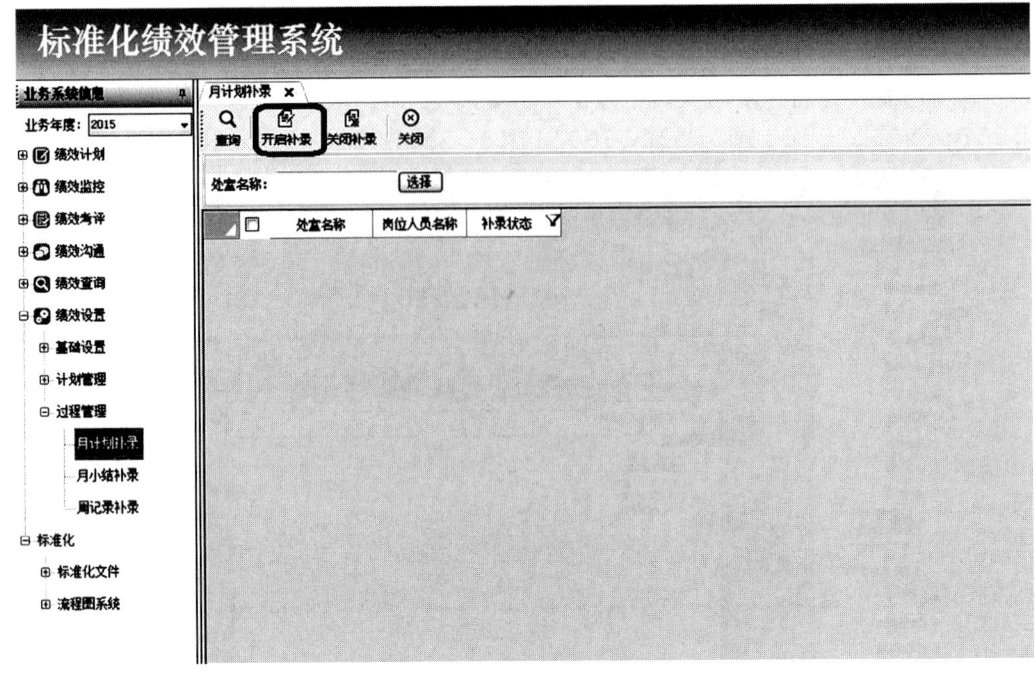

图 5－324 开始补录窗口

注意事项：

①月计划、月小结补录设置，允许某用户在规定时限之外对月计划、月小结，进行操作。

②系统默认录入本月小结、下月计划的规定时限为下月前 3 个工作日，逾期用户将无法录入。

③补录状态默认是关闭的，补录需要开启补录功能。

④补录信息的时间将被系统留痕。

周记录补录设置

（1）业务描述

用于周记录的补录的设置。

（2）业务操作界面及说明

①要求每周录入自己的工作情况，假如前一周没有录入，可以开启补录功能，对上一周进行补录。

②操作方式同月计划、月小结补录设置功能相同（开启补录后只能补录之前三周的周记录）。

3．用户设置

用户在首次登录绩效管理系统时需要对系统服务器地址及业务年度进行设置。

业务年度设置

（1）业务描述

用户在新的考评年度开始时需对业务年度进行设置。

（2）业务操作界面及说明

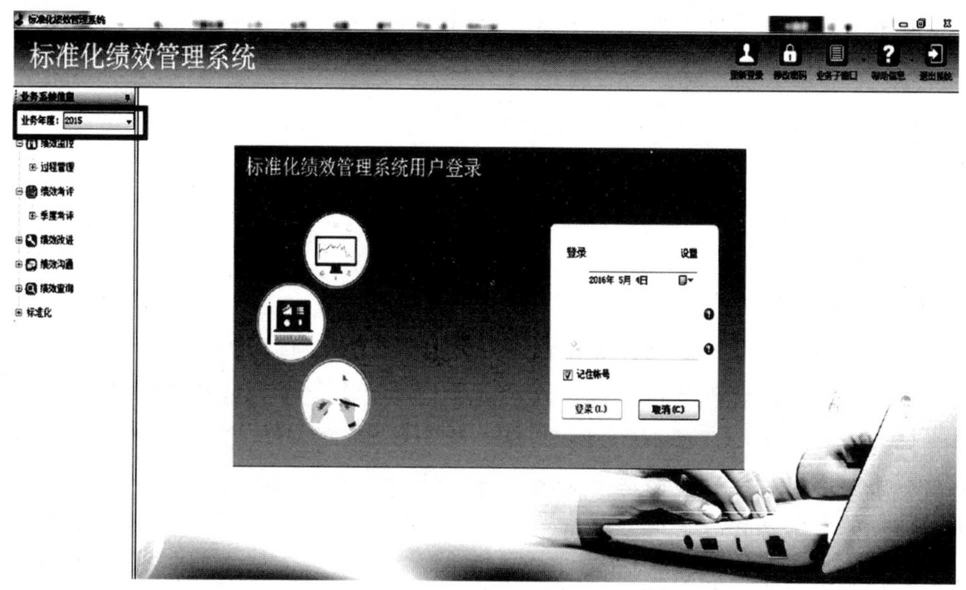

图 5－325　主界面——业务年度设置

用户首次登录绩效管理系统，进入系统后在页面左侧的“业务年度”选择框中，点击下拉菜单，对业务年度进行设置（图 5－325）。

第七节 考评小组使用

一、引言

（一）项目背景

绩效管理已经成为现代公共管理的一种潮流和趋势，绩效管理是运用现代公共管理理念，紧密结合工作实际，建立目标引导、过程控制、持续改进、整体提升的管理机制，对单位及其工作人员政策执行、岗位履职、目标完成等方面进行全面系统的管理。

（二）编写目的

更好地让各省直部门了解和熟悉绩效管理理念，掌握绩效管理信息化系统，帮助用户更好地使用该软件，熟悉软件操作，掌握安装和部署软件所需的软硬件资源，以及该软件使用过程中应注意的一些问题。

（三）适用范围

该软件手册适用考评小组角色人员，以便其快速地了解和掌握该角色所应当掌握的软件功能。

（四）参考资料

《标准化绩效管理通用流程》《绩效管理整体框架》。

二、系统概述

标准化绩效管理系统是以标准化管理为依托、以绩效管理为核心、以信息化为技术支撑的一体化行政管理运行平台。该系统承载了标准化管理和绩效管理两种现代管理科学体系，贯通了一个基础、四个环节、一条主线，即以标准化管理体系文件为制度基础，以绩效计划、绩效监控、绩效考评、绩效改进为四个环节，以绩效沟通为一条主线的核心业务流程（图5－326）。

该系统是全员参与的系统，纵向支撑省、市、县，横向支撑厅局、机构、个人的立体绩效指标运行，有效贯彻了“人人头上有指标，千斤重担大家挑”的绩效管理理念。依据标准化文件要求制定绩效目标、绩效指标以及相应指标考核标准，通过持续进行系统跟踪监控，确保组织和个人的绩效目标得以实现，持续提升组织和个人的绩效成果，不断提高组织和个人的工作效率。

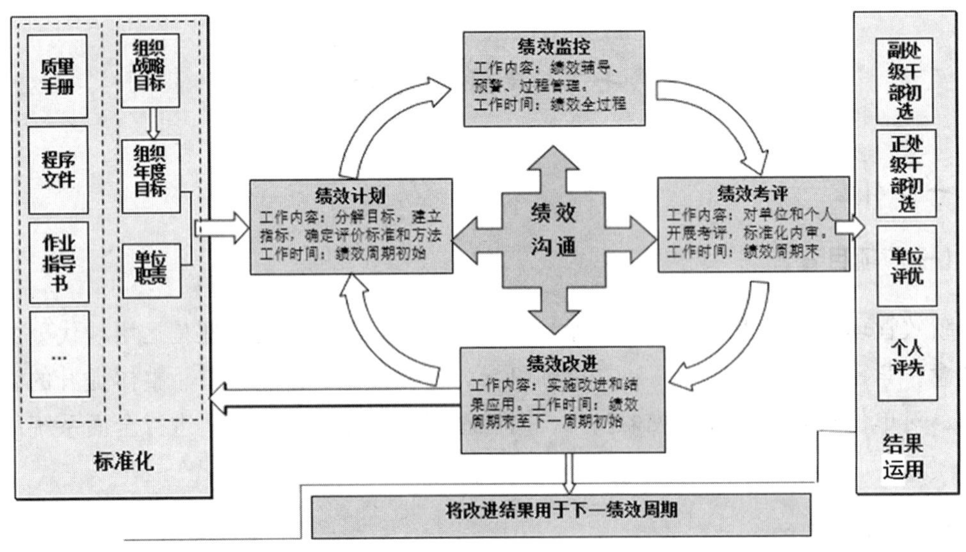

图5－326　标准化绩效管理体系框架图

三、系统安装

根据各厅局单位指定的下载地址下载该软件安装包。下载后双击安装包，选择合适的安装路径，根据提示点击下一步：

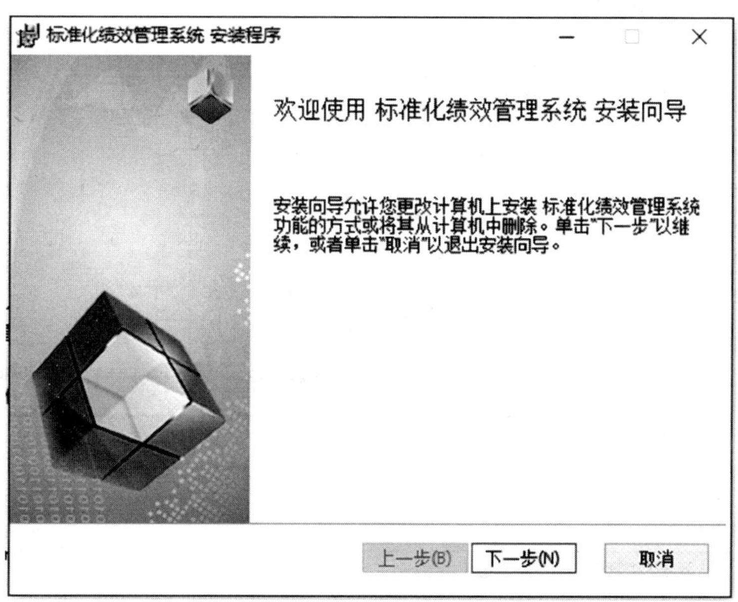

图 5－327　安装向导

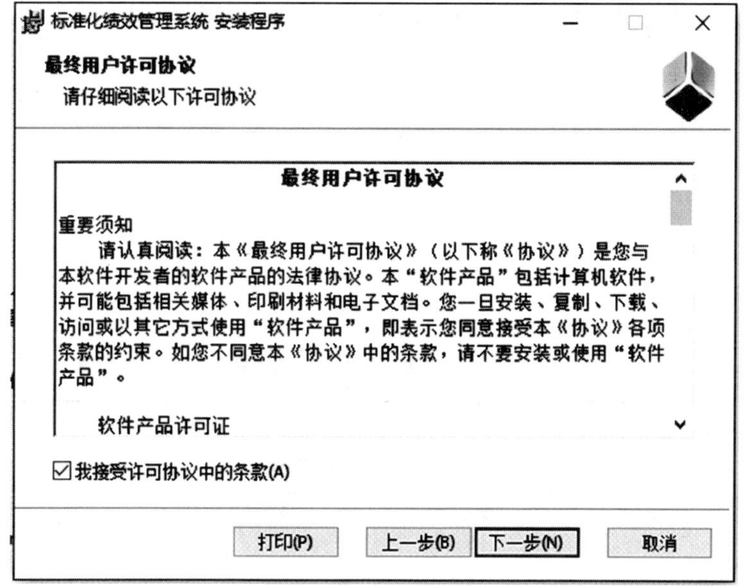

图 5－328　用户协议页面

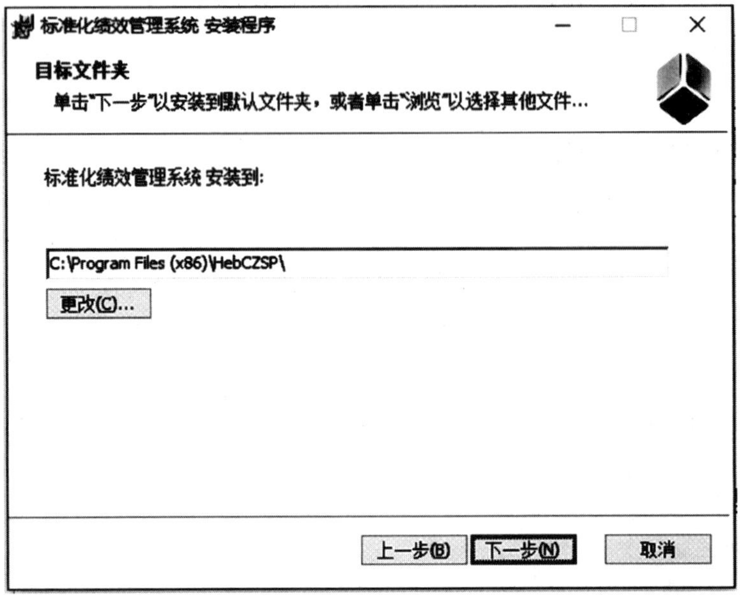

标准化绩效管理系统 安装程序

目标文件夹

单击"下一步"以安装到默认文件夹，或者单击"浏览"以选择其他文件...

标准化绩效管理系统 安装到:

C:\Program Files (x86)\HebCZSP\

更改(C)...

上一步(B) 下一步(N) 取消

图 5 – 329　安装路径

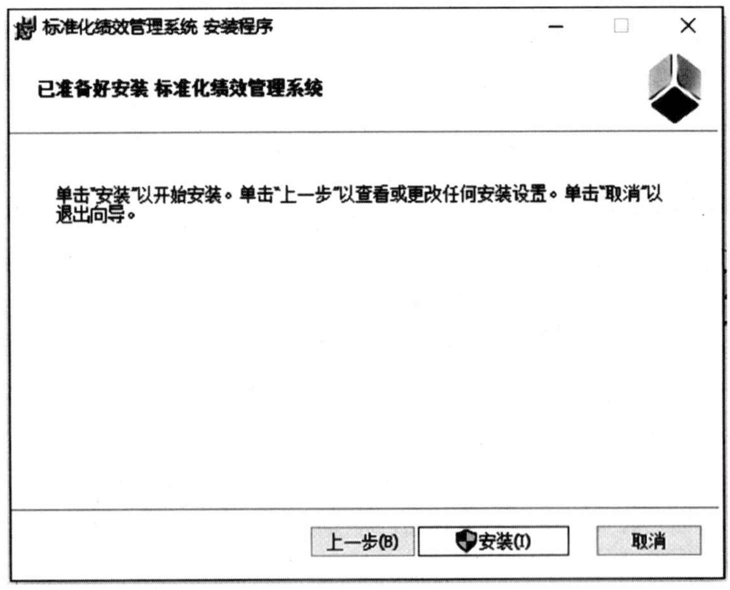

图 5 – 330　安装界面

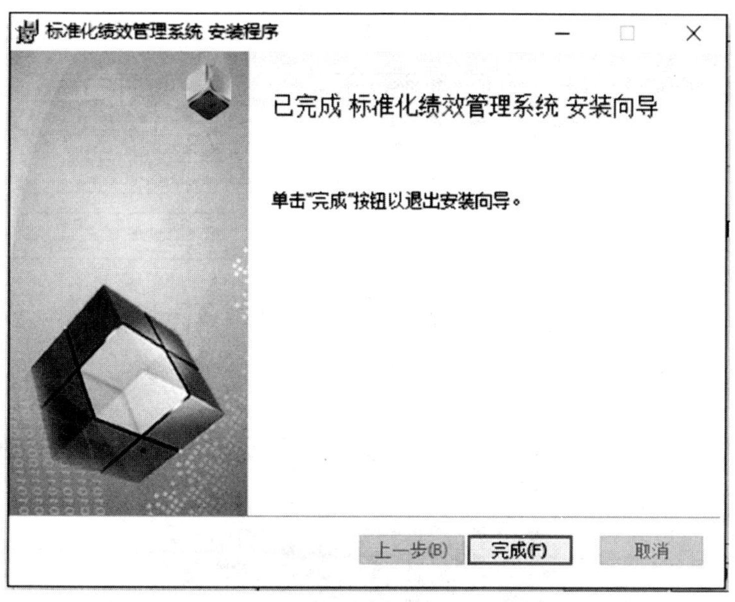

图 5－331　安装完成提示界面

四、系统登录

用户首次登录系统需对标准化绩效管理系统的链接服务地址进行设置。

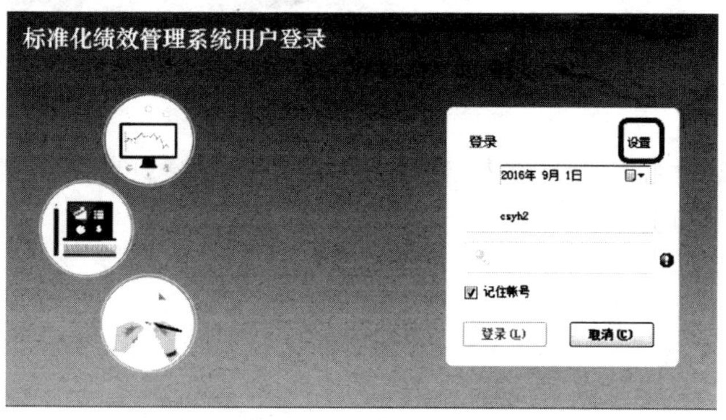

图 5－332　主界面——登录设置

用户首次登录系统，在登录界面上选择右上方的“设置”（图 5－332），弹出系统服务器地址设置窗口（图 5－333）。在弹出窗口中修改服务地址（该服务地址由各部门绩效管理员发布）。

在登录系统后，首先需要设置业务年度为当前业务年度（设置成功后下次登录不

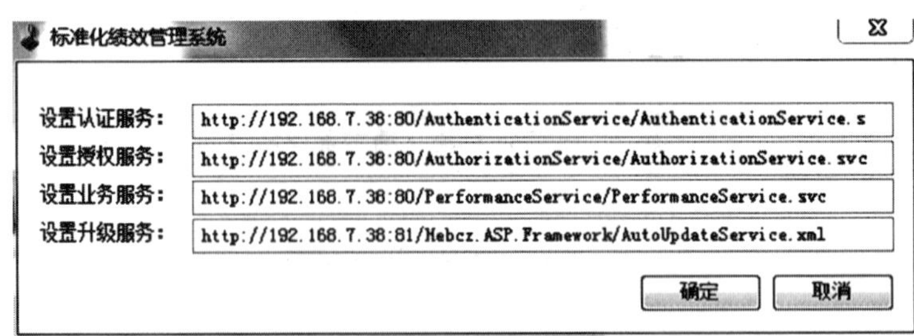

图 5－333 修改系统服务器地址窗口

需再次设置，直到下一个业务年度开始时重新设置）。

图 5－334 主界面——业务年度设置

用户首次登录绩效管理系统，进入系统后在（图 5－334）页面左侧的“业务年度”选择框中，点击下拉菜单，对业务年度进行设置。

五、考评小组操作使用

（一）标准化

标准化绩效管理是一种植根我国行政部门管理实际，融合绩效管理、标准化管理等现代管理理论、方法及技术和中国传统管理优秀思想的行政管理新模式。

1. 标准化文件

标准化文件指的是标准化管理过程的依据文件，包含了国际标准化组织制定的相关标准文件、国家规范性文件、本省规范性文件以及本厅局单位内部规范性文件。

文件查询

（1）业务描述

提供相关的标准化文件的查询、下载功能。

（2）业务操作界面及说明

操作步骤：

①用户登录

②进入菜单："标准化"→"标准化文件"→"文件查询"（图5－335）。

图5－335 文件查询

2．流程图系统

流程图查看

（1）业务描述

开展工作时可以在线查看流程图，从而依据标准流程开展工作。

（2）业务操作界面及说明

操作步骤：

①用户登录。

②进入菜单："标准化"→"流程图系统"→"流程图查询"（图5－336）。

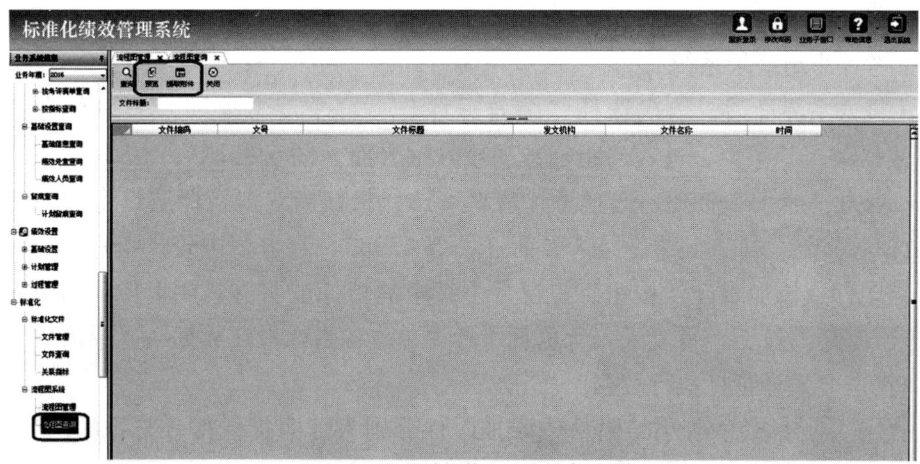

图5－336 流程图查询

（二）绩效考评

1. 季度考评

季度考评是对单位和个人日常型指标执行情况、阶段型和年度型指标关键节点完成情况进行的考评。

（1）单位季度考评

录入考评数据

①业务描述

在单位季度考评清单发布后，录入指标考评数据内容。

②业务操作界面及说明

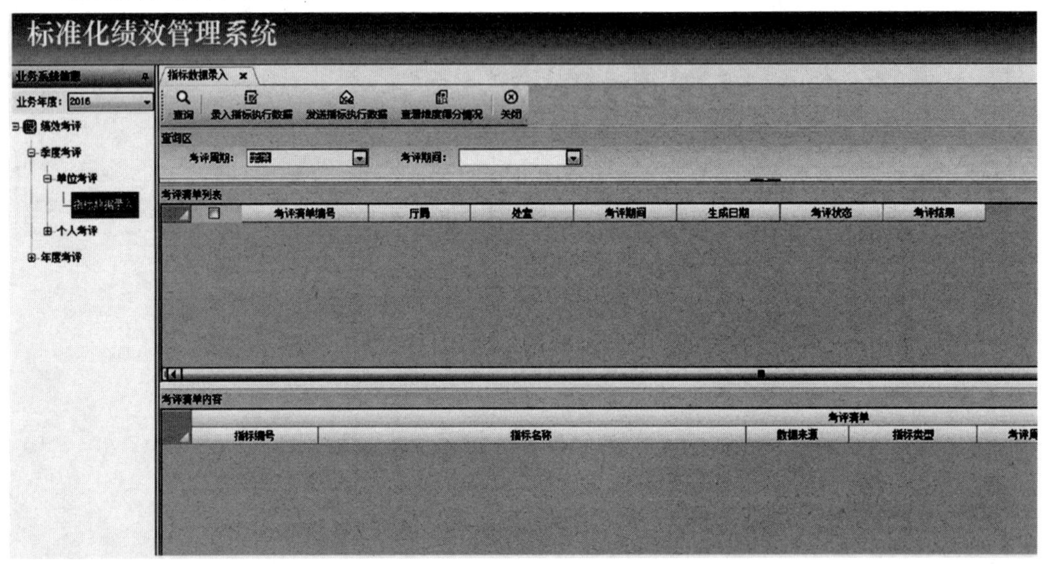

图 5－337 指标数据录入界面

操作步骤：

a. 考评小组登录系统。

b. 进入主界面后，依次选择“绩效考评”→“季度考评”→“单位考评”→“指标数据录入”菜单，进入“指标数据录入”界面（图 5－337）。

c. 点击“查询”按钮→选择考评清单→选择指标→双击指标或点击“录入指标执行数据”按钮，进入到维度录入界面（图 5－338），在方框中录入指标得分→点击“月小结附件或添加附件”按钮，检视月小结中的指标证明材料或上传证明材料文件→点击“保存”按钮。重复录入所负责所考评单位各指标考评数据→选中清单（可全选）→点击“发送指标执行数据”按钮。

注意事项：此处的月小结附件或添加附件分别为证明指标得分与否的两种途径。若月小结附件不能证明得分，可通过添加附件进行补充。

图 5－338　录入指标执行数据窗口

（2）个人季度考评

录入考评数据

①业务描述

在个人季度考评清单发布后，录入指标考评数据内容。

②业务操作界面及说明

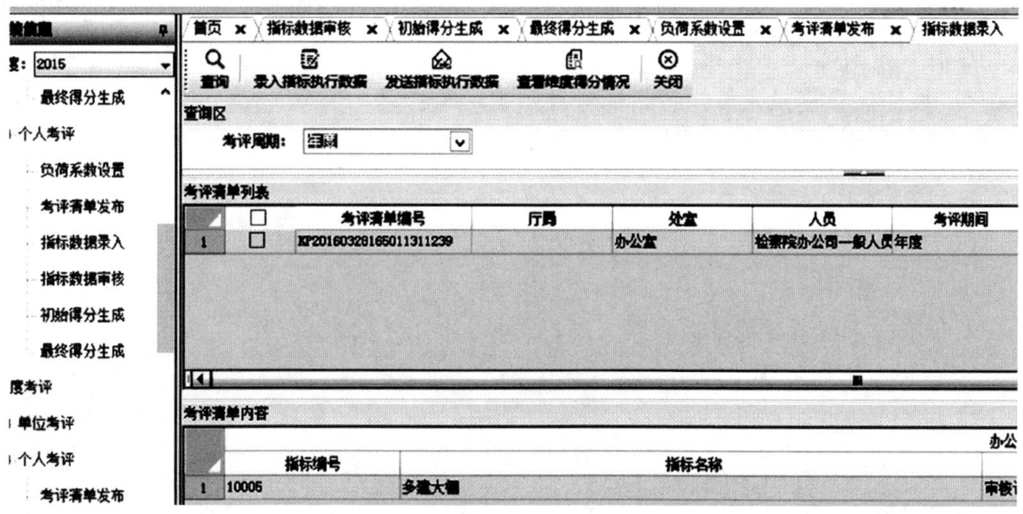

图 5－339　指标数据录入界面

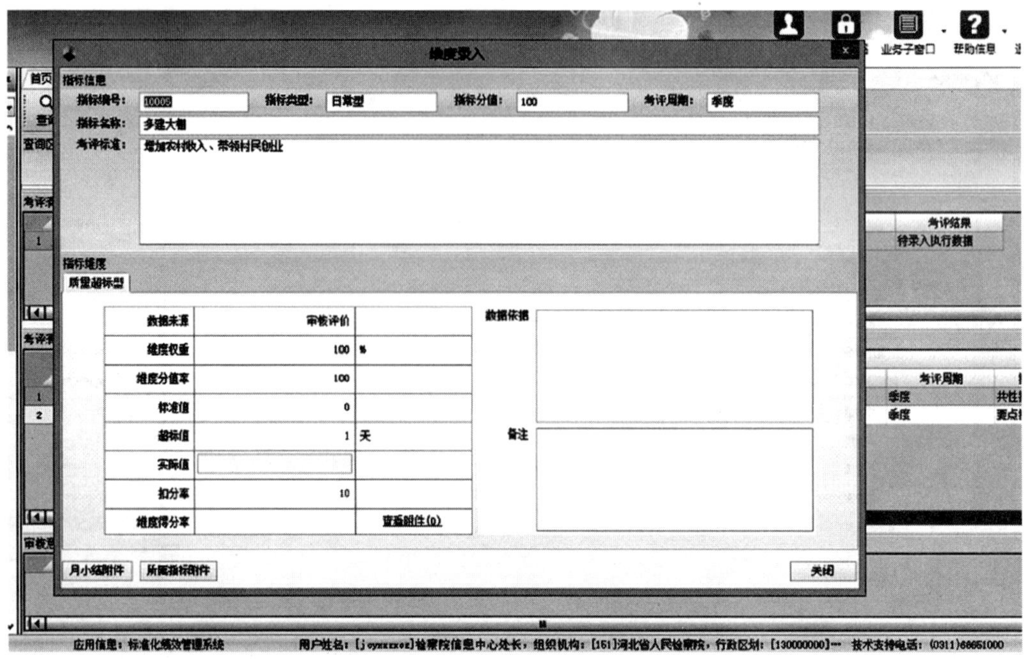

图 5－340　录入指标执行数据窗口

操作步骤：

a. 考评小组登录系统。

b. 进入主界面后，依次选择“绩效考评”→“季度考评”→“个人考评”→“指标数据录入”菜单，进入“指标数据录入”界面（图 5－339）。

c. 操作步骤：点击“查询”按钮，选择考评清单→选择指标→双击指标或点击“录入指标执行数据”按钮，弹出窗口（图 5－340），在方框中录入指标维度自评数据→点击“查看附件”按钮，上传证明材料文件（若月小结中附件材料不全）→点击“保存”按钮。重复录入承担各指标考评数据→选中清单（可全选）→点击“发送指标执行数据”按钮。

2. 年度考评

(1) 单位年度考评

录入指标数据

发布单位年度考评清单后，录入指标数据，同单位季度考评。

(2) 个人年度考评

录入考评数据

在个人年度考评清单发布后，录入指标考评数据内容，同季度考评。

用户设置

用户在首次登录绩效管理系统时需要对系统服务器地址及业务年度进行设置。

业务年度设置

①业务描述

用户在新的考评年度开始时需对业务年度进行设置。

②业务操作界面及说明

图 5 - 341 主界面——业务年度设置

用户首次登录绩效管理系统，进入系统后在（图 5 - 341）页面左侧的“业务年度”选择框中，点击下拉菜单，对业务年度进行设置。